コーポレート・ガバナンス改革の提言
―― 企業価値向上・経済活性化への道筋

Reforming Corporate Governance
The Road to Improving Firm Value and Stimulating the Economy

宍戸善一・後藤 元 編著
Zenichi Shishido　Gen Goto

商事法務

はしがき

　現在（2016年）、日本のコーポレート・ガバナンスは未曾有の変革期のさ中にあると言っても決して過言ではないであろう。そもそも、30年前、バブル経済の発生とその崩壊まで、わが国には、コーポレート・ガバナンスという概念すらほとんど存在していなかった。1990年代からの、いわゆる「失われた20年」の試行錯誤のなかで、コーポレート・ガバナンスの重要性が徐々に認識され、多くの立法措置も講じられてきた。

　1997年の金融危機を大きな転換点として、「日本型経営システム」を支えてきたメインバンク制度が崩壊し、株式相互持合いも解消の方向に向かった。持合い株主に代わって、海外機関投資家の株式所有比率が急速に上昇し、ついに、2000年には、「外部株主」の株式所有比率が、「内部株主」のそれを上回った。それに伴い、海外機関投資家の日本企業のコーポレート・ガバナンスに対する批判も強さを増し、特に、独立社外取締役の増強を中心とした取締役会制度改革が求められた。第二次安倍内閣が、構造改革のひとつの柱としてコーポレート・ガバナンス改革を掲げたのは、国際化した資本市場に対するシグナリングを発する必要に迫られたということとともに、企業経営の効率性の指標とされるＲＯＥおよびＲＯＡが欧米企業を大幅に下回る状況が続いている状況に対する国内の危機感の表れとも言える。

　2014年の日本版スチュワードシップ・コードは、機関投資家に企業経営者との対話を通じて、コーポレート・ガバナンスに貢献することを求め、2014年会社法改正および2015年の日本版コーポレート・ガバナンス・コードは、「コンプライ・オア・エクスプレイン」原則により企業の選択の余地を残しながらも、上場会社に独立社外取締役の導入を強く求めた。その結果、1997年当時にはほとんど皆無であった独

はしがき

立社外取締役が、2016年には、圧倒的多数の上場会社において複数選任されるにいたっている。さらに、日本版コーポレート・ガバナンス・コードの影響で、持合いの解消が現在いっそう急速に進んでいる。

株式会社制度が日本に導入されて以来、わが国でコーポレート・ガバナンスに対する期待がこれほど高まった時期はほかにない。それとともに、日本企業のコーポレート・ガバナンスは変革期に特有の混迷のさ中にある。日本企業の強さの源泉とも言われていた、長期雇用、内部昇進を前提とした、経営者と従業員が一体となった経営システムと、英米型の機関投資家や独立社外取締役を中心としたモニタリング・システムは、果たして、補完的に機能するのか、あるいは、日本型内部経営システムも変革を余儀なくされるのか、その解答は未だ出ていない。いずれにしても、日本企業のコーポレート・ガバナンスのあるべき将来像を追求していくと、多くの困難なトレードオフの問題にぶつかり、各論者はその解決策を提示することが要求されることになる。

本書は、コーポレート・ガバナンス改革が、いかにして、企業価値向上ひいては経済活性化につながるかを理論的に示し、かつ、コーポレート・ガバナンス改革の各論的提言を行うことを目的とするものである。

本書は、企業法研究会における10年近い議論の蓄積のうえに刊行されるものである。企業法研究会は、2007年4月から2010年10月まで、経済産業研究所（RIETI）において行われ、2011年4月からは、一橋大学大学院国際企業戦略研究科（ICS）において毎月ベースの研究会として継続してきた。同研究会の成果を書物として世に問うのは、宍戸善一編著『「企業法」改革の論理——インセンティブ・システムの制度設計』（日本経済新聞出版社、2011）、Enterprise Law: Contracts, Markets, and Laws in the US and Japan（Zenichi Shishido, ed., Edward Elgar 2014）に続き、これが3回目となる。

はしがき

　本書において、コーポレート・ガバナンスは、経営者と従業員（人的資本の拠出者）、株主と債権者（物的資本の拠出者）の４当事者が、各自が自らの利得（ペイオフ）を最大化するために他の当事者に対して動機付けし合うインセンティブ・バーゲニングの仕組みとして捉えられる。伝統的なコーポレート・ガバナンスの議論が、株主と経営者の関係に焦点を当てたものであるのに比して、本書におけるコーポレート・ガバナンスの議論は、より広い関係をカバーしている。

　「企業法」とは、上記の４当事者間のインセンティブ・バーゲニングに影響を及ぼす法制度の体系であり、法分野としては、会社法、金融商品取引法、労働法、倒産法、税法、銀行法等多岐に及ぶ。各章の執筆者は、いずれも企業法研究会のメンバーであり、企業法の各分野を専門とする法律学者、コーポレート・ガバナンスを分析対象とする経済学者、企業法務を専門とする弁護士、機関投資家、市場関係者、および、企業法の政策・立案に携わってきた行政官僚等、コーポレート・ガバナンス改革に何らかの形で携わっている人々で構成されている。

　本書も、前二作同様、法制度が、コーポレート・ガバナンスの主要な４当事者のインセンティブにいかに影響を及ぼすかという共通テーマの下に、各執筆者が、それぞれの専門と、問題関心に基づき選択したテーマについて執筆した論文集である。前二作に比して、本書では、研究対象の分析にとどまらず、できるだけ大胆に政策提言を行うことを目標とした。各章で取り上げられるテーマも、コーポレート・ガバナンス改革の重要な論点として現在議論されているものが多く集まった。機関投資家の役割、情報開示規制のあり方、取締役会制度改革、経営者に積極的なリスク・テイクを促す法制度のあり方、コーポレート・ガバナンスにおける労働法、倒産法、銀行法の役割等である。また、４つの章が、立法プロセスに関する分析を行っていることも、本書がコーポレート・ガバナンス改革に寄与しようとすることの現れである。

はしがき

　多くの読者が、各章の執筆者とともに、各論点ごとのトレードオフに立ち向かい、そこに提示された政策提言を批判的に検討し、更なる議論の発展につなげていただければ、編者の一人として、これに過ぎる喜びはない。

　最後に、各章の論点に関する議論に積極的に参加していただいた企業法研究会のメンバー、参考文献一覧の作成にご尽力いただいた商工総合研究所主任研究員の藤野洋氏、研究会の運営を支えていただいた一橋大学大学院国際企業戦略研究科助手の山田正子氏、出版に際し、大変なご苦労をおかけした商事法務書籍出版部の岩佐智樹氏、澁谷禎之氏に、改めて感謝の意を表したい。なお、本研究に当たって、公益社団法人日本経済研究センターより研究奨励金を得た。

平成 28 年 10 月

宍戸　善一

目　次

はしがき ……………………………………………………………………… i
編著者一覧 …………………………………………………………………… xix

序章　インセンティブ・バーゲニング、企業法、立法政策
宍戸善一／後藤　元

Ⅰ　コーポレート・ガバナンス改革、企業価値、インセンティブ・バーゲニング …………………………………………………… 1
Ⅱ　本書の構成 ……………………………………………………………… 7
　1　本書の構成 …………………………………………………………… 7
　2　第 1 部「株主によるガバナンス」……………………………………… 8
　3　第 2 部「取締役・取締役会によるガバナンス」……………………… 11
　4　第 3 部「労働法・倒産法・金融法とコーポレート・ガバナンス」…… 12
　5　第 4 部「コーポレート・ガバナンス改革の理論」…………………… 13

第 1 部
株主によるガバナンス

第 1 章　ポスト持合いにおける 2 つの課題
──新たな長期株主とブロック株主
宮島英昭

Ⅰ　課題 ……………………………………………………………………… 17
Ⅱ　株式所有構造の進化とその国際的特徴 ……………………………… 18

目 次

  1 国際的特徴 ……………………………………………………… 21
  2 所有構造の多様化 …………………………………………… 22
 Ⅲ インサイダー保有——塹壕効果とモニタリング ………… 23
  1 塹壕効果の顕在化 …………………………………………… 23
  2 ポスト持合いの新たな長期保有主体 ……………………… 29
 Ⅳ アウトサイダー保有——近視眼とフリー・ライダー問題 …………………………………………………………………… 31
  1 機関投資家の機能 …………………………………………… 31
  2 近視眼圧力は深刻か ………………………………………… 33
  3 アウトサイダーブロック株主の将来 ……………………… 35
 Ⅴ 「最適な」所有構造に向けて ………………………………… 37

第2章 エンゲージメントの時代における機関投資家の役割——スチュワードシップとコンプライ・オア・エクスプレインを巡って 江口高顯

 Ⅰ はじめに ………………………………………………………… 43
 Ⅱ スチュワードシップが抱える課題 ………………………… 46
  1 私的な行動としてのエンゲージメント …………………… 46
  2 ガバナンス・コードの実施を確保するという役割を与えられた機関投資家 ……………………………………………… 49
  3 エンゲージメントの梃入れ ………………………………… 50
  4 英国外への広がり …………………………………………… 53
  5 スチュワードシップが抱える矛盾 ………………………… 54
 Ⅲ ガバナンス・コードが抱える課題 ………………………… 57
  1 ガバナンス・コードとは何か ……………………………… 57
  2 ガバナンス・コードに対する会社の対応状況 …………… 59
  3 機関投資家の対応の問題点 ………………………………… 61
  4 政策的介入の強まり ………………………………………… 62
  5 手詰まり状況 ………………………………………………… 65
 Ⅳ 発想の転換 …………………………………………………… 69

1　投資家が経営者の取り組みを後押しする ……………………… 69
　2　投資家も経営者に選ばれる ………………………………………… 71
Ⅴ　おわりに …………………………………………………………………… 73

第3章　フェア・ディスクロージャー・ルールは何をもたらすか　　大崎貞和

Ⅰ　はじめに …………………………………………………………………… 75
Ⅱ　フェア・ディスクロージャー・ルール導入検討の背景 …… 76
　1　選択的開示を禁じる適時開示制度 ………………………………… 76
　2　規制導入を必要とするような問題の発生 ……………………… 78
Ⅲ　米国におけるフェア・ディスクロージャー・ルールの展開 …………………………………………………………………………… 79
　1　レギュレーション FD とは ………………………………………… 79
　2　レギュレーション FD 制定の背景 ………………………………… 81
　3　レギュレーション FD への市場の反応と SEC による違反摘発 …… 83
　4　シーベル事件判決以後の動向 ……………………………………… 85
　5　レギュレーション FD に対する評価 ……………………………… 91
Ⅳ　日本における制度化へ向けての留意点 ……………………………… 93
　1　公表される業績情報の量への影響 ………………………………… 93
　2　規制対象となる情報の範囲 ………………………………………… 95
　3　インサイダー取引の防止規制としての意義 …………………… 97
　4　ガバナンスやアナリスト活動への影響 ………………………… 98
Ⅴ　おわりに ………………………………………………………………… 100

第4章　大株主の情報開示
──大量保有報告書の第三の目標の可能性　　得津　晶

Ⅰ　問題提起 ………………………………………………………………… 103
Ⅱ　情報開示規制の必要性と正当化根拠 ……………………………… 107

1　情報開示制度の一般論 ………………………………………… 108
　　2　株主情報の特殊性 ……………………………………………… 110
　Ⅲ　現行法の大量保有報告書の限界 ………………………………… 112
　Ⅳ　米国の議論 …………………………………………………………… 114
　　1　現行連邦証券法の枠組みの限界 ……………………………… 114
　　2　Dodd-Frank 法による改正 …………………………………… 121
　　3　規制強化推進派からの意見書 ………………………………… 123
　　4　規制強化反対論の論拠 ………………………………………… 125
　　5　アメリカの議論からの示唆 …………………………………… 131
　Ⅴ　結論 …………………………………………………………………… 132

第5章　上場企業における定時株主総会運営の実態と見直しの方向性　　　　　　　　　　　　　　　三笘　裕

　Ⅰ　はじめに ……………………………………………………………… 135
　Ⅱ　定時株主総会の概観 ……………………………………………… 136
　　1　日程 ……………………………………………………………… 136
　　2　出席株主 ………………………………………………………… 137
　　3　株主提案・動議 ………………………………………………… 141
　　4　質疑応答 ………………………………………………………… 142
　　5　所要時間 ………………………………………………………… 143
　　6　総会準備 ………………………………………………………… 144
　　7　定時株主総会の議題 …………………………………………… 146
　Ⅲ　定時株主総会運営の見直しの方向性 …………………………… 147
　　1　機関としての株主総会と会議としての株主総会 …………… 147
　　2　取締役等の説明義務と株主総会決議取消しの訴え ………… 149
　　3　考えられる他の可能性 ………………………………………… 150
　　4　見直しの方向性 ………………………………………………… 151
　Ⅳ　まとめ ………………………………………………………………… 153

第6章　日本企業のコーポレート・ガバナンスの今後のあり方──ファミリー企業からの示唆
宍戸善一／柳川範之／齋藤卓爾／太宰北斗

- I　序論 …………………………………………………………………… 155
- II　日本企業のコーポレート・ガバナンスの問題点 ……………… 157
- III　ファミリー企業のパフォーマンスとコーポレート・ガバナンスの特色 ……………………………………………………… 161
  - 1　ファミリー企業の経営パフォーマンスに関する実証研究 ……… 161
  - 2　日本の上場ファミリー企業のコーポレート・ガバナンスの特色 ……………………………………………………………………… 163
- IV　日本企業のコーポレート・ガバナンスの今後のあり方についての提言 ………………………………………………………… 166
  - 1　株主利益推進のために ……………………………………………… 166
  - 2　過度にリスク回避的な経営に陥らないために …………………… 169
  - 3　問題先送り傾向の是正のために …………………………………… 171
  - 4　有能な経営者を選抜するために …………………………………… 174
- V　結論 …………………………………………………………………… 176

第2部　取締役・取締役会によるガバナンス

第7章　日本型取締役会の形成と課題
大杉謙一

- I　主題 …………………………………………………………………… 181
- II　1980年代までの取締役会の実情 …………………………………… 183
  - 1　前説──昭和56年改正 ……………………………………………… 183
  - 2　昭和56年改正前商法下での取締役会 ……………………………… 184

3　昭和56年改正の経緯 ……………………………………… 187
　　　4　改正法の受容 ……………………………………………… 191
　Ⅲ　1990年代以降の取締役会の変化 …………………………… 193
　　　1　1990年代前半 ……………………………………………… 193
　　　2　1990年代末から2000年代にかけて ……………………… 194
　　　3　その後の変化 ……………………………………………… 210
　Ⅳ　結語 …………………………………………………………… 212

第8章　社外取締役・独立取締役はどのような役割を期待されているのか？
―― 近時の企業統治改革の効果の検証に向けて

　　　　　　　　　　　　　　　　　　　　　　　　後藤　元

　Ⅰ　はじめに ……………………………………………………… 215
　　　1　近時の企業統治改革とその効果 ………………………… 215
　　　2　本稿の問題意識 …………………………………………… 217
　Ⅱ　社外取締役・独立取締役に期待されてきた機能 ………… 221
　　　1　平成26年改正会社法とモニタリング・モデル ………… 221
　　　2　日本版コーポレートガバナンス・コードと「攻めのガバナンス」………………………………………………………… 224
　　　3　その他の議論 ……………………………………………… 230
　　　4　小括 ………………………………………………………… 236
　Ⅲ　終わりに ……………………………………………………… 237

第9章　独立取締役の効果について
―― 組織の経済学の理論からのコメント　　伊藤秀史

　Ⅰ　はじめに ……………………………………………………… 239
　Ⅱ　異質性のインセンティブ効果 ………………………………241
　Ⅲ　自己イメージ選好 …………………………………………… 245

Ⅳ　おわりに ………………………………………………………… 246

第10章　役員に対するインセンティブ報酬への課税と
　　　　　コーポレート・ガバナンス
　　　　　──リストリクテッド・ストックを中心に　　渡辺徹也

　Ⅰ　はじめに …………………………………………………………… 249
　Ⅱ　コーポレート・ガバナンスと役員報酬──報酬の額と
　　　構成内容に関する日米比較 ……………………………………… 252
　Ⅲ　役員側に関する課税ルール（所得税）………………………… 254
　　　1　裁判例 ………………………………………………………… 254
　　　2　平成28年度税制改正 ………………………………………… 256
　Ⅳ　法人側に関する課税ルール（法人税）
　　　──損金算入の可能性 …………………………………………… 259
　　　1　平成28年度税制改正 ………………………………………… 259
　　　2　損金算入が認められる時期と金額（時期は一致・金額は不一
　　　　致）……………………………………………………………… 260
　Ⅴ　アメリカ法における課税ルール ……………………………… 263
　　　1　役員側の課税ルール ………………………………………… 263
　　　2　法人側の課税ルール ………………………………………… 266
　　　3　簡単な具体例 ………………………………………………… 267
　Ⅵ　コーポレート・ガバナンスと望ましい課税ルール ………… 271
　　　1　BebchukとFriedの見解 …………………………………… 271
　　　2　改善提言と租税法 …………………………………………… 272
　Ⅶ　結びにかえて──アメリカ法からの示唆 …………………… 274

第11章　日本企業のリスクテイクと取締役の民事責任
　　　　　ルール　　　　　　　　　　　　　　　　　飯田秀総

　Ⅰ　はじめに …………………………………………………………… 279

目　次

　　1　日本企業とリスクテイク……………………………………… 279
　　2　本稿の目的 …………………………………………………… 282
Ⅱ　株主代表訴訟 …………………………………………………… 283
　　1　問題の所在 …………………………………………………… 283
　　2　株主代表訴訟の構造 ………………………………………… 284
　　3　経済合理的な弁護士像 ……………………………………… 287
　　4　日本では弁護士主導型ではない …………………………… 288
　　5　小括 …………………………………………………………… 291
Ⅲ　経営判断原則 …………………………………………………… 292
　　1　問題の所在 …………………………………………………… 292
　　2　誤審リスク …………………………………………………… 293
　　3　過少なリスクテイクと過剰なリスクテイク ……………… 296
　　4　経営判断原則の限界と責任限定契約 ……………………… 299
　　5　小括 …………………………………………………………… 301
Ⅳ　取締役の対第三者責任 ………………………………………… 301
　　1　問題の所在 …………………………………………………… 301
　　2　リスクテイクか放漫経営か ………………………………… 302
　　3　経営判断原則と会社法429条1項の責任 ………………… 303
　　4　MBOと会社法429条1項の責任 …………………………… 307
　　5　小括 …………………………………………………………… 310
Ⅴ　むすび …………………………………………………………… 311

第3部
労働法・倒産法・金融法とコーポレート・ガバナンス

第12章　合意による労働条件設定と就業規則法理
――労働契約法9条の反対解釈をめぐる一考察

池田　悠

- Ⅰ　日本型雇用システムにおける就業規則法理 ………………… 315
  - 1　日本型雇用システムと「働き方改革」………………… 315
  - 2　就業規則法理 ………………………………………… 316
- Ⅱ　問題状況 ……………………………………………………… 318
- Ⅲ　協愛事件 ……………………………………………………… 319
- Ⅳ　学説の状況 …………………………………………………… 322
  - 1　対立の状況 …………………………………………… 322
  - 2　その後の展開 ………………………………………… 325
- Ⅴ　山梨県民信用組合（退職金減額）事件最高裁判決 ………… 327
- Ⅵ　問題状況の整理 ……………………………………………… 327
- Ⅶ　①判例法理からの逸脱か否か ……………………………… 328
- Ⅷ　②最低基準効違反か否か …………………………………… 330
  - 1　根拠 …………………………………………………… 330
  - 2　(A)労働条件の統一的・画一的決定の阻害 …………… 331
  - 3　(B)最低基準効の意義を没却するか …………………… 331
  - 4　最低基準効の発生要件 ……………………………… 333
- Ⅸ　③契約法理としてアンフェアか否か ……………………… 336
  - 1　合意の意味 …………………………………………… 336
  - 2　(β)変更権付与の合意 ………………………………… 337
  - 3　(α)具体的労働条件変更に関する合意 ……………… 339
  - 4　労働契約法10条但書 ………………………………… 340
  - 5　アンフェアか否か …………………………………… 342
- Ⅹ　総括 …………………………………………………………… 343

第13章　窮境企業に対する銀行の経営関与
　　　　　　　　　　　　　　　　　　　　　　　　　木下信行

はじめに ………………………………………………………………… 349
Ⅰ　行政庁による企業金融対策 ……………………………………… 349
　　1　銀行監督当局による企業金融対策 ………………………… 349
　　2　信用保証制度 ………………………………………………… 354
Ⅱ　倒産関連制度 ……………………………………………………… 357
　　1　企業の整理の基本構造 ……………………………………… 357
　　2　再建型倒産手続の開始に関する制度 ……………………… 359
　　3　私的整理と法的整理の接続 ………………………………… 365
Ⅲ　わが国における企業の整理に関する制度の経済学的評
　　価 …………………………………………………………………… 371
　　1　経済的影響 …………………………………………………… 371
　　2　制度の背景 …………………………………………………… 373
おわりに ………………………………………………………………… 376

第14章　金融グループのコーポレート・ガバナンス
　　　　　　　　　　　　　　　　　　　　　　　　　加藤貴仁

Ⅰ　本稿の目的 ………………………………………………………… 381
Ⅱ　金融規制と会社法の関係を分析する視点──抵触・代
　　替・補完 …………………………………………………………… 385
Ⅲ　金融グループWG報告・平成28年銀行法等改正の概
　　要 …………………………………………………………………… 387
Ⅳ　金融グループのコーポレート・ガバナンスに関する会
　　社法と金融規制の関係 …………………………………………… 393
　　1　金融グループのコーポレート・ガバナンスを巡る会社法と金
　　　　融規制の抵触 ………………………………………………… 393
　　2　法人格の独立性 ……………………………………………… 393
　　3　機関設計の柔軟さ …………………………………………… 400

V 今後の課題 ……………………………………………………… 403

第4部
コーポレート・ガバナンス改革の理論

第15章 制度改革プロセスからみた企業法制改革
中原裕彦

- I はじめに ……………………………………………………… 407
- II 企業法制改革小史 …………………………………………… 409
- III 立案を実現に至らしめるための課題 ……………………… 412
  - 1 賛成多数と思われる制度改革がなぜ実現しないのか …… 412
  - 2 担ぎ手のいない、システマティックな広がりを有する制度論をどのように展開するか ……………………………… 416
  - 3 濫用の懸念にどのように向かいあうか …………………… 419
  - 4 現状維持偏向（status quo bias）をどのように克服していくか ……………………………………………………… 420
  - 5 本質が宿る細部の改革の重要性をどのように共有するか …… 423
  - 6 Hard cases make bad laws を克服できるか ……………… 424
  - 7 補完性を有する制度群の改革をどのように実現するか …… 425
- IV 結語 …………………………………………………………… 426

第16章 コーポレート・ガバナンスと政治過程
松中 学

- I はじめに ……………………………………………………… 429
  - 1 本稿の目的と対象 …………………………………………… 429
  - 2 意義 …………………………………………………………… 431

II	コーポレート・ガバナンスの政治学的分析 ················· 432
1	序 ·· 432
2	利益集団の連合——Gourevitch & Shinn 2005 ········· 436
3	中道左派政党の役割 ···································· 443
4	「静かな」ルール形成——Culpepper 2011 ············ 448
III	問題と示唆 ·· 459
1	意義と問題 ·· 459
2	応用と示唆 ·· 466
IV	結語 ·· 475

第17章　法制度の供給をめぐる政府間競争

星　明男

I	はじめに ·· 477
II	企業をめぐる適用法令選択の枠組み ······················ 479
1	3軸関係と単位法律関係 ································ 479
2	アメリカでの適用法令選択の実際 ······················ 483
III	法制度の供給をめぐる各州の戦略 ······················ 488
1	デラウェア州の戦略 ···································· 488
2	ネバダ州の戦略 ·· 491
3	ニューヨーク州の戦略 ·································· 494
IV	課題と展望 ·· 497

第18章　海外 M&A 実務の日本的受容
——ディスカウント TOB を題材に

中山龍太郎

I	はじめに ·· 501
II	ディスカウント TOB の実態 ···························· 503
1	ディスカウント TOB の特徴 ···························· 503
2	ディスカウント TOB の目的 ···························· 508

Ⅲ　ディスカウントTOBと公開買付規制（3分の1ルール）.. 510
Ⅳ　公開買付制度と支配権移転の効率性... 512
　1　市場ルールと平等機会ルール... 512
　2　ディスカウントTOBのパラドックス... 514
Ⅴ　ディスカウントTOBが「3分の1ルール」に問いかけるもの.. 517
Ⅵ　結語... 519

あとがき.. 521
参考文献.. 523

編著者一覧

[編著者]

宍戸　善一（ししど・ぜんいち）　　　　一橋大学教授

後藤　元（ごとう・げん）　　　　　　　東京大学准教授

[著者（50音順）]

飯田　秀総（いいだ・ひでふさ）　　　　神戸大学准教授

池田　悠（いけだ・ひさし）　　　　　　北海道大学准教授

伊藤　秀史（いとう・ひでし）　　　　　一橋大学教授

江口　高顯（えぐち・たかあき）　　　　投資家フォーラム運営委員

大崎　貞和（おおさき・さだかず）　　　野村総合研究所主席研究員

大杉　謙一（おおすぎ・けんいち）　　　中央大学教授

加藤　貴仁（かとう・たかひと）　　　　東京大学准教授

木下　信行（きのした・のぶゆき）　　　アフラック・シニアアドバイザー

齋藤　卓爾（さいとう・たくじ）　　　　慶應義塾大学准教授

編著者一覧

太宰　北斗（だざい・ほくと）	名古屋商科大学助教
得津　晶（とくつ・あきら）	東北大学准教授
中原　裕彦（なかはら・ひろひこ）	内閣官房日本経済再生総合 事務局参事官 経済産業省
中山　龍太郎（なかやま・りゅうたろう）	西村あさひ法律事務所 弁護士
星　明男（ほし・あきお）	学習院大学准教授
松中　学（まつなか・まなぶ）	名古屋大学准教授
三笘　裕（みとま・ひろし）	長島・大野・常松法律事務所 弁護士
宮島　英昭（みやじま・ひであき）	早稲田大学教授
柳川　範之（やながわ・のりゆき）	東京大学教授
渡辺　徹也（わたなべ・てつや）	早稲田大学教授

序章
インセンティブ・バーゲニング、企業法、立法政策

一橋大学教授　宍戸善一
東京大学准教授　後藤　元

I　コーポレート・ガバナンス改革、企業価値、インセンティブ・バーゲニング

　コーポレート・ガバナンス改革が企業価値向上・経済活性化につながる道筋は必ずしも自明ではない[1]。コーポレート・ガバナンスは企業統治と訳されるため、統治によって過ちが起こらないようにすることはできたとしても、統治によって新たな価値が生み出されることはないという議論[2]を耳にすることも多い。また、コーポレート・ガバナンスが企業価値を生み出すと主張する者の間でも、その論拠は多様

---

1)　いわゆるアベノミクスの「第三の矢」である構造改革において、コーポレート・ガバナンス改革が最重要な施策の1つと位置づけられているが（たとえば、日本経済再生本部「日本再興戦略 2016 ——第4次産業革命に向けて（平成28年6月2日）」19頁（available at http://www.kantei.go.jp/jp/singi/keizaisaisei/pdf/2016_zentaihombun.pdf）を参照）、それが、企業価値向上・経済活性化につながる道筋は必ずしも明確にされていないように思われる。

2)　ファイナンス理論における企業価値算定式であるキャッシュフロー還元モデル（DCF）に沿って言えば、統治強化によってリスクを引き下げることによって、分母の資本還元率が下がり、その結果として、企業の現在価値が高まることはあっても、分子の将来キャッシュフローが高まることはない、すなわち、企業の稼ぐ力を高めることにはならないという議論がある。江頭憲治郎「会社法改正によって日本の会社は変わらない」法律時報86巻11号（2014）59頁参照。

である。

　本章においては、まず、なぜ、コーポレート・ガバナンスが企業価値の最大化にとって重要なのか、どのようなコーポレート・ガバナンス改革が企業価値向上につながるのかという点に関する、本書全体としての考え方を提示し、次に、本書の構成と各章の主要な論点を示す。

　伝統的なコーポレート・ガバナンスの議論は、登場人物が株主と経営者に限られ、株式会社の所有者である株主が、その代理人たる経営者が株主利益最大化のための経営を行うようモニタリング（監視監督）するという、エージェンシー理論に基づくものであった。株主によるモニタリングの主たる手段は、敵対的企業買収と独立社外取締役であり、経営者の選解任権限を梃子として、経営者に株主利益の最大化を迫るものである[3]。また、近年では、株式連動報酬を与えることによって、経営者に株主と同じインセンティブを与え、エージェンシー・コストを削減する動きが、とくにアメリカにおいて急速に進んだ。このような、株主による経営者に対するモニタリングを「外部ガバナンス（external governance）」と呼ぶ[4]。

　伝統的なコーポレート・ガバナンスの議論は、外部ガバナンスに特化したものであった。企業価値向上との関連で言えば、エージェンシー・コストを削減するためのアメとムチが効果的に作用すれば、経営者は株主利益最大化の方向で最大限の努力をするはずであり、また、株主利益最大化は企業価値向上を促す最適な指標であるという議論である。

　本書は、コーポレート・ガバナンスを、以上のような伝統的なコーポレート・ガバナンスの議論よりも広い意味で捉えている。

　外部ガバナンスは、企業価値向上にとって重要な役割を果たすもの

---

[3] とくに独立社外取締役の役割を重視する「モニタリング・モデル」に関して、MELVIN A. EISENBERG, THE STRUCTURE OF THE CORPORATION 165, 174 (1974) 参照。

[4] *See* Viral V. Acharya, Stewart C. Myers & Raghuram G. Rajan, *The Internal Governance of Firms*, 66 J.FIN. 689, 705 (2011).

Ⅰ　コーポレート・ガバナンス改革、企業価値、インセンティブ・バーゲニング

ではあるが、それだけで完結するものではない。言うまでもなく、経済的価値を生み出す企業活動は株主と経営者のみによって行われるものではなく、株主と同様、企業活動に物的資本を拠出する債権者、経営者と同様、企業活動に人的資本を拠出する従業員を加えた4当事者によって行われている。企業活動は、これらの4当事者がそれぞれ固有の資本を拠出し合うことによって成り立つ将来に向かって継続する共同プロジェクトである。各当事者が有する資本は企業活動にとって必須の資源であるから、いずれかの当事者が資本拠出を躊躇すると、企業価値（パイ）の最大化は達成されず、各当事者の利得（ペイオフ）も最大化されない。各当事者は、それぞれの利得を最大化するためには、他の当事者がその持てる資本を企業活動という共同プロジェクトに遺憾なく拠出するようインセンティブを与え合う必要がある。これを、「4当事者間のインセンティブ・バーゲニング」と呼ぶこととするが、株式会社におけるそれは多角的交渉ではなく、経営者を介した3軸交渉の複合として行われる[5]。

4当事者間のインセンティブ・バーゲニング：経営者を介した3軸交渉

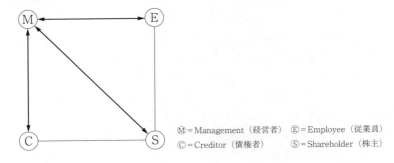

---

5)　宍戸善一『動機付けの仕組としての企業——インセンティブ・システムの法制度論』（有斐閣、2006）43頁、宍戸善一「企業における動機付け交渉と法制度の役割」宍戸善一編著『「企業法」改革の論理——インセンティブ・システムの制度設計』（日本経済新聞出版、2011）1、5頁参照。

序章　インセンティブ・バーゲニング、企業法、立法政策

　とりわけ、企業価値を生み出すインセンティブ・バーゲニングの中で、伝統的なコーポレート・ガバナンスの議論において抜け落ちていたのは、経営者とミドル・マネジメント等のコア従業員との間のインセンティブ・バーゲニングである。このインセンティブ・バーゲニングにおいては、将来の企業価値に対する利害の時間軸が現経営者より長いコア従業員が、現経営者が長期的な企業価値最大化に向けた経営を行うインセンティブを与えるようなボトムアップ・モニタリングを行い、現経営者は、コア従業員に対して、長期的な企業価値最大化をコミットすることによって、コア従業員が人的資本を最大限拠出するインセンティブを与えることになる[6]。前者のコア従業員による経営者に対するモニタリングを、株主によるそれと対置して、「内部ガバナンス」と呼ぶ[7]。

　企業価値を生み出すという観点からは、内部ガバナンスは自動車のエンジンにたとえられるべきものであり、外部ガバナンスはアクセル・ブレーキにたとえられるべきものである。企業価値向上のためには、内部ガバナンスも外部ガバナンスもともに不可欠であるが、さらに、内部ガバナンスと外部ガバナンスは補完的に作用するとともに、トレードオフの関係があるので[8]、企業価値を最大化するためには、各企業の特性および当該企業を取り巻く環境に合わせて、両者の最適なバランスが選択されることが必要であり、その選択も４当事者間のインセンティブ・バーゲニングの重要な側面である。

　本書におけるコーポレート・ガバナンスは、以上のような内部ガバナンスと外部ガバナンスの双方を含む４当事者間のインセンティブ・バーゲニングのシステムである。このシステムの設計いかんによって、企業活動への参加者が力を出しきれるようにすることが可能である。そのような意味で、コーポレート・ガバナンス改革は企業価値向

---

6)　See Acharya, et al., *supra* note 4, at 690.
7)　See Acharya, et al., *supra* note 4, at 690.
8)　See Acharya, et al., *supra* note 4, at 713.

I　コーポレート・ガバナンス改革、企業価値、インセンティブ・バーゲニング

上・経済活性化につながる。

　いかなるインセンティブ・バーゲニングのシステムが構築されるかは、4当事者がインセンティブ・バーゲニングによって内生的に選択するものであるが、そのような内生的選択は外生的要因によって左右される。外生的要因は、さまざまな市場環境（製品市場、資本市場、労働市場）、社会規範、および法制度によって構成され、それらは内生的選択に補完的に作用する。

　法制度は、当事者による内生的選択に影響を与える外生的要因の一つとして、コーポレート・ガバナンスの設計に影響を与え得る。ここで法制度とは、4当事者のインセンティブに影響を与えるハード・ロー、ソフト・ロー、および執行制度を含む様々な法分野を総体として捉えたものであり、これを「企業法」と呼ぶこととする[9]。主たる企業法の分野として、本書が言及するのは、会社法、金融商品取引法、税法、労働法、倒産法、金融法、および、スチュワードシップ・コードやコーポレートガバナンス・コードのようなソフト・ローである。

　企業法は4当事者間のインセンティブ・バーゲニングのインフラであり、適切な立法政策によって、企業価値最大化につながる4当事者間のインセンティブ・バーゲニングを促すことが可能であるとともに、不適切な立法政策によって、いずれかの当事者のインセンティブを阻害して、かえって、企業価値向上を妨げてしまうこともあり得る。

　企業価値向上につながる企業法の立法を行うためには以下の3点に注意する必要がある[10]。

　第一に、企業法は総体として4当事者間のインセンティブ・バーゲニングのインフラを構成するものであるから、法改正に当たっては、異なった法分野間の補完性に配慮しなくてはならない。企業法の一分野の改正を行ったとしても、それと補完関係にある他の分野の改正が

---

9)　*See* ZENICHI SHISHIDO ED., ENTERPRISE LAW: CONTRACTS, MARKETS, AND LAWS IN THE US AND JAPAN 1 (2014). 宍戸・前掲注5) 企業法8頁参照。

10)　*See* SHISHIDO, *supra* note 9, at 49.

序章　インセンティブ・バーゲニング、企業法、立法政策

整合的に行われないと、意図された企業活動の活性化につながらないことがある[11]。

　第二に、企業法は4当事者間のインセンティブ・バーゲニングのインフラの一部に過ぎないので、企業法と並ぶインフラである、さまざまな市場環境および社会規範との補完性をも考慮しなくてはならない。コーポレート・ガバナンスというシステムは、環境の違いに応じて、最適モデルは異なるものであり[12]、企業法制度も唯一の正解はない。

　そして、第三に、コーポレート・ガバナンスの設計には、さまざまなトレードオフの問題が伴うので[13]、その存在を理解した上で、4当事者が最適なバランスを追求できるよう配慮しなくてはならない。

　以上のように、広い意味でのコーポレート・ガバナンスに関する立法政策は、企業価値向上にとって重要な役割を果たすが、実際に企業

11）たとえば、平成12年の商法改正で、会社分割の制度が創設されたことを受けて、平成13年度税制改正で、法人税法に組織再編税制が導入されたが、単独新設分割と非按分型分割が非適格組織再編とされたため、課税繰延べが認められず、それらは、企業価値向上に資する可能性のある組織再編制度であるにもかかわらず、実務において用いられていない。渡辺徹也「法人税法のあり方とインセンティブ」宍戸善一編著『「企業法」改革の論理──インセンティブ・システムの制度設計』330、345頁参照。

12）たとえば、アメリカという特殊な環境の下で経路依存的に発展してきた「モニタリング・ボード」が、他国においても最適モデルたり得るか否かは、議論のあるところである。宍戸善一「モニタリング・ボード再考──内部ガバナンスと外部ガバナンスの補完性の観点から」黒沼悦郎＝藤田友敬編『江頭憲治郎先生古稀記念論文集（仮題）』』（近刊）参照。

13）典型的なトレードオフの例としては、経営者のオートノミーと株主によるモニタリングがある。株主によるモニタリングが強くなりすぎ、経営者のオートノミーが弱くなると、経営者が中長期的計画の提案・執行等、企業特殊的人的投資を行うインセンティブが阻害される。逆に、経営者のオートノミーが強くなりすぎ、株主のモニタリングが弱くなると、経営者が私的利益を追求するリスクが高まるので、株主が物的資本を拠出するインセンティブが阻害される。両者は天秤の両端のような関係にあるので、当該企業を取り巻く環境に応じて、最適なバランスを追求する必要がある。宍戸・前掲注5）『動機付けの仕組としての企業』182頁参照。

価値向上につながる立法政策が常にとられるとは限らない。コーポレート・ガバナンスに関する立法にかかわる者は、政治家、関係官庁の官僚、利益団体の担当者、学者等の第三者的専門家等、多岐に渡り、それぞれのインセンティブも異なっている。ある特定の法改正を行うためには、それらの者の間で交渉が行われることになるが、広い意味でのコーポレート・ガバナンスにおけるインセンティブ・バーゲニングのように、交渉への参加者が各自の金銭的ペイオフの最大化のためにお互いに動機付けをし合うという、ゲーム論的構造は存在しないので、自然の交渉に任せておけば、全体のパイを大きくする、企業価値向上に向けた立法政策がとられるというものではない。

それゆえ、企業価値向上・経済活性化への道筋を示すコーポレート・ガバナンス改革の提言を行うためには、企業活動に必須の資源を拠出する4当事者間のインセンティブ・バーゲニングが効率的に行われるためには何が必要かという課題を論じるだけでなく、立法担当者間の交渉が企業価値向上・経済活性化に向けた立法政策を追求する方向で行われるためには何が必要かという課題を論じることも必要である。

本書の各章は、その担当者の責任において執筆されているが、以上の視点は基本的な認識として共有されている。

II 本書の構成

1 本書の構成

本書は、第1部「株主によるガバナンス」、第2部「取締役・取締役会によるガバナンス」、第3部「労働法・倒産法・金融法とコーポレート・ガバナンス」、そして第4部「コーポレート・ガバナンス改革の理論」から構成される。

第1部は、上記の株主による外部ガバナンスを正面から扱うもので

序章　インセンティブ・バーゲニング、企業法、立法政策

ある。また第2部は、昨今のコーポレート・ガバナンス改革の焦点にもなっている取締役および取締役会の役割とそれに関する規律を問題とするものであるが、近時の（一部の）議論は取締役会や社外取締役・独立取締役を株主の利益の代弁者として位置づける傾向にあり、そこからすると、第2部も外部ガバナンスに関するものと位置づけることができる。これに対して、本書は内部ガバナンスそれ自体を直接取り上げてはいないが、これは本書の分析の対象である近時のコーポレート・ガバナンス改革をめぐる議論が外部ガバナンスに関するものにやや偏っているからであるに過ぎず、決して内部ガバナンスが重要ではないということを意味するものではない。内部ガバナンスへの意識は、本書のいくつかの章の議論の中に見て取ることができよう。

第3部では、労働法・倒産法・金融法という、企業をめぐる4当事者間のインセンティブ・バーゲニングに大きな影響を与えるものでありながらも、伝統的なコーポレート・ガバナンスの議論においては正面から取り扱われてこなかった領域についての分析が展開される。

第4部は、企業法をめぐる制度改革やそれを受けた実務の展開について、具体的な素材を例にとりつつ、その内容よりも立法プロセスの政治学的な分析や外国法との競争やその受容の在り方などに着目した、いわばメタ的な分析を試みるものである。

以下では、本書を構成する各章の内容を要約しておこう。

2　第1部「株主によるガバナンス」

ある企業または市場において株主によるガバナンスがどの程度行われているかは、当該企業または市場の株式所有構造がどのようなものであるかに依存する。第1章「ポスト持合いにおける2つの課題――新たな長期株主とブロック株主」（宮島英昭）は、企業・銀行間の相互保有が1990年代以降解消に向かい、日本企業の株式所有構造が従前のインサイダー優位のものから海外機関投資家等のアウトサイダー優位のものへと変化したことを、経営者のエントレンチメントを防ぐとい

う観点から積極的に評価しつつ、モニタリングのインセンティブという観点からは事業法人や銀行・生命保険によるブロック保有には合理性もあることを指摘する。また、機関投資家の保有比率の上昇が企業行動や業績に与える影響に関する実証研究を紹介する一方で、機関投資家を中心とする規律が機能するためには、ポートフォリオ投資家による退出の圧力に加えて、アウトサイダーの中にモニタリングのインセンティブを持つブロック株主の形成を促すことが重要であると指摘する。

この最後の点に関して期待されるのが、年金基金や生命保険会社といった伝統的機関投資家による投資先企業の経営陣との対話（エンゲージメント）である。第2章「エンゲージメントの時代における機関投資家の役割――スチュワードシップとコンプライ・オア・エクスプレインを巡って」（江口高顯）は、エンゲージメントの母国であるイギリスにおける展開を概観した上で、エンゲージメントを義務化すると形式的な対応を招く恐れがあるため、規制強化ではなく、経営者の取り組みを投資家が後押しし、投資家も経営者に選ばれるというボトムアップの関係構築が重要であると指摘する。

機関投資家によるエンゲージメントにおいては、会社から機関投資家に対して何らかの情報が提供されることも考えられる。第3章「フェア・ディスクロージャー・ルールは何をもたらすか」（大崎貞和）は、一部の証券会社のアナリストが上場企業の業績に関する未公表情報を用いて顧客を勧誘した事案を契機に制度化が検討されるようになった、米国のレギュレーションFDのような公平・公正な情報開示に関するルールについて、そのやり方次第ではアナリストや機関投資家の正当な活動を阻害したり、企業の開示姿勢が萎縮したりする可能性が否定できないことを指摘し、わが国での導入に当たっても、対象となる情報や情報受領者の範囲、違反に対する制裁の内容などについて、慎重な検討が求められると主張する。

近時のガバナンス改革をめぐる議論において問題視されることの多

い株式の持合いについて、情報開示規制の可能性を具体的に検討するのが、第4章「大株主の情報開示——大量保有報告書の第三の目標の可能性」(得津晶)である。この論文は、近時の開示府令やコーポレートガバナンス・コードによる政策保有株式の開示は、株式を保有している側にとっての重要性を基準にしている点に問題があり、取引先株主やempty votingについてインセンティブの歪みを開示していくという観点からは、発行会社への影響力を基準にした開示に変えるべきであるとして、大量保有報告制度を活用して、その議決権基準を満たした開示義務者に発行会社に対するその他のポジションの開示を要求することを提案する。

　株主総会は、株主によるガバナンスの中核となる議決権行使の場として、また株主と経営陣との対話の場として重要な意義を有するものではあるが、他方でその開催にはコストがかかることも事実である。第5章「上場企業における定時株主総会運営の実態と見直しの方向性」(三笘裕)は、近時の上場企業の定時株主総会の実態を概観した上で、その開催から得られる便益に比して過剰な時間と費用がその準備に費やされているのではないかという問題を提起し、実質的な争点がない場合には定時株主総会を書面投票で完結させる仕組みを各企業が選択できるようにすることを提言する。

　最後に、第6章「日本企業のコーポレート・ガバナンスの今後のあり方——ファミリー企業からの示唆」(宍戸善一＝柳川範之＝齋藤卓爾＝太宰北斗)は、日本では上場企業のうち創業者またはその一族が経営者であるファミリー企業のパフォーマンスが非ファミリー企業のそれよりも高いことの要因は、創業家が大株主としてモニタリングのインセンティブと情報を有していること、創業家出身の経営者はサラリーマン経営者に比して強いエクイティのインセンティブを有していること、創業家出身の経営者は就任時の年齢が若く、その任期も長いこと、ファミリー企業は婿養子の形で外部経営者市場を活用していることにあるとして、これらの特色を非ファミリー企業にも応用するこ

とを提言する。

3　第2部「取締役・取締役会によるガバナンス」

　第2部の嚆矢である第7章「日本型取締役会の形成と課題」（大杉謙一）は、戦後の日本企業の取締役会の規模・構成や運営の変遷、特に取締役会の決議事項の法定等を行なった昭和56年改正商法の当時の実務に対する影響や1990年代から2000年代前半にかけての執行役員制度の普及と取締役数の削減の要因の分析を通じて、日本企業は自社のおかれた状況に応じて合理的な選択をしていることが多い一方で、経営者の私的利益によって最適な選択が妨げられている場合もあることから、企業の選択肢を増やし、経営者のアカウンタビリティーを高めることが重要であると指摘する。

　次いで、第8章「社外取締役・独立取締役はどのような役割を期待されているのか？——近時の企業統治改革の効果の検証に向けて」（後藤元）は、近時の企業統治改革をめぐる議論において社外取締役・独立取締役に期待されている役割は一様ではないことを指摘し、平成26年会社法改正やコーポレートガバナンス・コードなどの企図の具体化を試みるとともに、これらの改革の効果を検証するに際しても、どの役割を問題とするのかを意識すべきであるとする。

　また、第9章「独立取締役の効果について——組織の経済学の理論からのコメント」（伊藤秀史）は、経営者とは信条・価値観の異なる独立取締役が多数を占める取締役会が意思決定を行なうことにどのような意義があるかという問題についての組織の経済学に基づくモデル分析の成果を紹介し、さらに独立取締役が取締役会における少数派である場合であっても、自己イメージを個人の選好に組み込むことによって、なお独立取締役が取締役会の意思決定に影響を与えられる可能性があることを指摘する。

　近時のわが国におけるガバナンス改革の特徴は、より積極的なリスクテイクを経営陣に期待している点にある。第10章「役員に対するイ

ンセンティブ報酬への課税とコーポレート・ガバナンス——リストリクテッド・ストックを中心に」(渡辺徹也)は、株主の観点からのリスクテイクを促進することを期待して経営陣に支給されるインセンティブ報酬について、役員側の所得税の課税のタイミングおよび会社側の法人税の損金算入の可能性に関する日本法とアメリカ連邦法とを比較し、税制がコーポレート・ガバナンスの観点から望ましい報酬設計を阻害していないかという観点からの分析を行なっている。

また、第11章「日本企業のリスクテイクと取締役の民事責任ルール」(飯田秀総)は、取締役の民事責任が追及される局面の法制度(株主代表訴訟制度、経営判断原則、および会社法429条の責任)が日本企業のリスクテイクの阻害要因として機能してきたのかという問題を定性的・法的に分析し、これらの法制度が日本企業のリスクテイクが不十分であることの一要素になってきた可能性までは否定できないものの、リスクテイクの主たる阻害要因だったとはいえないと評価すべきだとする。

4　第3部「労働法・倒産法・金融法とコーポレート・ガバナンス」

既に見たように、経営者と並ぶ人的資本の拠出者として重要なのが、従業員である。この従業員と経営者との間のインセンティブ・バーゲニングの在り方は、労働条件の設定・変更に関するルールによって規定されると考えられる。第12章「合意による労働条件設定と就業規則法理——労働契約法9条の反対解釈をめぐる一考察」(池田悠)は、経営者が労働条件を定める就業規則を従業員の不利に変更しようとする場合について、当該変更の内容が労働契約法10条の定める要件を満たさない場合にも個別の労働者との合意があれば認められるかという論点を検討するものであり、近時の判例と学説は、このような変更も可能であることを前提としつつ、当該合意が労働者の自由な意思に基づくものであることをどのように確保するかという点にその

関心を移していることを指摘する。

続く第13章「窮境企業に対する銀行の経営関与」（木下信行）では、視点が債権者と企業との関係に移される。同論文は、日本ではリスク対応金利に基づく不良債権認定の廃止や金融円滑化法に基づくリスケジュールの慫慂等のアメリカやドイツには見られなかった措置が採られたことに着目し、その背景には私的整理を含む企業再建制度の中での早期の法的手続開始を促進するような仕組みの有無や窮境企業の経営に介入した債権者の処遇に関する違いと、当局による縦割り的な対応とがあること、そしてこれらの違いが銀行のリスクの潜在化、企業の事業再構築の先送り、産業の新陳代謝の不足などの形で経済全体にも影響を与えているということを指摘する。

また、預金者という債権者を多数抱える金融機関については、預金者の保護と金融システムの健全性を確保するために金融規制が存在している。第14章「金融グループのコーポレート・ガバナンス」（加藤貴仁）は、平成28年の銀行法改正により求められるようになった金融グループ全体を対象とした経営管理体制の構築に際して、グループ構成企業にそれぞれ独立した法人格を認める会社法がその障害となっていないかという問題を提起し、会社法と金融規制の抵触が著しい場合には金融規制による会社法の代替が処方箋として検討されるべきであるが、その際には株式会社形態で金融業が営まれることの便益が大幅に減殺されることのないような配慮がなされるべきであるとする。

5　第4部「コーポレート・ガバナンス改革の理論」

まず、立法プロセスに関する分析としては、第15章「制度改革プロセスからみた企業法制改革」（中原裕彦）は、望ましい内容の制度改革であっても必ずしも実現に至らない原因を政策実現プロセスにおける利害関係者の動機付けに着目して分析し、便益が多数の者に分散して享受されるために確固とした推進主体を欠くことも少なくない企業法制改革を進めて行くに当たっての課題を指摘するものである。多くの

序章　インセンティブ・バーゲニング、企業法、立法政策

立法作業に携わってきた著者の経験を踏まえた分析は、今後のコーポレート・ガバナンス改革にとって有益な示唆に富む。

また、第16章「コーポレート・ガバナンスと政治過程」(松中学)は、コーポレート・ガバナンスをめぐる法制度の変化を説明する政治学の研究を紹介し、これらには問題点はあるものの、会社法の分野における法ルールの形成・立法過程の理解に有用であると論じる。そして、平成26年改正会社法における社外取締役の選任義務づけをめぐる法ルールの形成を素材として、3つの主要な政治学の研究が法制度の変化の最も重要な要因として提唱する、利益集団の連合とその変化、中道左派政党の主導による改革、サリエンスの変化によって説明ができるのかを検証し、審議会を通じて原案が形成される日本の会社法改正においても、政治家の役割と介入の条件が重要ではないかと指摘する。

他方、第17章「法制度の供給をめぐる政府間競争」(星明男)は、企業活動がグローバル化した状況においては、現在の抵触法の枠組みが企業側に適用法令選択の自由を広く認めるものとなっているため、法制度設計の議論には他の法域との競争という視点が欠かせないことを指摘し、日本法が使われ続けるためには、企業側の需要を満たす法制度をいかにして供給していくかという具体的な戦略が必要になると主張する。

また、第18章「海外M&A実務の日本的受容──ディスカウントTOBを題材に」(中山龍太郎)は、ディスカウントTOBというわが国独自の実務を分析し、それが欧州の制度を参考に導入された強制的公開買付制度(3分の1ルール)を背景に生み出されたものであることを指摘する。ディスカウントTOBとわが国の強制的公開買付け制度の合理性についての評価は慎重に留保されているが、海外の制度・実務を参考に改革を行なう場合に留意すべき点のあることを指摘するものであると言えよう。

(ししど・ぜんいち)

(ごとう・げん)

第 1 部

株主によるガバナンス

第 1 章
ポスト持合いにおける 2 つの課題※
―― 新たな長期株主とブロック株主

早稲田大学教授　宮島英昭

I　課題

　銀行危機以降、日本の企業の株式所有構造はドラスティックに変化した。これまで日本企業を特徴づけた銀行・法人などのインサイダー保有が後退し、代わって海外機関投資家を中心とするアウトサイダー保有が増加した。こうした株式所有構造の変化と機関投資家の資本市場におけるプレゼンスの上昇[1]は、1990年代以降に進展した日本の企業統治制度における最大の変化とも言ってよい。そして、こうした変化を背景として、近年の企業統治制度改革でも、取締役会の設計と並んで、上場企業の所有構造の在り方が大きな焦点となっている。2014年に実施されたスチュワードシップ・コードは、機関投資家の積極的な関与（目的を持った対話）を促している。他方、翌2015年から実施されたコーポレートガバナンス・コードは、取締役会の監督機能の強化、複数独立取締役の選任促進を通じて透明性の高い統治制度を

※　本稿は、宮島英昭「企業統治制度改革――ポスト持合いにおける2つの焦点」（月刊監査役2016年10月号）の内容を一部利用している。
1)　東証1部市場における外国人の売買シェアは、1988年の10%前後から2006年は40%を超え、2010年代には55%前後で推移している（東京証券取引所「統計月報」）。

創出することによって、機関投資家を惹きつける一方、株式相互持合いの解消を目的として、企業に政策保有株について明確な説明を求めている。

　もっとも、こうした政策方向には、異論も少なくない。海外機関投資家は、日本市場での投資において深刻な非対称情報に直面しているし、そもそも、ポートフォリオ投資家を中心とする海外機関投資家は、企業にコミットしないことをビジネスモデルにしているから、経営の規律におけるその役割を過大評価することはできない。むしろ、機関投資家は、過度に短期的な圧力を加え、長期的な観点に立った企業経営の実現を妨げているという見方も根強い。

　では、実際に、相互持合いに代表されるインサイダー保有は、塹壕効果を通じて、企業パフォーマンスの低迷の原因となっているのか。機関投資家は、本当に経営の規律付け効果をもっているのか、むしろ、企業経営に対して近視眼的な圧力を与えているのではないか。いずれの問いも、優れて実証的な問題であろう。本稿の課題は、筆者自身の成果を含めて、こうした問題に対する近年の実証成果を紹介し、今後の所有構造の進化の方向と、「望ましい」所有構造の在り方を検討する点にある。

　以下、本稿は次の構成をとる。Ⅱは、株式所有構造を概観し、その現在の特徴を歴史的、国際比較の視角から整理する。Ⅲでは、インサイダー保有の問題点と可能性を整理する。Ⅳでは、アウトサイダー保有の機能を整理し、近視眼的な株主による圧力の問題を検討する。Ⅴは、本稿のメッセージの要約である。

Ⅱ　株式所有構造の進化とその国際的特徴

　まず、1990年代以降の日本の上場企業の所有構造の変化を確認することから始めよう。図1は、東京証券取引所の「株式分布状況調査」を用いて、インサイダー（内部投資家）とアウトサイダー（外部投資家）

の株式保有の推移を示したものである。ここで、インサイダー保有比率とは、銀行（信託銀行の信託勘定分を除く）、保険会社、事業法人による保有の合計値で推計されている。金融論の文脈では、インサイダーとは、投資の目的が、必ずしも投資収益の最大化ではなく、何らかの意味の私的利益の実現である株主と定義され、通常、創業者、家族、経営者、さらに、従業員の株式所有を指す。しかし、日本企業の文脈では、生命保険、銀行、事業法人の投資の目的が、投資先企業との長期的な取引関係を維持することが主であるため、われわれはこれをインサイダーに分類している[2]。他方、アウトサイダー保有比率とは、外国人投資家、個人投資家、投資信託、年金信託による保有の合計値である。アウトサイダーの投資の目的は、インサイダーのそれとは対照的に、純粋な投資収益の最大化にある[3]。

　図1の通り、従来のインサイダー優位の所有構造は、1990年代半ばまで著しく安定的であったが、1997年の銀行危機以降、劇的な変化を経験した。インサイダー優位の所有構造の中心であった銀行の保有比率は、表1の通り1992年の15.6％から2004年の5.2％まで低下した。銀行は不良債権処理の原資の確保、BIS規制に対する対応のために、保有株を売却し、企業側もリスクの上昇した銀行株の売却を進めた。銀行株の売却は、99年から急進展し、01–03年においてピークに達した。この間、銀行と同様に、保険会社の保有比率も、株価の低迷がソルベンシーマージン比率に与える影響への考慮から急速に圧縮され、92年に16.2％を示した保有比率は、04年には7.4％まで低下した[4]。

---

2) この点については、Franks, Mayer and Miyajima（2014）参照。
3) 図1では、東証上場企業全体としているため、個人に創業者・経営者が含まれている。個別企業を対象とした推計では、東証1部上場企業からランダムに抽出した500社では、役員持株、創業者、従業員保有比率の合計（単純平均）は、1.4％程度である。
4) 持合い解消の過程は、Miyajima and Kuroki（2007）、宮島・新田（2011）、宮島・保田（2015）、宮島・保田・小川（2016）参照。

図1　日本企業の株式所有構造の推移

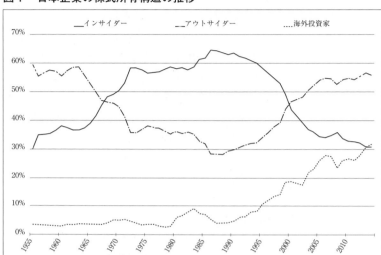

出所：全国証券取引所「株式分布状況調査」より著者作成。
注：調査対象は、全国証券取引所上場会社（旧店頭市場を除き、マザーズ、ジャスダック、ヘラクレス等の新興市場を含む）。保有比率は、原則、市場価格ベースで計算されたものを表示。データが取得できない1969年度以前は、株数ベースで計算されたもので、保有比率の変化幅の情報を失わないように補完。インサイダーは、都銀・地銀等、生損保、その他金融機関、事業法人等の保有比率合計。アウトサイダーは、外国人、個人、投資信託、年金信託の保有比率合計。1970年度から1985年度は、都銀・地銀等のみの保有比率が取得できないため、都銀・地銀等と信託銀行の保有比率合計に占める都銀・地銀等の保有比率が、1986年度のものと同一であると仮定して、都銀・地銀等の保有比率を試算。さらに、1965年度以前は、金融機関保有分の内訳も取得できないため、1966年度の内訳に基づいて、各投資主体の保有比率を試算。

　このインサイダーによる株式保有の低下に取って代わるように、機関投資家、特に海外機関投資家による株式保有が急増した。海外機関投資家の保有比率は、1992年の6.3％から1999年の急上昇を経て、2006年には27.8％まで上昇した（表1）。それ以降は、2008年から2012年まで26－28％の間で推移し、アベノミクスの実施により株式市場が好転した2013年には、海外機関投資家の保有比率が再び上昇し、2014年3月には30.3％を示した。

Ⅱ 株式所有構造の進化とその国際的特徴

表1　日本企業の株式所有構造の構成　　　　　　　　　　　　　　（％）

年度	インサイダー				アウトサイダー			
	合計	事業法人	銀行	保険会社	合計	国内機関投資家	海外機関投資家	個人投資家
1972	60.4	29.5	15.9	15.0	35.6	1.5	4.5	29.6
1973	60.8	29.9	16.3	14.6	35.6	1.4	4.0	30.2
1974	59.8	28.4	16.6	14.8	36.8	1.9	3.2	31.7
1990	61.7	30.1	15.7	15.9	34.9	9.8	4.7	20.4
1991	60.7	29.0	15.6	16.1	36.0	9.7	6.0	20.3
1992	60.3	28.5	15.6	16.2	36.9	9.9	6.3	20.7
2004	34.7	22.1	5.2	7.4	63.0	18.4	23.3	21.3
2005	33.2	21.3	4.7	7.2	64.2	18.0	26.3	19.9
2006	32.9	20.8	4.6	7.5	64.1	17.6	27.8	18.7
2011	31.6	21.6	3.9	6.1	65.3	18.6	26.3	20.4
2012	31.2	21.7	3.8	5.7	65.9	17.7	28.0	20.2
2013	30.0	21.3	3.6	5.1	66.7	17.2	30.8	18.7

出所：全国証券取引所「株式分布状況調査」より著者作成。
注：図1の注を参照。

1　国際的特徴

　内外の機関投資家の保有比率が急速に上昇したものの、国際的に見ると、表2の通り日本の上場企業ではインサイダー保有が依然として高いことがわかる。英・米では、機関投資家を中心にアウトサイダーの比重がすでに90％を超え、事業法人・銀行の保有はわずかである。両国の差は、米国では、国内機関投資家が中心であるのに対して、1990年に英国で海外機関投資家が増加したことである[5]。それに対して、ドイツや韓国では、事業法人・政府（地方を含む）や創業家一族・企業の保有比率が高く、アウトサイダー保有比率が上昇したものの、依然

---

5)　近年の米・独の所有構造については、Franks, Mayer and Wagner（2015）参照。

表2　株式所有構造の国際比較

日本は上場企業の時価総額加重。米国は2011-13年平均、英国は2008、2010、2012年平均、ドイツ・韓国は2011－13年平均、ドイツのインサイダーは、銀行・事業法人・政府（地方を含む）。韓国のインサイダーは、個人・機関投資家に関連企業を含むため集計資料からは推計不可能なため、ソウル国立大学Park教授の推計［2013］による。アウトサイダーは、100－（インサイダー＋政府・行政機関保有）。そのため、他アウトサイダーは、海外・国内機関投資家・個人の合計とは一致しない。　資　料：Board of Governors of the Federal Reserve System, *Financial Accounts of the United States*, Office for National Statistics, UK, *Historical Annual Tables 2005-2013*. Deutsche Bundesbank, *Special Statistic Publication* 4. Korean Exchange, *Annual Report*, Park, S., *Korean Capitalism*.　　　　　　　　　　（％）

	インサイダー	アウトサイダー	海外機関投資家など	国内機関投資家	個人
日本 （1990-92年平均）	62.3	37.4	5.7	11.3	20.5
日本 （2010-12年平均）	32.4	67.4	27.0	20.1	20.3
US	1.0	98.6	13.3	46.0	39.2
UK	5.2	91.8	46.0	35.4	10.3
ドイツ	55.8	44.2	18.4	17.2	8.6
韓国	56.1	40.3	34.3	15.8	20.

インサイダー保有は50％を超える。現在の日本の上場企業の構成は、英・米と大陸欧州・韓国のちょうど中間に位置しているといえよう。

2　所有構造の多様化

　もっとも、日本企業のすべてが均等に株式所有構造を変化させたわけでない。図2は、時価総額の高い順に5つのグループに分けた場合の、海外機関投資家の保有比率（単純平均）の推移が示されている。同図によれば、海外機関投資家の保有比率は、1990年代の初頭には、時価総額が最も大きいグループ（第5五分位）と最も小さいグループ（第1五分位）の間に大きな差はなく、ほぼ均等に分布していた。しかし、

Ⅲ インサイダー保有

図2 規模別海外機関投資家の保有比率の推移

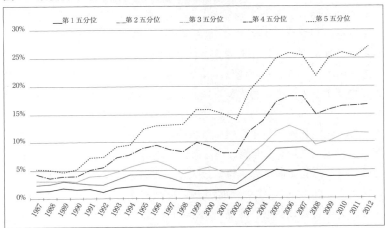

出所：日経NEEDS-Cges、日経大株主データ、FactSetより著者作成。

2000年代半ばには、第5五分位のグループが25％を超える一方、第1五分位のグループは依然として5％程度に留まっている。アウトサイダー株主が支配的である英・米や、逆に上場企業が少ない大陸欧州では、上場企業の所有構造が同質的であるとみられるのに対して、日本の上場企業の所有構造は、過去と比較しても、また、他の先進国と比較しても、大きく多様化した。

Ⅲ　インサイダー保有——塹壕効果とモニタリング

1　塹壕効果の顕在化

　日本企業の、企業間、および、企業・銀行間の相互持合いを中心とするインサイダー優位の所有構造は、かつては短期的な視野の株主の

撹乱的影響を阻止する長期経営の基礎として、ポジティブに捉えられていた[6]。特に、銀行・事業法人は、経営の監視に十分なインセンティブを持つブロック株主として、投資先企業の財務危機時に介入するモニタリングの主体とも考えられていた[7]。

もっとも、こうした機能は、相互に株式を持ち合う銀行・企業などの安定株主が外部株主の影響を遮断するという塹壕効果を暗黙の裡に含意している。たとえば、主として高度成長期から1970年代について、株主安定化が、日本企業に特徴的な売上最大化行動を支え、これが高い投資（成長）を可能とする条件と理解されてきたが、そうした行動は、ほぼ自動的に株主価値最大化が要請する点を上回る投資比率の選択を意味する[8]。この側面が1990年代初頭まで注目されなかったのは、売上げが成長し、企業（内部者）により選択された投資比率を実現する企業価値と株主価値最大点との乖離が小さかったためであろう。

しかし、株式市場の圧力が緩和されたまま成長が鈍化すれば、企業による選択と株主価値最大化が要請する選択との乖離は拡大する。こうして、安定株主は、バブル期には過剰投資を誘発し、その崩壊後には必要な事業組織化を遅らせる機能を果たした。それに注目して、1990年代後半には、安定株主が、経営者（インサイダー）の私的便益に沿った意思決定を行う条件になるという塹壕（エントレンチメント）効果を強調する見方が強まった。

バブル期からバブル崩壊後に、安定株主が負の側面を示したこと

---

[6] もっとも、こうしたポジティブな効果を実証的に示したものは少ない。筆者は、戦後復興期の企業再建整備（バランスシート調整）の過程で、戦後改革で分散された個人株主の圧力が、会計上、償却の増大につながる資産再評価を回避する傾向があり、株主の安定化が適切な資産再評価を促進したことを明らかとした（宮島 2004、第9章）。

[7] 理論的角度からBerglof and Perotti（1994）参照。

[8] たとえば、青木・伊丹（1985、第9章）にそうした説明がある。

Ⅲ　インサイダー保有

を、多くの実証研究が明らかにしている。たとえば、Miyajima and Kuroki（2007）は、1990-2004年について、企業のパフォーマンスが、銀行・生命保険会社の株式保有比率に負に感応していることを明らかにした。この推計結果は、2013年まで期間を拡大した推計でも確認されている（宮島・保田・小川　2016）。他方、池田・井上・渡部（2016）は、相互持合いが、経営者の安逸な行動（quiet life）を可能として、低い実物投資やR&D、消極的なM&A、遅い事業組織化をもたらしていることを示した。とくに、塹壕効果の問題点が懸念されるのは、買収提案などの資本市場の圧力に直面した企業が、相互持合いを強化するケースである。たとえば、滝澤・鶴・細野（2007）、胥（2009）は、敵対的買収防衛策を導入した企業の持合い比率が却って高いことを明らかとした。

　2015年から実施に入ったコーポレートガバナンス・コードでは、政策保有株の説明を求めることによって、相互保有の解消が意図されているが、以上の実証成果から見て、これは基本的に正しい政策方向と評価することができよう。他方、銀行・保険会社は、保有株式の変動が財務健全性に与えるリスクの考慮を強めているし、また、時価会計のもとで、事業法人も、「戦略的提携」を名目とした相互保有のリスクが大きいことは共有されているから[9]、経営権の相互保障を目的とするいわゆる政策保有は、今後も縮小していくと見られる。

　もっとも、企業間、および、企業と金融機関が相互に株式を保有するという持合いの解消の合理性が高いとしても、そのことは、インサイダー保有の全てを否定することを意味しない。とくに、機関投資家の保有比率が低く、流動性の低い企業では、経営の監視に十分なインセンティブをもつインサイダーのブロック保有は重要である。この点

---

9)　これは、2008年のリーマンショック後の株価低落局面で明らかとなった。株価の急落によって、「戦略的提携」を試みた各社は、大きなキャピタルロスを被り、一部の企業では減損処理を強いられた（「神鋼、評価損138億円、4〜12月、持ち合い株下落影響か」日本経済新聞2012年1月6日）

に関連した、次の3点を付け加えておこう。

　第1に、事業法人のブロック保有は依然として合理性がある。これまで事業法人のブロック保有が、企業パフォーマンスに対してポジティブな影響を持って来たことが確認されている。たとえば、Yafeh and Yosha（2003）は、化学産業を対象にして、ブロック株主の株式保有がパフォーマンスにポジティブな効果を持つことを明らかとした。また、宮島・新田・宍戸（2011）は、上場子会社が、同産業、同規模の独立企業に対してパフォーマンスが高い、少なくとも低いことはないことを示した。相対的に高いパフォーマンスは、親会社によるモニタリングにもとづき、親会社が搾取する可能性が低いのは、親会社が公開されており、新興国の家族企業のように支配株主である家族が、私的利益のために影響力を行使することがないことに求められる。現在、東証1部上場企業のうち、親会社による保有が30％を超える企業の割合は、概ね15％程度を占める。そこでは、親会社によるモニタリングが重要な意味をもつ[10]。

　第2に、メガバンクの株式保有も一概に否定されるべきではない。銀行の株式保有の動機はもともと債権保全・取引関係維持の側面が強かった。しかし、銀行再編成後のメガバンクの株式投資行動には実質的な変化が生じており、投資対象企業の選別が強まっている。たとえば、みずほ銀行は、2015年6月、取引先の収益性と成長性に基づいて銘柄選択を進めること、政策保有株の議決権行使にあたっては、発行会社が適切な統治体制を構築しているかを判断基準の一つとすること、また、会社提案に賛成できない場合は売却の選択枝を排除しないとの方針を明示し、他のメガバンクもそれに追随している[11]。

　2014年末の時点で、主取引銀行（メインバンク）の株式保有比率が、

---

10) 齋藤・宮島・小川（2016、表9-2）。ただし、サンプルは、東証1部上場上企業からランダムに選択された500社。全国1部上場企業については、宮島・新田・宍戸（2011、p.298）に試算があるが、閾値は33％である。

Ⅲ　インサイダー保有

表3　規模別株式所有構造

	中央値（億円）	海外機関投資家保有比率（%）		機関投資家保有比率（%）	3%以上ブロックを保有する企業のシェア（%）		
		1991年3月期	2014年3月期		内外機関投資家	保険会社	メインバンク
単純平均	415	3.3	15.2	23.4	40.8	22.4	26.1
第5五分位	5,615	5.2	29.9	40.3	49.1	30.7	15.8
第4五分位	1,327	4.0	19.2	29.9	56.6	17.2	20.8
第3五分位	523	3.0	13.6	22.3	46.4	24.1	30.3
第2五分位	273	2.8	8.5	15.2	36.1	23.8	34.2
第1五分位	122	1.6	4.7	9.0	16.0	16.3	29.4

出所：小川亮氏との共同研究による。対象は、2014年3月末時点で、東証一部に上場している1,612社（非金融事業法人）。同様に、1991年3月期の対象は1,187社。原資料は、日経NEEDS-Cges、日経大株主データ、FactSetによる。各分位の保有比率は、単純平均。外部株主は、内外機関投資家合計。主取引銀行（メインバンク）の特定化は、日経NEEDS-Cgesによる。

　発行株の3%を超える企業は、90年代に比べて大幅に減少したとはいえ、相対的に規模の小さい企業（第2・3五分位）を中心に依然上場企業の30%を占める（表3）[12]。今後、メガバンクがブロック保有を維持する企業に対して上記の方針を徹底すれば、企業価値の上昇につな

---

11)「持ち合い株巡る深謀遠慮、眠れる「50兆円」の行方」日本経済新聞（電子版）2015年6月4日、「持ち合い株削減へ数値目標、三井住友FG、秋めどに、保有リスク抑える」日本経済新聞2015年7月3日。最近のメインバンク関係の変化については、蟻川・宮島・小川（2016）参照。

12) 理論的には、ブロック株主とは、経営者の監視に十分なインセンティブを持つ株主と定義される。他方、実証的には、5%以上を保有する株主をブロック株主とすることが通例となっており、それはもっぱら各国の保有報告（大量保有報告書）の義務の閾値が5%あることによる（La Porta et al. 1999）。もっとも、監視のインセンティブは保有比率の増加関数であり、したがって、株主の企業価値、企業行動は連続的な関係が想定され、一定の閾値を事前に決定する理由はない（Edmans 2014）。ここでは、銀行の株式保有が5%に法的に規制されていることから、3%を閾値にとった。

がる統治制度改革の促進にも大きなインパクトを与える可能性があろう。

　事業法人（親会社）、銀行などの日本企業におけるインサイダーのブロック株主は、実は、英・米で増加しているプライベート・エクイティ（以下、PE）と共通の機能を果たしているとも見ることができる。米国・英国のPEは、TOBを通じた非上場化によって、投資先企業の経営陣を短期的な株主の圧力から解放し、対象企業の経営やモニタリングに積極的に関与する。これと同様に、我が国の事業法人は、長期保有にコミットすることによって経営の安定に寄与し、財務危機に陥った場合、経営に介入し、救済にあたる[13]。この意味で、事業法人のブロック保有は、これまでポジティブな効果をもっていたし、今後も、機関投資家保有比率の低い企業では、上場のメリットを確保しながら、有効な企業統治を維持する仕組みとして機能する可能性があろう。

　さらに、第3に、近年、生命保険会社が、投資主体としての性格をかつてのインサイダーから変化させつつあることが注目されるべきである。これまで生命保険会社は、「物言わぬ」株主とされ、議決権を積極的に行使したり、投資先企業と対話を試みることは少なかった。しかし、1990年代末以来、保有株の圧縮を続けて来た生命保険会社は、近年保有株式の選別を進めている。また、既述の通りスチュワードシップ・コードの受け入れを契機に、保険会社では、行使前の精査対象の拡大、議決行使基準の強化、議決権行使結果の公表などの動きを進める一方、投資対象企業に対するエンゲージメントに積極化した。現在保険会社の株式保有合計が3％を超える企業は、上場企業の22％を占め、時価総額別では、規模の小さい第2・3五分位のシェアも高い（表3）。生命保険会社のこの「物言う株主」への転換が実際どの程度

---

[13] 近年、こうした事例が、増加している点については、蟻川・宮島・小川（2016）。

進むのかについては、今後注目されよう。

2　ポスト持合いの新たな長期保有主体

　他方、機関投資家の保有比率が過半を超えた企業では、ポスト持合いの新たな環境に適応した所有構造の設計が課題となっている。もっとも、後述するように、こうした企業が、近視眼的な株主の圧力に直面しているという見方は的確ではない。しかし、売買回転率が上昇して、退出（Vote with feet）の圧力が強まり、他方、議決権行使の面でも、機関投資家は投資対象企業の議案を十分に精査することなく、ISSなどの議決権行使助言会社の助言に追随する可能性もある。それに対応して、とくに機関投資家の保有比率が過半を超えた企業が、従来の持合いに代わる長期保有の主体を検討することは、自然な動きともいえる。

　では、こうした新たな経済・制度環境の下で、持合い解消後の企業にとって「望ましい」所有構造とはいかなるものが考えられるか[14]。

　もちろん、第1に、既述のメガバンク、保険会社などの経営の監視にインセンティブをもつブロック株主は、企業にとっては長期保有主体の候補である。もっとも、時価総額規模の大きい日本の上場企業では、こうしたインサイダーの保有比率の引き上げには限界がある。

　そこで、第2の選択枝は、経営者や従業員などの株式保有の促進である。日本企業の経営者の持ち株比率は低く、株式対価の報酬は、単に株主との利益アライアントだけではなく、所有構造の調整として意味をもつ。また、大湾・加藤・宮島（2016）によれば、全要素生産性、トービンのq、ROAのいずれの指標も従業員持株会の保有比率に有意に正に感応しており、十分な生産性促進効果が確認できるから、奨励

---

[14] 以下の他にも、株主優待や、2015年にトヨタ自動車の発行したAA種類株がある。これは、投資家が長期的視点から購入するメリットを与える種類株の初めての試みである。

金の引き上げ等を通じて従業員持ち株の活動を促進することも重要な選択肢となろう[15]。

最後に注目されるのは、2000年代初頭から選択可能となった自社株買いである。これまで、自社株買いは、還元政策の一環として配当との選択が注目されてきたが、浮動株を吸収することを通じて、上場企業の株式所有構造の調整に利用することができる。簡単な試算によれば、2001年から2014年の14年間に、東証一部上場企業のうち半数の企業（2,335社中1,227社）が1回以上自社株買いを行い、この1回以上自社株買いを行った企業の累計自社株買い比率（各期の自社株買／期初発行株の累積比率）は平均8.4％に達した。この自社株買い上位20％の企業の累計自社株買い比率の閾値は12.9％である[16]。しかも、概算であるが、英・米とは異なって、この自社株買いのうち消却されるのは40％程度で、その他は金庫株として保有され、その一部は第三者割当に利用される場合もある[17]。

以上、機関投資家の保有比率が50％を超えた企業では、新たな所有構造の設計が今後の企業経営にとって一つの焦点となっており、それが十分に整備されなければ、株式市場から撹乱的影響を受ける危険性がある。しかし、逆に経営者保有や、従業員所有、種類株の導入、自社株買いによる新たな安定化が過度に進めば、塹壕効果が強まって、

---

[15] なお、従業員持株会の保有比率の平均は、現在1.5％前後であり、エントレンチメントの危険も少ない（大湾・加藤・宮島（2016））。

[16] 上場企業に限って言えば、2001-2014年の自社株買いの規模は、新規発行よりも大きい（東京証券取引所資料）。以下の記述は、小川氏と進める共同研究の暫定的な結果である。

[17] 太田珠美「自社株買い増加の背景と今後の動向」（大和総研）3頁、http://www.dir.co.jp/research/report/capital-mkt/20150724_009962.pdf
　目立った例として、任天堂が創業者の死去に伴い購入した自社株（金庫株）のうち発行済の2％弱を保有分を利用して、DeNAに売却し、その受取金を利用してDeNAの発行株を10％購入した事例がある。https://www.nintendo.co.jp/ir/pdf/2015/150317_2.pdf

企業統治の低下につながる。こうした新たな試みの今後の動向が注目されよう。

Ⅳ　アウトサイダー保有──近視眼とフリー・ライダー問題

1　機関投資家の機能

Ⅱで確認した通り、機関投資家の増加は、近年の日本企業の株式所有構造の変化の大きな特徴であった。では、実際に機関投資家はこの間どのような役割を演じているのか。

第1に、機関投資家は、2000年代の企業統治制度の整備の一つのドライバーとなった。一連の研究は、海外機関投資家が、透明性の高い、米国型の取締役制度に選好をもっていることを解明している。宮島・新田 (2011) が2008年までについて、また、宮島・保田・小川 (2016) が2013年まで期間を拡張して、海外機関投資家が整備された統治機構に選好をもつことを明らかにした。海外機関投資家は、この間、取締役会規模が小さく、独立取締役を多く選任し、政策保有株が相対的に小さい企業を選好してきた。

他方、機関投資家がいったん増加した企業では、確実に企業統治制度の整備が実現した。たとえば、宮島・小川 (2012) は、海外機関投資家の保有比率が高ければ、他の事情を一定として、独立取締役の導入確率が高いこと、さらに、より重要な点だが、そうした企業では、取締役会の構成はファンダメンタルな要因（事業の複雑性、株主と経営者の利害対立の深刻度等）によって決定される傾向が強いことを示した[18]。

以上の意味で、日本では海外機関投資家保有の上昇が、2000年代に

---

18) 齋藤 (2011) も同様の結果を得ている。

入って企業統治制度の整備、グローバル・スタンダードの制度への接近を促進してきたことに疑いがなく、Aggarwal et al.（2011）の言葉を借りれば、米国の機関投資家が、企業統治制度を「輸出」したということができる。

　第2に、機関投資家が、投資、M&A、負債選択、配当行動などの経営行動に影響を与えていることも解明されつつある。全ては紹介できないが、たとえば、負債選択について、宮島・保田・小川（2016）は、機関投資家は負債比率の低い企業を選好する傾向が強い一方、いったん保有比率が上昇すれば、負債の選択を促進することを示した。また、多角化については、牛島（2015）が、2000年代の日本企業について、7–8％の多角化ディスカウント[19]が存在することを確認した上で、機関投資家の保有比率の高い企業ほど、多角化企業による専業化の確率が高くなることを示した[20]。他方、Amadjian and Robbins（2005）は、海外機関投資家の保有比率の高い企業の方が、雇用調整で測った事業再組織化に積極的なことを指摘している[21]。

　第3に、機関投資家の高い保有が上場企業の配当性向、DOE（配当／自己資本）を引き上げている点について、広い認識の一致がある。たとえば、宮島・保田・小川（2016）は、機関投資家が配当性向の高い企業を選好するという逆の因果関係を考慮しても、機関投資家の保有比率の高い企業のDOEが高いことを確認している。さらに、機関投資家は、経営者の交代にも影響を与えている。一般に、企業統治の有効性は、業績が悪化した企業の経営者の交代を促すか否かによってテストされるが、齋藤・宮島・小川（2016）は、1990年から2013年につ

---

19) 複数の産業に多角化した企業が、同じ産業で活動する代表的な専業企業のポートフォリオに比べて市場から低く評価される
20) Aman and Nguyen（2008）にならって推計には、日経NEEDS-Cgesから作成されたコーポレート・ガバナンス・インデックスの高い企業（ガバナンス機能に優れた取締役会と所有構造を持つ企業）を利用している。
21) ただし、その程度は米国に比べて小さいことを強調している。

いて、東証1部上場企業からランダムに抽出した500社を対象として、経営者交代の決定要因を分析した。その結果、経営者交代が感応する企業業績指標が、1997年の銀行危機以降、ROAからROEならびに株価収益率に移りつつあること、また、メインバンクが強い影響力を及ぼしていると考えられる企業では経営者交代のROAに対する感応度が高い一方で、海外機関投資家の持株比率が高い企業ではROEに対する感応度が高いことを明らかにした。

　最後に、機関投資家の高い保有比率が、トービンのqやROAで測定した企業パフォーマンスに対してポジティブな効果を持つ点についても大方の一致がある。もっとも、こうした主張には、逆の因果関係を捉えているにすぎないという有力な批判がある。そのため、多くの研究は計量的なテクニックを利用して、機関投資家がパフォーマンスの高い企業を選択するという逆の因果関係をコントロールしても、機関投資家の保有比率の上昇がパフォーマンスにポジティブな効果をもたらすかの解明に精力を傾けてきた（たとえば、Ferreira and Matos [2008]）。日本に関しては、宮島・新田（2011）、宮島・保田（2015）などが、2段階推定等を利用して、機関投資家のパフォーマンスに対するポジティブな関係を示している。

2　近視眼圧力は深刻か

　以上のように機関投資家は、少なくとも上位の大企業に関しては、従来のメインバンクに代わる経営の規律の中心となりつつある。しかし、機関投資家の存在が配当性向を引き上げ、経営者交代の業績感応度を引き上げるとしても、こうした圧力は株主の利害を一方的に守るだけで、長期的な経営に悪影響を与えているだけではないかという批判もありうる。とくに、機関投資家の保有比率が過半を超えた企業では、経営者に対する近視眼的な圧力の存在が指摘されている。

　もっとも、近視眼的圧力とは、必ずしも明確に定義されているわけではない。経済学的には、次の2つの事態が想定されよう。一つは、

投資家の期間認識が（経営者より）短く、そのため長期的に利益を生む投資プロジェクトよりも、短期的に利益を生む投資プロジェクトを選好する場合である。この場合、経営者も投資家の選好を読み込んで、長期的に利益を生むプロジェクトの存在を知っていてもその選択を回避する可能性がある。もう一つは、投資家と経営者の間に非対称情報があり、たとえば、市場（株主）が配当を企業のパフォーマンスの重要な指標と見なすケースである。その場合、経営者は、長期的には内部留保することが合理的であることを認識していても、その選択を回避する可能性がある。

しかし、実際には、日本企業に関する実証結果は、現在のところ以上のように定義された近視眼的行動を支持する証拠を提供していない。

第1に、逸話的には、期間認識の短い投資家として、たとえば、ヘッジファンドがあげられるが、日本市場におけるその活動は低調であり、経営に近視眼的な影響を与えているとは考えにくい[22]。システマテックな分析として近視眼的行動のテストが容易な経営行動の一つは、長期的視点を要求されるR&Dである。David et al. (2006) は、このR&D支出と海外機関投資家の保有の関係を検証し、機関投資家の保有比率が、資本、R&D支出を引き上げていることを示した。同様に、蟻川・河西・宮島（2011）は、機関投資家が、R&D投資を促すという結果を得ている。

第2の近視眼の罠は、過度の配当支払いである。既述の通り機関投資家の高い保有が、上場企業の配当性向、DOEを引き上げる点については広い認識の一致がある。しかし、成長可能性が高い企業で、機関投資家の圧力の結果、過度の配当を支払えば、長期的な成長可能性を失うことになる。そこで、宮島・保田・小川（2016）は、サンプルを

---

22) 直接に近視眼をテストしたものではないが、日本のアクティビストファンドの成果が乏しい点については、Becht, Franks, Grant and Wagner. (2015) 参照。

成長企業と、成熟企業に分割して推計を試み、機関投資家の投資促進効果は成長企業に観察できるのに対して、配当の引き上げ効果は成熟企業に観察できることを示した。

以上から内外の機関投資家の所有比率の上昇と、株式市場のプレゼンスの上昇に直面して、しばしば、それが近視眼的な経営を促すという見方が提示されるが、この見方は実証的には支持されない。作用し始めたのは、株主の利益に反する行動をとる企業の株は売却するという、いわゆるウォール・ストリート・ルールに基づく退出の脅威であり[23]、近視眼的な圧力が経営にシステマテックに悪影響を与えているとは評価できない。

もっとも、アウトサイダー株主の増加とともに、非合理な株主による経営への撹乱的影響のリスクも上昇するから、それに対応して機関投資家の保有比率が過半を超えた企業が、あらたな長期保有の主体を求めることは自然な動きであり、その帰趨に注目する必要がある。しかし、こうした企業群の今後の統治制度の整備に関して、より重要な点は、経営者の監視に十分なインセンティブを持つブロック株主が少ないことである。最後にこの点に触れておく。

3　アウトサイダーブロック株主の将来

たとえば、株式所有構造が高度に分散し、事業法人、銀行が上場企業の株式を保有することが少ないと理解されている米国でも、S&P500社のうち89%の企業には5%以上のブロック株主が存在すると報告されている（Holderness 2009, p.1378）。このアウトサイダーのブロック株主が、買収、株主提案、委任状争奪戦、議決行使などを通じて（Shleifer and Vishney 1986）、あるいは退出（Admati and Pffeiderer

---

[23] 退出が脅威となる条件は、機関投資家の売却が株価を引き下げることである。宮島・保田・小川（2016）によれば、2006–2013年について、1標準偏差（5%）の海外機関投資家保有比率の低下が、TOPIXで標準化されたリターンを5–7%引き下げることを示している。

2009）によって企業統治の向上に貢献する。しかし、我が国の場合、前掲、表3によって、海外機関投資家が投資のユニバースとする MSCI（Morgan Stanley Capital International Index）組み入れ銘柄に近い、時価総額第1五分位の企業に限ってみても、機関投資家が3％以上保有する企業は 49.1％、5％以上を閾値とすると 28.8％にとどまる。2000年代に入って出現しつつある機関投資家を中心とした経営の規律の仕組みは、今のところ、主としてポートフォリオ投資家の退出のメカニズムに依存しており、投資先企業の情報獲得と対話に資源を投入し、影響力を行使する株主（ブロック株主）が十分存在しない。そのため、古典的なフリーライダー問題が深刻化する可能性がある。

　しかし、この問題の解決は容易ではない。海外機関投資家の日本株投資の多くが、国際分散投資一環として行われる現状から、こうした投資家に日本企業に対する強いコミットメントを求めるのは難しい。この面で、むしろ期待されるのは、国内機関投資家（信託銀行・投資顧問）かもしれない。もっとも、国内機関投資家は、投資顧問会社にせよ、信託銀行にせよ、その銘柄選択・議決権行使には、親会社、グループ会社の影響を受ける可能性が指摘されてきた。このうちの前者について、宮島・保田（2015）によれば、国内投資顧問会社の投資行動には、海外機関投資家と異なる強いバイアスはすでに見られない。しかし、後者の議決権行使や経営者との対話の面では、海外機関投資家に比べて投資先企業に対して依然独立性を欠いている可能性も高い。たとえば、齋藤・宮島・小川（2016）は、国内機関投資家の保有は、海外機関投資家とは異なって、経営者交代の業績感応度に有意な影響を与えないことを報告している。

　近年、内外の機関投資家が、投資家フォーラムを形成して、エンゲージメントに対して情報交換や、投資家の関心の啓もう活動を行い始めたことは、機関投資家の緩い協調行動として注目されよう。今後、機関投資家を中心とする経営の規律の仕組みが機能するためには、ポートフォリオ投資家による退出の圧力に加えて、経営監視に十分な

インセンティブをもつブロック株主の形成を促す制度の洗練（ファインチューニング）を図ることが重要なアジェンダとなろう。

V 「最適な」所有構造に向けて

　以上の分析の要点を今一度確認しておこう。日本企業の株式所有構造は、アウトサイダーの比重が急速に増価すると同時に、従来に比べて著しく多様化した。アウトサイダー株主の増加は、企業統治制度の整備を促す一方、主として、退出のメカニズムを通じて、日本の上場企業の経営の規律の中心になりつつある。

　過去20年間に観察された、安定株主、とくに相互保有の塹壕効果を考慮すれば、株式持合いの解消は基本的に正しい改革方向である。ただし、その場合、事業法人のブロック保有まで否定されるべきではない。また、生命保険会社・銀行の投資行動が変化していることは、注目されるべきである。物言わぬ株主、あるいは、債権者としての利害の優位が指摘されてきた両機関は、今後、ブロック株主として、機関投資家の保有比率が低く、退出の圧力の作用しにくい中規模企業の経営の規律の中心となる可能性があり、今後の動向が注目される。

　リーディング企業では、機関投資家の保有比率が急速に上昇する一方、その中心をポートフォリオ投資家が占め、アウトサイダーのブロック株主が少ないという点に大きな特徴があった。しかし、これがもたらす問題は、日本企業を、潜在的に近視眼的な株主の圧力に曝すことではなく、むしろ経営の監視に十分なインセンティブを持つ株主が不在なためにフリーライダー問題が発生する点にある。こうした中で、ポートフォリオ投資家とブロック株主との適切な組み合せを見出し、その実現をどのように促進していくかが、政策的にも、企業の株主政策からも今後重要な課題となると言えよう。

第 1 章 ポスト持合いにおける 2 つの課題

(参考文献)

Aggarwal, R., I. Erel, M. Ferreira, and P. Matos. (2011), "Does Governance Travel around the World?: Evidence from Institutional Investors," *Journal of Financial Economics*, Vol. 100, Issue 1, pp. 154-181.

Admati, A., and P. Pfleiderer. (2009), "The "Wall Street Walk" and Shareholder Activism: Exit as a Form of Voice", *Review of Financial Studies*, Vol. 22, Issue 7, pp. 2645-2685.

Ahmadjian, C. L. and G. E. Robbins. (2005) "A Clash of Capitalisms: Foreign Shareholders and Corporate Restructuring in 1990s Japan", *American Sociological Review*, Vol. 70, Issue 3, pp. 451-471.

Aman, H. and P. Nguyen. (2008) "Do Stock Prices Reflect the Corporate Governance Quality of Japanese Firms?", *Journal of the Japanese and International Economies*, Volume 22, Issue 4, pp. 647-662.

Becht, M., J. Franks, J. Grant, and H. Wagner. [2015] "The Returns to Hedge Fund Activism: An International Study", *European Corporate Governance Institute (ECGI) - Finance Working Paper*, No. 402/2014.

Berglof, E. and E. Perotti. (1994). "The Governance Structure of the Japanese Financial Keiretsu," *Journal of Financial Economics*, vol. 36 (2), pp. 259-284.

David, P., T. Yoshikawa, M. D. R. Chari, and A. A. Rasheed. (2006), "Strategic Investments in Japanese Corporations: Do Foreign Portfolio Owners Foster Underinvestment or Appropriate Investment?" *Strategic Management Journal*, Vol. 27, Issue 6, pp. 591-600.

Edmans, A. (2014) "Blockholders and Corporate Governance", *Annual Review of Financial Economics*, Vol 6, pp.23-50.

Franks, J., C. Mayer, and H. Miyajima. [2014] "The Ownership of Japanese Corporations in the 20th Century", *Review of Financial Studies*, Vol. 27, Issue 9, pp. 2580-2625.

Franks, J., C. Mayer, and H. Wagner [2015], "The Survival of the Weakest: Flourishing Family Firms in Germany, *Journal of Applied Corporate Finance*, Vol. 27, Issue 4, PP.27-35.

Ferreira, M. A. and P. Matos. (2008), "The Colors of Investors' Money:

The Role of Institutional Investors around the World," *Journal of Financial Economics*, Vol. 88, Issue 3, pp. 499-533.

Holderness, G. C. (2009) The Myth of Diffuse Ownership in United States, Review Financial Studies, *The Review of Financial Studies* vol. 22, issue 4, pp. 1377-1408.

La Porta, R., F. Lopez-de-Silanes, and A. Shleifer. [1999] "*Corporate Ownership around the World*", *Journal of Finance*, Vol. 54, Issue 2, pp. 471-517.

Miyajima, H. and F. Kuroki. (2007), "The Unwinding of Cross-Shareholding in Japan: Causes, Effects, and Implications" in Aoki, M, G. Jackson and H. Miyajima (eds.) *Corporate Governance in Japan: Institutional Change and Organizational Diversity*, Oxford: Oxford University Press, pp. 79-124.

Shleifer, A. and R. W. Vishny. (1986), "Large Shareholders and Corporate Control", *Journal of Political Economy*, Vol. 94, Issue 3, pp. 461-488.

Yafeh Y. and O. Yosha. [2003] "Large Shareholders and Banks: Who Monitors and How?", *Economic Journal*, Vol. 113, Issue 484, pp. 128-146.

青木昌彦・伊丹敬之(1985)『企業の経済学』岩波書店

蟻川靖浩・宮島英昭・小川亮(2016)「メガバンク成立後の企業銀行関係」、宮島英昭編『企業統治制度改革と日本企業の成長(仮)』東洋経済新報社、近刊。

蟻川靖浩・河西卓弥・宮島英昭(2011)「R＆D投資と資金調達・所有構造」、宮島英昭編著『日本の企業統治――その再設計と競争力の回復に向けて』東洋経済新報社、341〜366頁。

池田直史・井上光太郎・渡部翔(2016)「コーポレートガバナンスが企業の意思決定に与える影響―― Quiet life 仮説の検証」日本ファイナンス学会報告論文。

牛島辰男(2015)「多角化ディスカウントと企業ガバナンス」財務省財務総合政策研究所『フィナンシャル・レビュー』、財務省財務総合政策研究所、69〜90頁。

大湾秀雄・加藤隆夫・宮島英昭(2016)「従業員持株会は機能するか？――従業員持株会状況調査25年分のデータに基づくエヴィデンス」、宮島英昭

編『企業統治制度改革と日本企業の成長（仮）』東洋経済新報社、近刊。

齋藤卓爾（2011）「日本企業による社外取締役の導入の決定要因とその効果」、宮島英昭編著『日本の企業統治——その再設計と競争力の回復に向けて』東洋経済新報社、181〜213頁。

胥鵬（2009）「買収防衛策イン・ザ・シャドー・オブ株式持合い」『旬刊商事法務』1874号、45〜55頁。

滝澤美帆・鶴光太郎・細野薫（2007）「買収防衛策導入の動機——経営保身仮説の検証」RIETI Discussion Paper Series, 07-J-033.

田中亘（2016）「企業統治改革の現状と展望——取締役会制度を中心に」宮島英昭編『企業統治制度改革と日本企業の成長（仮）』東洋経済新報社、近刊。

宮島英昭（2004）『産業政策と企業統治の経済史——日本経済発展のミクロ分析』有斐閣。

宮島英昭・新田敬祐（2011）「株式所有構造の多様化とその帰結：株式持ち合いの解消・「復活」と海外投資家の役割」、宮島英昭編著『日本の企業統治——その再設計と競争力の回復に向けて』東洋経済新報社、105〜149頁。

宮島英昭・新田敬祐・宍戸善一［2011］「親子上場の経済分析——利益相反問題は本当に深刻なのか」宮島英昭編著『日本の企業統治——その再設計と競争力の回復に向けて』東洋経済新報社、289〜337頁。

宮島英昭・小川亮（2012）「日本企業の取締役会構成の変化をいかに理解するか——取締役会構成の決定要因と社外取締役の導入効果」『旬刊商事法務』1973号、2012年8月5日。

宮島英昭・保田隆明（2015）「株式所有構造と企業統治——機関投資家の増加は企業パフォーマンスを改善したのか」財務省財務総合政策研究所、『フィナンシャル・レビュー』第121号、3〜36頁。

宮島英昭・保田隆明・小川亮（2016）「海外機関投資家の企業統治における役割とその帰結」宮島英昭編『企業統治制度改革と日本企業の成長（仮）』東洋経済新報社、近刊

齋藤卓爾・宮島英昭・小川亮（2016）「企業統治制度の変容と経営者の交代」、宮島英昭編『企業統治制度改革と日本企業の成長（仮）』東洋経済新報社、近刊。

（みやじま・ひであき）

＊本稿の作成にあたっては、早稲田大学の小川亮氏の協力を得た。また、谷川寧彦氏から有益な助言を得た。記して感謝申し上げる。本稿は、文部科学省の科研費（15H01958）、日本学術振興会「課題設定による先導的人文学・社会科学研究推進事業グローバル展開プログラム」、および早稲田大学産業経営研究所リサーチ・プロジェクト助成金の助成を受けた。

第 2 章
エンゲージメントの時代における機関投資家の役割
——スチュワードシップとコンプライ・オア・エクスプレインを巡って

投資家フォーラム運営委員　江口高顯

I　はじめに

　2013 年 6 月、安倍内閣は「日本再興戦略」を閣議決定し、アクションプランの一環として日本企業のガバナンス強化を打ち出した。それを担う柱として 2 つのコードが導入された。1 つは 2014 年 2 月に公表された「責任ある機関投資家の諸原則」、日本版スチュワードシップ・コード[1]で、もう 1 つは翌年 3 月にまとめられた「コーポレートガバナンス・コード原案」[2]である。前者は実施を表明した運用会社等の

＊ 本稿で述べる意見はすべて筆者個人のもので、所属する団体等の見解を代表するものではない。
1)　金融庁・日本版スチュワードシップ・コードに関する有識者検討会「『責任ある機関投資家』の諸原則《日本版スチュワードシップ・コード》〜投資と対話を通じて企業の持続的成長を促すために〜」（2014 年 2 月 26 日）。http://www.fsa.go.jp/news/25/singi/20140227-2/04.pdf.
2)　金融庁・コーポレートガバナンス・コードの策定に関する有識者会議「コーポレートガバナンス・コード原案〜会社の持続的な成長と中長期的な企業価値の向上のために〜」（2015 年 3 月 5 日）。http://www.fsa.go.jp/news/26/sonota/20150305-1/04.pdf.

名前を金融庁が公表する。また後者については、上場会社を対象としたコーポレートガバナンス・コード（以下、「ガバナンス・コード」）として、東京証券取引所が上場規則に組み込んだ[3]。2つのコードは何れもその実施に関してコンプライ・オア・エクスプレインという開示方式を採用していることに特徴がある。すなわち、2つのコードが定める原則等に関して、対象となる機関もしくは会社は実施（コンプライ）もしくは非実施の表明を行ない、さらに非実施の場合、理由の説明（エクスプレイン）を行なうことになっている。

本稿では、日本版スチュワードシップ・コードに盛り込まれたスチュワードシップの概念、そして2つのコードに適用されたコンプライ・オア・エクスプレインの開示方式について検討し、そのうえで日本におけるエンゲージメントの展開を論じたい。ここでいうエンゲージメントとは、投資先の株主総会で行使する議決権を背景に、年金基金や生命保険会社といった機関投資家、および機関投資家から株式運用を受託する運用会社（以下、併せて「機関投資家」という）が経営陣と行う対話活動をいう。株主の積極行動（アクティビズム）の一環であり、日本版スチュワードシップ・コードでは「目的を持った対話」という訳語を当てている。その基本は、投資先会社の経営者との比較的長期にわたるコミュニケーションであり、当事者が「閉じたドアの中で」行なう営みであることに特徴がある。従来、株主の積極行動というと、アクティビストという投資家としては非主流の人々の活動に関心が集中しがちだった。彼らの行動の典型的なスタイルは、株主価値の観点から会社に要求を突き付け劇場的な展開で経営者に圧力をかけることである。一方、主流派機関投資家の積極主義行動は、より地道な取り組みからなり、活動が表に露出することも稀だったため[4]、メディア等により光を当てられることが少なかった。日本版スチュワー

---

3) 東京証券取引所・有価証券上場規程　別添「コーポレートガバナンス・コード」。

ドシップ・コードやガバナンス・コードの制定は、このような機関投資家の積極行動、なかでも当事者以外知ることがなかったエンゲージメントを、表舞台に引き出そうとしている。本稿の目的は主流派機関投資家によるエンゲージメントの現状を把握し、その将来を展望することである。

　本稿における主要なメッセージはつぎの通りである。これまで英国を中心に形成されてきたスチュワードシップの概念は機関投資家の行動を律することを目的とするが、これについては、その下で法令遵守的な発想が強まり、エンゲージメントが形式化することが懸念される。また、ガバナンス・コードの実施に関して適用されるコンプライ・オア・エクスプレインの開示方式については、その肝であるエクスプレインが十分機能しないという問題点が浮かび上がっており、手法として手詰まり感がある。こうした状況を踏まえて、経営者と投資家の関係のあり方について、経営者の側に比重を移す方向で発想の転換を図ることを提案したい。今後、スチュワードシップ・コードの下で機関投資家によるエンゲージメントが本格化するに伴い、良き対話の相手を求める経営者の動きが活発化することが予想される。こうした動きが、経営者の取り組みを後押しする投資家の姿勢と噛み合ったとき、経営者と投資家との間に建設的な関係をつくりだすものと期待される。

　なお、スチュワードシップにしてもコンプライ・オア・エクスプレインにしても日本において導入されてまだ間がなく、実践の経験が乏しい。そこで、それらが抱える課題を検討するに当たって、英国と大陸欧州での経験をもとに考察を進めることにする。また、本稿では「投

4）　McCaheryらは米英の主要機関投資家へのサーベイ調査にもとづき、機関投資家による積極行動の大半は、公共の場に露出することがない旨を確認している。Joseph McCahery, Zacharias Sautner & Laura Starks, Behind the Scenes: The Corporate Goverernance Preference of Institutional Investors（working paper, 2015）, available at https://ssrn.com/abstract=1571046.

資家」という言葉を株式投資家の意味で用いる。そして、明示的に断わる場合を除いて、会社という言葉を上場会社の意味に用いる。これはスチュワードシップ・コードの対象である機関投資家の投資先が主として上場会社であること、また各国のコーポレートガバナンス・コードの適用範囲[5]も基本的に上場会社であることによる。本稿の構成は以下のようである。まずⅡで、スチュワードシップの考え方が打ち出された経緯をたどり、それが内発的なイニシャティブでなく与えられた任務と化するときに生じる問題を論じる。またⅢで、ガバナンス・コードに適用されたコンプライ・オア・エクスプレインの開示方式について、主として英独の経験に照らしてその状況と問題点を整理する。Ⅳでは、前2つの章の議論を踏まえて、経営者と投資家の関係のあり方に関する発想の転換について論じる。Ⅴは本稿のまとめである。

Ⅱ　スチュワードシップが抱える課題

1　私的な行動としてのエンゲージメント

　スチュワードシップは英国における機関投資家によるエンゲージメントの実践の中で形成された特有の概念で、同じアングロ・サクソンの米国でもあまり馴染みのないものである。したがって、その意味を理解するためには英国における歴史を振り返る必要がある。英国では1960年代以降、個人投資家から機関投資家へと株式保有構造の機関化（institutionalization）が進んだ[6]。それと伴に、投資先の会社に対する機関投資家の交渉テクニックとしてエンゲージメントは発達した。機

---

[5]　金融庁「コーポレートガバナンス・コード策定に関する有識者会議（第2回）資料4　各国のコーポレート・ガバナンス・コードの序文等」15～17頁（2014年9月4日）。http://www.fsa.go.jp/singi/corporategovernance/siryou/20140904/04.pdf を参照。

関投資家による働き掛けの初期の例としては、無議決権株式の発行問題があげられる。会社法も上場規則も無議決権株式の発行を認めているが、機関投資家が一貫して反対するため事実上こうした株式の発行は行なわれなかった[7]。こうした投資家の異議申し立て行動においては、英国保険協会（Association of British Insurers）や英国年金基金協会（National Association of Pension Funds）、機関株主委員会（Institutional Shareholders' Committee, ISC）といった業界団体が重要な役割を果たした[8]。これらの業界団体は積極的に問題提起して機関投資家の意見を集約し、また機関投資家が相互に連携する場を提供した[9]。

機関投資家の集団行動とは、個々は少数株主である機関投資家が連携する形で投資先の会社の経営陣に働きかける行為をいう。こうした働き掛けは、業界団体が中心となって音頭をとる形のほか、業界団体が介在せず機関投資家同士が連携する形で行なうこともある。業界団体が介在しない場合、投資家間の調整コストが大きいため、機関投資家同士が連携することは必ずしも一般的なパターンと言えない。しかし例外的ということでもなく[10]、1980年代以降、とりわけ1990年代から2000年代における株主の積極行動を特徴づける重要な要素だと

---

6) 年金基金、保険会社およびオープン型・閉鎖型投信を国内機関投資家と考えると、その保有する英国上場株式は、1960年代には上場株式全体の20%を下回っていた。その後、1970年代半ばに30%半ばの水準に達し、80年代に入って50%を超え、90年代半ばに60%まで上昇した。Paul Davies, *Shareholders in the United Kingdom*, in RESEARCH HANDBOOK ON SHAREHOLDER POWER 355, Tbl. 17.1 (Jennifer G. Hill & Randall S. Thomas eds., 2015) を参照。

7) Bernard S. Black & John C. Coffee, Jr., *Hail Britannia?: Institutional Investor Behavior under Limited Regulation*, 92 MICH. L. REV. 1997, 2024, 2035 (1997); Davies, *id.*, at 364.

8) Davies, *id.*, at 362-364.

9) Black & Coffee, *supra* note 7, at 2017, 2035; RODERICK MARTIN, PETER D. CASSON & TAHIR M. NISAR, INVESTOR ENGAGEMENT: INVESTORS AND MANAGEMENT PRACTICE UNDER SHAREHOLDER VALUE 75-81 (2007).

10) Black & Coffee, *supra* note 7, at 2052.

考えられている[11)][12)]。このような集団的なエンゲージメントは1980年代、そして90年代の英国に特有の市場条件の下で可能となった。次ぎの3つの条件が大きく作用したとされている。第1に、20社程度の運用会社が英国株式の3分の1を運用しており、数が限定されたこれらプレイヤーの間で合意形成、共同行為の組成が比較的容易だった[13)]。第2に、機関投資家、とりわけ運用会社の間に緊密なコミュニティーが存在した[14)]。第3に、ガバナンスに関わる投資家の共同行為に関して法制面の障壁が低かった[15)]。

---

11) Paul Davies, *Corporate Boards in the United Kingdom*, in CORPORATE BOARDS IN LAW AND PRACTICE: A COMPARATIVE ANALYSIS IN EUROPE 713, 758 (Paul Davies *et al.* eds., 2013); BRIAN R. CHEFFINS, CORPORATE OWNERSHIP AND CONTROL: BRITISH BUSINESS TRANSFORMED 383 (2008).

12) 英国におけるエンゲージメントは当事者による「閉じたドアの中」での話し合いであり、交渉の内容はもとより存在自体も外部者に窺い知れない。Black & Coffee, *supra* note 7, at 2055; Davies, *supra* note 6, at 371. そのため、実態に関する記載事例は多くない。Black & Coffee, *supra* note 7 at 2046-2053 は関係者に聴取して、1980年代から1990年代における集団形成のメカニズムについて詳細に記述した貴重な記録である。また、運用会社の業界団体である投資運用協会（Investment Management Association, IMA）は会員のうち大手運用会社を対象に面談と質問票により議決権行使やエンゲージメントの取り組みを2002/2003年度より調査しており、結果を報告書として発表している。IMA, Survey of Fund Managers' Engagement with Companies, Tbl. 14 (Jan. 2005), available at http://www.theinvestmentassociation.org/investment-industry-information/research-and-publications/stewardship-survey/previous-surveys.html.

13) Cheffins, *supra* note 11, at 371.

14) Cheffins, *supra* note 11, at 372.

15) Black & Coffee, *supra* note 7, at 2024-2025、Cheffins, *supra* note 11, at 45-46. Paolo Santella, Enrico Baffi, Carlo Drago & Dino Lattuca, A Comparative Analysis of the Legal Obstacles to Institutional Investor Activism in the EU and in the US, 22-23, 26-27 (working paper, 2009), available at https://ssrn.com/abstract=1137491, published as *Legal Obstacles to Institutional Investor Activism in the EU and in the US*, 23 EUR. BUS. L. REV. 257 (2012).

2 ガバナンス・コードの実施を確保するという役割を与えられた機関投資家

　このように、そもそもエンゲージメントとは、まとまった量の株式を保有する機関投資家がその議決権を背景に、自己利益を追求した私的な行為だった。そうした私的な性格が 1990 年代に入ると変化する。政策上の要請が加わるのである。性格が変化する重要な契機となったのが、1992 年に公表された Cadbury Report[16] である。この報告書が打ち出したベストプラクティス・コードは、会社が採用すべきガバナンスの基準を示すもので、ロンドン証券取引所に上場する会社はその実施状況を開示することが求められた。その後、ベストプラクティス・コードは、追加見直しを経て統合規範（Combined Code、1998 年[17]）として拡充され、現在の英国コーポレートガバナンス・コード（The UK Corporate Governance Code、最新版：2014 年 9 月[18]）の原型となっている。

　ベストプラクティス・コードが作成された背景には、一連の企業不祥事の発生があった[19]。会社の統治体制の不備がこれらの不祥事の原因だとの認識から、統治体制の基準を提示することが政策上の課題となったのである。このようにコード自体は本来、規範性をもつ。しかし法令ではないので、強制力をもたず、その実施を確保するメカニズムとしては、基準からの乖離があると認められた会社に対して、機関

---

[16] Report of the Committee on the Financial Aspects of Corporate Governance (Dec. 1, 1992), available at http://www.ecgi/codes/documents/cadbury.pdf.

[17] Committee on Corporate Governance, The Combined Code: Principles of Good Corporate Governance and Code of Best Practice (June 1998), available at http://www.ecgi.org/codes/documents/combined_code.pdf.

[18] Financial Reporting Council, The UK Corporate Governance Code (Sept. 2014), available at https://www.frc.org.uk/Our-Work/Publications/corporate-governance/UK-Corporate-Governance-Code-2014.pdf.

[19] MARC GOERGEN, INTERNATIONAL CORPORATE GOVERNANCE 129 (2012).

投資家がエンゲージメントを通して働き掛けることが想定されていた。すなわち、会社の統治体制の整備という政策目的を実現するに当たって、法令等による直接的な規制によらず、基準に照らして不備がある会社に対して機関投資家によるエンゲージメントによって間接的に働き掛ける手法が採られたのである[20]。

機関投資家に会社統治の監視役を務めさせるという狙いは成功した。ベストプラクティス・コードがコーポレート・ガバナンスの基準を打ち出すと、コードの実施状況が上場会社と機関投資家との対話において格好の話題となったのである[21]。具体的には、取締役会の構成や役員報酬のあり方がエンゲージメントで頻繁に取り上げられ、また会社統治上の問題点が機関投資家による議決権行使の判断材料とされるようにもなった。元来、英国において機関投資家が個別企業の経営問題に立ち入ることは、介入に要する人的リソースの問題もあって一般的でない[22]。一方、ガバナンスの問題は広く上場会社に共通する事柄で、機関投資家にとって取り組み易いという事情もあり、エンゲージメントの中で大きな比重を占めるようになったのである。

3　エンゲージメントの梃入れ

ベストプラクティス・コードの導入を契機に1990年代にはガバナンスの問題が投資先の会社と機関投資家との間で頻繁に議論されるようになったが、その一方で個別企業の経営問題については、期待に反してエンゲージメントが不十分だという認識が政策関係者の間でもたれていた[23]。そうした認識の延長線上で、エンゲージメントへの政策的な梃入れを提言したのが、2009年にまとめられたWalker Review[24]である。2007年から2008年のリーマンショックを受けて作成された

---

20) Iris H-Y. Chiu, The Foundations and Anatomy of Shareholder Activism 33-36 (2010).
21) Cheffins, *supra* note 11, at 384.
22) Cheffins, *supra* note 11, at 373-381.

この報告者は、事態が金融危機まで発展した原因として銀行内のガバナンスの問題を取り上げ[25]、経営者のチェックを怠ったとして、株主である機関投資家の責任を問うた[26]。その上で報告書は、会社統治の問題が金融機関に限らず事業法人を含む公開会社にも共通するとして[27]、機関投資家に対してエンゲージメント、とりわけ会社のパフォーマンス向上を意図したエンゲージメントの強化を求めた[28]。そして強化の動きを促進するため、業界団体が自主的に作成した「機関投資家の責任に関するコード」（Code on the Responsibilities of Institutional Investors, ISC Code）[29] を「スチュワードシップ・コード」という形で規範化することを提案した[30]。

　Walker Review が強調したのは、上場会社のオーナーとしての責

---

23) Cheffins, *supra* note 11, at 384 を参照。政策推進の立場からこうした見方を表明したのが 2001 年の Myners Review である。Institutional Investment in the United Kingdom: A Review, 89, 91（Mar. 6, 2001), available at http://webarchive.nationalarchives.gov.uk/20130129110402/http:/www.hm-treasury.gov.uk/media/1/6/31.pdf. この報告書が公刊されると法令等による政府介入の懸念が高まり、それに先んじて対応する形で、2002 年に ISC が「機関株主とエージェントの責任原則」(The Responsibilities of Institutional Shareholders and Agents — Statement of Principles) を発表した。発表後、2005 年と 2007 年に改定がなされている。ISC, The Responsibilities of Institutional Shareholders and Agents — Statement of Principles, update June 2007（June 29, 2007), available at http://www.plsa.co.uk/PolicyandResearch/DocumentLibrary/~/media/Policy/Documents/0039_ISC_Statement_of_Principles_2007_0607.aspx. また 2002 年の同「責任原則」の制定を受ける形で、IMA がエンゲージメントに関する実態調査（前掲注 12 参照）を 2002/2003 年度より開始した。
24) A Review of Corporate Governance in UK Banks and Other Financial Industry Entities: Final Recommendations (Nov. 26, 2009), available at http://webarchive.nationalarchives.gov.uk/+/http:/www.hm-treasury.gov.uk/d/walker_review_261109.pdf.
25) *Id.*, at para. 1.10.
26) *Id.*, at para. 5.10.
27) *Id.*, at para. 5.15.
28) *Id.*, at para. 5.8, 5.14.

任、スチュワードシップ責任である。これは保有する会社のパフォーマンス向上のために影響力を行使する責任で[31]、エンゲージメントは機関投資家がこうした責任を果たすための手段として位置づけられた。このような位置づけは本来、投資家による自己利益増進の自助努力であったエンゲージメントを、公共利益の観点からとらえ直すことを意味する。そして、機関投資家は単なる私的利益の追求でなく、公共利益に資する活動としてエンゲージメントに取り組むことが求められるようになった。

　スチュワードシップ・コードの制定は2010年である[32]。前身であるISC Codeと同様、盛り込まれた基準項目の実施状況、そして実施しない場合の理由を機関投資家や運用会社が公表することを新しいコードは求めている。ISC Codeとの相違はこれがあくまでも業界団体による自主的な取り組みであるのに対し、スチュワードシップ・コードはガバナンス・コードと同様、財務報告評議会（Financial Reporting Council, FRC）という公的機関が主管するものとされていることである。さらに、英国で投資運用業務を営む運用会社は、コードの実施状況および不実施の場合の理由を公表することを金融行為監督機構（Financial Conduct Agency）が義務づけている[33]。つまり、運用会社には

---

29) Davies, *supra* note 6, 372-373、Brian R. Cheffins, *The Stewardship Code's Achilles Heel*, 73 MODERN L. REV. 1004, 1008-1009, 1010-1011（2010）を参照。ISC Code は既に存在していた「機関株主とエージェントの責任原則」（前掲注 23 参照）を ISC が 2009 年に拡充し、コードの形に整備したものである。ISC Code, available at http://www.theinvestmentassociation.org/.

30) Review of Corporate Governance, *supra* note 24, at para. 5.38, 5.40.

31) *Id.*, at para. 5.7.

32) The UK Stewardship Code (July 2010), available at https://www.frc.org.uk/Our-Work/Codes-Standards/Corporate-governance/UK-Stewardship-Code.aspx. その後改訂され、現在は 2012 年版。

33) Financial Conduct Agency, Conduct of Business Sourcebook, 2.2.3, available at https://www.handbook.fca.org.uk/handbook/COBS.pdf.

スチュワードシップ・コードの基準項目に関して、実施しない選択肢も与えられているものの、不実施の場合、英国で営業する以上、実施しない理由を開示しなければならず、これがコードの基準項目を実施させる強い圧力となって働くことになる[34]。1992年のベストプラクティス・コード導入に当たって、機関投資家は投資先の会社が統治規律に従うことを監視する役回りを与えられたが、スチュワードシップ・コードの導入により、今度は機関投資家自身がスチュワードとしての規律に服することを求められるようになった[35]。

4 英国外への広がり

このように英国では、問題視された企業行動を機関投資家によるエンゲージメントを通して律するという手法で、会社統治の体制整備が進められ、その一環としてエンゲージメントの政策への採り込みが図られた。政策への採り込みが図られているのは、先行した英国だけではない。大陸欧州においても、エンゲージメントへの政策介入が必要だとの認識が当局関係者の間で共有されており[36]、そうした認識にもとづいて、欧州連合では2007年のShareholders' Rights Directive[37]を改正して、運用会社を含む機関投資家に対し、エンゲージメントのポリシー作成ならびに実施状況の年次での公表等を求める提案がなされた[38]。この提案の中で公表すべきとされたポリシーの内容はスチュ

---

[34] Davies, *supra* note 11, at 719.
[35] Chiu, *supra* note 20, at 41-42.
[36] Proposal for a DIRECTIVE OF THE EUROPEAN PARLIAMENT AND OF THE COUNCIL amending Directive 2007/36/EC as regards the encouragement of long-term shareholder engagement and Directive 2013/34/EU as regards certain elements of the corporate governance statement, COM (2014) 213 final, 4 (Apr. 9, 2014).
[37] DIRECTIVE 2007/36/EC OF THE EUROPEAN PARLIAMENT AND OF THE COUNCIL of 11 July 2007 on the exercise of certain rights of shareholders in listed companies, OFFICIAL J. EUR. UNION L184/17 (July 14, 2007).

ワードシップ・コードと重なる部分が大きい。ただ、提案はエンゲージメントの実践や投資運用のあり方に関する開示規定も含んでおり、全体としてより強い規制色を打ち出している、との指摘がなされている[39]。

5 スチュワードシップが抱える矛盾

このようにエンゲージメントに対する政策圧力は強まる一方だが、問題はその背景にある政策上の要請と機関投資家の利益ないし能力とが必ずしも調和しないことである。実際、大手運用会社の市場における存在意義は、分散投資を低いコストで個人を含む零細投資家にも提供することにある[40]。他方、スチュワードシップ責任が求めるのは、個々の会社との経営内容に踏み込んだエンゲージメントである。すなわち、運用会社のビジネスモデルが謂わば広く浅く投資することであるのに対し、スチュワードシップ責任は集中とコミットメントを求めている。このようにビジネスモデルと政策上の要請の間に乖離があるとき、スチュワードシップ責任という形でのエンゲージメントの「義務化」は果たして、目的であるはずの企業価値向上を実現するだろうか、という疑問が湧いてくる。

確かにエンゲージメントに関する規制圧力が強まりスチュワードシップ責任を問われるようになると、運用会社は法令遵守的な発想からエンゲージメントの実績を残すことに躍起になるから、エンゲージメントは量的に拡大するだろう。ただ、肝心なことはエンゲージメン

---

38) Proposal for a Directive, *supra* note 36, at Art. 3f. 改正提案は一部の修正を経て、2015 年 7 月に欧州議会が採択した。
39) Iris H-Y. Chiu & Dionysia Katelouzou, From Shareholder Stewardship to Shareholder Duties: Is the Time Ripe? 9-16（working paper, 2016）, available at https://ssrn.com/abstract=2731241.
40) Ronald J. Gilson & Jeffrey N. Gordon, *The Agency Costs of Agency Capitalism: Activist Investors and the Revaluation of Governance Rights*, 113 COLUM. L. REV. 865, 885-886, 896（2013）.

トの質が高まるかどうかである[41]。分散投資のビジネスモデルに従い、個別企業との対話に注力していない運用会社がスチュワードシップ責任を果たそうとすれば[42]、経営者、投資家双方にとって有益と言い難い形式的なエンゲージメントが蔓延することになりかねない。もちろんスチュワードシップ責任を果たすことが自社の運用戦略に照ら

---

41) 日本IR協議会による2016年度調査は上場会社を対象に、日本版スチュワードシップ・コードとガバナンス・コード導入後に投資家の側に見られた変化を尋ねている。それによると、変化が「見られる」という回答は全体の37.0％で、「どちらとも言えない」が27.0％、「見られない」が35.3％だった。さらに「見られる」「どちらとも言えない」と回答した会社に限定して、両コードの導入によって企業の持続的成長を目的とした対話が全般的に促進されたかと尋ねたところ、50.4％の会社が「やや促進された」「促進された」「大いに促進された」と回答している（内訳はそれぞれ35.8％、13.5％、1.1％）。これは前年の30.2％を大きく上回っており、機関投資家がスチュワードシップ・コードを意識して、エンゲージメント活動を拡大させていることが窺われる。ただ、投資家の側に変化が「見られる」「どちらとも言えない」と回答した会社に、変化を最も実感した事柄について尋ねたところ、54.2％の会社が「エンゲージメントを意識した質問が増えた」と回答する一方、「企業価値向上や持続的成長を協働で達成しようと言う姿勢が以前より強くなった」と回答した会社は7.2％にとどまっており、「企業価値向上や持続的成長を協働で達成しようと言う」コミットメントが投資家の間で強まった訳でないことを示している。なお調査は全上場会社3,622社が対象で、内983社から回答を得ている。2016年1月28日に調査票を発送し始め、3月7日までに寄せられた回答を集計している。日本IR協議会「2016年度『IR活動の実態調査』結果まとまる」NEWS RELEASE（2016年4月19日）。https://www.jira.or.jp/download/newsrelease_20160419.pd.

　こうした大規模調査の他に、機関投資家の変化について個別に会社に聴取する取り組みも行なわれている。たとえば経済産業省が部内に設けた「企業報告ラボ」は金融機関を含む事業会社と機関投資家との対話促進を目的にしているが、そこで行なわれた聴取では、機関投資家との対話の内容面について、投資家の側の対応が柔軟性を欠いている、あるいは具体的な争点を欠いている、といった不満が会社の側から表明されている。またエンゲージメントにあたって投資家の側の知識が十分でないとの指摘もなされている。経済産業省・企業報告ラボ「第16回企画委員会　説明資料」（2016年2月19日）を参照。http://www.meti.go.jp/policy/economy/keiei_innovation/kigyoukaikei/kikakuiinkai/160219.html.

して適切でない、とスチュワードシップ・コードの不実施を表明する選択肢も運用会社に開かれている。ただし、世の中が一斉にスチュワードシップ・コード採択に傾く中、不実施を表明することにより顧客を失うリスクも大きいことを運用会社は意識せざるを得ない。

　このようにスチュワードシップ責任の実践は、規制圧力の下で行なわれると、意図と反して形式化し、価値を生まない活動を惹起する懸念がある。しかし、保有先の企業価値向上を目指して投資家が影響力を行使するという考え方自体が間違っている訳ではない。問題はどのようにしてそのような活動を促進するかである。Ⅳで方法論を探るが、その基本的な発想はエンゲージメントへの政策的な介入を強めることでなく、ボトムアップの関係構築としてエンゲージメントをとらえ直すことである。

　さて、これまで投資家、なかでも機関投資家の観点からエンゲージメントの性格の変化を振り返り、本来、私的利益追及の活動であるエンゲージメントが、政策目的達成の手段とも見なされるようになったことを論じた。Ⅲでは観点を会社の側に移し、会社統治の基準を定めるガバナンス・コードへの経営者の対応について論じる。経営者と投資家の対話という視点に立つとき、ガバナンス・コードへの対応でポイントとなるのは、定められた基準を経営者が受け入れるか否かということより、むしろ受け入れないときに経営者がとる説明対応であ

42）日本版スチュワードシップ・コード策定のための有識者検討会ならびにコーポレートガバナンス・コード策定のための有識者会議に共に参加したメンバーの1人は、経営者との対話の相手として相応しいのは、「中長期の企業価値を判断し、投資先企業を比較的長く保有する傾向の強い投資家」だと指摘する。堀江貞之『コーポレートガバナンス・コード』（日本経済新聞社、2015）81頁。しかし、現実にはこのような企業価値評価型の投資手法にこだわる投資家の割合はさほど大きくない。巨額の金額を運用するのはそもそも投資判断を行なわないパッシブ・ファンドだし、アクティブ運用の投資家であっても多くは短期の業績動向を重視し、中長期的な観点からの対話にさほど興味を示さない傾向がある。

る。ここではガバナンス・コードに適用されるコンプライ・オア・エクスプレインの開示手法に焦点を当て、その手詰まりという問題を論じる。

Ⅲ　ガバナンス・コードが抱える課題

1　ガバナンス・コードとは何か

　英国で企業不祥事の発生がベストプラクティス・コード策定の引き金となったことから分かるように、会社統治に関する規範を提示するガバナンス・コードは、社会における企業不信の高まりに対する政策的な対応という側面を強くもっている。実際、近世の会社制度の歴史を振り返ると、企業不祥事が絶えることがなく、不祥事が発生するたびに高まる企業不信を払拭するために、法令整備などを通して政策的な対応が図られてきた。この 20 〜 30 年の各国におけるコード制定の動きも、会社統治における基準設定を目指しており、企業経営の規律を高めるために政府が介入を図ったものと理解することが出来る[43]。さらに、ドイツと日本について言えば、コード策定に当たって、海外の機関投資家の目を意識したことも重要なポイントである[44]。これらの国では海外投資家が国内株式の大きな割合[45]を保有するに至っており、海外とりわけ米英の投資家が国内企業をどう見るかを意識してコードが策定された[46]。

---

[43]　経営史の研究者である Lamoreaux によると、公開株式会社という制度は内部者による富の収奪（つまりエージェンシー問題）だけでなく、政府による企業経営への介入（および富の収奪）という問題も内包している。政府介入が排除され、内部者の自律性が高まると、内部者による収奪が強まる。一方、政府介入が強化されて、内部者の自律性が抑制されると、企業活動が閉塞する。Naomi R. Lamoreaux, *Scylla or Charybdis? Historical Reflections on Two Basic Problems of Corporate Governance*, 83 Bus. Hist. Rev. 9 (2009).

第 2 章　エンゲージメントの時代における機関投資家の役割

　基準設定の観点から見ると、ガバナンス・コードの大きな特徴は「規格化」と「柔軟性」を両立させようとしていることである。すなわち、基準である以上、「規格化」が基本的な発想だが、その一方で実施状況の開示に関してコンプライ・オア・エクスプレインの方式を採用し、「柔軟性」の要素も取り入れているのである。この方式は歴史が古い。Cadbury Report が提示したベストプラクティス・コードにおい

---

44) ドイツではガバナンス・コードが 2002 年に制定されている。英語訳は、German Corporate Governance Code (Feb. 26, 2002), available at http://www.dcgk.de/en/code/archive.html である。その制定に携わった政府委員会で座長を務めた Cromme は、海外で認められた標準を意識することの重要性を、ドイツ企業への投資促進の観点から指摘している。Gerhard Cromme, *Corporate Governance in Germany and the German Corporate Governance Code*, 13 CORP. GOVERNANCE. 362, 362, 366（2005）。日本においてもガバナンス・コード策定に当たって海外へ向けての発信が意識されていることを有識者会議参加者の発言に見ることができる。たとえば、金融庁「コーポレートガバナンス・コード策定に関する有識者会議（第 1 回）議事録」小口メンバーの発言（2014 年 8 月 7 日）を参照。http://www.fsa.go.jp/singi/corporategovernance/gijiroku/20140807.html.

45) ドイツでは DAX30 に含まれる大手上場会社の株式の 5 割以上を海外投資家が保有する。Wolf-Georg Ringe, *Changing Law and Ownership Patterns in Germany: Corporate Governance and the Erosion of Deutschland AG*, in RESEARCH HANDBOOK ON SHAREHOLDER POWER 404, 428 (Jennifer G. Hill & Randall S. Thomas eds., 2015)。日本については上場会社の株式の 3 割を海外投資家が保有する。株式会社東京証券取引所等「2015 年度株式分布状況調査の調査結果について」表 4（2016 年 6 月 20 日）、http://www.jpx.co.jp/markets/statistics-equities/examination/nlsgeu000001q8j8-att/j-bunpu2015.pdf.

46) ドイツや日本にとって、海外投資家とは実態として米英の機関投資家を意味する。実際、海外からの資金流入の大きな部分を占めるのは年金基金による投資であるが、19 カ国を対象にした 2015 年の集計で、世界の年金資産の国別割合は米国が 6 割、英国が 1 割と両国で 7 割を占め（日本の基金は 1 割弱）、しかも両国はそれぞれの年金資産の 4 割以上（日本は 3 割）を株式への投資に振り向けている。Willis Towers Watson, Global Pension Assets Study 2016, 13, 28 (Feb. 2, 2016), available at https://www.willistowerswatson.com/en/insights/2016/02/global-pensions-asset-study-2016.

て開示原則として既に採用されており、その後、欧州各国のコードや、日本のコードにおいても踏襲されている[47]。重要なポイントは、この方式はコードが定める基準の遵守を強制しないことである。すなわち、コードの適用対象となる会社は基準項目の実施状況を開示することを求められるが[48]、このとき既に実施している場合、その旨を開示し、実施していない場合も、不実施の理由を説明すれば、それでよいのである。説明すれば開示要件を満たすので、基準の実施は強制されない。このようにコードに定められた基準からの乖離が許容される理由は、すべての企業に適用できる会社統治の単一の基準（one-size-fits-all）を考えることが現実的でないという認識がコード策定のうえで前提となっているからである。一方、ベスト・プラクティスの提示を目的とする以上、コードは形式として単一のものでなければならない。多様性を認めつつ単一のコードを制定する実際的な方法がコンプライ・オア・エクスプレインの方式によって乖離の場合の説明を求めることなのである[49]。

2　ガバナンス・コードに対する会社の対応状況

このように会社統治のあり方の多様性を認める立場からすれば、コンプライ・オア・エクスプレインのうち重要なのは、コンプライより

---

47) 欧州各国の採用状況については、金融庁「コーポレートガバナンス・コード策定に関する有識者会議（第1回）資料3　事務局説明資料」9頁（2014年8月7日）を参照。http://www.fsa.go.jp/singi/corporategovernance/siryou/20140807/03.pdf.
48) このような開示義務は英国と日本では証券取引所の上場規則が定めている（英国：Financial Conduct Authority, LR 9.8.6 (5) (6)、日本：東京証券取引所・有価証券上場規程436条3）。ドイツでは株式法（§161 AktG）が定めている。
49) David Seidl, Paul Sanderson & John Roberts, *Applying the 'Comply-or-Explain' Principle: Discursive Legitimacy Tactics with Regard to Codes of Corporate Governance*, 17 J. Mgmt. & Governance 791, 792, 796 (2013).

第2章　エンゲージメントの時代における機関投資家の役割

むしろエクスプレインだと言える。経営者が能動的にエクスプレインに取り組むことは、一番適切な統治体制を経営者が自ら選びとって企業価値の増大を図ることだからである[50]。ところが、そのエクスプレインの取り組みに実態として問題があることが指摘されている。多く引用されるのは、英国の統合規範が導入された直後の期間を対象に主要企業のコードに関する実施状況を調査した研究である[51]。この研究はFTSE350株価指数に属する、金融機関を除く245の上場会社を取り上げ、コードの8つの基準項目に関して1998–2004年における会社の実施状況を仔細に検討している。それによると、まず基準項目ごとに何％の会社がその項目を実施しているかを計算し平均値をとると、対象期間の通算で85％である。平均値はサンプル期間を通して増加傾向にあり、最終年の2004年に90％超と高い水準を示している。一方、対象期間における不実施の事例についてパターンを分析すると、問題点が浮かび上がる。すなわち、2割近くのケースで理由を全く説明していないか、もしくは説明していても、同じ内容の説明を繰り返し、ある時点で一挙に不実施から実施に移行する、というパターンを示している。

　会社のエクスプレインの姿勢に問題があることは、英国とドイツの事例を調査した別の研究においても指摘されている[52]。これは規模が

---

50) エクスプレインの重要性を裏付けする実証結果も得られている。それによると、コードの基準をすべて実施しなくとも、不実施の理由を具体的に明確に説明する会社は、基準をすべて実施している会社よりむしろパフォーマンスが良い。Yan Luo & Steven E. Salterio, *Governance Quality in a "Comply or Explain" Governance Disclosure Regime*, 22 CORP. GOVERNANCE. 460, 468-471 (2014).

51) Sridhar Arcot, Valentina Bruno & Antoine Faure-Grimaud, *Corporate Governance in the UK: Is the Comply or Explain Approach Working?* 30 INT'L REV. L. & ECON. 193, 195-199 (2010). 論文のデータ対象期間初年の1998年は統合規範（Combined Code）が導入された年である。その後、対象期間終年の2004年までコードの改定はなされていない。

異なる 257 社（英国 129 社、ドイツ 128 社）を対象にした 2006 年時点での調査で、これによると、コードの全般的な実施状況は対象会社を各国の大手 30 社に絞ると、30 社すべてが実施する基準項目の割合が英国で 75％、ドイツで 62％と共に高い水準となっている。ところが、対象会社をサンプル全体に広げると、割合は英国で 42％、ドイツで 22％と大きく低下し、規模の比較的小さい会社で実施されない基準項目が多いことを示している。もちろん実施しない項目が多くとも、その理由がしっかり説明されていれば問題がないが、実態は 257 社ベースで基準項目の不実施について、英国で 4 分の 1、ドイツで半分弱のケースにおいて理由の説明がなされていないか、もしくは説明がなされていても内容を伴わない、という結果になっている。英国とドイツで共に会社によるエクスプレインの姿勢に問題があり、また国別比較では英国よりドイツで不十分な説明の割合が高いことが分かる。

　エクスプレインが十分機能していないことに関しては、組織論ないしは制度論の観点から 1 つの説明がなされている。すなわち、エクスプレインの妥当性の判断者は会社の株式を保有する投資家なのだが、どのような説明が投資家に受け入れられるかは、経営者の側からみると不透明である。そのような状況において、エクスプレインの内容に創意を凝らして差別化を図るより、むしろ横並びの安全策をとることが合理的な判断ともいえる。目立ち易く評判リスクに敏感な会社の経営者の間で特にこうした判断が働き易く、そのため説明がパターン化したり、記載内容が形式的となりがちだ、というのである[53]。

3　機関投資家の対応の問題点

　会社のエクスプレインの取り組みが十分でないことについては、機

---

52) Seidl *et al., supra* note 49, at Tbl. 4 & 7.
53) Reggy Hooghiemstra & Hans van Ees, *Uniformity as Response to Soft Law: Evidence from Compliance and Non-Compliance with the Dutch Corporate Governance Code,* 5 REG. & GOV. 480, 484-485 (2011).

関投資家の側にも問題があることが指摘されている。たとえばこれは英国に関してだが、機関投資家が説明の良し悪しより基準の実施を重視し、基準の不実施を評価しないという傾向があることが観察されている[54]。こうした傾向がある中では、本来、不実施として説明を尽くすべきところでも基準から乖離して投資家の評価を下げることを経営者の側は躊躇することになる。また、これも英国に関してだが、不実施でも、説明の内容に関係なく、業績さえ良ければよしとする傾向が投資家の側にあることが指摘されている。言わばコンプライ・オア・パフォームが規範として適用されているとも言え、エクスプレインに力を注ぐ動機を経営者の側に失わせる原因となっている[55]。ただし、この点に関しては、経営者の側にそもそも問題があり、内容空疎で投資家の判断に役立たない説明を行なっていることが機関投資家によるエクスプレイン軽視の原因だとの指摘もある[56]。

4　政策的介入の強まり

欧州委員会は2009年に加盟18カ国を対象に、コードの実施を確保する方法と実施状況のモニタリングに関する包括的な委託調査[57]を行なった。調査における1つの焦点がエクスプレインの状況把握だった。調査の結果にもとづき、会社による取り組みが満足の行く状態になく、また各国におけるコードの実施状況の監視体制も不十分だとの

---

54) Sridhar Arcot & Valentina Bruno, In Letter but Not in Spirit: An Analysis of Corporate Governance in the UK, 32 (LSE RICAFE2 Working Paper No. 031, Nov. 2006), available at https://ssrn.com/abstract=819784.
55) Iain MacNeil & Xiao Li, *"Comply or Explain": Market Discipline and Non-Compliance with the Combined Code*, 14 CORP. GOVERNANCE 486, 490-492 (2006); Arcot & Bruno, *id.*, at 32-33.
56) MacNeil & Li, *id.*, at 489-490.
57) Study on Monitoring and Enforcement Practices in Corporate Governance in the Member States (Sept. 23, 2009), available at http://ec.europa.eu/internal_market/company/docs/ecgforum/studies/comply-or-explain-090923_en.pdf.

意見が同委員会にて強まり、政策的対応が図られた[58]。具体的には、説明内容の充実へ向けた措置が必要との観点から、基準不実施の場合の説明要件を明確化すること、説明が十分かどうかについて証券規制当局や証券取引所などが監視すること（説明が極端に不足しているときに何らかのペナルティーを課すことを含む）などが提案され、制定法による対応も考慮された。

こうした動きのうち制定法による対応の部分については一旦持ち越しとなった[59]。その上で欧州委員会は2014年に以下の提言[60]を公表し、各国に提案への対応状況の報告を要請した。まず、コードの主要な基準項目について（コンプライする場合も）具体的にどのように実施しているかを各社がコーポレートガバナンス・ステートメントにおいて記述すべきとされた[61]。また、不実施の場合の説明に盛り込むべき情報内容が明示された[62]。そして、基準実施およびエクスプレインの状況について何らかの機関が監視すべきとされた[63]。

当初のかなり急進的な動きがこのような慎重な提案に落ち着いた背景には、英国の反応も関係していると思われる。エクスプレインの監

---

[58]　GREEN PAPER: The EU corporate governance framework, COM (2011) 164 final, 3, 18-19 (Apr. 5, 2011), available at http://ec.europa.eu/internal_market/company/docs/modern/com2011-164_en.pdf.

[59]　COMMUNICATION FROM THE COMMISSION TO THE EUROPEAN PARLIAMENT, THE COUNCIL, THE EUROPEAN ECONOMIC AND SOCIAL COMMITTEE AND THE COMMITTEE OF THE REGIONS Action Plan: European company law and corporate governance - a modern legal framework for more engaged shareholders and sustainable companies, COM (2012) 740 final (Dec. 12, 2012).

[60]　COMMISSION RECOMMENDATION of 9 April 2014 on the quality of corporate governance reporting ('comply or explain') (2014/208/EU), OFFICIAL J. EUR. UNION, L109/43 (Apr. 12, 2014).

[61]　*Id.*, at Section II.

[62]　*Id.*, at Section III.

[63]　*Id.*, at Section IV.

視に関して制定法まで視野に入れた欧州委員会の当初案に対して、英国の財務報告評議会（FRC）は会社による説明の妥当性を判断するのは株主であるべきとの立場から反論を公表した[64]。基準不実施の場合の説明要件について市場でのコンセンサスがない中で規制機関が説明内容をチェックすることになると、コンプライ・オア・エクスプレインは事実上、コンプライを前提としたボックス・ティッキングと化してしまう。そして不実施の場合、エクスプレインの妥当性について当局に事前にお伺いを立てることになりかねない、というのがその理由である。ただ、株式市場が発達して業界の発言力が強い英国でも、こうした慎重論の一方で、一部の法律研究者の間では欧州委員会での規制強化の議論に同調する動きが存在する[65]。英国を含む欧州においては、コンプライ・オア・エクスプレインの実効性に関する不満が政策の場に通奏低音のように流れており[66]、それが規制強化への圧力となって働いているように思われる。

---

[64] FRC Response to the European Commission Green Paper on the EU Corporate Governance Framework, 5-6 (July 22, 2011), available at https://www.frc.org.uk/FRC-Documents/FRC/FRC-response-to-the-Green-Paper-on-the-EU-corporat.aspx.

[65] たとえばKeayは、エクスプレインの内容を含めてコンプライ・オア・エクスプレインの実施状況を規制機関が監視することを、真剣に考慮すべきと論じている。Andrew Keay, *Comply or Explain in Corporate Governance Codes: In Need of Greater Regulatory Oversight?* 34 LEGAL STUD. 279, 303 (2014).

[66] このことはコンプライ・オア・エクスプレインという開示方式の妥当性を問うものではない。2006年の欧州コーポレートガバナンス・フォーラムの声明では、この方式への全員一致の強い支持が表明されている。Statement of the European Corporate Governance Forum on the Comply-or-Explain Principle (Feb. 22, 2006), http://ec.europa.eu/internal_market/company/docs/ecgforum/ecgf-comply-explain_en.pdf. なお、同フォーラムは欧州委員会により設置された審議機関で、ガバナンス・コードの収束を促し提言を行なうことを目指している。また、EU加盟国におけるベスト・プラクティスを検証することを任務とする。

III　ガバナンス・コードが抱える課題

5　手詰まり状況

　先に紹介した英独での調査研究以降も英国とドイツではガバナンス・コードの実施状況について毎年調査が行なわれている。これを比較すると、コンプライ・オア・エクスプレインが両国で異なる理由により手詰まり状態にあることが読み取れる。まず英国だが、FTSE350に属する上場会社を対象とする調査によると[67]、対象会社のうち何％が実施しているかという実施比率が90％を下回った基準項目は2005年の調査初年度以来、2014年に初めてゼロとなり、2015年も1個を数えるにとどまっている。基準項目の完全実施を表明する会社は2005年に全体の3割弱だったが、2015年に6割弱となっており、明確にコンプライが進展していることを示している。つぎに、エクスプレインの状況をみるために、所要の説明を行なわないか、行なっても最小限に留まる会社に着目すると、調査対象全体に占める割合が2005年に3割だったが、2015年におよそ15％にまで大きく低下している。このうち所要の説明を行なわない会社は、2005年に全体の7％を占めていたが、この数年は割合がゼロないし1％以下である。エクスプレインの状況が確実に改善しているかに見える数字の動きだが、最小限の説明に留まる会社の割合は実は2009年前後以降、上下動を伴いながらほぼ一定である。その一方で、詳細な説明を行なう会社の割合がこの間、減少していることが注目される。つまり、数字の上では2009年前後以降、不十分な説明しか行なわない会社の割合が変わらない中で、詳細な説

---

[67]　Grant Thornton, Corporate Governance Review 2015: Trust and integrity − loud and clear, 18, 20 (2015), available at http://www.grantthornton.co.uk/globalassets/1.-member-firms/united-kingdom/publication/2015/uk-corporate-governance-review-and-trends-2015.pdf; Grant Thornton, Corporate Governance Review 2014: Plotting a new course to improved governance, 14, 15 (2014), available at http://www.grant-thornton.co.uk/Global/Publication_pdf/Corporate-Governance-Review-2014.pdf.

明を行なっていた会社がコンプライに転じた形になっているのである。これらの数字が示すことは、コンプライが進展して、エクスプレインが例外的な事象となる中で、質の高いエクスプレインを確保することの難しさである。実際、会社統治の基準を打ち出す当たって柔軟性を強調した英国だが、コード導入後10年以上を経て、あくまでもコンプライが基本で、例外があるにしても基準からの大きな乖離は許容されない、という空気が特に大手企業に関して存在するという指摘がなされている[68]。このような空気があれば、敢えてエクスプレインすることを躊躇する経営者が増えたとしても不思議はないのである。ただ、2015年には基準項目を完全実施する会社と最小限の説明を行なう会社の割合が共に前年より低下する一方で、詳細な説明を行なう会社の割合が反転拡大しており、これはFRCを中心に展開されているエクスプレイン強化策が奏効している可能性を示唆している[69]。

このような英国に対し、ドイツではコンプライの進展度が英国ほど高くない。実際、フランクフルト証券取引所に上場する会社を対象とする2015年度の調査によると、実施比率が80％を下回った基準項目は全体の3割（2013年5月13日のコード改定に伴う新規項目を除くと2割）を占める。DAX30に含まれる上場会社に対象を絞っても、実施比

---

[68] Paul Sanderson, David Seidl, John Roberts & Bernhard Krieger, Flexible or Not? The Comply-or-Explain Principle in UK and German Corporate Governance, 10, 28-30 (University of Cambridge CBR Working Paper No. 407, June 2010), available at http://www.cbr.cam.ac.uk/fileadmin/user_upload/centre-for-business-research/downloads/working-papers/wp407.pdf; Grant Thornton (2014), *id.*, at 16.

[69] FRCは説明要件の明確化について関係者から意見を聴取し、その結果を2012年のガバナンス・コード改定に反映させた。What Constitutes an Explanation under 'Comply or Explain'? — Report of Discussions between Companies and Investors (Feb. 2012), available at https://www.frc.org.uk/Our-Work/Publications/Corporate-Governance/What-constitutes-an-explanation-under-comply-or-ex.pdf.

率が90％を下回った基準項目は1割(新規項目を除くベースで全体の5％程度)である[70]。ドイツではガバナンス・コードは政治主導により短期間で、事務局に引っ張られる形で、しかも海外の投資家を引きつけるために導入されたという認識があるという[71]。上から押し付けられたという意識が、規模の比較的小さな会社の経営者を中心に強いことが、大手企業以外でコードの受け入れが十分進展していない理由の1つだと考えられる。さらに、近年の役員報酬開示を巡る展開はコンプライ・オア・エクスプレインの理念の下に強制適用という鎧が見え隠れすることをあからさまにした。このことも受け入れに影響していると考えられる。すなわち、取締役会（Vorstand）メンバーの個別報酬開示についてはガバナンス・コードが既に基準項目として挙げていたが（4.2.4）、実施比率の低さを理由に議会で強制化を求める声が高まり[72]、2005年に法制化されたのである[73]。こうした展開はコードの任意適用といっても法制化へのステップに過ぎず、"結局は強制され

---

70) Axel v. Werder & Julia Turkali, Corporate Governance Report 2015: Kodexakzeptanz und Kodexanwendung, Der Betrieb Nr. 24, Tbl. 1-5 (June 12, 2015), available at http://bccg.projects.tu-berlin.de/wordpress/wp-content/uploads/2015/06/CG-Report-2015_Final.pdf. ドイツ・コーポレートガバナンス・コード政府委員会の委託に基づき、コードの実施状況をベルリン工科大学のv. Werder教授らが定期的に調査している。この記事は2015年度の報告である。なお、基準項目は全部で105個だが、2013年5月13日の改定による新規項目が15個ある。これらは導入後まだ比較的間もないこともあって、1つの項目を除いて実施比率が80％を下回る。

71) Sanderson et al., supra note 68, at 6-10, 16.

72) Alex v. Werder & Till Talaulicar, *Corporate Governance in Germany: Basic Characteristics, Recent Developments and Future Perspectives*, in HANDBOOK ON INTERNATIONAL CORPORATE GOVERNANCE: COUNTRY ANALYSES 36, 47 (Christine A. Mallin ed., 2nd ed. 2011). 個別報酬開示は2003年のコード改正で提案項目から推奨項目となり、会社による開示が求められた。しかるに同年のサンプル調査では開示している会社の割合は15％程度だった。Christian Andres & Erik Theissen, *Setting a Fox to Keep the Geese—Does the Comply-or-Explain Principle Work?* 14 J. CORP. FIN. 289, 291 (2008).

る"という懸念を経営者の間で生じさせる結果となった[74]。このように、ドイツでは規模の比較的小さな会社の経営者を中心に、コードの規範性や正統性の意識が十分浸透しておらず、このことがコンプライ・オア・エクスプレインという自主性を重んじた取り組みを阻害する要因になっていると考えられる[75]。

　翻って日本の状況はどうだろうか。2015 年 12 月 31 日時点で東証 1 部・2 部に上場している会社 2,477 社（外国会社を除く）のうち 1,858 社が同時点でのガバナンス・コードの実施状況を開示している。これによるとコードの 73 個の基準項目すべてを実施（コンプライ）している会社の割合は全社中の 1 割だが、項目の 9 割以上を実施している会社は 7 割弱と、実施初年度であることに鑑みると高い水準を示している。基準項目別にみても、実施比率が 90％を下回った項目の数は 73 項目のうち 2 割（15 個）で、80％を下回った項目に範囲をさらに限定するとその割合は 1 割（7 個）にまで低下する[76]。売上高 1 兆円以上 137 社に対象を絞り込むと数字はさらに良くなり、全項目を実施している会社の割合は 4 割弱、実施比率が 90％を下回った基準項目の数は 1 割

---

[73] 取締役報酬開示法（VorstOG）により商法（§285, 289 HGB）が改正された。European Corporate Governance Institute, Directors' Remuneration in Listed Companies: Germany, 2008, 4-6 (2008), as answered by Peter O. Mülbert, available at http://www.ecgi.org/remuneration/questionnaire/germany_update_2008.pdf.

[74] Sanderson et al., supra note 68, at 8, 35, 38.

[75] 規範性や正当性の意識の重要性については、神作裕之「コーポレートガバナンス・コードの法制的検討——比較法制の観点から」商事法務 2068 号（2015）17 頁を参照。

[76] 株式会社東京証券取引所「コーポレートガバナンス・コードへの対応状況（2015 年 12 月末時点）」（2016 年 1 月 20 日）。http://www.jpx.co.jp/news/1020/nlsgeu000001ei88-att/20160120-1.pdf. 同上「コーポレートガバナンス・コードへの対応状況（2016 年 7 月時点）」（2016 年 9 月 13 日）では、2,262 社の開示状況が報告されているが、本文で述べた大づかみの傾向は変わっていない。http://www.jpx.co.jp/news/1020/nlsgeu000001xd3b-att/20160913.pdf.

弱（6個）である[77]。このように数字が良好なのは、法令遵守的な発想から取り敢えず実施を表明する会社が多いためとも考えられるが、少なくとも他国に引けをとらない受け入れ状況であることは示している。つぎに、エクスプレインの質についてだが、詳細な分析は緒についたばかりである。幾つかの開示事例を拾って、エクスプレインの内容を検証した限りにおいては、形式的な説明や空疎な記述が目立ち、日本においてもエクスプレインに関して質の問題があることを窺わせる。

Ⅳ　発想の転換

1　投資家が経営者の取り組みを後押しする

　これまでの議論をまとめると、機関投資家によるエンゲージエントを律するスチュワードシップと、企業によるガバナンス・コードの実施を律するコンプライ・オア・エクスプレインは、それぞれ問題点を抱えている。まずスチュワードシップに関しては、任務を果たすという法令遵守的な発想からエンゲージメントが形式化する懸念がある。またコンプライ・オア・エクスプレインに関しては、エクスプレインが十分機能せず、手法として手詰まり感がある。これらの問題点の解決策としてエンゲージメントやエクスプレインに関する規制強化の動きが見られるが、これにより問題が却って悪化することが懸念される。それでは、どうすればよいか。方向性としては規制強化でなく、経営者と投資家が個別のイニシャティブを積み上げることだと考えるが、規制強化か個別イニシャティブかということよりむしろ重要なポイントは、経営者と投資家の関係のあり方に関する発想を転換するこ

---

77) 有限責任監査法人トーマツ「コーポレートガバナンス・コード　適用初年度の開示分析～2015年12月末までのコーポレートガバナンス報告書の開示状況～」(2016)。http://www2.deloitte.com/content/dam/Deloitte/jp/Documents/strategy/cg/jp-cgc-report.pdf.

とである[78]。スチュワードシップ責任の概念もそうだが、従来、経営者と投資家の関係のあり方については、議決権を背景に株主利益の観点から投資家が要求し、経営者がそれに対応する、という、投資家の側に比重をかけたパターンが想定されてきた。スチュワードシップの行き詰まりに直面して発想を転換するとは、このような従来の発想を離れて、経営者の側に比重を移す方向で、経営者と投資家の関係のあり方を構想することである。そのような関係には2つの側面があると考えられる。

　1つは"経営者の取り組みを投資家が後押しする"ことである。この"後押しする"ことには、経営者による取り組みを支持するという受身の行動だけでなく、経営者の背中を押して価値創造の取り組みを触発する行動も含まれる。つまり、ここでいう"後押し"とは、経営者と共に会社に変化をもたらすことであり、たとえば社内的な障害により変化への一歩を踏み出せないでいる経営者の背中を押すことも、これに含まれるのである。このような経営者の側に比重をかけた関係のあり方は、経営者が価値を生みだしてこそ株主としての投資家の利益も増進する、という考え方にもとづいている。これは価値生産を能動的に担う存在としての経営者の役割を重視するもので、こうした考え方にもとづいて、経営者による取り組みを促進する形で投資家が経営者と関わることが、ここでいう"後押し"なのである。

　"投資家が経営者の取り組みを後押しする"ことは、実はコンプライ・オア・エクスプレインの開示方式が本来想定することでもある。既に論じたように、ガバナンス・コードは会社統治に関する標準を設定することを目指しており、コードが定める基準から乖離する場合、経営者は外部へ向けて自らの選択を正当化する必要がある。これがコ

---

78) 江口高顯「エンゲージメントの時代における機関投資家の役割——日本における新しい投資家像構築を目指して」商事法務2109号（2016）24頁は、この点について、最適な株主構成という論点に関連づけて論じている。

ンプライ・オア・エクスプレインの原理だが、これに関する了解事項は、基準から乖離していても投資家が納得すればよいということである。このような了解の下で、経営者が企業価値の観点から自分達の会社にとって最善の選択は何かを真剣に考え、それを投資家に説明する。そのうえで営まれる対話を通して経営者の説明に投資家が納得すれば、経営者の選択を投資家が後押しする関係が成立することになる。こうした関係がうまく機能するためには、経営者の側が自分達の取り組みを積極的に投資家に説明する姿勢をもつことがもとより必要である。しかしそれだけは十分でなく、投資家の側も安易なコンプライ重視に陥らず、経営者の取り組みを適正に評価する姿勢をもつことが求められる[79]。

2　投資家も経営者に選ばれる

　経営者の側に比重をかけた関係のあり方のもう1つの側面は、"投資家も経営者に選ばれる"ことである。これについて像を結ぶためには

---

[79] 投資家からの側面支援が必要であることは投資家フォーラムの会合でも指摘されている。「投資家フォーラム」は在日の機関投資家が集い、意見交換し、その結果を発信する場で、定期的に会合をもつ。その第1・2回会合で、コンプライ・オア・エクスプレインが機能するための条件が論じられている。それによると、エクスプレインが機能するためには経営者の側が自分たちの会社を投資家にアピールしようとする姿勢がもとより大事だが、同時に投資家の側に経営者による前向きの取り組みを積極的に評価する姿勢がないと、ガバナンス・コードが「コンプライアンスの道具として使われるだけになりかねない」としている。また、投資家フォーラムでは、機関投資家が意見交換する会合に加えて、そうした会合で話し合われた成果を、企業の側と共有するオープンセッションも開催している。第1・2回会合での話し合いの結果を受けて開催された第1回オープンセッションで、企業の側が「投資家側で安易にコンプライしないことを奨励する流れを作っていただけないか」と発言していることが注目される。投資家フォーラム「投資家フォーラム第1・2回会合報告書」(2015年9月15日)4～5頁、ならびに「投資家フォーラム　第1回オープンセッション概要」3頁を参照。共にhttp://investorforum.jpに掲載。

会社のIR（investor relation）活動を想起すればよい。いうまでもなくIR活動の目的は、会社の株式を投資家に保有してもらうことである。そのためには企業の魅力を投資家に売り込まなければならない。経営者は投資家を研究してターゲットを絞り込み、これはと思う投資家に積極的に働き掛けを行なうだろう。このようなIR的な発想をさらに進めて、"投資家も経営者に選ばれる"ことを改めて印象づけた事例が最近、メディアに取り上げられている[80]。幾つかの会社で、いったん始めた四半期ごとの業績予想の開示を中止する決定がなされたのである。その背景には、短期主義的な行動への懸念がある。つまり経営者の側には、業績予想の頻繁な開示が投資家からの質問を短期的な業績動向に偏らせるという認識があり、こうした短期視野の行動を煽る性質の情報開示を減らす一方、中長期の投資に必要な情報開示を増やすことにしたのである。そのことによって、中長期な観点から経営を評価する投資家との対話の機会を増やそうという意図を経営者の側はもっている。このように、対話に値する投資家を絞り込む姿勢を経営者の側は明確にしており、良い対話の相手を求めて経営者が投資家を選別する動きは、今後さらに進むと予想される[81]。

　エンゲージメントの目的は、会社に変化をもたらすことである。そうだとすれば、投資家が自分の言い分を声高に主張することだけでは明らかに不十分である。"投資家も経営者に選ばれる"という自覚の中で"経営者の取り組みを後押しする"投資家の側と、そうした投資家と積極的に向き合う経営者の側のイニシャティブが噛み合うとき、企業価値に貢献する真のスチュワードシップが成り立つものと考えられ

---

80)「一目均衡～オムロンの開示『後退』～」日本経済新聞 2015 年 8 月 11 日朝刊 15 面。
81) 高度成長時に形成された株式持ち合い関係も経営者が投資家＝株主を選ぶものだった。本稿で取り上げている動きは企業価値向上を目的に投資家との積極的な対話を意図しており、「サイレントな与党株主」の確保を目指すかつてのものとは性格が異なる。

る。

V　おわりに

　各国において上場会社に対してはガバナンス・コードにもとづく規律が適用される。上場会社の経営者に求められるのは、コードが定める会社統治の基準についてコンプライ・オア・エクスプレインの方式に従って実施状況を開示することである。経営者に働き掛けて基準の実施を確保するのは機関投資家の役割である。そして機関投資家が経営者に働き掛ける手段の１つがエンゲージメントである。英国において機関投資家によるエンゲージメントは本来、私的な活動で、どの程度実施するかは投資家の自主的な判断に委ねられていた[82]。その後、政策上の要請が強まる中でエンゲージメントの活性化が課題となり、どの程度のエンゲージメントが適当かは、投資家が判断するのでなく、公共政策の観点から判断されることになった。その判断を実践に結びつける媒介となるのがスチュワードシップの概念である。スチュワードシップにしても、ガバナンス・コードに適用されるコンプライ・オア・エクスプレインにしても、それぞれ問題点を抱えている。すなわち、スチュワードシップに関しては、規制強化の流れの中でエンゲージメントの形式化が懸念される。またコンプライ・オア・エクスプレインに関しては、コードからの乖離を説明するエクスプレインが十全に機能していないという手詰まり感が生じている。いずれの問題点の解消に関しても、肝心なのはさらなる規制強化でなく、経営者と投資家の関係のあり方に関する発想を転換することだろう。"投資家も経営者に選ばれる"という自覚の中で"経営者の取り組みを後押しする"投資家の側と、そうした投資家と積極的に向き合う経営者の側のイニシャティブが噛み合うとき、企業価値増大に貢献する真のス

---

82) Davies, *supra* note 11, at 758.

チュワードシップが成り立つものと考えられる。

(えぐち・たかあき)

第 3 章
フェア・ディスクロージャー・ルールは何をもたらすか

野村総合研究所主席研究員　**大崎貞和**

I　はじめに

　2016 年 4 月、内閣総理大臣の諮問機関である金融審議会のディスクロージャーワーキング・グループが、上場企業と株主・投資家との建設的な対話に向けた制度改革提言を取りまとめた[1]。そこでは、いわゆるフェア・ディスクロージャー・ルール、すなわち上場企業が「公表前の内部情報を特定の第三者に提供する場合に当該情報が他の投資者にも同時に提供されることを確保するためのルール」の日本における導入が、今後の検討課題の一つとして提示されている[2]。

　フェア・ディスクロージャー・ルールの狙いは、公平・公正な情報開示に対する市場の信頼を確保することであり、主要国で既に制度化されている。

　米国では、2000 年 8 月、上場企業やその主要な役職員が、投資判断に影響を及ぼすような未公表の重要情報（material non-public information）を機関投資家のファンドマネジャーや証券アナリスト等に対し

---

[1]　金融審議会「ディスクロージャーワーキング・グループ報告――建設的な対話の促進に向けて」(http://www.fsa.go.jp/singi/singi_kinyu/tosin/20160418-1.html)。その内容については、田原泰雅ほか「金融審議会ディスクロージャーワーキング・グループ報告の概要」商事法務 2105 号（2016）4 頁参照。

[2]　金融審議会・前掲注 1) 15～16 頁。

て選択的に開示することを禁じる証券取引委員会（SEC）の規則「レギュレーションFD（Regulation Fair Disclosure）」が制定された[3]。一方欧州では、2003年1月に採択された欧州連合（EU）の市場阻害行為指令（Market Abuse Directive）を受けて、たとえば英国の場合、金融行為規制機構（FCA）の開示および透明性規則（DTR: Disclosure Rules and Transparency Rules）において、発行者による未公表の内部情報の第三者への開示が原則として禁じられることとなった（DTR 2.2.10）[4]。

本章では、ディスクロージャーワーキング・グループ報告で提言されたフェア・ディスクロージャー・ルールの制度化が、上場企業や証券アナリスト、機関投資家等の行動に与える影響について検討する。Ⅱでは日本における制度化が提言されることになった背景を概観し、Ⅲでは先行して制度化が行われた米国における規制適用の展開を整理する。Ⅳでは前節で検討した米国の状況や欧州における議論などを踏まえながら、日本における制度化にあたっての課題を論じる。Ⅴはまとめである。

Ⅱ　フェア・ディスクロージャー・ルール導入検討の背景

1　選択的開示を禁じる適時開示制度

ディスクロージャーワーキング・グループ報告は、日本における公

---

[3]　17 CFR Part 243（§§ 243.100 -243.103）.
[4]　2016年7月3日から市場阻害行為指令はEU構成国において直接効力を有する規則（Regulation）となっている（Regulation (EU) No.596/2014 of the European Parliament and of the Council of 16 April 2014）。フェア・ディスクロージャー・ルールに該当するのは、同規則10条ほかの規定である。ただし、同規則施行後もDTRは効力を有しており、市場阻害行為規則の解釈指針として機能する。

平・公正な情報開示に対する市場の信頼を確保するための制度の現状について、「証券取引所による適時開示制度は整備されているものの、適時開示前の内部情報を企業が第三者に提供する前に提供する場合に当該情報が他の投資者にも同時に提供されることを確保するルールは置かれていない。」と述べている[5]。

ここでいう適時開示制度の具体的内容は、上場企業に対して、投資家の投資判断に軽微でない影響を及ぼすような会社情報、子会社等の情報や業績情報等の内容を直ちに開示することを義務付けるものである（東京証券取引所有価証券上場規程402条～405条）。開示義務の対象となる情報は詳細に定義されており、その範囲は、金融商品取引法（以下「金商法」という）上のインサイダー取引規制における「重要事実」の範囲よりも広い[6]。

適時開示に関する証券取引所の規則には、情報開示のタイミングを遅らせることを許容する明文の規定は設けられていない[7]。これを字義通りに捉えるならば、投資家の投資判断に軽微でない影響を及ぼすような情報が未公表のまま存在するという事態はあり得ないことになる。したがって、上場企業が証券取引所の規則を厳格に遵守しつつ、投資判断に重大な影響を及ぼすような未公表の情報をアナリストや機関投資家のファンドマネジャーなどの第三者に選択的に開示するという事態は、想定できないということになるだろう[8]。

しかし、これまで投資判断に影響を及ぼすような未公表の情報を第三者に選択的に開示したとして上場企業が改善報告書の徴求など証券

---

[5] 田原ほか・前掲注1) 15～16頁。

[6] たとえば、商号変更など、重要事実にはならないが、適時開示が必要な情報がある。また、売上高や純資産の基準では重要事実に該当しないような情報であっても、利益の額への影響が大きい場合には適時開示の対象となる。

[7] この点については、もしも、会社情報が外部に漏洩していない場合でも直ちに開示させる趣旨だとすれば、上場企業、すなわち株主の利益を損ね、長期的には投資家の利益にも反する恐れがあるとの指摘がある。近藤光男＝吉原和志＝黒沼悦郎『金融商品取引法入門〔第4版〕』（有斐閣、2015）277頁。

第3章 フェア・ディスクロージャー・ルールは何をもたらすか

取引所による処分の対象となった事例はない。このことが適時開示に関する規則が字義通りには適用されていないことを意味するのだとすれば、改めてフェア・ディスクロージャー・ルールを導入すべきという見解も成り立ち得るだろう。

2　規制導入を必要とするような問題の発生

この点についてディスクロージャーワーキング・グループ報告は、従来、フェア・ディスクロージャー規制の導入を必要とするような問題は顕著な形では発生していないとみられていたが、近年、企業の内部情報を顧客に提供して勧誘を行った証券会社に対する行政処分の事案において、上場企業が当該証券会社のアナリストに未公表の業績に関する情報を提供していたなどの問題が発生していると指摘する[9]。

金融商品取引業者（証券会社）が、上場企業に関する未公表の情報で顧客の投資判断に影響を及ぼすようなもの（法人関係情報）を提供して勧誘する行為は、法令で禁じられている（金商法38条8号、金融商品取引業等に関する内閣府令117条1項14号）。

また、証券業者の自主規制機関である日本証券業協会の規則では、証券会社のアナリストが入手した重要情報については、当該アナリストの所属する証券会社が適正に管理し、かつ適正に利用しなければならないこととされている（アナリスト・レポートの取扱い等に関する規則8条、9条）。ここでいう重要情報（同規則8条1項）は、法人関係情報よりも幅広いものとなっている[10]。ただし、この規則による規制は、

---

[8]　たとえば、黒沼悦郎『金融商品取引法入門〔第6版〕』（日本経済新聞出版社、2015）111頁は、「日本ではタイムリー・ディスクロージャーのルールが厳しいため、情報の選択的開示は、それが重要な会社情報に関するものであれば、すべてタイムリー・ディスクロージャー違反となります。」と述べている。

[9]　金融審議会・前掲注1) 16頁。具体的な事案としては、クレディ・スイス証券株式会社に対する業務改善命令（2016年4月25日）、ドイツ証券株式会社に対する業務改善命令（2015年12月15日）がある。

アナリスト・レポート以外の情報伝達手段にまでは及ばない。

　最近問題となった事案は、一部のアナリストの間で慣行化していた、未公表の決算期の業績に関する情報を取材するという、いわゆるプレビュー取材の過程で、法令違反が行われたとされるものである。

　そこで日本証券業協会は、これまで自主規制規則では必ずしもカバーされていなかった、アナリストの入手した情報やそれらに基づく分析・評価等をアナリスト・レポート以外の手段によって伝達する行為のあり方について新たなガイドラインを策定することとし、2016年7月、その原案を公表した[11]。しかし、問題となった違反行為の再発防止を徹底するといった観点からは、こうしたアナリストに対する規律の強化に加えて、情報の出し手である上場企業の側についても、何らかの規制を及ぼすべきだという考え方もできるだろう。

Ⅲ　米国におけるフェア・ディスクロージャー・ルールの展開[12]

1　レギュレーションFDとは

　米国のレギュレーションFDは、証券発行者または発行者に代わって行動する者が、当該発行者または当該発行者が発行する有価証券に関する未公表の重要情報を一定の者に対して開示した場合、意図的な

---

10) 重要情報には、法人関係情報のほか、法人関係情報以外の情報であって投資判断に重大な影響を及ぼすと考えられるものや公表前のアナリスト・レポートの内容等であって投資判断に重大な影響を及ぼすと考えられるものが含まれる。
11) 協会員のアナリストによる発行体への取材等および情報伝達行為に関するガイドライン（案）。http://www.jsda.or.jp/katsudou/public/bosyu/20160719173836.htm　2016年9月20日、ガイドラインはほぼ原案通りの内容で施行された。
12) 本節の2から4までの内容は、筆者の次の既公表論文を加筆・修正したものである。大崎貞和「フェア・ディスクロージャーのルール化をめぐって」月刊資本市場369号（2016）14頁。

選択的情報開示であるときは同時に、意図せずに行った選択的情報開示であるときは直ちに（promptly）、当該情報を公表しなければならないとする（100条(a)項）。

ここで公表とは、フォーム8-KによるSECへの臨時報告書の提出もしくはその他の一つまたは複数の手段による広範かつ排他的でない情報公開を指す（101条(e)項）。「その他の手段」の具体例としては、プレスリリース、記者会見、電話等の通信媒体で一般の人々がアクセスできるカンファレンス・コール（電話会議）などが挙げられている。

規則による禁止の対象となるのは、証券発行者の外部の者であって、①ブローカー、ディーラーおよびその関係者（associated person）、②投資顧問、機関投資家の投資マネジャーおよびその関係者、③投資会社およびその系列下にある者（affiliated person）、④発行者の証券を保有し、開示された重要な情報に基づいて証券を売買することが合理的に予想される者、のいずれかに該当する者に対する選択的情報開示である（100条(b)項）。

一方、弁護士、引受契約やアドバイザリー契約を結んでいる投資銀行の役職員、会計士など証券発行者に対して信認義務を負う者、守秘義務契約を締結している者に対する選択的情報開示や証券の募集に関連して行われる情報開示は、明示的に規制の対象から除外されている（100条(b)項(2)号）[13]。

なお、報道機関、政府機関、顧客、納入業者等、明示的に規制の対象外とはされていない者についても、発行者は、それらの者が当該発行者の発行証券を保有していたとしても、それらの者が開示された情報に基づいて株式を売買することを「合理的に予見できる状況にある」とはいえないため、選択的情報開示の禁止規制は及ばないものと解さ

---

[13] 規則制定当初は、格付機関に対する選択的情報開示も明示的に規制対象から除外されていたが、2009年に制定されたドッド・フランク法939B条がこの適用除外の撤廃を求めたため、2010年10月の規則改正で削除された。

れている[14]。

　レギュレーションFDは、規制の対象となる「未公表の重要情報」を明確に定義しておらず、規則採択時のSECによる公表文でも、「重要情報」であると認定される可能性が高い情報として、①決算情報、②合併、買収、公開買付、合弁事業および資産の変更、③新製品の開発、顧客や納入業者に関する変更、④支配関係や経営者の変更、⑤会計監査人の変更や不適正意見を付す旨の通告、⑥優先証券のデフォルト、証券の償還、買い入れの計画、株式分割、配当政策の変更、株主権利の変更、証券の追加的な募集や売出しなど発行証券に関する事項、⑦破産や管財人の任命、が挙げられているのみにとどまる。

　なお、レギュレーションFDは、1934年証券取引所法の定める上場企業の情報開示義務を具体化する規則であり、いわゆる不公正取引を禁じる同法10条(b)項を根拠とするものではない（102条）。このため、レギュレーションFDに違反した発行者は、SECによる排除措置命令や民事制裁金賦課、裁判所による差止命令の対象となる可能性はあるが、一般の投資家や株主から同規則違反を理由として民事上の損害賠償責任を追及されるといったことはない。

2　レギュレーションFD制定の背景

　上場企業による投資判断に影響を与えるような重要情報の開示をめぐっては、一定の事象が生じた場合にSECへの提出が義務付けられる法定開示書類である臨時報告書の制度や取引所規則に基づく適時開示制度が設けられている。

　もっとも、臨時報告書は、提出事由が生じた場合「速やかに（soon after）」提出することが求められるのみである。また適時開示については、直ちに公表することが事業目的遂行の妨げとなるような場合には公表の遅延が容認されている。したがって、レギュレーションFD制

14）レギュレーションFD採択時のSECリリース（No.33-7881）参照。

第3章 フェア・ディスクロージャー・ルールは何をもたらすか

定前の規制の下では、アナリストの作成した業績予想情報について上場企業の担当者が個別にコメントしたり、一部のアナリストやファンドマネジャーだけを集めたスモール・ミーティングで上場企業が業績の見通しについてコメントしたりするなど、投資判断に影響を与えるような未公表情報が、上場企業とアナリストや機関投資家との間でしばしばやり取りされているのが実情であった。

こうした状況が常態化しているのでは、未公表の重要情報を入手することが難しい個人投資家などは、不公平感を抱くであろう。また、未公表の重要情報を入手しようとするアナリストが、上場企業側と良好な関係を維持するために、企業に好意的なレポートを書かなければならないというプレッシャーを意識・無意識に受けるようになり、レポートの記述内容が歪められることも懸念される[15]。

また、アナリストや機関投資家が未公表の重要情報を入手すれば、そうした情報が一般に公表される前に証券の売買を行って不当に利益を得る可能性も否定できない。

そうした売買は、違法なインサイダー取引にあたる可能性もある。しかし、米国の判例では、アナリストや機関投資家のファンドマネジャーが、インサイダー取引規制上取引を禁じられる情報受領者（tippee）に該当するのは、内部者が、個人的な利益を図るなど上場企業に対して負う信認義務（fiduciary duty）に反して情報を伝達し、かつ情報の伝達を受けた者が、当該義務違反の事実を知っていたか知るべきであった場合に限られるとされる[16]。こうした判例理論の下では、アナリストから未公表の重要情報を伝達された者による取引を全面的に

---

[15] SECがレギュレーションFDの制度を検討していた1999年4月、当時のアーサー・レビットSEC委員長は、「どう見ても蛙にしか見えないものを王子様だと説明するのに熱心なアナリストから情報を得ている投資家が多いのが心配だ。……投資家やアナリストは誰でも、時には蛙は蛙だということを認識しなければならない。」と述べ、こうしたアナリストの傾向について警鐘を鳴らした。

[16] Dirks v. SEC, 463 U.S. 646 (1983).

排除することは困難である[17]。しかも、インサイダー取引規制に触れるのは、情報受領者が取引によって利益を上げたり損失を回避したりした場合だけであり、未公表の重要情報をアナリストに開示することやアナリストがそうした情報をレポートなどの形で顧客に伝達すること自体が禁じられるわけではなかった。

3 レギュレーション FD への市場の反応と SEC による違反摘発

(1) 上場企業やアナリスト等の反応

レギュレーション FD は、上場企業とアナリストや機関投資家との関係に大きな影響を与える可能性があるとして、1999 年 12 月の SEC による原案公表時から様々な論議を呼んだ。一方では、情報が公平に入手できるようになるとして個人投資家団体などが歓迎する意向を表明し、他方では、証券会社の業界団体や規制による影響を最も大きく受けかねないアナリストから、上場企業の情報開示姿勢が後退しかねないという批判の声が寄せられたのである。

2000 年 8 月の規則採択と 10 月の施行後は、一部の上場企業がアナリストや機関投資家との一対一 (one on one) のミーティングを一律に中止するなど過剰反応とも言うべき対応をとったこともあり、とりわけアナリストからは実際に企業の情報開示姿勢が後退したという指摘も多くみられた[18]。しかし、アナリストの業績予想をめぐる個別のやり取りを避けるために、自発的に業績予想数値を公表する企業が増加

---

17) 本文で述べた判例理論は、現在も基本的に維持されている。2015 年 10 月には、ヘッジファンドのポートフォリオ・マネジャーが、上場企業から間接的に受領した未公表の重要情報に基づいて取引を行ったという事案で、被告人を無罪とした連邦控訴裁判所の判決が確定している。*United States v. Newman*, 773 F. 3d 438 (2014).

18) 詳しくは、大崎貞和＝平松那須加『求められる公平な情報開示（資本市場クォータリー臨時増刊）』(2001) 参照。

するなど、一般に入手可能な情報の量が増えたという側面もあり、情報の急激な減少や株価変動の目立った増大はなかったという評価もみられた[19]。

(2) SEC による最初の違反摘発

SEC は、2002 年 11 月、初めてレギュレーション FD 違反の事案 3 件の摘発に踏み切った。その概要は次の通りである[20]。

① 上場企業の CEO が、機関投資家のファンドマネジャーとの電話会議の中で、自社の業績に大きな影響を及ぼす重要な契約が締結されたという事実を漏らした。その後、噂を耳にした機関投資家との電話会議で、当該事実を認めた[21]。

② 上場企業の CEO が、投資銀行主催の機関投資家向けカンファレンスにおいて、従来公表していたものとは異なる楽観的な業績見通しに言及した[22]。

③ 上場企業の CFO が、証券会社のアナリストの作成した業績予想に対して数値が楽観的過ぎるといったコメントを加えた[23]。

これらについては、いずれも将来の違反を禁じる排除措置命令が科されたが、②の事案については、悪質性の高い意図的な選択的情報開示にあたるとして、民事制裁金が併科された[24]。

---

[19] Fisch., Jill E., "Regulation FD: An Alternative Approach to Addressing Information Asymmetry" (2013). Faculty Scholarship Paper 407.

[20] 詳しくは、大崎貞和「レギュレーション FD 違反に問われた初の事例」資本市場クォータリー 6 巻 3 号 (2003) 31 頁参照。

[21] *In re Secure Computing Co. et al.*, SEC Release No.34-46895, November 25, 2002.

[22] *In re Siebel Systems, Inc.*, SEC Release No. 34-46896, November 25, 2002.

[23] *In re Raytheon Co. et al.*, SEC Release No. 34-46897, November 25, 2002.

[24] *SEC v. Siebel Systems, Inc.*, SEC Litigation Release No. 17860, November 25, 2002.

(3) シーベル事件判決

 その後も数件の違反摘発が行われたが、2005年以降、SECによるレギュレーションFDの適用姿勢は、大きく後退することとなる。SECとの和解に応じず正式訴訟に持ち込まれた一つのケース（シーベル事件）で、裁判所がSECの主張を全面的に退ける結果となったためである[25]。

 この事件は、上場企業S社のCFOが、投資銀行主催の機関投資家向けミーティングにおいて、以前に公表していた事業環境認識と異なる楽観的な説明を行ったとして、レギュレーションFD違反に問われたというものである。S社が、2002年11月の排除措置命令に同意していたレギュレーションFD違反の再犯者ともいうべき企業であったため、SECは民事制裁金の賦課を求めて訴訟を提起した。

 判決で裁判所は、S社CFOのミーティングにおける発言を一般に公開された電話会議におけるそれ以前の発言と比較するなど詳細に検討した上で、それらの内容は実質的に異なるものではなく、同CFOの発言内容は未公表の重要情報の選択的開示にはあたらないと判示した。SECは、問題のミーティング後、S社の株価が8％上昇したという事実も強調していたが、裁判所は、株価が事後的に上昇したというだけでは、問題の情報が未公表の重要情報であるかどうかを決められないとしたのである。

4　シーベル事件判決以後の動向

(1) SECによる違反摘発の再開

 レギュレーションFDの適用をめぐる自らの主張を裁判所によって否定されたことは、SECにとって大きな痛手となった。このことは、

---

25) *SEC v. Siebel Systems, Inc.*, 384 F. Supp. 2d 694, 709 (S.D.N.Y. 2005). 内容については、野村亜紀子「レギュレーションFD違反をめぐるSECの主張を退けた地裁決定」資本市場クォータリー9巻2号（2005）54頁参照。

その後 4 年以上にわたって、SEC がレギュレーション FD 違反の摘発を一切行わなかったことに端的に表れている。

しかし、2009 年になって、SEC はレギュレーション FD 違反の摘発を再開した。2009 年から 2011 年にかけて、少なくとも 4 件の摘発が行われており、これらの事案において問題視された上場企業やその役職員の行為は、次のようなものである [26]。

① 　上場企業の CFO が、週末に自宅から 8 人のアナリストに電子メールを送り、公表されていた会社の業績予想よりも、実績が低くなりそうだという見解を伝達した [27]。

② 　上場企業の CEO が、自社の業績予想の下方修正を公表する前日に、特定の投資顧問業者だけにその事実を伝達した [28]。

③ 　上場企業の CEO と CFO が、市場の業績予想を下方修正させようとして、アナリスト 18 人に対して、経済情勢が厳しくなっていることや同業他社の業績が予想を下回ったことなどを指摘するとともに、自社の公表情報に含まれていたネガティブな内容について注意を喚起した [29]。

④ 　上場企業である銀行が、優先出資証券を償還したが、償還が行われたという事実は保管振替機関である DTC のウェブサイト上でパスワード保護をかけられた状態で明らかにされていた。その後、自行の株式の取引高が急増したことに気付いた銀行が、臨時

---

[26] Fisch, supra note 19.

[27] *SEC v. Christopher A. Black*, SEC Litigation Release No. 21222, September 24, 2009.

[28] *SEC v. Prestek, Inc.*, SEC Litigation Release No. 21443, March 9, 2010.

[29] *In re Office Depot, Inc.*, Order Instituting Cease-and-Desist Proceedings, Release No. 34-63152, October 21, 2010. この事案について、前掲注 19) Fisch 論文は、アナリストの業績予想を下方修正させるための組織的な行為だったとはいえ、過去の裁判所の判断に照らせば、未公表の重要情報の伝達が行われたと解釈されるかどうかは微妙だとし、SEC の強気の摘発姿勢を示したものだと指摘している。

報告書を提出して当該償還の事実を開示した[30]。

これらの事案について検討してみると、SEC によるレギュレーション FD 違反の追及は、上場企業による業績予想に関連した情報の開示をめぐって行われることが依然として多いものの、公開の場で話された文言や公表文との些細な違いや情報伝達時の企業関係者の表情にまで着目しながら、様々な行為を未公表の重要情報の伝達と判断するといった傾向のあったシーベル事件判決以前に比べれば、かなり控え目なものに変わったように思われる。

また、上場企業の情報管理体制やコンプライアンス体制、違反に気付いた後の対応が的確であったかどうかといった点に着目しながら、訴追の対象者を限定したり、制裁の内容を民事制裁金の支払までは求めず排除措置命令のみに止めたりするなど、上場企業の情報開示姿勢を過度に萎縮させないための一定の配慮が払われるようになったようにも感じられる。

(2) 近年の違反摘発事案

以上概観したように、SEC によるレギュレーション FD 違反の摘発は、年1件か2件といった散発的なものにとどまる。以下では、ここ数年間で最も注目を集めた2013年9月の摘発事案の事実関係等をやや詳しく紹介したい。

これは、ナスダック市場上場企業 F 社の IR（インベスター・リレーションズ、投資家向け広報）担当課長（vice president）であった P 氏が5万ドルの民事制裁金の支払いと排除措置命令の発出に応じることで和解が成立したという事案である[31]。

---

30) *In re First Third Bancorp*, Order Instituting Cease-and-Desist Proceedings, Release No. 34-65808, November 22, 2011. この事案は、DTC ウェブサイト上の情報を閲覧できる ID やパスワードを保持している一部の関係者だけが情報を知ることができたという事実が、選択的情報開示に該当するとされたものである。
31) *In re Lawrence D. Polizzotto*, SEC Release No. 70337, September 6, 2013.

第3章　フェア・ディスクロージャー・ルールは何をもたらすか

　F社は、太陽光発電施設建設など3件のプロジェクトをめぐる総額45億ドルの資金調達について、連邦エネルギー省（DOE）の債務保証プログラムに基づく保証を受けようとしていた。同プログラムは2011年9月末まで継続することになっていたが、アナリストの間では、3件のプロジェクトのうち最大規模の案件については、規制上の要件が厳しくF社は申請通りに保証を受けられないのではないかとの見通しがささやかれていた。

　2011年9月13日に開催された公開のカンファレンスにおいて、F社のCEOは、3つのプロジェクト全てについてDOEによる債務保証が受けられることに自信を示した。

　ところが、その2日後、P氏を含むF社幹部は、DOEが3つのうち最大規模のプロジェクトについては保証を付さないことを決定したという事実を知った。しかし、この時点で直ちに当該事実を公表すれば、かえって市場を混乱させるとして、3件のプロジェクト全てについてのDOEの判断が出揃うまで、事実の公表を延期すべきだと判断した。

　この頃、IR担当者であるP氏のもとへは、DOEによる債務保証が実施されるかどうかについて、アナリストや投資家から多数の問い合わせが寄せられていた。そこでA氏は、9月21日、30人以上のアナリストや投資家に対して個別に「3件のうち2件のプロジェクトについては債務保証を得られる可能性が高いが、最大規模の案件については、他の2つよりも可能性が低い」と述べた。また、少なくとも1人のアナリストと1人の機関投資家に対して、「保守的に考えるならば最大のプロジェクトについては債務保証を得られないことを想定すべきだ」と伝達した。

　21日の夕方には、P氏による伝達情報を反映したとみられる報道記事が現れ、F社の経営陣は、P氏が未公表の重要事報を選択的に開示してしまった可能性があるとの認識に至った。そこでF社は、22日の取引開始前に「最大規模のプロジェクトについてはDOEによる債務保証が受けられなかった」と正式に発表した。

以上の事実関係を踏まえて SEC は、P 氏が各プロジェクトについて債務保証を得られる可能性の高低にまで言及したことはレギュレーション FD の禁じる未公表の重要事報の選択的開示にあたるとして、民事制裁金の賦課を決定した。

　ただし、制裁の対象は P 氏個人とされ、法人としての F 社は対象とはならなかった。その理由として SEC は、F 社が調査に対して協力的であったことに加え、レギュレーション FD に焦点を合わせたディスクロージャー委員会を社内に設けるなどコンプライアンスを重視する姿勢をとっていたこと、P 氏による規則違反行為に気付くと直ちに情報を公表し、SEC に対しても違反の事実を報告したこと、事件後、役職員に対するレギュレーション FD 教育を行ったこと、などをあげた。

　このように、制裁内容の決定にあたって上場企業の日頃の取り組みや違反に対する対応を勘案する SEC の姿勢は、上場企業を過度に萎縮させまいとする前述のシーベル事件以降の流れを受け継いだものと言えるだろう。

(3)　SNS による開示への適用

　一方、SEC は、2013 年 4 月、上場企業やその幹部によるフェイスブックやツイッターといったソーシャル・メディア（SNS）を通じた情報発信へのレギュレーション FD の適用に関する見解を公表している[32]。これは、上場企業 N 社とその CEO であった H 氏の行為をめぐる SEC の調査結果を踏まえて作成されたものである。

　N 社は、インターネット動画配信などを行う上場企業であり、2012 年 1 月、2011 年第 4 四半期（10 ～ 12 月）のインターネット配信実績が述べ 20 億時間に達したと公表した。H 氏は、この情報開示について、

---

32)　SEC, Release No. 34-69279, Report of Investigation Pursuant to Section 21 (a) of the Securities Exchange Act of 1934: Netflix, Inc., and Reed Hastings, April 2, 2013.

第3章　フェア・ディスクロージャー・ルールは何をもたらすか

同社の収益は固定的な視聴料収入に依存しているが、延べ配信時間というデータは顧客が同社のサービスを実際にどの程度利用しているかを示す重要な指標であり、20億時間という数字は同社にとっての重要なマイルストーンだとの認識を明らかにした。

　その後2012年7月3日、H氏は、フェイスブックの個人ページに「6月には当社の月間配信時間が初めて10億時間を超えた」という書き込みを行った[33]。この記述は、書き込みが行われた1時間後にはIT関係のブログで取り上げられ、N社も同じ頃、一部の報道記者宛てに同じ内容を送信するなどしたが、通常のプレスリリース用のメイリング・リストでの情報配信は行われなかった。

　日本法では、インサイダー取引規制にいう重要事実の「公表」方法が明確に定められているが、米国のSECは上場企業による重要事実の開示方法をできるだけ限定しないという方針をとっており、2008年には、上場企業のウェブサイト上での開示がレギュレーションFDに抵触しないためのガイダンスを公表している[34]。

　SECは、同ガイダンスにおいて、ウェブサイトが確立した情報伝達チャネルになっていれば開示手段として用いられるとし、そのために満たすべき要件を例示する一方、技術革新が続いていることを踏まえればガイダンス自体が柔軟であるべきだとして、電子メールによるアラートやRSSフィード、ブログなど、企業の公式ウェブサイト以外のメディアについても情報開示の手段として容認する姿勢を示していた。しかし、このガイダンスが、その後急速に普及したSNSに適用されるかどうかは、必ずしも明らかではなかった。

　こうした経緯を踏まえ、SECは、N社とH氏の行為に関する調査の結果、2008年のガイダンスに示された考え方がSNSにも適用される

---

[33]　この数値を四半期に換算すれば、延べ30億時間となり、2011年第4四半期に比べて1.5倍に伸びたことになる。

[34]　SEC, Release No. 34-58288, Commission Guidance on the Use of Company Web Sites, August 7, 2008.

べきだとし、上場企業がSNSを通じて重要事実を開示する場合には、当該メディアが確立した情報伝達チャネルとなっているかどうかを十分に検討する必要があるとの見解を明らかにした。また、その検討にあたっては、アドレスが有価証券報告書（10－K）で公表されているか、情報が常にアップデートされているか等、従来のガイダンスに示されたウェブサイトに係る検討項目が参考にされるべきだとした上で、上場企業がどのようなメディアを重要事実の開示に用いるかは、予め公表されていることが重要だとも指摘した。

こうした原則的な見解を示しながら、SECは、結論としてはN社やH氏の行為はレギュレーションFD違反には当たらないとし、制裁金の賦課等を求めないこととしたのである。

これはSECが原則として提示した見解を前提にすれば、やや意外な結論である。というのも、N社やH氏が、問題の書き込みを行う前にフェイスブックを情報開示の手段として用いる方針を明らかにしたという事実はない。むしろH氏は、問題の記述を行った時点より後の2012年12月には、「当社はフェイスブックやその他のSNSを投資家への重要情報の伝達手段としては使っていません」と述べてすらいた。

それにもかかわらず、SECがN社やH氏の行為をレギュレーションFD違反にあたると判断しなかった背景には、上場企業によるIT（情報技術）の積極的な活用に水を差したくないという政策的配慮があったように思われる。SECは、N社やH氏の「フライング」とも言えるような行為は不問に付す代わりに、今後のSNSの利用については、事前にそれを情報開示手段として用いることを明示するなど一定の手続きを踏むことを求めるという方針を選択したのだと、みることができるだろう。

5　レギュレーションFDに対する評価

レギュレーションFDの採択当時や施行直後にみられた各方面の反響や規制の意義に対する評価については、既に触れた通りだが、規則

施行後15年以上が経過し、現在では規則導入の影響をめぐる多くの実証研究が積み上げられている。

それらの示す結果はまちまちで、必ずしも一貫した結論が得られているわけではないが、概ね次のようなことが言えるとされる[35]。

レギュレーションFDによって、未公表の業績情報の漏洩といった選択的な情報開示は相当程度減少し、投資家間の情報の偏在は以前ほど顕著ではなくなった。アナリストが投資家間の情報の偏在を埋めるための活動を行うことは少なくなり、業績情報をめぐる思惑の違いの縮小が、株価の気配スプレッドの縮小にもつながっている。

他方、主に中小規模の上場企業を中心に、開示される情報の量が減少したという指摘もある。また、株価にネガティブな影響を与える情報の開示が減るなど、開示情報の質的な低下を指摘する研究もある。機関投資家が上場企業のCEOなど幹部と小規模なミーティングを行った後に取引する当該企業の株式のサイズが大きくなるという研究もあり、投資家間の情報の偏在が解消されていないという見方もできる。

こうした実証研究の結果とはやや離れて、レギュレーションFD施行後、SECによるインサイダー取引の摘発が従来以上に積極的に行われるようになり、かついわゆる不正流用理論を採用してインサイダー取引規制違反の根拠となる信認義務違反の存在を従来よりも幅広く認めようとするなど裁判所の態度も変化してきていることを踏まえながら[36]、レギュレーションFDのような情報発信そのものに対する規制ではなく、重要な情報に基づく取引の規制をもっぱらにすべきだとの主張もみられる[37]。

この見解は、重要な情報がやり取りされても実際の取引に利用され

---

35) Fisch, supra note 19.
36) 不正流用理論については、大崎貞和「米国インサイダー取引規制の新展開——不正流用理論を認めたO'Hagan判決」資本市場クォータリー1巻1号（1997）73頁、萬澤陽子『アメリカのインサイダー取引と法』（弘文堂、2011）参照。

ないのでなければ市場の信認が損なわれるといった実害はないという考え方に立脚しており、レギュレーション FD のような企業による情報発信への直接的な規制は、憲法の保障する言論の自由の侵害にあたりかねないとの観点に立っている。

Ⅳ　日本における制度化へ向けての留意点

　日本におけるフェア・ディスクロージャー・ルールの制度化へ向けた検討にあたっては、前節でみた規制の先行する米国における経験が参考になるだろう。以下では、日米の制度環境、市場環境の違いも踏まえつつ、米国の経験に学ぶ上での留意点を指摘したい。

1　公表される業績情報の量への影響

　米国でレギュレーション FD 違反とされた事案の多くは、未公表の業績情報に関するものである。他方、違法なインサイダー取引の契機となることが少なくない M&A に関する情報をめぐる事案はほとんどない。

　これは、M&A のような戦略的な意思決定については、計画を円滑に実施するという観点から企業側に情報管理の徹底を図る強いインセンティブが働くのに対し、業績情報の場合、株価を適正な水準に誘導するといった観点から、企業自身に情報を漏洩しようとするインセンティブが働きやすいからであろう。

　実際の業績とアナリストや各種報道によって形成される市場のコンセンサスが大きく乖離する場合、市場が強気に傾いていれば業績公表時に株価は急落するし、弱気に傾いていれば株価は急騰する。そうした急激な株価変動、とりわけ株価の急落は、上場企業にとって好まし

---

37) Susan B. Heyman, Rethinking Regulation Fair Disclosure and Corporate Free Speech, 36 Cardozo L. Rev., 1099.

いものではない。そこで、とりわけ市場が強気に傾いている場合、それに水を差して株価を適正な水準に誘導したいという誘惑にかられる経営者やIR担当者は少なくないのである。

　この点で、留意しなければならないのは、日本では米国とは異なり、取引所の適時開示に関する規則において、決算短信および四半期決算短信のサマリー情報を通じた決算内容の開示が義務付けられ（東証有価証券上場規程404条）、かつ当該サマリー情報には原則として業績予想の記載が求められていることである。

　レギュレーションFD制定にあたってSECが最も問題視したのは、アナリストの作成した業績予想に対して上場企業側が個別にコメントするという市場慣行であったが、そのような慣行が生まれた背景には、日本の決算短信や四半期決算短信のような業績予想の公表を促す制度が存在せず、一般に上場企業の作成した業績予想が公表されにくいという事情があった[38]。実際、レギュレーションFD施行後、業績予想を公表する上場企業の数は増加したのである[39]。

　これに対して日本では、ほとんどの上場企業が業績予想を公表している。更に、公表されている業績予想に大きな変動が生じることとなるという情報は、インサイダー取引規制の対象となる重要事実にあたるとされ（金商法166条2項11号、有価証券の取引等の規制に関する内閣府令51条）、適時開示も義務付けられている（東証有価証券上場規程405条、同施行規則407条）。

---

[38] 上場企業が業績予想情報の公表に消極的であった一つの理由は、予想と実際の業績が異なった場合に、株主・投資家からの損害賠償請求訴訟のリスクにさらされかねないと考えたためである。こうした懸念を払拭するために、1979年にはSECが予想が外れた場合に一定の条件の下で表示者の民事責任を免除するセーフハーバーを制定し、1995年の証券訴訟制度改革法では、法定開示書類以外の書類や口頭の表示にも適用される包括的なセーフハーバーが設けられた。

[39] 全米IR協会の調査によれば、2010年時点で90％の上場企業が、任意の形式で将来見通しを公表し、81％は少なくとも一つの財務指標についてガイダンスを行っていた。

Ⅳ　日本における制度化へ向けての留意点

　こうした日米の制度の差違を踏まえれば、日本にフェア・ディスクロージャー・ルールを導入しても、公表される業績予想情報の増加というレギュレーションFDがもたらした肯定的側面と同じような帰結は、期待しにくいように思われる。

2　規制対象となる情報の範囲

　日本においてフェア・ディスクロージャー・ルールを導入する場合、選択的開示の禁止の対象とする情報の範囲をどうするかが難しい問題となる。

　というのも、米国では、レギュレーションFD自体は選択的開示の禁止の対象となる重要な情報について詳細な定義を行わなかったものの、基本的にはインサイダー取引規制の対象となる重要事実と同じものだと理解されているのに対し[40]、日本ではインサイダー取引規制の対象となる重要事実の範囲が詳細かつ技術的に厳格に定められており、かつ適時開示制度の対象となる情報や業者規制における法人関係情報よりもその範囲が狭いという違いが存在するからである。

　そこでフェア・ディスクロージャー・ルールを違反に対する刑事罰を伴う法律上のルールとして導入する場合、次のような問題が生じる。

　すなわち、選択的開示の禁止対象をインサイダー取引規制上の重要事実に限定した場合、2013年の金商法改正によって禁じられることとなった重要事実の伝達（金商法167条の2）との関係が問題となる[41]。

　現行法で重要事実の伝達が禁じられるのは、当該事実に関する情報の受領者に株式等の売買をさせることにより利益を得させまたは損失

---

[40]　欧州各国でも、基本的には米国と同じような考え方がとられている。
[41]　2013年改正の基礎となった金融審議会のインサイダー取引に関するワーキング・グループ報告書では、企業の通常の業務・活動の中で行われる情報伝達に支障を来すことを避けるために規制の対象となる情報伝達に「取引を行わせる目的」等の主観的要件を設けることが適当であるとしている（同報告書3頁）。

の発生を回避させる目的で行われる場合に限られている[42]。新たに特定の者に対する重要事実の選択的開示を禁じるとすれば、この現行規定と比べて、問題となる情報受領者の範囲を限定しつつ、伝達の目的を問わないという規制を行うことになる。そうした形で処罰範囲を拡大することの是非が、2013年改正の際の議論の内容も踏まえながら改めて問われることとなろう。

これに対して選択的開示の禁止対象となる情報を法人関係情報や重要情報にまで広げるとすればどうか。現行のインサイダー取引規制の重要事実が詳細かつ技術的に定義されている理由は、できるだけ具体的な構成要件を規定することで、投資家にとって取引を行う時点でその取引が処罰されるものか否かを明確に判断できるようにするためだと説かれる[43]。これに対して法人関係情報や重要情報は、違反に対する制裁が行政処分や自主規制機関による過怠金処分にとどまる規定に用いられる概念であることから、やや抽象的なものでも足りるとされてきたのである。したがって、法人関係情報や重要情報の選択的開示に刑事罰を科すとすれば、そうした抽象度の高い概念によって刑事罰の根拠となる構成要件を規定することの是非が問われることとなろう。

他方、選択的開示の禁止対象を法人関係情報や重要情報にまで広げつつ、刑事罰を課さず、たとえば証券取引所による上場契約違約金や改善報告書徴求といった制裁措置の対象とするという選択肢もあり得るだろう。しかし、その場合には、既に触れたように、日本の適時開示制度では基本的に開示の遅延が許容されておらず、したがって開示されるべき情報の「漏洩」は現在でも適時開示ルール違反にあたるはずとも考えられることとの整合性が問われることとなろう。

---

[42] かつ違反に対する処罰が行われるのは、情報を受領した者が株式等を売買した場合に限られる（金商法197条の2第15号）。
[43] 松尾直彦『金融商品取引法〔第4版〕』（商事法務、2016）579頁。

3　インサイダー取引の防止規制としての意義

　既に触れたように米国では、レギュレーション FD 制定の背景として、信認義務に反する形で伝達されたとはいえない未公表の重要情報に基づく取引をインサイダー取引として処罰できないことを前提としながら、そうした取引を防止するための規制としてフェア・ディスクロージャー・ルールが必要とされたという事情があった。

　これに対して日本では、内部者が米国で考えられているような意味で信認義務に反することなく伝達した未公表の重要事実であっても、当該事実に関する情報を受領した者による取引は、インサイダー取引として処罰の対象となる。

　一方、米国の場合、内部者に信認義務違反があり、当該内部者から情報を受領した者が当該信認義務違反を知っていたか知るべきであったとされる場合には、直接の情報受領者だけでなく、当該情報受領者から更に情報を伝達された第二次情報受領者による取引もインサイダー取引とされ得る。これに対して日本では、第二次情報受領者による取引については、特段の規制は及ぼされていない。

　これは、金商法のインサイダー取引規制が、投資者間における情報の平等確保の観点から情報受領者の取引を禁止するものではなく、会社関係者と何らかの特別の関係にあると考えられる者による取引を禁止するものであることや規制対象範囲が無制限に広がらないようにその明確性を確保する必要があることによる[44]。

　このため、たとえば、証券会社のアナリストが上場企業から未公表の重要事実の伝達を受け、当該重要事実を自社の顧客である機関投資家等に伝達したといった場合には、伝達を受けた機関投資家等が売買を行ったとしてもインサイダー取引規制による処罰の対象とはならない可能性がある[45]。

---

44)　松尾・前掲注 43) 587 頁。

第3章　フェア・ディスクロージャー・ルールは何をもたらすか

　このことを踏まえれば、上場企業による未公表情報の選択的開示を規制することで、アナリストが未公表の重要事実に触れる可能性を排除し、そうした不公正ともいうべき取引を防ぐべきだとの考え方もとり得るかも知れない。

　しかし、この点については、たとえば証券会社を通じて二次的に伝達された未公表の重要事実は、その情報の出所や真実性に係る信頼度が高いことを踏まえ、そうした場合に限って第二次情報受領者による取引をインサイダー取引規制によって処罰するという選択肢もとり得るように思われる。

4　ガバナンスやアナリスト活動への影響

　近年、日本では、会社法の社外取締役に関する規定が見直され、スチュワードシップ・コードやコーポレートガバナンス・コードが制定されるなど、上場企業のコーポレートガバナンスの改革が進められている。こうした改革の狙いは、上場企業の「稼ぐ力」を高めることにあるとされ、そのための一つの鍵となるのが、上場企業と投資家、とりわけ機関投資家との建設的な対話（エンゲージメント）であるとされる。

　エンゲージメントにおいては、経営の機微に触れるような立ち入ったやり取りが行われる可能性もあり、実際、日本における2つのコード制定に際してモデルとされた英国では、エンゲージメントの場において、上場企業が守秘義務契約の締結を前提として特定の機関投資家等に未公表の重要な情報を伝達したり、スチュワードシップ活動を行う機関投資家が、一定の場合に未公表の重要な情報の伝達を受けても構わないという方針を明示していたりすることがある[46]。

45）2012年に摘発された一連のいわゆる増資インサイダー取引事件で、証券会社から未公表の重要事実の伝達を受けた機関投資家による取引がインサイダー取引とされたのは、証券会社が上場企業との間で引受契約を締結していたため会社関係者に該当し、機関投資家が第一次情報受領者となったためである。

Ⅳ　日本における制度化へ向けての留意点

　スチュワードシップ・コードの制定自体は2010年と新しいものの、上場企業と機関投資家のエンゲージメントが早くから定着していた英国とは異なり、日本の上場企業にとって機関投資家との建設的な対話は新しい経験である。コーポレートガバナンス・コードにおいても株主からの対話の申込みに対して合理的な範囲で前向きに対応することが求められていることもあり（原則5-1）、門前払いにはできないが、正直に言えばどう対応していいか分からないという企業も少なくないだろう。

　それだけにフェア・ディスクロージャー・ルールが制度化され、機関投資家とのエンゲージメントの場における一定の情報の漏えいが、刑事罰などの制裁とそうした事実が公表されることによる自社のレピュテーションの低下につながりかねないという状況が生まれれば、多くの上場企業は守りを固めて、できるだけ既に公表されている情報以外の情報には触れないようにするという姿勢に向かいやすいのではないだろうか。

　英国においても、フェア・ディスクロージャー・ルールの存在が上場企業と機関投資家との対話に水を差しかねないことが懸念されている。監督当局は、複数の機関投資家と上場企業が意見を交わす集団的エンゲージメントを促す観点から、同ルールはそうした行動を禁じる趣旨ではないと強調してはいるものの[47]、実際にどこまで踏み込んだ対話が許容されるのかは不明確だとの指摘もある[48]。

　上場企業とアナリストとの対話についてもネガティブな影響が懸念

46）大崎貞和「英国における機関投資家と上場企業のエンゲージメント（対話）」神作裕之責任編集『企業法制の将来展望　資本市場制度の改革への提言〔2014年度版〕』（財経詳報社、2013）271頁参照。

47）ここで特に集団的エンゲージメントの問題に焦点が当てられているのは、一対一のエンゲージメントであれば、万一未公表の重要な情報を漏らしてしまったとしても、その場で上場企業側から守秘義務契約の締結を申し入れるという解決策が考えられるからであろう。

される。

　本来アナリストは、特定のセクターに精通したプロフェッショナルとして上場企業の企業価値と成長性に関する専門的な判断を下し、そうした情報を機関投資家や更には個人投資家に対しても提供するという重要な機能を担っているはずである。それだけに、上場企業がフェア・ディスクロージャー・ルールへの抵触を恐れるあまりアナリストへの情報提供および腰になれば、投資家が入手できる情報の質や量の低下にもつながりかねない。

　この観点から強調しておくべきは、単独では投資判断に影響を与えるような重要な情報といえないような情報であれば、当該情報を受領したアナリストが投資判断を改めたり、当該情報を利用して執筆したアナリスト・レポートの内容が投資判断に重要な影響を及ぼしたりしたとしても、上場企業が重要な情報を選択的に開示したとはいえないということである。レギュレーションFDにおいても、いわゆるモザイク情報、すなわちそれ自体としては直ちに重要な情報とは言えないが、高度な分析能力を持ったアナリスト等が他の情報と組み合わせることによって重要な情報となり得るような情報を選択的に開示することは禁じられていないと解されているのである[49]。

V　おわりに

　上場企業は投資判断に影響するような重要な情報をフェア（公正・公平）に開示しなければならず、一般に公表することなく第三者に選択的に開示することは許されないというフェア・ディスクロージャー・ルールの基本的な考え方は、極めて理解しやすく、その正当

---

48) Chiu, Iris H. Y., The Foundations and Anatomy of Shareholder Activism, Hart Publishing, 2010, p.159.
49) レギュレーションFD採択時のSECリリース（No.33-7881）参照。

V　おわりに

性を頭から否定する見解はほとんどあるまい。

しかし、その至極当然ともいえる考え方も、いざ実際にルール化するとなると、アナリストや機関投資家の正当な活動を阻害したり、場合によっては報道の自由を過度に制約したりするといった過剰規制に陥る危険を否定できない[50]。

本稿で述べたように、米国ではレギュレーションFDの制定当初、上場企業が後ろ向きの対応に陥るのではないかとの懸念が一部で現実のものとなったし、その後の規制の適用においても、当局は企業の開示姿勢が萎縮することのないよう注意を払っている。

日本においての今後の制度化へ向けた検討にあたっては、フェア・ディスクロージャー・ルールによる規制の対象となる情報や情報受領者の範囲、規制違反に対する制裁の内容（刑事罰、行政罰、取引所等の自主規制規則違反等）などについて、様々な観点から慎重な検討が求められるだろう。

（おおさき・さだかず）

---

50) 本文で触れたように、米国のレギュレーションFDは、報道機関への情報提供には適用されないものと解されているが、筆者が英国でヒアリングした弁護士によれば、英国FCAは、報道機関への未公表の重要情報の提供は、一定の日時までは記事化しないというembargoを付して行ったとしても、守秘義務契約と同質視することはできず、フェア・ディスクロージャー・ルールに抵触する可能性があると判断しているとのことである。

第4章
大株主の情報開示
——大量保有報告書の第三の目標の可能性

東北大学准教授　得津　晶

I　問題提起

　宍戸善一の「企業法」構想は、経営者、株主、(取引)債権者、労働者,そして政府の5つのアクターの動機付けに、法制度がいかに影響を与えるのかに着目した構想である[1]。だが、宍戸のアクター分類は排他的なものではなく、たとえば、銀行が株主である場面のように、複数の地位を併存する場合もある[2]。

　このような場合、株主であれば、配当受領権や残余財産分配請求権といった経済的な残余権者であることが、適切な議決権・支配権の行使が動機付けられるなど[3]、それぞれの地位に応じて適切な動機付けを与えるような法制度の構築が目指されているところ、複数の地位を併存する場合には、一方では、法制度の構築した動機付けが歪み、非効率な権限行使がなされるおそれが指摘される[4]。他方で、複数の地

---

1) 宍戸善一「企業における動機付け交渉と法制度の役割」同編著『「企業法」改革の論理』(日本経済新聞社、2011) 8頁以下参照。
2) 銀行が株主を兼ねる場合の規制の目的を分析したものとして得津晶「取引先株主と取引先債権者の兼務(連続性)」宍戸善一編著『「企業法」改革の論理』(日本経済新聞社、2011) 249頁以下参照。
3) 得津晶「2つの残余権概念の相克」岩原紳作＝山下友信＝神田秀樹編『会社・金融・法〔上巻〕』(商事法務、2013) 111～134頁。

位の併存は、それぞれ異なる地位にある者の間の利益衝突を緩和する可能性も指摘されている。たとえば、有限責任制度の下での株主は、ハイリスク・ハイリターンな事業計画を選好するが、このことは場合によっては、過度のリスクテイクにつながり、債権者の利益を犠牲にし、非効率な事業を実施することにつながる[5]。この非効率は債権者―株主間のエージェンシー・コストの一問題であり、債権者と株主との地位を兼ねることで解決ないし緩和できる問題である[6]。

株主の地位の併存には、上記のようにマイナスの点もプラスの点もあることから、実体規制について理論的に考察することがあっても、具体的な規制の提案は、現実には難しい状況にある[7]。そのため、かつて筆者は、株式持合いのような株主と他の地位の併存に対しては、とりあえず開示規制をなすべきと主張した[8]。また、概観的な開示にとどまるが、「企業内容等の開示に関する内閣府令」および「有価証券明細表」に加え、コーポレートガバナンス・コードは、原則 1－4 において政策保有株式の開示を求めている。

株主のインセンティブの歪みは、取引先株主のように会社に対して他の地位に立つことによってのみ生じるわけではない。近時、諸外国において、ヘッジ・ファンド等の投資家がエクイティ・スワップ等の新たに開発された金融取引を利用することで、株主としての経済的損

---

[4]　株主と債権者を兼ねる場合のインセンティブの歪みについては得津晶「持合株式の法的地位（1）―（5・完）」法学協会雑誌 125 巻 3 号 455 〜 540 頁、8 号 1753 〜 1801 頁、9 号 2061 〜 2122 頁（2008）、126 巻 9 号 1836 〜 1895 頁、10 号 2027 〜 2075 頁（2009）参照。

[5]　後藤元『株主有限責任制度の弊害と過少資本による株主の責任』（商事法務、2007）106 頁、小林秀之＝神田秀樹『「法と経済学」入門』（弘文堂、1986）171 頁。

[6]　その他、株主と取引先の地位が併存することのメリットについて得津・前掲注 4）(1) 508 〜 511 頁、得津・前掲注 2) 266 頁注 60 に掲げた諸文献参照。

[7]　得津・前掲注 4）(5・完) 2073 頁以下。

[8]　得津・前掲注 4）(5・完) 2074 頁。

益を第三者に転嫁して、経済的損益の帰属なしに議決権だけを保有する状態を作り出している事例が多数報告され、(広義の) Empty Voting として問題視されている[9]。

このような株主のインセンティブの歪みは、デリバティブ取引のような複雑な金融商品を用いなくとも発生する。たとえば、会社の買収・合併等の際に、ヘッジ・ファンド等が、相手方の株式を保有している場合、または、相手方の株式に関連して空売りをしている場合、当該買収・合併に賛成するか否かの決定において、直接保有している株式の経済的価値のみを有している株主とは異なるインセンティブを持つことになる[10]。

この Empty Voting についても、議決権停止等の実体的規制が提案されているものの[11]、Empty Voting には様々な形があることから、条文の文言を作ることおよびエンフォースメントが、実際には難しいとされている[12]。また、Empty Voting の中には、たとえば、機関投資家が経済的帰属よりも議決権を多く保有することを認めることで、

---

[9] 主要な文献として Henry T.C. Hu & Bernard Black, *The New Vote Buying: Empty Voting and Hidden (Morphable) Ownership*, 79 S. CAL. L. REV. 811-908 (2006a)；Henry T.C. Hu & Bernard Black, *Empty Voting and Hidden (Morphable) Ownership; Taxonomy, Implications, and Reforms*, 61 BUS. LAW. 1011-1070 (2006b); Henry T.C. Hu & Bernard Black, *Hedge Funds, Insiders, and the Decoupling of Economic and Voting Ownership: Empty Voting and Hidden (Morphable) Ownership*, 13 J. CORP. FIN. 343-367 (2007); Henry T.C. Hu & Bernard Black, *Equity and Decoupling and Empty Voting II: Importance and Extensions*, 156 U. PA. L. REV. 625-724 (2008). 邦語による紹介として、嘉村雄司「議決権と経済的利益の新たな分離現象(1)-(2)」福岡大学大学院論集40巻1号101〜130頁、2号105〜128頁(2008)、佐藤勤「議決権と経済的所有権の分離」南山法学35巻3＝4号65〜145頁(2012)、佐藤勤「現代の議決権信託とその実質的効果であるエンプティ・ボーティング規制」前田重行先生古稀記念『企業法・金融法の新潮流』(商事法務、2013) 39〜77頁参照。

[10] このような「関連する当事会社以外の資産 "related non-host assets"」を保有することについて *See*, Hu & Black, *supra* note 9, 2008, p.639.

集合行為問題の克服につながり、会社にとってプラスになる可能性も指摘されている¹³⁾。このようなことから、実際に、Empty Voting に特化した実体的規制に乗り出している法圏は少なくとも先進資本主義諸国の中には存在しない。そこで、この領域でも、さしあたりの規制として情報開示規制が提案されている¹⁴⁾。

　本稿は、取引先株主や Empty Voting のような株主の議決権行使の歪みについて、様々な形があり、かつ、マイナスにもプラスにもなりうることから、実体的規制ではなく、開示規制によるべき、という従来の議論を前提にしたうえで、開示規制の内容の検討をおこなう。現在、日本で行われている政策保有株式の開示は、概括的なものにとどまるという点だけではなく、株式を保有している会社を規制の基準としている点で問題がある¹⁵⁾。これは、政策保有株式の保有が、株式保

---

11) Hu & Black *supra* note 9, 2008, p.694- は、以下の様な規制を提案する。①原則は従来通りの議決権行使を認める。②第1の例外として、1％以上保有の株主に対して、保有する議決権と株式の経済的帰属の乖離とがその20％を超えていないことの証明を要求し、証明できた場合のみ全部の議決権行使を認め、証明に失敗した場合は、実質的な経済的帰属主体に議決権を行使させるという特別の定款の定めを各会社が任意に採用できるようにする。③第2の例外として call option の short position のように会社の価値と株式の形式上の保有者の経済的インセンティブが正反対の場合には、州会社法の規定により強行法的に議決権行使を禁止するという規制を導入する。

12) Hu & Black, *supra* note 9, 2006a, p.821.

13) Hu & Black, *supra* note 9, 2006a, p.821; Susan E.K. Christoffersen, Christopher C. Geczy, David K. Musto, and Adam V. Reed, *Vote Trading and Information Aggregation*, 62 J. OF FIN. 2897-2929 (2007).

14) Hu & Black, supra note 9, 2006a, pp.864-875。

15) たとえば、先述した開示府令によれば、全体の銘柄数、貸借対照表計上額の合計額といった概括的な開示義務に加えて、個別の銘柄、株式数、保有目的、貸借対象表計上額といった情報の開示が求められるのは、貸借対照表計上額が保有会社の資本金の1％超である場合と、貸借対照表計上額の上位30銘柄に該当する場合に限定されており、保有先の会社への影響力等は基準とはされていない。

有会社にとって資産の有効活用となっていない可能性（無駄遣いの可能性）を配慮したものであろう。だが、取引先株主の企業法上の問題点は、取引先株主の議決権行使のインセンティブが歪むことで、保有されている対象会社の経営が非効率となる点にある。そうであるならば、保有されている会社（発行会社）を基準に開示規制も考えられるべきである[16]。

よって、本稿では、保有されている会社を基準にした情報開示規制の充実を提案する。これは、大株主の情報開示規制であり、日本法でいうところの大量保有報告書における開示内容の充実を考えることを意味する。本稿は、大量保有報告書をインセンティブの歪んだ株主の情報開示規制として活用することを提唱し、従来、大量保有報告書の目的として考えられてきた、①会社の支配権変動や経営に関する情報と、②市場における需給に関する情報の2つに加えて、新たに、③株主のインセンティブの歪みに関する情報を加えることを提唱する。これは、従来、①会社の経営に関する情報に含まれうるものである。だが、本稿は①の目標をあくまで会社の支配権市場の設計の観点に純化し、第三の目標として③株主のインセンティブの歪みに関する情報の提供という類型を加えて整理することを提唱する。

II　情報開示規制の必要性と正当化根拠

まず、具体的な大量保有報告書の制度の検討に入る前に、前提として、議決権行使のインセンティブの歪んだ株主の存在について情報開示制度を設けることの必要性と正当化根拠を検討したい。というのは、取引先株主にしても Empty Voting にしても、拙稿を含めて、従

---

[16] ただし、相互保有株式（厳密な意味での持合い株式）であれば、どちらの会社においても株主のインセンティブが歪むことになる。それでも、規模（割合）の基準は、影響力を示すものとして、あくまで保有されている会社を基準に考えるべきであろう。

前の議論は、「実体規制が無理なのでせめて開示規制だけでも」式の議論に陥っているきらいがあり、開示規制の有用性および正当化根拠の検討が不十分ないし暗黙裡になされてしまっているからである。本稿では、強制的（義務的）情報開示制度（mandatory disclosure）の基礎的な考え方と整合的な形で、大株主の情報開示制度を検討したい。

1 情報開示制度の一般論

まず、情報開示の有用性については、逆選択状況の改善によって基礎づけられている。二当事者間で情報の偏在がある場合、情報を有していない当事者は、相手方の品質がわからないため、リスク回避的に品質が低い当事者であることを想定した条件でしか契約に応じない。このような場合、品質の高い相手方は、自らの品質にみあった条件での契約がなされないため、市場から退出する。その結果、市場には、品質の低い相手方しか残らないことになり、高い品質の相手方が市場から淘汰されることになる。市場は、元来、自由競争によって良いものが残っていくことを想定していたことからすると、このような情報の偏在のある市場（レモン市場）では、反対に、品質の低いもののみが残るという逆選択が発生するのである。この結果、品質の低いもののみが普及し、社会にとって損失が発生する[17]。

そこで、情報を開示し、情報の偏在を解消することで、逆選択が発生しないようにすることが、社会全体にとってプラスになるのである。

だが、このロジックは、情報開示の有用性を指摘しても、義務的な情報開示制度を正当化しない。品質の高い当事者が、情報開示によって品質の低い当事者と差別化され、市場に残存して利益を得られるのであれば、自発的に情報開示するはずであり、法ないし公権力によって情報開示を義務付ける必要はないはずだからである[18]。

---

17) Frank H. Easterbrook & Daniel R. Fischel, THE ECONOMIC STRUCTURE OF CORPORATE LAW, 280 (1991).

Ⅱ　情報開示規制の必要性と正当化根拠

　にもかかわらず、法が強制的情報開示制度を設けるのは以下のような点に意義があるからと考えられる。まずは、①情報開示制度そのものではなくコミットメントの存在である。自発的な情報開示を行っても、虚偽であった場合に、何ら責任を負わないのであれば、情報の受け手に開示された情報の真偽がわからず、レモン市場状況は改善しない。虚偽の情報開示によって相当の責任を負うのであれば、情報の出し手は、虚偽ではなく真実の情報を開示しようとするのであって、情報の受け手は情報を信頼して受け取ることができる。このように、虚偽情報によって情報の出し手が責任を負う制度の存在がコミットメント（相手方から信頼してもらう仕組）となり、情報が真実であると信頼することができるようになる。

　実際には、一般民事法に詐欺や不法行為制度が設けられているため、虚偽の情報開示に全く責任を負わないというわけではないが、詐欺であれば二重の故意、不法行為であれば故意・過失、因果関係や損害といった事情を立証できなくてはならず、それらは容易ではない。虚偽の情報を出しても立証の困難性から責任を負わないことが多いのであれば、虚偽の情報開示への抑止にはならず、情報の受け手は情報を信じることはできない。

　そこで、虚偽の情報開示には、立証困難な事情の立証を要求することなく、ほぼ自動的に損害賠償責任等が発生する制度を設けることがコミットメントとして機能するために重要である。アメリカ連邦証券法の Rule 10b-5 はコミットメントの代表的な例であろう。そして、このような自動的な損害賠償責任制度の適用範囲は、広ければ広いほどよいというわけではない。損害賠償責任の脅威が、問題のない情報交換や交渉をも抑止しかねないからである。そこで、自由な情報交換を阻害しないためにも、自動的な損害賠償責任制度の対象を明確に限定

---

18) EASTERBROOK & FISCHEL, SUPRA note 17, at 288; 江頭憲治郎「企業内容の継続開示」同『商取引法の基本問題』（有斐閣、2011）342 頁参照。

するために、適用対象となる情報開示の内容を法律が予め定めて開示を要求するということがありうる。日本法の金融商品取引法 21 条の 2 が不実記載の責任の対象を有価証券報告書等の金商法 25 条 1 項各号に定めた開示義務を負う書類に限定しているのがその例であろう。この場合は、強制的情報開示そのものではなく、それに結び付けられた責任規定がコミットメントとして機能する点に意義があることになる。

ほかにも、強制的情報開示を正当化する議論としては、②情報開示に費用が掛かる場合に自発的開示が期待できる情報を開示させるよりも、自発的開示を期待できない悪い情報を法律が強制的に開示させた方が安価である場合も挙げられる[19]。また、③自発的情報開示に任せておいたのでは、情報開示の方式が区々となり情報の受け手が情報を読むコスト、分析するコストが課題となってしまうため、法律によって情報開示のフォーマットを統一し、読むコスト・分析するコストを節減するという正当化もある[20]（ネットワーク効果）。

2　株主情報の特殊性

これらの義務的情報開示制度の一般論と比較した場合、大株主についての情報は自発的な開示が期待できない点で特殊性がある。大株主でも、日本の大量保有報告書のような 5％基準では、支配株主とまではいえず、経営者と友好的な関係にあるとは限らない。たとえば、敵対的企業買収において買収者は、市場で株式を取得していくわけであるが、買収者の存在が公表されることは、公開買付規制と相まって、会社支配権市場が最も効率的な経営者・支配株主を選択するための条件となる。買収者の存在が判明することなく、支配権移転が発生する場合には、既存株主に支払われる対価は、企業買収による企業価値の

---

[19]　松村敏弘「ディスクロージャー問題」三輪芳郎＝神田秀樹＝柳川範之編『会社法の経済学』（東京大学出版会、1998）373 頁以下。

[20]　EASTERBROOK & FISCHEL, SUPRA note 17, at 303; 江頭・前掲注 18) 348 頁参照。

向上を反映しない株価となり、全部買付義務のない制度の下では、企業価値を下げるような企業買収[21]が実現してしまう可能性を高める。

このような非効率な支配権移転の潜在的な危険性は、平常時の株価にも読み込まれ、その分、株価が下がることになろう。だが、買収者にとっては、ターゲット会社の株価が低いことは、非効率な買収が行いやすくなるため、買収者が自発的に開示をするインセンティブはないのである[22]。そして、このような①効率的な会社支配権市場を設計することが、大量保有報告書の第1の目標である。

本稿の検討対象である株主のインセンティブの歪みについての情報は、さらに、経営者には把握しにくい情報である。取引先株主であって経営陣と親交が深い株主であれば、発行会社の経営陣が、取引先株主の株式保有量、目的等を正確に把握していることもあろう。だが、たとえば、Empty Voting は敵対的買収の道具や経営陣の進める組織再編に反対する目的で利用された実例も多い。

具体例としては、2004年の AXA 社と MONY 社の事件が挙げられる[23]。AXA 社は、MONY 社を買収・合併することについて MONY 社の経営陣と合意した。AXA 社は、買収費用の捻出のために、AXA 社が MONY 社の買収に成功した場合に限り、ディスカウントした価格で AXA 社の株式を取得することのできる転換社債（AXA 債）を発

---

21) 買収者が支配権取得後に、全株主で分配しないような形での私的利益（private benefit）を搾取する場合などが妥当する。
22) ただし、会社の利益を害するような買収者が存在することが株式市場においてマイナスに評価され、具体的な企業買収による株式市場における需要増加の効果（値上がり）を超えるほどである場合には、株価が下がるため、より安価での買収を実現させるために、自発的に買収状況を開示する可能性もある。だが、かつての仕手筋による株式取得ですら、株価が上昇していたことからすれば、実際には具体的な買収者の存在が株価を下げるような状況はほとんど発生しないと思われる。
23) AXA-MONY の事件を紹介するものとして Hu & Black, *supra* note 9, 2006a, p.829 がある。

行した。この AXA 債のショート[24]を販売したヘッジ・ファンドは、合併に反対するために、MONY 社株式の株価変動をヘッジした上で、MONY 社の株式を買い集めたというものである。この事件では、ヘッジ・ファンドが、MONY 社の株主総会で合併に反対するために、デリバティブ等によって MONY 社の株価変動のリスクをヘッジした上で、株式を買い集めていたのである[25]。

会社を害するインセンティブのある株主ほど、自発的情報開示をしない危険性が高い。そして、仮に情報開示がなされなければ、すべての上場会社で会社を害する株主の存在を前提に会社の株式価値が評価されることになり、発行会社は、適正な条件での新株発行による資金調達ができなくなるという非効率が発生する。

この点から、株主情報を強制的情報開示制度の対象とすることは、通常の情報以上に正当化されやすいといえる。

III 現行法の大量保有報告書の限界

日本法の大量保有報告書の目的には、①会社支配権を変更したり経営に影響を及ぼす可能性を示す情報と、②市場における需給に関する情報という、異なる2つのものがあるとされている[26]。そして、議決権行使のインセンティブの歪みの問題は、①に分類できる。だが、この①の中にも、公開買付を前提とする会社支配権市場の制度設計にかかわる場合と、そうでない場合とに細分類できる。Empty Voting と

---

[24] この AXA 債を保有している者すなわちロングポジションを保有している者は、合併が成立すれば利益を獲得することができる。よって、反対のポジションであるショート・ポジションをとっている者は、合併が成立すれば損失を被ることになる。

[25] なお、この事件では、AXA 債の保有者も、同様に、MONY 社株式の株価変動をヘッジした上で、MONY 社の株式を買い集めていたとのことである。

[26] 町田行人『詳解 大量保有報告制度』(商事法務、2016) 2 頁以下。

して問題にされてきた事案の多くや、日本の取引先株主の問題は、会社支配権にまで達しない状況が多い。

そして、大量保有報告書の対象となる5％以上の「株券等の保有者」の保有者概念について、金商法は27条の23第3項において3つの類型を定めている。それは、①自己または他人（仮設人を含む）の名義で株券等を所有する者（金商法27条の23第3項本文。「本文保有者」）、②金銭の信託契約その他の契約または法律の規定に基づき、株券等の発行者の株主としての議決権その他の権利を行使することができる権限または当該議決権その他の権利の行使について指図を行うことができる権限を有する者であって、当該発行者の事業活動を支配する目的を有する者（金商法27条の23第3項1号、「1号保有者」）、③投資一任契約その他の契約または法律の規定に基づき、株券等に投資をするのに必要な権限を有する者（金商法27条の23第3項2号。「2号保有者」）である。

ここで、①本文保有者は、株券等の名義も含めて所有者であることが明確な場合だけでなく、他人名義であっても、「計算の帰属」が本人である場合も含むとしている[27]。さらに、「売買その他の契約に基づき株券等の引渡請求権を有する者その他これに準ずるものとして政令で定める者」も本文保有者に含まれるとしている。後者は、Empty Votingと並べて問題とされた、株主が会社の価値の経済的帰属を議決権以上に保有している場合としての「隠れた株式保有」（Hidden Ownership）または保有状況をデリバティブ等の契約を取り崩すことで変更することができる「変身可能な株式保有」（Morphable Ownership）[28]にも対応している。

本稿の問題意識から着目したいのは、①本文保有者と②1号保有者の結びつきである。①本文保有者は、実質的な所有として、経済的な

---

27) 町田・前掲注26) 39頁。
28) Hu & Black, *supra* note 9, 2006a, at 838.

帰属を基準に判断するようであるが、あくまでプラスの経済的帰属しか情報開示の対象にはしておらず、マイナスについては情報開示の対象とはなっていない点に限界がある。これに対して、②1号保有者は議決権ないし実質的な権利行使権限に着目するものといえる。

株式制度のポイントは、②議決権と①株式の経済的な帰属とが結びついている点であり、これこそが適切な議決権行使のインセンティブを保証する仕組みである。本稿の問題関心である権利行使のインセンティブの歪みへの注意という点からすれば、②実質的な権利行使権限で測定した株主が、いかなる①経済的帰属を有しているのかこそが重要な情報となる。

となると、②議決権基準で5％を満たした株主の①経済的帰属については、たとえ、マイナスであっても開示義務を負わせるような改正が望ましい。他方、②議決権等を有さない株主であれば、①マイナスの経済的帰属にまで開示義務を拡大する必要はなかろう。

以上より、議決権行使のインセンティブの歪みをも開示の対象とするのであれば、大量保有報告書について、②議決権基準での主要株主については、①株式としての経済的帰属のみならず、取引先であることなど、議決権行使のインセンティブにかかわる情報を開示義務の対象とすべき、という方向となる。

Ⅳ　米国の議論

1　現行連邦証券法の枠組みの限界

現在のアメリカ連邦法の枠組みは Empty Voting に関して従前の開示義務が不十分だと評価されている[29]。現在の連邦取引所法における株主側の開示義務ルールは以下の5つの枠組みになっている。①積極

---

29) Hu & Black, *supra* note 9, 2006a, at 864-875.

Ⅳ　米国の議論

的な株主（active shareholder）として5％の株式を保有している場合はSchedule 13Dで開示しなくてはならない[30]、②受動的な株主（passive shareholder）として5％の株式を保有している場合はSchedule 13Gで開示しなくてはならない[31]、③ヘッジ・ファンドを含む機関投資家はForm 13Fにより、上場会社の株式保有状況を開示しなくてはならない[32]、④会社内部者の株式保有についてSection 16で開示しなくてはならない[33]、⑤ Mutual Fundsの開示[34]、である。

①　Schedule 13D & ②　Schedule 13 G

このうち、① Schedule 13Dおよび② Schedule 13Gは、「経済的な所有（beneficially ownership）」をキー概念とするものであり、Rule 13d-3に定義されており、契約、合意（arrangement）、事実上の関係性を通じて、直接または間接に議決権ないし投資家の地位を保有する場合に開示義務を課している[35]。経済的な所有には、オプションやワラントの行使によって60日以内に株式の経済的な所有を取得する場合も含まれ[36]、これらの開示義務を潜脱するためのいかなる契約、合意、仕組みを利用した者も「経済的な所有」に含まれるとしている[37]。

この①、②の開示義務は、long positionであれば開示義務を課すことになるが、株式実物による場合もデリバティブによる場合も、short positionは対象とはならない。ここまでは現行日本法の大量保有報告

---

30) Schedule 13Dによる開示については黒沼悦郎『アメリカ証券取引法〔第2版〕』（弘文堂、2004）182頁参照。
31) Schedule 13Gについては黒沼・前掲注30) 184頁参照。
32) *See*, Exchange Act §13 (f)(1), (f)(5)(A); 15 U.S.C. §78m (f)(1), (f)(5)(A) (2000); Exchange Act Rule 13f-1, 17 C.F.R. §240, 13f-1 (2005)
33) *See*, Exchange Act Rules §16a-1 (a), 16a-2, 17 C.F.R. §§ 240.16a-1 (a), 16a-2 (2005). 規制の概要については黒沼・前掲注30) 174頁参照。
34) *See*, Hu & Black, *supra* note 9, 2006a, p.818
35) Exchange Act Rule 13d-3 (a), 17 C.F.R. § 240.13d-3 (a) (2005).
36) Exchange Act Rule 13d-3 (d)(1)(i), 17 C.F.R. § 240.13d-3 (d)(1)(i) (2005).
37) Exchange Act Rule 13d-3 (b), 17 C.F.R. § 240.13d-3 (b) (2005).

書の枠組と同じである。だが、① Schedule 13D は、Item 6 が、発行会社証券（株式）に関連する「すべての契約、合意、（法的または事実上の）関係」の開示義務を課す[38]。つまり、支配の意図があるような積極的な株主として① Schedule 13D が適用され開示された株主は、同時に保有している発行会社証券（株式）に関連する「すべての契約、合意、（法的または事実上の）関係」は Item 6 により開示義務が課される。この Schedule 13D と Item 6 こそ、本稿が日本の大量保有報告書の充実化として提示した方向と同じである。

　これに対して、消極的株主における② Schedule 13G にはこの義務はない。前述した AXA-MONY 事件[39] においても、MONY 株式を取得した株主が、short position で MONY 株式保有のリスクをヘッジしていた点が問題となっていたところ、① Schedule 13D が適用されれば、Item 6 としてリスクをヘッジしている状況も開示対象となりうるのである。

　だが、実際には当該事件のように合併に賛成・反対するというだけでは、支配の意図があるとは言えるかどうかは不明確であり、Schedule 13D ではなく Item 6 のような規定のない Schedule 13G が適用される可能性もある。仮に、13D による Item 6 が適用される場合を考えても、証券発行会社の企業価値の反対方向のポジションをどの程度保有しているのかまで細かく記載を要求されるかは不明である。

　他方で、支配権取得の意図がない機関投資家による借株を用いた Record Date Capture（基準日のみ株式を借りて議決権行使をする「基準日づかみ」）、現金決済の Equity Swap[40] などは、開示義務の対象にならないとされており、① Schedule 13D、② 13G による開示義務が、広義の Empty Voting に及ぶ範囲は非常に限定されている。

---

[38] Schedule 13D at Item 6, 17 C.F.R. § 240.13d-101（2005）
[39] 前掲注 23）および該当本文参照。
[40] Hu & Black, *supra* note 9, 2006a, at 868.

③ Form 13F：ヘッジ・ファンド開示

株主の情報開示義務の 3 つ目のカテゴリーである③機関的投資運用者（institutional money manager）が毎四半期ごとに SEC に提出を義務付けられている Form 13F は、機関的投資運用者が 1 億ドル以上分の取引所法 13 条(f)項証券を保有している場合に開示義務を課すものである[41]。開示の対象となる取引所法 13 条(f)項証券とは、取引所で取引されている証券のみであるので[42]、仮に経済的には同一のキャッシュフローを意味するものであっても OTC（Over-the-Counter；店頭取引）でのオプション取引については開示義務の対象とならない。ファンドは、第三者から購入するのではなく自ら設計したオプションやデリバティブであれば、Form 13F による開示義務を負わないことになる。また、そもそも short position であれば開示義務の対象にならないし、貸株・借株の状況も開示されない[43]。これらの点で、③ Form 13F も Empty Voting への開示は不十分とされている。

④ Section 16(b)：会社内部者開示＋短期売買差益返還義務

4 つ目の開示義務の類型は、④役員（officers）、取締役（directors）、米国上場会社株式の 10％以上を保有する株主に対する連邦取引所法 16 条である。このルールは、Section 16(b)によって、株式取得から 6 か月以内の売却（または株式売却から 6 か月以内の取得）による短期売買差益（short-swing profits）の没収のトリガーとなる。このため、通常、外部株主は 10％基準を超えないようにする。10％基準は Section 13(d)の定める「経済的な所有（beneficially ownership）」に基づいて計算されるが、これは、経済的帰属ではなく議決権に着目した定義であるので[44]、株式の経済的帰属のみ取得することでこの規制から逃れること

---

41) *See*, Exchange Act §13 (f)(1), (f)(5)(A); 15 U.S.C. §78m (f)(1), (f)(5)(A) (2000); Exchange Act Rule 13f-1, 17 C.F.R. §240, 13f-1 (2005)
42) *See*, Exchange Act §13 (f)(1), (d)(1), §12; 15 U.S.C. §78m (f)(1), (d)(1) (2000)
43) Hu & Black, *supra* note 9, 2006a, at 872.

ができる。

　ただし、一旦、Section 16 の情報開示規制が適用されれば、開示の中味である「経済的な所有（beneficially ownership）」とは、Section 13(d)上の「経済的な所有」とは異なり、Section 16 によって独自に定められている。Section 16 に基づく開示は、Form 3、Form 4、および、Form 5 によってなされるが、その内容は、Section 13(d)と異なり、経済的価値の帰属（economic interest）にウェイトがおかれている。Form 3[45)] は、Section 16 の開示規制が適用される状態となってから 10 日以内に提出が義務付けられている開示書類であり、変更が生じた場合は Form 4[46)] を提出し、毎年の変更状況については Form 5[47)] を提出する。これらの書類はすべて公表される。Section 16 の「経済的な所有（beneficially ownership）」はすべての「金銭的利益（pecuniary interest）」を含むものと広く定義されており[48)]、すべてのオプション、ワラント、転換証券、Stock Appreciation Rights[49)]、その他の株式に関連する価格を行使価格または転換価値とする類似の権利、その他の株式の

---

44) *See*, Exchange Act Rule 13f-1, 17 C.F.R. §240, 16a-1 (a) (2005)

45) Form 3, Initial Statement of Beneficial Ownership of Securities, 17 C.F.R. § 249.103 (2005), available at, http://www.sec.gov/about/forms/form3.pdf (last visited on November 7, 2016)

46) Form 4, Statement of Changes in Beneficial Ownership of Securities, 17 C.F.R. § 249.104 (2005), available at, http://www.sec.gov/about/forms/form4.pdf (last visited on November 7, 2016)

47) Form 5, Annual Statement of Beneficial Ownership Securities, 17 C.F.R. § 249.105 (2005), available at, http://www.sec.gov/about/forms/form5.pdf (last visited on November 7, 2016)

48) *See*, 17 C.F.R. §§ 240.16a-2, .16a-3, .16a-4.

49) Stock Appreciation Rights（株式評価益権；SARs）とは、権利の付与時点と行使時点の間の株価の上昇分を金銭または株式で受け取る権利のことであり、ストック・オプションと並んで経営者や従業員へのインセンティブ報酬の一つとして用いられている。*See*, Leo Herzel & Kenneth S. Perlman, *Stock Appreciation Rights*, 33 BUS. LAW. 749 (1978).

価値から派生する価値に関連する類似の証券であれば、開示対象に含まれる[50]。

このように、一旦、④ Section 16 の開示義務が課されれば、Equity Swap やその他の株式デリバティブ取引も、現物決済・現金決済を問わず、また、取引所に上場しているか店頭取引かも問わず、開示義務が課される。ただし、対象となる株式が広範囲に及ぶインデックスオプションや先物取引、マーケット・バスケット方式の場合には適用除外とされている。Form 3 による開示には、デリバティブのタイトル、行使・転換価格、行使期間、デリバティブ対象証券のタイトルが含まれ、Form 4 では所有状況の変更を、売買("S")、転換権行使("C")、out-of-the-money[51] でのオプション行使("O")、in-the-money[52] もしくは at-the-money[53] でのオプション行使("X")、Equity Swap 取引その他類似の取引("K")ごとに記載を求めている。

他方、上記の Section 16 による開示では、貸株・借株が開示の内容には含まれていない。Section 16 は経済的所有（economic ownership）に着目して開示義務を課しているので、貸株・借株は経済的所有に影響しないため Section 16 による開示義務が及ばないからである。同様に、議決権信託によって経済的所有なしに議決権を保有する受託者を作り出しても開示義務の対象とはならない。

このように、④ Section 16 は隠れた株式所有（Hidden Ownership）や変身可能な株式所有（Morphable Ownership）への開示として有用である。他方、Empty Voting に対してはデリバティブを用いているも

---

50) Exchange Act Rule 16a-1 (c), 17 C.F.R. § 240.16a-1 (c).
51) Out-of-the-money とは、オプションの行使価格が対象資産の市場価格よりも高い状態を指す。
52) In-the-money とは、オプションの行使価格が対象資産の市場価格よりも低い状態を指す。
53) At-the-money とは、オプションの行使価格と対象資産の市場価格がひとしい状態を指す。

第4章　大株主の情報開示

のは開示されるが、借株については開示が及ばないという限界もある。

⑤　Form N-1A：Mutual Fund

最後の開示類型は⑤Mutual Fundsの開示である。Mutual fundsは、半期ごとにポートフォリオとしての保有状況をSECに報告し、公開され、また、半年ごとに投資家に対して要約を報告しなければならない。開示の対象は、経済的な株式所有に着目し、long positionもshort positionも開示が求められる。オプションであれば、オプション価値、行使価格、行使期日を開示しなければならない。Equity Swapやその他の店頭取引（OTC）デリバティブの開示の詳細について定めはないが、開示書類の抜取調査からはスワップ・デリバティブの相手方や数量などの数値的情報の開示が求められることがうかがわれる。取引所に上場しているデリバティブであれば開示が求められる場面であっても、OTCデリバティブに関する取引上の地位は開示規制から漏れることが多い。だが、mutual fundsはOTCデリバティブも開示が求められるのである。他方で、貸株や、空売りと関係のない借株については開示義務はない。

このようにmutual fundsの情報開示は、前述したSection 16による内部者の開示と同様、(1)経済的所有（economic ownership）に着目し、(2)long/shortともに、また議決権の有無にかかわらず、すべてのポジションに適用される、(3)取引所上場デリバティブにも店頭取引（OTC）デリバティブにも適用があるが、(4)貸株・借株には適用がない。④、⑤ともに隠れた株式所有（Hidden Ownership）・変身可能な株式所有（Morphable Ownership）に適用があり、Empty Votingにもある程度適用がある。ただし、⑤Mutual fundの情報開示は四半期末時点での状況のみを開示するものである点に変更があった場合にも開示を求める④Section 16との違いがある。

このように、現行の証券法のルールでは、④Section 16および⑤Mutual Funds開示規制のみEmpty Votingにも（少なくとも部分的には）対応しているが、大株主の開示の中心である①、②、そして③は

IV 米国の議論

対応していない点で欠点がみられる。

2 Dodd-Frank 法による改正

このように、欠点が指摘されていたアメリカ連邦法上の主要株主の開示義務について、Dodd-Frank Wall Street Reform and Consumer Protection Act による改正がなされた[54]。この改正によって、SEC に

---

54) 766 条. REPORTING AND RECORDKEEPING.
　(e) SECURITY-BASED SWAP BENEFICIAL OWNERSHIP. — 1934 年 Securities Exchange Act の Section13 の末尾に以下の項を付け加える。「(o) BENEFICIAL OWNERSHIP. — 16 条の目的のために、SEC が、誠実な規制当局（prudential regulator：ここでは Commodity Futures Trading Commission（CFTC）と SEC が該当すると解される。本稿筆者注）と財務省と相談を経たうえで規則により決定し、かつ、証券を対象資産とするスワップの売買、もしくは証券を対象財産とするスワップの集合（class）は、エクイティ証券の直接保有と同等の資産保有を発生させるような場合であり、かつ、本条の目的を達するために、証券を対象資産とするスワップの売買、もしくは証券を対象財産とするスワップの集合（class）をエクイティ証券の経済的所有の取得とみなすことが必要であるような場合に限り、証券を対象財産とするスワップの売買に基づくエクイティ証券の経済的所有（beneficial ownership）を取得したとみなすことにする。
　766 条(e)項は、①SEC が他の規制当局と相談した上での規則制定による指定、②証券派生スワップの売買等がエクイティ証券を直接保有に相当するのと同等の資産保有となる場合、③本条の趣旨に照らして、証券派生スワップの売買等をエクイティ証券の経済的所有の取得とみなすことが必要な場合、の 3 要件を満たした場合に 13 条(d)項の 5%開示規制の対象とする。

　929R 条 BENEFICIAL OWNERSHIP AND SHORT-SWING PROFIT REPORTING. (a) BENEFICIAL OWNERSHIP REPORTING. — 1934 年 Securities Exchange Act の Section 13 を以下のように改正する。
(1) 同条(d)(1)項について、
　(A)「株式取得後 10 日以内に」の後に、「もしくは SEC がルールで定めた場合はそれより短い期間以内に」という文言を挿入すること、および
　(B)「証券発行者の本店に、書留郵便または配達証明郵便によって送付し、証券が取引されているすべての取引所に送付し、そして」を削除する。

121

第 4 章　大株主の情報開示

以下の 2 点の規則制定権限が授権されている。① 766 条(e)項：Morphable Ownership（隠れた株式保有）について開示義務の対象にすること、および② 929R 条：5％開示義務の提出期限を 10 日間より短縮することである。

2011 年 12 月 15 日に、SEC Chair の Mary L. Schapiro は上記 2 点について、ルールの現代化が重要であり、現代の投資戦術、発展的な金融商品の観点からルールを変更すべきか否かを検討している旨のアナウンスを行った[55]。この背景には、2011 年 3 月に大手弁護士事務所（Wachtell, Lipton, Rosen & Katz）から SEC に対して 13D-G を改正すべきと意見書（Petition）が提出されたことがある[56]。当該意見書には、デリバティブ商品も「経済的な所有（beneficial ownership）」に含めるべきこと、主要株主の開示義務を 1 営業日に短期化することが提

---

(2)　同条(d)(2)項について、
  (A)　「発行者と取引所への文書で、そして」を削除する。および
  (B)　「発行者および取引所に送信すべき」を削除する。
(3)　同条(g)(1)項について、「証券発行者に送付すべきとともに」を削除する。
(4)　同条(g)(2)項について、
  (A)　「発行者に送付し」を削除する。および
  (B)　「発行者に送信すべき」を削除する。
  (b) SHORT-SWING PROFIT REPORTING. ― 1934 年 Securities Exchange Act の Section 16 (a) を以下のように改正する。
(1)　同条(1)項について、「(そして、もし当該証券が国立証券取引所に登録されている場合には、当該取引所に対しても)」を削除する。
(2)　同条(2)(B)項について、「役員」の後に以下の文言を付け加える。「、もしくは、SEC が規則を制定した場合はそれより短い期間内に」。

[55] Chairwoman Mary L. Schapiro, "Remarks at the Transatlantic Corporate Governance Dialogue, U.S. Securities & Exchange Commission, Wash.D.C., Dec. 15, 2011, available at https://www.sec.gov/news/speech/2011/spch121511mls.htm

[56] Letter from Wachtell, Lipton, Rosen & Katz to Elizabeth M. Murphy, Secretary, U.S. Sec. & Exch. Comm'n (Mar. 7, 2011), available at http://sec.gov/rules/petitions/2011/petn4-624.pdf

案されていた。

しかし、SEC は、現在もまだこの点の規制を作成していない。その理由は、Dodd-Frank 法が SEC に規則作成を委ねた領域が広すぎるということが挙げられている。

3 規制強化推進派からの意見書

大手弁護士事務所 Wachtell, Lipton, Rosen & Katz は、現行の Section 13 (d)は時代遅れであるとして、先述の通り、①10 日間の開示義務期間の短縮と、②デリバティブの開示の双方について、規制強化を推進する意見書を提出した。

① 10 日間の開示義務期間の短縮

10 日間の開示義務期間の短縮については、以下の近時の濫用の事例の指摘を行う。

(a) **J.C. Penny ― Pershing Square Capital Management, Vornado Realty Trusty 事件**[57]

Pershing Square は、まず公開市場で J.C. Penny 社の 4.9％の株式を取得した。その後、Pershing Square と Vornado は共同して取引所、先物取引（forward purchases）、コールオプション、スワップ取引を通じて、10 日後の Schedule 13D の開示までに、約 27％の株式を取得した。Schedule 13D の登録がなされるまでの 10 日間の平均株価は 28.31 ドル、開示後の終値は 33.12 ドルとなった。その後、Pershing Square と Vornado からそれぞれ 1 名ずつが J.C. Penny 社の取締役に選任されている。

(b) **Fortune Brands ― Pershing Square 事件**[58]

Pershing Square は 5％よりわずかに少ないだけの量の Fortune Brands 社株式を取得し、その後、10 日間に普通株式の購入と現金決

---

57) Wachtell, Lipton, Rosen & Katz, *supra* note 56, at 6.
58) Wachtell, Lipton, Rosen & Katz, *supra* note 56, at 6.

済のスワップ取引を用いて、Schedule 13D の開示がなされるまでに 10.9％の株式を取得した。10 日間の平均株価は 49.55 ドルであり、Schedule 13D の開示がなされた日の終値は 55.50 ドルであった。その後、Fortune Brands 社は Pershing Square が主張していた会社分割を実施した。

意見書は、これらの事件の存在は、技術の発展や株式取得方法、取引実務の発展によって、開示の報告まで現在では時間がほとんどかからなくなったこと[59]、特に、デリバティブを用いれば瞬時に大量の株式を取得することも可能となっていること[60] が示されているとする。

そして、現行法の 10 日間は、ヘッジ・ファンドに開示前後での株価の変動を利用して過大な利益を獲得（搾取）する機会を認めるための期間ではないとする[61]。その利益は少数派株主からの搾取にほかならないと指摘する[62]。

情報開示の目的は支配権取得や影響力行使（5％は支配権につながる割合）の可能性を投資家に速やかに伝えて、投資家に対して重要情報への平等にアクセスさせることを保障するものであるとする[63]。そして、英国（3％、2 営業日）、ドイツ（4 日以内）、オーストラリア（5％、5 日以内）、香港（3 日以内）といった諸外国がより短期かつ厳格な主要株主開示規制がなされていることを紹介する[64]。

以上の諸点から、Wachtell の意見書は、結論として、Schedule 13D を 5％株式取得から 1 営業日以内に報告義務とすること、そして、開示後 2 営業日（cooling-off 期間）経過まで追加的な株式取得を禁止する

---

59) Wachtell, Lipton, Rosen & Katz, *supra* note 56, at 3.
60) Wachtell, Lipton, Rosen & Katz, *supra* note 56, at 3.
61) Wachtell, Lipton, Rosen & Katz, *supra* note 56, at 6.
62) David Katz & Laura McIntosh, Corporate Governance Update: Section 13 (d) Reporting Requirements Need Updating, N.Y. L.J., Mar.22, 2012, at 3
63) Wachtell, Lipton, Rosen & Katz, *supra* note 56, at 7.
64) Wachtell, Lipton, Rosen & Katz, *supra* note 56, at 4.

ことを提唱する[65]。

② デリバティブの開示

Wachtellの意見書は、Empty Votingや議決権と経済的価値との分離（Decoupling）は公開会社の経営や金融市場の効率性に対する脅威であるとする[66]。具体的には、世界中のデリバティブ総計630兆ドル中14兆ドルが証券を対象資産とするものであるという規模の大きさを指摘する。諸外国の状況として英国、ドイツ、スイス、オーストラリア、香港で、開示義務の対象となるbeneficial ownershipにデリバティブ取引も広げる改正をしていることを紹介する。

これらの点から、結論として、Section 13Dの開示義務の対象となる"beneficial ownership"の定義にデリバティブ取引も含めることを提唱する。そして、「エクイティ証券に関連する価格で権利行使または決済する商品、またはエクイティ証券の価値に派生する価値を有する金融商品であれば、実際にエクイティ証券の実物で決済されるか否かを問わずに」開示の対象とすべきであるとする[67]。

なお、Leo Strineデラウェア州最高裁判事も2点の規制強化に賛意を示している[68]。

4 規制強化反対論の論拠

このWachtellの意見書に対し、Lucian Bebchuk & Robert Jacksonは規制強化に反対する論文を公表している[69]。この反論論文のターゲットは、①10日間の届出義務期限の短縮化論への反論であって、②

---

65) Wachtell, Lipton, Rosen & Katz, *supra* note 56, at 5.
66) Wachtell, Lipton, Rosen & Katz, *supra* note 56, at 7.
67) Wachtell, Lipton, Rosen & Katz, *supra* note 56, at 8.
68) Leo E. Strine, Jr., *Can We Do Bettery Ordinary Investors? A Pragmatic Reaction to the Dueling Ideological Mythdogists of Corporate Law*, 114 COLUM. L. REV. 449-502, 493-496 (2014).
69) Lucian A. Bebchuk & Robert J. Jackson, Jr., *The Law and Economics of Blockholder Disclosure*, 2 HARV. BUS. L. REV. 39 (2012).

第4章 大株主の情報開示

デリバティブについては含まれていない。

(a) Section 13 (d)主要株主の開示義務の規制趣旨

　Bebchuk & Jackson 論文は、Section 13 (d)を導入した Williams Act の立法趣旨は、規制強化推進派の考えるような5％株主の開示を絶対のものとするのではなく、投資家への情報開示と outside blockholders のガバナンス利益とのバランスの結果、わざと認めた期間であるとする[70]。そして、Wachtell 意見書の提案する開示までの追加取得禁止というルールは Dodd-Frank 法の授権の範囲を超えているとする[71]。そもそも、一般原則として本来的に外部投資家は株式を取得しても匿名性が守られるものであって、株主に開示義務を課すのは当然のことではなく例外であるとするのである[72]。

(b) 規制のコスト論

　また、このような規制に反対する理由として Blockholder の存在はコーポレート・ガバナンスないし企業のパフォーマンスを改善させるものであることも挙げる[73]。

　規制推進派のいう、弁護士ビジネス等の発展によって減少が期待できる開示のための取引費用（事務費用、手続費用）は開示義務のコストの主要な部分ではなく、開示義務のコストは、将来の outside blockholders のモニタリングやエンゲージメントによる利益を減少させる点にあるとする[74]。

　経営者のモニタリングや規律付けにはコストがかかる。他方で、モニタリングによってパフォーマンスが向上した利益は全株主が株式数に応じて pro rata に分配されてしまう。よって、集合行為問題（free-ride 問題と合理的無関心）によって株式所有が分散しそれぞれの保有割

---

70) Bebchuk & Jackson, *supra* note 69, at 44.
71) Bebchuk & Jackson, *supra* note 69, at 46.
72) Bebchuk & Jackson, *supra* note 69, at 44.
73) Bebchuk & Jackson, *supra* note 69, at 47.
74) Bebchuk & Jackson, *supra* note 69, at 50-51.

合が低いとモニタリングのインセンティブがない。この問題を克服し、実効的なモニタリングを期待できる存在としてoutside blockholdersがあり、blockholdersの存在によってagency costが減少する[75]。

実際にblockholdersがプラスになるかどうかは、実証に委ねられるべき問題だが、多くの実証はこの仮説を支持するとして、blockholdersによるコーポレート・ガバナンス／パフォーマンスへの影響の実証研究を紹介する。①Schedule 13Dによってアクティビスト株主の存在が明らかになるとabnormal returnが発生する[76]。②著名な6名の投資家がSchedule 13Dに登録した場合には、正のabnormal returnが観測される[77]。③Blockholdersからboardのメンバーを輩出している場合はCEOの報酬が業績を伴わずに高くなることが少ない[78]。④Blockholdersが取締役会の報酬委員会にメンバーを派遣している場合は、stock optionにおけるbackdatingの割合が減る[79]。⑤重要な株主の関係者が独立取締役として報酬委員会に入っていると、CEOの報酬と業績の連動性が高まり、CEOの交替と業績の連動性も高まり、報酬の水準自体も引き下げる[80]。⑥Blockholdersとなる機関投資家が存在すると、経営者が保身のためにanti-takeover的な定款変更の提案を

---

75) Bebchuk & Jackson, *supra* note 69, at 47.
76) Alon Brav et al., *Hedge Fund Activism, Corporate Governance, and Firm Performance*, 63 J. FIN. 1729, 1730-31 (2008); Lucian A. Bebchuk, Alon Brav, Robert J. Jackson, Jr., and Wei Jiang, *Pre-Disclosure Accumulations by Activist Investors: Evidence and Policy*, 39 J. CORP. L. 1-34, at 18 (2013).
77) Cliford G. Holderness & Dennis P. Sheehan, *Raiders or Saviors? The Evidenceon Six Controversial Investors*, 14 FIN. ECON. 555, at 557 (1985).
78) Marianne Bertrand & Sandhil Mullainathan, *Are CEOs Rewarded for Luck? The Ones Without Principals Are*, 116 Q. J. ECON. 901, 903 (2001).
79) Lucian A. Bebchuk et al., Lucky CEOs and Lucky Directors, 65 J. FIN. 2363, 2365 (2010).
80) Anup Agrawal & Tareque Nasser, Blockholders on Boards and CEO Compensation, Turnover and Firm Valuation (September 2012), available at, http://bama.ua.edu/~aagrawal/IDB-CEO.pdf

する際に、反対が増える[81]。

そのほか、Proxy fight の活発化による企業買収の規律付け効果[82]、企業買収の規律付け効果を強調する。同時に、敵対的企業買収に伴うFree-ride 問題を指摘し、支配株主にある程度の私的利益を認めない限りは、効率的な企業買収も発生しない[83]。そこで、開示までの間の

---

[81] James A. Brickley et al. *Ownership Structure and Voting on Antitakeover Amendments*, 20 J. Fin. Econ. 267 (1988).

[82] Bebchuk & Jackson, *supra* note 69, at 49; Proxy fight によって企業価値が上昇することについて Lisa F. Borstadt & Thomas J. Zwirlein, The Efficient Monitoring Role of Proxy Contests: An Empirical Analysis of Post-Contest Control Changes and Firm Performance, 21 Fin. Mgmt. 22, 23 (1992).

[83] Sanford Grossman & Oliver Hart, *Takeover Bids, the Free-Rider Problem, and the Theory of the Corporation*, 11 Bell J. Econ., 42-64. 1980.
公開買付におけるフリーライド問題とは以下のような状況である。
例として、発行済株式総数1億株、株式時価総額10億ドルの会社を想定する。現経営陣の下での株価は1株10ドルであるところ、買収者の下では株価が1株10.5ドルとなるとする。
買収者が公開買付／委任状勧誘合戦や経営者の交替等を行う際には400万ドルほど費用がかかるとし、買収者の持株0株でスタートすることにする。他方、他の株主は分散（各株主の保有割合は僅少）しているとする。
このような場合に、買収者は10.5ドルで公開買付できるか。
買収者の利得を考えると、公開買付等の費用として400万ドルの損失になる。よって、買収者は買収を実施しない。
それでは、買収者が10.4ドルで公開買付した場合に成功するか。
このような場合、他の株主は、買収成功後の株式の価値が10.5ドルとなるために応募しない（フリーライド問題）。すなわち、公開買付が成功しないことになる。
このように、支配株主に private benefit を認めないと効率的な支配権移転は発生しない。
Section 13（d）は、買収者の存在が明らかになる前に買収者の存在を前提にした株価となる前の株価で株式を取得できる期間を定めたものとする。買収者が1000万株（10%）を10ドルで購入するとした場合、買収者の利得は
　1000万株×0.5ドル − 400万ドル ＝ 100万ドル
となり、買収のための費用が500万ドルであった場合には公開前に取得できる株式量は10%では足りないことになる。

期間を、買収者登場を反映する以前の株価で株式を取得することで私的利益を獲得することを認める期間として位置づける。

このことは、Proxy fight ／支配権争いの場面に限らず、monitoring/ engagement の場面にも妥当する[84]。

現在のアメリカでは Williams Act 制定時にはなかった poison pill (shadow pill) が認められている。支配権プレミアムの分配は買収防衛策を通じてなされる。しかも poison pill 発動条件となる株式比率が 15％ないし 10％未満と非常に低率であることから[85] 現経営陣と out-

---

84) 発行済株式総数 1 億株、株式時価総額 10 億ドルの会社を具体例とする。Monitoring/ engagement がない状況での株価を 1 株 10 ドルとし、他方、Monitoring/ engagement がある場合の株価を 1 株 10.5 ドルとする。Blockholders が Monitoring/ engagement を行うには 100 万ドルのコストがかかると仮定する。

 Blockholders 登場前（持株 0 株）において、Blockholders の monitoring が株価に反映した後の株価 10.5 ドルでは Blockholder は monitoring を行うか。そもそも Blockholders として株式を取得するのか。この場合、Blockholders の利得は 100 万ドルの損失となる。よって、Blockholder となるべく株式を取得することはない。

 それでは、Blockholders の monitoring が明らかな場合に 10.4 ドルで購入することができるか。他の株主は株式の価値が 10.5 ドルとなると考えるために売却しない。よって、Blockholders は登場しないことになる。

 そこで、Section 13（d）は、Blockholders の存在が明らかになる前に Blockholders の存在を前提にした株価となる前の株価で株式を取得できる期間と捉える。

 Blockholders が 1000 万株(10％)を 10 ドルで購入するとした場合、Blockholders の利得は

 1000 万株× 0.5 ドル － 100 万ドル ＝ 400 万ドル

 となる。Blockholders の情報開示までの期間を厳格化すると、outside shareholders がモニタリングを向上させて取得する収益が減少することになり、その結果、そもそも outside blocksharehodlers の発生や取得量が減少することになる。こうなると、現経営陣の agency cost や怠慢が増加することになる。

85) 上場会社 805 社中、76％が 15％を toehold にする poison pill を採用しており、15％の企業が 10％またはそれ以下を toehold にする poison pill を採用している。Lucian A. Bebchuk, Alon Brav, Robert J. Jackson, Jr., and Wei Jiang, *Pre-Disclosure Accumulations by Activist Investors: Evidence and Policy*, 39 J. CORP. L. 1-34, at 27 (2013).

side blockholders とでのバランスは現経営陣が他国と比べて有利である。さらに、アメリカでは Staggered board（期差取締役会）のため 1 回の proxy fight では防衛策を償却できない。これらのことから、他国の規制強化は米国との関係で参考にならないとする[86]。

そもそも 5％基準を満たしただけでは「支配権」とは言えない[87]。会社を動かすには他の株主を説得することが必要[88]となるからである。紹介されている事例の社外取締役 1 名の派遣程度では会社の意思決定を支配しているとは言えない[89]。仮に買収者であったとしても、支配権プレミアムの全部を独占するわけではない。

開示義務の拡大は、有能な投資家（Warren Buffet など）がコストをかけて過小評価されている企業を探すという投資戦略に他の投資家が free-ride できることになり[90]、投資家が過小評価されている企業を探さなくなる。これによって市場の効率性が害される。

(c) 実証の不足

さらに、規制推進派の論拠は anecdotal な出来事に依存しており、取引実務や技術の発展によって、Schedule 13D の登録以前に従来よりも多くの株式の取得がなされるようになったことのきちんとした証拠（systematic examination。empirical な証拠）がないと指摘する[91]。

実証研究の結果、取引技術の革新によって大株主として開示する前に買収者が買い集める株式の量が増加したようなことはないとする。①1977 年から 1982 年の間に 5％取得から Schedule 13D 登録までの間に大量の株式を取得した事例はほとんどなかった[92]。②2001 年から

---

86) Bebchuk & Jackson, *supra* note 69, at 58.
87) Bebchuk & Jackson, *supra* note 69, at 51.
88) Bebchuk & Jackson, *supra* note 69, at 51.
89) Bebchuk & Jackson, *supra* note 69, at 52.
90) Bebchuk & Jackson, *supra* note 69, at 43.
91) Bebchuk & Jackson, *supra* note 69, at 54.
92) Holderness & Sheehan, *supra* note 77, at 563.

2007年までの間のblockholdersの開示のうち、過半数は、10日よりも前に自発的に開示を行っていた[93]。③ 1994年から2007年の間のSection 13(d)の開示事例を分析した結果、そもそも圧倒的多数はactivist hedge fund以外によってなされていた[94]。④ 1994年から2007年の間においてactivist hedge fundであればSchedule 13Dの登録が遅いという有意な結果も、開示の際に保有株式量が多いという結果も出ていない（むしろactivist hedge fundのほうが開示時の保有株式量は少ない）[95]。

これらのことから、規制強化推進派の挙げる例はかなり異例な事件であり、規制強化の根拠にならないと結論付ける。

5　アメリカの議論からの示唆

以上、アメリカにおける大株主の情報開示規制を参照するに、現行法の下での、Schedule 13DとItem 6の様な、情報開示義務がかかるか否かは議決権で決し、開示義務が課された場合には、株式の所有のみならず、関連するすべての地位を開示する、という形の規制が、本稿の検討対象である取引先株主やEmpty Voting等の議決権行使のインセンティブの歪みに最も対応したものであるといえる。インセンティブの歪みには様々な事項があり、どの範囲まで開示しなくてはならないのかを考えるにあたり、Item 6の記載事項の検討が今後の課題となるであろう。

他方で、Schedule 13Dは、支配権獲得の意図のある積極的な株主の場合に限定され、それ以外の場合にはSchedule 13Fが適用され、この場合には、Item 6のような規制がない点については、米国でもむし

---

93) Letter from Alon Brav et al. to Elizabeth M. Murphy, Secretary, U.S. Sec. & Exch. Comm'n (July 5, 2011), at 2, available at https://www.sec.gov/comments/4-624/4624-2.pdf
94) Bebchuk et al., *supra* note 85, at19-20.
95) Bebchuk et al., *supra* note 85, at 22.

ろ欠点として受け止められていた。このことからすれば、Schedule 13 D ＋ Item 6 型の規制を支配権取得の意図の有無にかかわらず一般に導入すべきであろう。

　そして、近時のアメリカの議論は、報告義務までの期間の短縮化、およびデリバティブの開示義務化を対象としているが、これらは、主に会社支配権市場の問題として検討されている。特にアクティビストによる買収の是非、さらにはアクティビスとの活動の是非が問題となっているのであり、日本においても検討に意義がないわけではないが、これは本稿の整理によれば、①会社支配権市場の設計の問題であり、③インセンティブの歪んだ構造の情報開示の問題ではない。①は、企業買収法制のグランドデザインの中で考えるべき課題であろう。

V　結論

　本稿は、取引先株主や Empty Voting について、インセンティブの歪みを開示していくという観点から、大量保有報告書の改善案を提示した。それは、議決権基準を満たした開示義務者は、発行会社に対するその他のポジションも開示すべきというものである。これは、大量保有報告書による開示の目標を、①会社支配権市場における公正な条件の整備、②株式市場の需給に関する情報に加え、③株主のインセンティブの歪みに関する情報とするものである。

　また、近時の開示府令やコーポレートガバナンス・コードによる政策保有株式の開示が、株式を保有している会社を基準にしている点に疑問を呈し、発行会社への影響力を基準にした開示に考え直すべきとした。その具体策が、前述した大量保有報告書の活用である。

　だが、それでも、完全な解決策にはならない。たとえば、AXA-MONY 事件のように、MONY の株式を保有していた株主が、合併の相手方とはいえ、他社である AXA 社の転換社債のショート・ポジションを保有していることまで開示義務の範囲に含めるとすると、そ

V 結論

の外縁は不鮮明になってしまう。大量保有報告書を提出した投資家は、すべてのポートフォリオを開示せよ、ということになれば、情報開示としては十分であろうが、機関投資家の投資戦略がすべて公表されてしまい、フリーライドされることになる。このことは、機関投資家が投資戦略を練るためにコストをかけるインセンティブを削ぐことになり、ひいては証券市場の効率性を害する。どこかでバランスを引かなくてはならないのである。それは最終的には実証によって解が導かれうる問題であるが、本稿は、さしあたりの結論として、議決権基準を満たした投資家においては、発行会社そのものに関連する契約等の関係を開示義務の範囲とし、デリバティブ等を開示義務の対象に含めるものとした。

（とくつ・あきら）

第5章
上場企業における定時株主総会運営の実態と見直しの方向性

弁護士　三笘　裕

I　はじめに

　上場企業において、株主総会は、取締役会とともにコーポレート・ガバナンスの仕組みの中核を構成する。とりわけ株主総会は、出資者である株主が経営陣に対して直接意思表明できる点で特徴的であり、特に、近年の株主の権利保護や経営陣の説明責任(アカウンタビリティ)を重視する風潮からは、ますますその重要性が強調される。他方で、構成員が多数となる上場企業の株主総会において、株主が一堂に会し議論して結論を出すことは事実上不可能であり、必然的に特定の議案についての賛否を問う形での運営にならざるを得ないことも否定できない現実である。

　会社法上、年1回開催されることが義務づけられている定時株主総会は、上場企業の多数を占める3月決算会社では、6月後半に開催されるのが通例である。定時株主総会にむけて、各上場企業においては、毎年、会場の確保、議案の確定、招集通知の起案・校正・印刷・発送、想定問答集の作成、リハーサルなど多くの作業が行われ、相当量の人的および金銭的なコストを投入している。

　かつて「シャンシャン総会」などとも呼ばれた形式的・儀式的な株主総会から、近年は、多数の一般株主が出席し、これらの株主との対話を重視した「開かれた総会」へと変化してきているといわれている。

第5章　上場企業における定時株主総会運営の実態と見直しの方向性

しかし、株主総会実務に携わる法律実務家の視点から見ると、株主との対話を重視した「開かれた総会」なるものが、一体どのように運営されているのかについて、必ずしも明確な共通認識が無いまま、コーポレート・ガバナンスの議論がなされているのではないかと感じることも少なくない。

そこで、商事法務研究会が毎年公表する「株主総会白書」に基づき、上場企業における定時株主総会の運営の実態を検討するとともに、今後の見直しの方向性について検討したい。

なお、本稿では、特に断りのない限り、商事法務研究会『株主総会白書2015年度版』（旬刊商事法務2085号）のデータに基づいて検討する。また、【図表〇】【別表〇】とあるのは、同株主総会白書中の図表・別表を示す。

Ⅱ　定時株主総会の概観

1　日程

上場企業の多くが3月決算であるため、定時株主総会の開催月には大きな偏りがある。【図表2】（集計対象2,503社）によれば、平成27年6月開催が75.1％（1,880社）、同年3月開催が8.3％（209社）である。もう少し細かく見ると、グラフ①に示したとおり、平成27年6月26日（金）開催が32.3％（809社）、6月25日（木）開催が13.6％（341社）、6月24日（水）開催が10.0％（251社）、6月23日（火）開催が6.3％（157社）であり、これらの4日間の間に、上場企業の実に62.2％（1,558社）が定時株主総会を開催している。

Ⅱ 定時株主総会の概観

グラフ① 定時株主総会の開催日

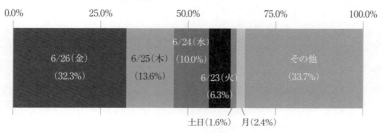

いわゆる集中日を避けた開催日調整が一定程度進んだとはいえ、実態は前述のとおりであり、これは、3月末日に株主総会における議決権行使のための基準日を設定する現在の実務慣行を踏まえつつ、招集通知期間を含む株主総会開催のための準備期間を適切に確保しようとすると、どうしても6月の下旬に集中してしまうのが避けられないことを示している。この集中状況を緩和するためには、議決権行使のための基準日を3月末日から後ろにずらし、7月に定時株主総会を開催する実務を広める必要があろう。

このほか、興味深い現象としては、定時株主総会を土日に開催した例は、通年でわずか41社（1.6%）しかない。現役世代の個人株主の株主総会への参加を増やすには、土日に開催するのも一つの選択肢であるが、会場確保の困難さ、会場費用の高額化、休日出勤の必要性などの理由があり、上場企業としては、個人株主の来場者数の増加を見込んだとしても、そこまでやる必要性を強くは感じていないということではないかと思われる。また、平日でも、月曜日開催は少なく、通年で60社（2.4%）しかない。これは、会場設営が開催日の前日である日曜日に行われるので、土日開催と同様の問題があるためと推察される。

2 出席株主

【図表104】（集計対象2,428社）によると、グラフ②に示したとおり、定時株主総会に実際に出席した株主数（役員を除く）（以下「現実出席株

第 5 章　上場企業における定時株主総会運営の実態と見直しの方向性

主数」といい、このような株主を「現実出席株主」という）は、40 人以下が 20.2％（491 社）、40 人超 60 人以下が 15.6％（379 社）、60 人超 100 人以下が 20.9％（507 社）、100 人超 300 人以下が 25.6％（622 社）、300 人超が 17.7％（429 社）であり、これらの各区分の割合が概ね等分になっている。【図表 3】（集計対象 1,704 社）によると、グラフ②に示したとおり、議決権を有する総株主数は、3 千人以下が 22.5％（384 社）、3 千人超 5 千人以下が 17.4％（296 社）、5 千人超 1 万人以下が 24.9％（425 名）、1 万人超 3 万人以下が 22.0％（375 社）、3 万人超が 13.1％（223 社）であり、これらの各区分の割合が概ね等分になっている。【図表 104】と【図表 3】とでは、集計対象がずれている上に、各区分の境界線も厳密に 100 倍になっているわけではなく、さらに議決権を有する総株主数の数が少ない会社において現実出席株主数も少ないという相関関係が確認できているわけでもないが、大雑把に見積もると、議決権を有する全株主の内、現実出席株主数は 1％程度であるということはいえそうである。近年の株主総会では、個人株主の参加が増え、株主との対話が重視されているというイメージがあるものの、それでも実際に株主総会に出席する株主は、全株主のごく一部であるということがいえよう。

グラフ②　現実出席株主数と議決権を有する総株主数

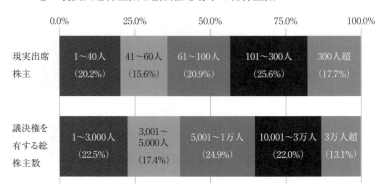

【図表105】（集計対象1,704社）によれば、グラフ③に示したとおり、現実出席株主が有する議決権比率は、10％以下が47.2％（804社）であり、10％超20％以下が16.7％（285社）、20％超30％以下が13.1％（224社）、30％超が20.9％（356社）である。つまり、約半数の上場企業において、現実出席株主の保有する議決権割合は10％以下である。

グラフ③　現実出席株主が有する議決権比率

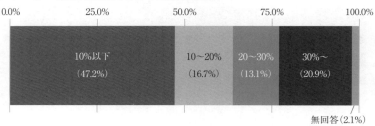

【図表107】（集計対象1,704社）によれば、グラフ④に示したとおり、議決権行使比率は、90％超が5.9％（100社）、80％超90％以下が35.8％（610社）、70％超80％以下が28.0％（477社）、60％超70％以下が10.3％（175社）である。つまり、約8割の上場企業において、議決権行使比率が60％を超えている。

グラフ④　議決権行使比率

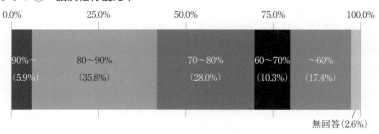

【図表63】（集計対象1,704社）によれば、グラフ⑤に示したとおり、「否」の指示率が一番高かった議案に対して「否」の指示がされた議決権行使書面または委任状の返送率は、10％以下が65.1％（1,110社）、

10％超15％以下が12.0％（205社）、15％超20％以下が7.9％（135社）、20％超が12.0％（205社）である。つまり、約8割5分の上場企業において、「否」の指示率が一番高かった議案に対して「否」の指示がされた議決権行使書面または委任状の返送率が20％以下である。

グラフ⑤　「否」の指示率が一番高かった議案の「否」の比率
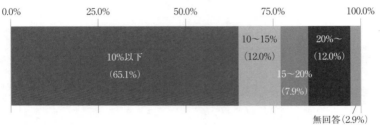

　これらの数字を踏まえて考えてみると、議決権行使比率が60.1％である会社（統計的には低めの数字であり、約8割の上場企業においてこれを上回る）において、最も不人気な議案について「否」の指示をした議決権行使書面・委任状が20％あり（統計的には高めの数字であり、約8割5分の上場企業においてこれを下回る）、さらに10％の議決権を保有する現実出席株主（統計的には標準的な数字であり、約半数の上場企業においてこれを下回る）の全員（いうまでもなく、やや極端な前提である）が当該議案に反対したとしても、僅差ではあるが可決できることになる。もちろん、議論の的になるような議案が提出されていれば、議決権行使比率が上昇する一方で、「否」の指示がされた議決権行使書面または委任状の返送率が高まったり、現実出席株主が有する議決権比率も増加したりする可能性もあるが、定時株主総会全体で見ると、現実出席株主による議決権行使が採決結果を左右するような事態が発生することは、実務上稀であるということは推定できよう。

　実際、【図表96】（複数回答・集計対象1,704社）によると、議場における採決方法は、拍手が1,637社、挙手が53社であり、議場での賛成票を厳密に数える必要がないことを反映している。

3 株主提案・動議

【図表36】(集計対象1,704社)によれば、株主提案権行使の働きかけが1件あったのが1.3%(23社)、2件以上あったのが0.8%(13社)であり、1件もなかったのが97.8%(1,666社)である。株主提案権行使の働きかけがあっても、実際に株主提案権として株主総会に付議されるに至らないものもあるから、株主提案として株主総会に付議された実数はこれを下回ることになる。【別表3】によると、平成26年7月総会から27年6月総会について見た場合、44社において56件の株主提案権が行使され、このうち、原発反対運動に関する定款変更提案が半ば恒例化している電力会社が9社、15件を占めている。株主提案権行使について、平成24年7月総会から25年6月総会までの期間および平成25年7月総会から26年6月総会までの期間についても見てみると、それぞれ34社で45件、30社で43件となっており、株主提案権の行使数が少ない点では一貫している。

株主提案権の行使については、議決権保有要件(原則として、総株主の議決権の100分の1以上の議決権または300個以上の議決権を6ヶ月以上保有。会社法303条2項)や行使時期(原則として、株主総会の日の8週間前までに行使を要する。会社法305条1項)などの制約が、その行使を不必要に難しくしているのではないかという指摘があるかもしれないが、可決される可能性の乏しい株主提案権の行使が増えても、実務上は手続コストが増えるだけで、結果に実質的な影響はないと考えられる。実際、平成26年7月総会から27年6月総会について、株主提案が可決されたのは、3社で7件であり、いずれも大株主による提案権行使の事例である。

【図表91】(複数回答・集計対象1,704社)は、株主総会において提出される動議について、議長不信任関係が1.0%(17件)、議案進行関係が0.6%(10件)、議案修正関係が0.5%(8件)、休憩関係が0.1%(2件)であり、そもそも動議の提出がなかったのが97.7%(1,665社)である。

第5章　上場企業における定時株主総会運営の実態と見直しの方向性

株主総会のリハーサルでは、動議対応は重点項目の一つであるが、実際に動議が提出されるのは稀であることがわかる。

4　質疑応答

【図表121】（集計対象1,704社）によると、グラフ⑥に示したとおり、議案に対して質問した株主数は、1人が14.9%（254社）、2人が8.7%（149社）、3人が7.5%（128社）、4人が6.2%（106社）、5人以上10人以下が17.8%（304社）、11人以上が6.6%（113社）である一方、まったく質問が無かったのは37.9%（646社）にのぼる。つまり、議案に対して質問した株主数が4名以下の会社が75.3%（1,283社）を占めている。【図表125】（質問無しの会社を除く。集計対象1,054社）によると、グラフ⑦（百分率は、グラフ⑥に揃えるべく、母数を1,704社として算出）に示したとおり、議案に対する質問数は、1件が6.6%（113社）、2件が6.7%（114社）、3件が4.9%（83社）、4件が4.3%（73社）、5件以上9件以下が13.7%（233社）、10件以上14件以下が9.1%（155社）、15件以上19件以下が4.6%（78社）、20件以上が3.3%（56社）である。まったく質問がなかった会社が37.9%（646社）あったから、結局、議案に対する質問数が4件以下の会社で60.4%（1,029社）、9件以下の会社で74.1%（1,262社）を占めている。【図表126】（複数回答・集計対象1,704社）によると、書面による事前質問があったのは7.8%（133社）にとどまり、書面質問がなかったのは、92.1%（1,569社）にのぼる。

グラフ⑥　議案に対して質問した株主数

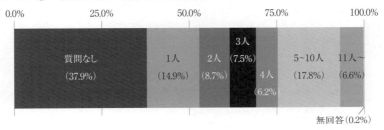

グラフ⑦　議案に対する質問件数

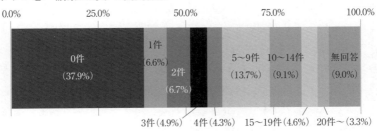

5　所要時間

【図表85】（集計対象2,432社）によると、グラフ⑧に示したとおり、株主総会の所要時間は、30分以下が13.3%（323社）、30分超45分以下が33.9%（825社）、45分超60分以下が19.6%（477社）、60分超90分以下が19.6%（477社）、90分超120分以下が9.7%（237社）、120分超が3.8%（93社）である。つまり、60分以下で66.8%（1,625社）を占め、90分以下で86.4%（2,102社）を占めている。【別表1】によると、平成27年の平均所要時間は56分であり、これは平成18年ころからあまり変わっていない。

第5章　上場企業における定時株主総会運営の実態と見直しの方向性

グラフ⑧　所要時間

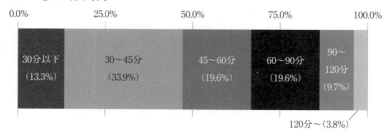

　ところで、定時株主総会の一般的な流れは、①開会宣言（議長）、②出席株主数・議決権数報告（議長・事務局）、③監査報告（常勤監査役）、④事業報告・連結計算書類・計算書類の報告（議長）、⑤議案上程（議長）、⑥審議・質疑応答（議長・取締役・監査役）、⑦採決（議長）、⑧閉会宣言（議長）である（カッコ内は、監査役会設置会社における一般的な担当者を示す）。近年は、④事業報告・連結計算書類・計算書類の報告の部分を、映像やナレーションを用いてわかりやすく行う例も増えてきている。⑥審議・質疑の部分を除いてシナリオ通りに進行すると、30～40分程度かかるのが普通である。株主総会の平均所要時間が55分程度であるということから、⑥審議・質疑が平均で15～25分程度という計算になる。この統計は、議案に対する質問数が10件未満の会社で過半数を占めていることとも概ね整合的である。

6　総会準備

　【図表14】（集計対象1,704社）によると、グラフ⑨に示したとおり、総会準備を開始する時期としては、決算期末前からが32.0％（545社）、決算期末から決算取締役会までの間が33.7％（574社）、決算取締役会から招集通知発送までの間が21.9％（374社）、招集通知発送から総会日までの間が12.0％（204社）である。何をもって総会準備と言っているのかは、回答社によって異なっている可能性があるが、いずれにせよ、かなり早い段階から総会の準備を行っていることがわかる。【図表

16】(集計対象 1,704 社)によると、グラフ⑩に示したとおり、リハーサルの回数は、1 回が 49.6％(846 社)、2 回が 33.3％(567 社)、3 回が 9.1％(155 社)であり、リハーサルを行わない会社はわずか 5.1％(87 社)にすぎない。【図表 19】(複数回答・集計対象 1,616 社)によると、リハーサルに役員が一切参加しなかったのは 0.4％(7 社)に過ぎず、社長が参加したのが 97.0％(1,567 社)、取締役が 1 名以上参加したのが 89.3％(1,443 社)、監査役が 1 名以上参加したのが 90.5％(1,462 社)である。当然のことであるが、リハーサルに相当数の役員の時間が投入されていることがわかる。このことから、リハーサルの時期には、役員の海外出張などの予定が組みにくくなっていることが推測される。

グラフ⑨　総会準備開始時期

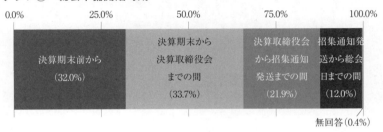

グラフ⑩　リハーサル回数

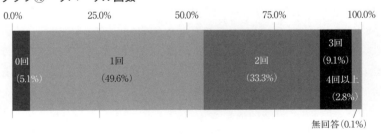

【図表 21】(集計対象 1,704 社)よると、グラフ⑪に示したとおり、想定問答集の質問数は、601 問以上が 10.3％(176 社)、301 問以上 600 問以下が 20.2％(344 社)、201 問以上 300 問以下が 18.2％(310 社)、101

問以上 200 問以下が 23.9%（408 社）、1 問以上 100 問以下が 25.4%（432 社）である。毎年すべてを見直しているわけではないにせよ、相当量の想定問答集が作成されていることがわかる。議案に対する質問数が 4 件以下の会社で約 6 割、9 件以下の会社で約 4 分の 3 を占めていることを勘案すると、仕方が無いこととはいえ、大部分の想定問答集は使用されることがない。

グラフ⑪　想定問答集の質問数

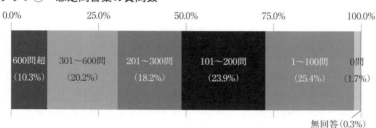

7　定時株主総会の議題

　会計監査人設置会社の場合、総会において計算書類の承認は不要で、報告のみである（会社法 439 条）。上場企業はすべて、この方法によっている。剰余金の配当等を取締役会が決定する旨の定款の定めを置く会社も一定数ある（会社法 459 条 1 項）。【図表 4】（集計対象 1,704 社）によれば、グラフ⑫に示したとおり、剰余金の処分（配当）について、株主総会で承認した会社が 74.1%（1,263 社）であり、うち取締役会の決議でも決定できる旨の定款規定（会社法 459 条 1 項）があるにもかかわらず、株主総会で承認した会社が 11.7%（199 社）ある。剰余金の処分（配当）を取締役会で承認した会社が 18.9%（322 社）あり、うち株主総会の決議によっては定めない旨の定款規定（会社法 460 条 1 項）がある会社が 8.6%（147 社）ある。剰余金の処分（配当）を株主総会決議でも取締役会決議でも決定できる会社の約半数において、剰余金の処分（配当）を株主総会決議により決定をしていることは、やはり株

主にとって重大な関心事だからということになろうか。なお、剰余金の処分（配当）を取締役会で決定できる旨の定款規定を置けるのは、取締役の任期が1年の場合に限られる（会社法459条1項）から、少なくとも毎年、剰余金の処分（配当）の議案か取締役選任の議案があることになるが、定時株主総会において、報告事項を除くと、それ以外の議案がないケースもあり得ることになる。

グラフ⑫　剰余金の処分（配当）についての承認・決議方法

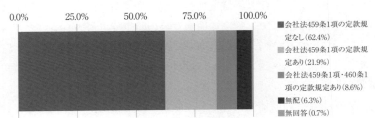

III　定時株主総会運営の見直しの方向性

1　機関としての株主総会と会議としての株主総会

冒頭に述べたように、上場企業において、株主総会は、取締役会とともにコーポレート・ガバナンスの仕組みの中核を構成することは疑いようがないが、機関としての株主総会と会議としての株主総会とは区別して議論する必要がある。用語の問題として、株主総会といった場合に、文脈から機関としてのそれを指すのか、会議としてのそれを指すのかを区別する必要があるのだが、これが必ずしも明確でない場合もあり、議論の混乱の一因になっているように思われる[1]。本稿では、この点を意識しつつ議論を進めたい。なお、「定時株主総会」という場合は、機関としてではなく会議としての株主総会を指している。

第5章　上場企業における定時株主総会運営の実態と見直しの方向性

　会議としての定時株主総会について、ここまで検討してきた運営の実態をふまえて外形的な観点からまとめてみると、以下のようになる。毎年6月後半の特定の週の火曜日から金曜日までの数日間のうちに約6割の上場企業が開催するものであって、毎回、役員選任議案と剰余金の処分（配当）議案を中心として数件の会社提案議案があるものの、株主提案議案はほぼなく、総株主の約1％の株主が実際に出席し、数名の株主からの10問前後の質疑応答を15～25分程度行った上で採決をするが、いずれの議案についても、事前に回収された議決権行使書と委任状により、総会の開会宣言の時点で可決されることがわかっている。他方で、これらの定時株主総会開催のための準備として、毎年総務・法務スタッフを中心に役員も巻き込んで相当の時間と費用が費やされている。

　定時株主総会の開催準備のうち、議案の確定や招集通知の起案・校正・印刷・発送は、株主の意思を確認する必要のある議案が存在する限り、定時株主総会を実際に開催しようと開催しまいと必要になる作業である。他方、会場の確保、想定問答集の作成、リハーサル等は、定時株主総会を実際に開くことに起因して発生する作業である。しかし、現在の会社法上、株主総会の書面決議は、株主全員の同意が必要とされている（会社法319条1項）から、株主が多数存在する上場企業において書面決議を行う余地はない。

　定時株主総会の開催に対して投入される時間と費用が、その開催から得られる便益との関係で適正であるかについては、筆者は、多くの上場企業において、現実出席株主が議決権を有する総株主のごく一部にとどまること、ほとんどのケースにおいて総会開会時点で議案の可決・否決の結論が判明していること、株主による質問数も限られてい

---

1)　同様の問題は、「取締役会」にも存在し、機関としての「取締役会」を指しているのか、会議としての「取締役会」を指しているのかがかみ合わないまま議論がなされてしまう危険性がある。

ることなどの前述の定時株主総会の運営の実態から考えて、過剰な時間と費用が投入されていると考えている。もちろん、機関としての株主総会の重要性を否定する意図はないし、役員人事を含む重要議案について、議決権行使書等を通じての書面による株主の意思確認手続の重要性を否定するものでもない。ここで論じているのは、あくまで定時株主総会を実際に開催することについての評価である。

2　取締役等の説明義務と株主総会決議取消しの訴え

　上場企業において実際に開催することが余儀なくされる定時株主総会において、その準備に過剰な時間とコストが投入されがちな理由として、まず考えられるものとしては、取締役等の説明義務の違反が株主総会決議取消事由になりうることがあげられる。

　取締役、会計参与、監査役および執行役は、株主総会において、株主から特定の事項について説明を求められた場合には、当該事項について必要な説明をしなければならないとされている（会社法314条）。一定の正当な理由があれば、説明を拒むことができるが、説明義務を尽くさなかった場合には、株主総会決議の方法に瑕疵があったとして、決議取消事由になる（会社法831条1項1号）。ただし、説明義務違反があっても、その事実が重大でなく、かつ決議に影響を及ぼさないものであるときは、裁量棄却の余地がある（同条2項）。株主総会における取締役等の説明義務は、株主が会議の目的たる事項を合理的に理解・判断するのに客観的に必要な範囲の説明で足り、説明義務が果たされたか否かの判断にあたっては、平均的な株主を基準とするのが判例の考え方である（広島高松江支判平成8年9月27日資料版商事法務155号104頁、東京地判平成16年5月13日金融商事1198号18頁）。

　定時株主総会の決議が取り消されると、上場企業に与える影響は甚大なので、上場企業、とりわけ総会事務局が神経質になり、準備に過剰な時間と費用をかけてしまうという説明は、一見説得力があるように思われる。しかし、公刊された裁判例を見てみると、会社法314条

およびその前身となる旧商法237条ノ3に定める取締役等の説明義務の違反を理由として上場企業の株主総会決議が取り消された例は、ブリヂストン退職慰労金決議取消請求事件（東京地判昭和63年1月28日民集46巻7号2592頁）および南都銀行慰労金贈呈決議事件（奈良地判平成12年3月29日判タ1029号299頁）の2件のみであり、いずれも役員退職慰労金絡みである。他の裁判例では、裁量棄却ではなく、そもそも説明義務違反がないとして取消しが認められていないようである。

このような裁判例の傾向を必ずしも的確に把握しておらず、現実よりも取消しリスクが大きいと考えている上場企業が一定程度存在する可能性は否定できないものの、取締役等の説明義務に関する裁判所の考え方が、定時株主総会の準備に過剰な時間と費用をかけさせる主要な原因であるとまではいえないように思われる。

3　考えられる他の可能性

定時株主総会の準備に過剰な時間と費用が投入される理由として、他に考えられるものとしては、会社法上の重要な手続である総会を担当する事務局として、やる以上完璧に実施しなくてはならない、あるいは会社法上の重要な手続である総会において一般株主の面前で社長をはじめとする経営陣に恥をかかせるわけにはいかないというプレッシャーがあげられよう。この場合、総会事務局から見ると、会社の費用負担で自らのプレッシャーを解消すべく準備を行うという構図になるし、経営陣から見ても、会社の費用負担で、株主総会当日にトラブルに遭遇することを避けるために準備を行うという構図になるので、負担者と受益者がずれたモラルハザードの問題が生じやすい状況であるといえ、歯止めが利きにくくなる。取締役等の説明義務等の法律的な理由よりも、こちらのモラルハザードの理由の方が、実務の実感としても合っているように思われる。そうなると、定時株主総会運営に関わる関係者（経営陣、総会事務局、株主）の意識改革が重要となるが、一口に株主といってみてもいろいろな考え方の株主がいるから、適切

な開催コスト（時間・費用）の水準についてコンセンサスを得ることは必ずしも容易ではなく、意識改革を通してだけでは問題の解決にはなかなか至らないように思われる。つまり、この問題は、定時株主総会を実際に開催することを前提とする限り、根本的な解決は難しいのではないかと思われるのである。

4　見直しの方向性

　定時株主総会において、招集通知の記載を逸脱した内容が報告・説明されることは、原則としてない。大部分の株主が、定時株主総会当日の説明を待たずに議決権行使書・委任状により議案への賛否の意思表示をするわけだから、議決権行使に必要な情報は、参考書類を含む招集通知に織り込んでおく必要があり、また、現実出席株主が議決権を有する株主のごく一部にとどまる以上、もし一部の株主である現実出席株主にしか伝えない投資判断に影響のある重要な情報があれば、上場企業としての情報管理の観点からも問題になりうるから、その当然の帰結として、定時株主総会における報告・説明内容も、概ね招集通知の枠内にとどまるわけである[2]。

　前述のとおり、定時株主総会では、株主からの質問や動議の数は限られている。統計で捉えることは難しいが、株主からの質問は一般に玉石混淆であり、的を射た質問は、その一部にとどまる。また、株主総会において議論される内容のうち、質疑応答だけが招集通知の形で書面化されていないことになるが、前述の理由から、原則として、想定問答集は、質疑応答において招集通知を含む公開情報に属さない投資判断に影響のある重要な情報が公表されないよう留意して作られている。

---

2)　もちろん、定時株主総会において、招集通知に含まれている情報をよりわかりやすく説明することは一般に行われているが、そのことと、招集通知には含まれていないような重要な情報を定時株主総会の場で説明することとは、別である。

第5章　上場企業における定時株主総会運営の実態と見直しの方向性

　さらに、そもそも、定時株主総会において、会社提案議案が否決されることは、まずない。前述のデータからもわかるとおり、ほとんどの場合は、議決権行使書・委任状の段階で可決できることは確認できているためである。もし、議決権行使書・委任状の集計段階で否決される見込みになった場合には、取締役会が議案を撤回することもある。

　そうなると、実質的な争点がない場合は、定時株主総会を実際に開催する必要性は乏しい（あるいは、あまりない）といってよいと思われる。もちろん、このことは、年1回くらいは経営陣と株主との間での対話の機会を設けるべきだという考え方を否定するものではないが、議決権を有する総株主数に対する現実出席株主数が約1％に過ぎないという現実を前提とすると、定時株主総会を実際に開催することによる増加コスト負担を正当化できるかについては、各上場企業に自らが置かれた状況に照らして検討・判断させるべき事項ではないかと思われる。また、年1回くらいは経営陣と株主との間での対話の機会を設けるべきだと考えるとしても、それが定時株主総会である必要があるかは別である。【図表26】（集計対象1,704社）によれば、定時株主総会とは別に株主と経営陣のコミュニケーションを図る場として株主懇談会を開催している企業も17.0％（290社）あるが、定時株主総会の開催を省略して株主懇談会だけを開催するのであれば、開催時期を6月後半に集中させる必要性もなく、また、各社の目的に応じて、場所や日程や方法を変えて複数回開催するなどの選択肢も広がるはずである。

　以上を考えると、上場企業の場合、会社法を改正し、実質的な争点がある場合は別として、そうでない場合には、定時株主総会を書面投票で完結させる仕組みを選択できるようにしても良いのではないかと考える。実質的な争点があるかどうかの基準をどう設定するかについては、簡易組織再編において株主総会による承認を要することとする基準（会社法796条3項等）のように、一定数の株主からの開催要求によるという方法も一つの案として考えられよう。

Ⅳ　まとめ

　定時株主総会の開催は本当に必要なのかという指摘は、politically incorrect な主張かもしれないが、会社法の世界においても、現実に基づいて見直しを行うという姿勢は重要である。そもそも上場企業の株主総会と非上場企業の株主総会とでは、会議としての運営方法も性格も異なるのは当然であり、非上場企業に適したルールを上場企業に一律に適用してよいのかどうかは当然検討対象たるべきである。株主総会は、コーポレート・ガバナンスの議論において、「聖域化」されがちな分野であるが、費用対効果も考えて、運営の見直しをし、本来そこまでの時間と費用をかけて開催する必要があるのかを改めて検証すべきであろう。株主総会の運営の見直しについては、経済産業省が設置した「株主総会プロセスの電子化促進等に関する研究会」が、平成 28 年 4 月に、報告書とともに「株主総会の招集通知関連書類の電子提供の促進・拡大に向けた提言～企業と株主・投資家との対話を促進するための制度整備～」を取りまとめて公表している。招集通知関連書類の電子提供を促進・拡大するという方向性は、近時のインターネット環境の整備・普及状況を反映した正しいものであるが、招集通知関連書類の電子提供に伴い情報開示の充実が一層進むであろうことをも踏まえて、さらに一歩進めて、定時株主総会の開催の省略も含めて見直しをしても良い時期にさしかかっていると思われる。企業と株主・投資家との対話がいかに重要であるとしても、厳しい競争環境の中で事業を日々運営している企業が株主・投資家との対話に振り向けられる人的および金銭的なリソースは無限ではない。限られたリソースを効率的に活用するという観点からは、定時株主総会の開催の必要性が低い場合にその開催自体を省略することにより生じたリソースを、別の形で株主・投資家との対話に利用したいという発想はごく自然なものと思われ、それを妨げる法制度にもはや相応の合理性がないのであれ

第5章　上場企業における定時株主総会運営の実態と見直しの方向性

ば、見直しをすることもまた自然な流れではないかと思われるのである。

（みとま・ひろし）

第6章
日本企業のコーポレート・ガバナンスの今後のあり方
—— ファミリー企業からの示唆

一橋大学教授　宍戸善一
東京大学教授　柳川範之
慶應義塾大学准教授　齋藤卓爾
名古屋商科大学助教　太宰北斗

I　序論

戦後の高度経済成長期が1980年代半ばのバブル経済の発生とともに終わり、その後1990年代からの低成長期に入り、日本企業の経営パフォーマンスは、ROEベースでも、ROAベースでも、欧米企業に引き離されるに至っている[1]。そして、その原因として、日本企業の様々なコーポレート・ガバナンス上の問題点が指摘されている[2]。

日本の上場企業が全体として成績不振に陥っている中で、日本の上場ファミリー企業[3]のパフォーマンスは比較的良好であることがいく

---

1) 内閣府「平成22年度 年次経済財政報告」386頁参照。
2) 三品和広『戦略不全の論理』(東洋経済新報社、2004)、岩原紳作「会社法制の見直しと監査役」月刊監査役607号 (2013) 4頁、冨山和彦「企業価値向上に向けた取締役会——一歩進んだ独立取締役の役割」日本取締役協会編『独立取締役の教科書』(中央経済社、2015) 107頁、冨山和彦＝澤陽男『決定版　これがガバナンス経営だ——ストーリーで学ぶ企業統治のリアル』(東洋経済新報社、2015) 等参照。

つかの実証研究によって指摘されている。とくに、創業者の子孫が経営するファミリー企業が、サラリーマン経営者が経営するファミリー企業および一般上場企業に比して、経営パフォーマンスが良いという点が、アメリカにおける実証研究とは逆の結論になっているため、注目されるに至っている[4]。

　ファミリー企業のコーポレート・ガバナンスには、多くの問題点もあるが[5]、一般上場企業にはない様々な特色がある。本稿は、日本のコーポレート・ガバナンスの今後のあり方を考える上で、ファミリー企業の特色を良い形で一般上場企業に生かすことはできないかという問題意識から、日本のファミリー企業の特色を検討し、日本企業のコーポレート・ガバナンスの今後のあり方について提言を行うものである。

　以下、Ⅱにおいては、日本企業のコーポレート・ガバナンスの問題点として指摘されている主な批判を4つに分けて紹介する。Ⅲにおいて、日本の上場ファミリー企業の経営パフォーマンスに関する実証研

---

3)　本稿において「上場ファミリー企業」とは、上場企業のうち、創業者または創業者の相続人が社長または会長を務めている、かつ／または、創業家が10大株主に入っている企業を指す。この定義は、世界の上場ファミリー企業研究の一般的な定義にならったものである。

4)　*See* Vikas Mehrotra, Randall Morck, Jungwood Shim & Yupana Wiwattanakantang, *Adoptive Expectations: Rising Son in Japanese Family Firms*, 108 J. Fin. Econ. 840 (2013); Hokuto Dazai, Takuji Saito, Zenichi Shishido & Noriyuki Yanagawa, The Rising Son under the Shadow of Company Community: Do Japanese Family Firms Really Excel? (SSRN 2014); Hokuto Dazai, Takuji Saito, Zenichi Shishido & Noriyuki Yanagawa, Japanese Corporate Governance from the Perspective of Family Firms (SSRN 2016A); Hokuto Dazai, Takuji Saito, Zenichi Shishido & Noriyuki Yanagawa, Family Firms and the Professional Manager Market (SSRN 2016B).

5)　ファミリー企業の創業家出身経営者が暴走すると歯止めがきかない（大王製紙の例）、創業家の内部紛争が企業経営の混乱をもたらす（ロッテ、大塚家具の例）等のファミリー企業に特有の問題がある。

究の結果を紹介した上で、ファミリー企業のコーポレート・ガバナンスの特色を抽出する。Ⅳでは、日本企業のコーポレート・ガバナンスの問題点に対処する方策として、ファミリー企業の特色にヒントを得た提言を行う。Ⅴは結論である。

Ⅱ 日本企業のコーポレート・ガバナンスの問題点

　長期雇用、年功序列、経営者の内部昇進を前提として、経営陣とコア従業員が人的資本の拠出者のチーム（いわゆる「会社共同体[6]」）を形成し、株式相互持合によって株主による経営介入を実質的に排除した（「株主主権」ではなく「従業員主権」であると言われた[7]）、いわゆる日本型企業システム[8]は、高度経済成長期には、人的資本の拠出者および取引先企業に関係特殊的投資を行うインセンティブを与えるメカニズムとして機能し、戦後の日本経済の「奇跡的」成長・発展の主た

---

[6] *See* Zenichi Shishido, *The Japanese Corporate Governance: The Hidden Problems of Corporate Law and Their Solutions*, 25 DEL. J. CORP. L. 189, 201 (2000). 橋本寿朗『日本経済論——二十世紀システムと日本経済』（ミネルヴァ書房、1991）184頁、宍戸善一『動機付けの仕組としての企業——インセンティブ・システムの法制度論』（有斐閣、2006）159, 189頁、大杉謙一「上場会社の経営機構——強い「本社」と社長を確保するために」法律時報87巻3号（2015）4、5頁等参照。

[7] 伊丹敬之『人本主義企業』（日本経済新聞社、1987）参照。

[8] 青木昌彦教授は、日本型企業システム（J-form）の特色として、以下の点を上げている。第一に、知識共有による職場間の水平的協調、第二に、主要なインセンティブ装置としてのランク・ヒエラルキーによる、非ヒエラルキー的職場間の協調関係の補完、第三に、銀行主導の資金調達システムによる日本企業の内部者主導的性格の補完、第四に、経営判断に対する、金融機関の利益と従業員の利益の影響、そして、第五に、経営者と、従業員および銀行との相互のコミットメント関係である。*See* Masahiko Aoki, *Towards an Economic Model of the Japanese Firm*, 28 J. ECON. LIT. 1 (1990). 青木昌彦（永易浩一訳）『日本経済の制度分析——情報・インセンティブ・交渉ゲーム』（有斐閣、1992）参照。

る理由として賞賛された[9]。

ところが、バブル経済が崩壊した1990年から始まる長期の不況（いわゆる「失われた20年」）の中で、今度は一転して、日本的企業システムこそが長引く不況の原因であるとして糾弾され、「コーポレート・ガバナンス不況」という言葉すらささやかれた[10]。

日本企業のコーポレート・ガバナンスの問題点として今日指摘されている事柄は、相互に重なり合う部分もあるが、以下の4点に分類できる。

第一に、株主の利益よりも従業員の利益が優先される傾向が強いと

---

9) エズラ・ヴォーゲル『ジャパン・アズ・ナンバーワン』（TBSブリタニカ、1979）等参照。See also MICHAEL PORTER, CAPITAL CHOICES: CHANGING THE WAY AMERICAN INVESTS IN INDUSTRY, A RESEARCH REPORT PRESENTED TO THE COUNCIL ON COMPETITIVENESS AND CO-SPONSORED BY THE HARVARD BUSINESS SCHOOL (1992); LESTER THUROW, HEAD TO HEAD: THE COMING ECONOMIC BATTLE AMONG JAPAN, EUROPE, AND AMERICA (1992); WORLD BANK, THE EAST ASIAN MIRACLE: ECONOMIC GROWTH AND PUBLIC POLICY (1993); MASAHIKO AOKI & HUGH PATRICK, THE JAPANESE MAIN BANK SYSTEM: ITS RELEVANCE FOR DEVELOPING AND TRANSFORMING ECONOMIES (1995).

10) 日本企業の効率性、収益性の低迷の原因をコーポレート・ガバナンスの観点からとらえるものとして、『山を動かす』研究会編、中神康議＝小林慶一郎＝堀江貞之＝杉浦秀穂＝柳良平＝上田亮子『ROE最貧国日本を変える』（日本経済新聞出版社、2014）、菊澤研宗『比較コーポレート・ガバナンス論——組織の経済学アプローチ』（有斐閣、2004）31頁、田村達也『コーポレート・ガバナンス——日本企業再生への道』（中央公論新社、2002）7頁等参照。See David E. Weinstein & Yishay Yafeh, On the Costs of a Bank-Centered Financial System: Evidence from the Changing Main Bank Relations in Japan, 53 J. FIN. 635 (1998); Randall Morck & Masao Nakamura, Banks and Corporate Control in Japan, 54 J. FIN. 319 (1999); Yishay Yafeh, Corporate Governance in Japan: Past Performance and Future Prospects, 16 OXFORD REV. ECON. POL'Y 74 (2000); Hideyuki Miyajima & Fumiaki Kuroki, The Unwinding of Cross-Shareholding in Japan: Causes, Effects, and Implications, in MASAHIKO AOKI, ET AL., EDS., CORPORATE GOVERNANCE IN JAPAN: INSTITUTIONAL CHANGE AND ORGANIZATIONAL DIVERSITY 79 (2007).

いう指摘である[11]。アメリカ企業とは異なり、日本企業では、経営者の私的利益よりも、会社共同体の私的利益の方がより大きなコーポレート・ガバナンス上の問題であるが、高度経済成長期には、会社共同体だけでなく、株主、メインバンクの利益が、企業成長の方向で一致していたため、それが表面化しなかった[12]。

高度経済成長の終焉後、日本企業のROEおよびROAが欧米企業に比して著しく低い状態が続いていることが問題視されており[13]、その原因の一つとして、日本企業の固定費の高さが指摘されている[14]。すなわち、余剰人員に対する人件費が日本企業の利益水準を引き下げている事例が多いことを意味する。高度経済成長期の「人手不足」の時代に形成された社会規範である「終身雇用」が、判例法さらには制定法（労働契約法16条）によって法規範として定着するに至り[15]、企業の余剰人員の整理を著しく困難にしたが、低成長時代に入り、雇用の維持を最優先する会社共同体と株主の利害対立が顕在化するようになった。

第二に、経営陣がリスクをとらないという指摘である[16]。企業は、個人と異なり、多くのプロジェクトに投資するので、リスク中立的にプロジェクトを選択するのが、企業価値を最大化し、ひいては株主利

---

[11] 岩原・前掲注2）参照。実際に、企業経営者に対する国際的アンケート調査で、株主の利益よりも従業員の利益を優先するとの答えが、日本では多数を占めている。菊澤・前掲注10) 215～218頁参照。

[12] *See* Shishido, *supra* note 6, at 215. 宍戸・前掲注6) 259頁参照。

[13] 伊藤レポート「持続的成長への競争力とインセンティブ〜企業と投資家の望ましい関係構築〜」プロジェクト最終報告書（2014）参照。

[14] 坂根正弘『言葉力が人を動かす』（東洋経済新報社、2012) 28頁参照。

[15] 菅野和夫『労働法〔第11版〕』（弘文堂、2016) 728頁、十市崇「解雇権濫用法理のもたらすインセンティブ効果と派生問題」宍戸善一編『「企業法」改革の論理』（日本経済新聞出版社、2011) 59頁等参照。

[16] 三品・前掲注2) 238頁、宮島英昭「企業統治制度改革の視点——ハイブリッドな構造のファインチューニングと劣位の均衡からの脱出に向けて」（RIETI Policy Discussion Paper 2015）参照。

益の最大化に繋がる。これに対して、経営陣がリスク回避的になり、低リスク低リターンのプロジェクトばかりを選択するのは、企業価値を最大化する機会を失っていることになり、従業員を含む債権者の利益には寄与するが、株主の利益に反する。日本企業の経営陣がリスクをとらない、あるいは、とれない原因としては、第一の問題点の中で指摘した、雇用維持を至上命題とするあまり、倒産リスクを最小化しようとするからであると言われている[17]。

　第三に、経営陣が問題を先送りする傾向が強いという指摘である[18]。問題が先送りされやすい典型的な事例として、不採算事業からの撤退、および、市場環境の変化や技術革新に対応するビジネス・モデルの転換があげられる。どちらも、会社共同体内で軋轢が生じるのが不可避な変革を必要とするため、一般的に任期の短い日本企業のサラリーマン社長は、自らの任期中に軋轢を伴う変革を行うことには消極的で、次代以降の経営者に問題を先送りする傾向が強い[19]。

　そして、第四に、経営者の育成・採用制度がうまく機能していないという指摘がある。日本企業のROEおよびROAが低迷していることの原因の一つとして、第一の問題点の中で、日本企業の費用構造をあげたが、そもそも、日本企業は収益を稼ぎ出す能力が落ちており、それは、稼げない経営者に問題があるとの指摘が有力になっている[20]。すなわち、日本企業は、一般に、有能な経営者を選択できていないということになるが、その原因として、経営者の内部昇進が会社共同体のルールとなっているため、狭い内部経営者市場から選択せざるを得ず、外部経営者市場から優秀な経営者人材を採用することがきわめて

---

17) 木下信行「わが国企業の低収益性等の制度的背景について」（日本銀行金融研究所ディスカッションペーパー　2012）参照。
18) 三品・前掲注2) 226頁参照。
19) 三品・前掲注2) 232頁参照。
20) 三品・前掲注2) 226頁、江頭憲治郎「会社法改正によって日本の会社は変わらない」法律時報86巻11号（2014）59頁参照。

困難であること[21]、および、やはり会社共同体のルールである年功序列制度のため、社長就任時の年齢が高くなり、また、若い優秀な人材を将来の経営者として育成する制度が作りにくく、さらに、社長選択の基準として、稼ぐ能力よりも、会社共同体内の和を維持する調整能力の方が重視される傾向が大きいことがあげられる[22]。

Ⅲ ファミリー企業のパフォーマンスとコーポレート・ガバナンスの特色

1 ファミリー企業の経営パフォーマンスに関する実証研究

上場ファミリー企業の研究は法と経済学における重要なトピックとなっており、様々な国における実証研究が発表されている[23]。各国に

---

21) 実際に、内部昇進比率は97％と、諸外国に比べて突出して高い。See Strategy& 2013 Chief Executive Study.
22) 三品・前掲注2) 249頁、冨山＝澤・前掲注2) 11頁参照。
23) See Ronald C. Anderson & David M. Reeb, *Founding-Family Ownership and Performance: Evidence from the S&P 500*, 58 J. Fin. 1301 (2003A); Ronald C. Anderson & David M. Reeb, *Founding-Family Ownership, Corporate Diversification, and Firm Leverage*, 46 J. L. & Econ. 653 (2003B); Morten Bennedsen, Kasper M. Nielsen, Francisco Perez-Gonzalez, & Daniel Wolfenzon, *Inside the Family Firm: the Role of Families in Succession Decisions and Performance*, 122 Q. J. Econ. 647 (2007); Erling Barth, Trygve Gulbrandsen & Pal Schonea, *Family Ownership and Productivity: the Role of Owner-Management*, 11 J. Corp. Fin. 107 (2005); Marianne Bertland, Simon Johnson, Krislert Samphantharak & Antoinette Schoar, *Mixing Family with Business: A Study of Thai Business Groups and the Families Behind Them*, 88 J. Fin. Econ. 466 (2008); Mike Burkart, Fausto Panunzi & Andrei Shleifer, *Family Firms*, 58 J. Fin. 2167 (2003); Benjamin Maury, *Family Ownership and Firm Performance: Empirical Evidence from Western European Corporations*, 12 J. Corp. Fin. 321 (2006); Vikas Mehrotra, Randall Morck, Jungwood Shim & Yupana Wiwattanakantang,

おいてほぼ共通するのは、創業者が経営する上場ファミリー企業の経営パフォーマンスは上場非ファミリー企業よりも高いことである[24]。ただし、少数の例外を除き、ほとんどの国では、創業者の子孫が経営するファミリー企業の経営パフォーマンスは非ファミリー企業よりも低い[25]。

1960年代以降、全体として、日本の上場ファミリー企業のROAは非ファミリー企業よりも高いが、とくに注目すべきは、企業承継後、実子が経営する企業のROAが、1985年（バブル発生）以降、非ファミリー企業よりも有意に高いことである[26]。高度経済成長期には、両者の間に有意な差はない[27]。これは、日本型企業システムが、高度経済成長期には、ファミリー企業、非ファミリー企業の別を問わず、有効に機能していたが、低成長期に入り、非ファミリー企業においては機

Adoptive Expectations: Rising Son in Japanese Family Firms, 108 J. Fin. Econ. 840 (2013); Randall K. Morck, David A. Strangeland & Bernard Yeung, *Inherited Wealth, Corporate Control, and Economic Growth: The Canadian Disease?*, in Randall K. Morck ed: Concentrated Corporate Ownership (2000); Francisco Perez-Gonzalez, *Inherited Control and Firm Performance*, 96 Am. Econ. 1559 (2006); Takuji Saito, *Family Firms and Firm Performance: Evidence from Japan*, 22 J. Japanese & Int'l Econ. 620 (2008); Brian F. Smith & Ben Amoako-Adu, *Management Succession and Financial Performance of Family Controlled Firms*, 5 J. Corp. Fin. 341 (1999); David Sraer & David Thesmar, *Performance and Behavior of Family Firms: Evidence from the French Stock Market*, 5 J. European Econ. Ass'n 709 (2007); Belen Villalonga & Raphael Amit, How Do Family Ownership, *Control and Management Affect Firm Value?*, 80 J. Fin. Econ. 385 (2006).

24) *See* Villalonga & Amit, *supra* note 23 (2006).
25) *See id.*; Morck, et al, *supra* note 23 (2000); Nicholas Bloom & John Van Reenen, *Measuring and Explaining Management Practices Across Firms and Countries*, 122 Q. J. Econ. 1351 (2007).
26) *See* Dazai, et al., *supra* note 4 (2016A). フランスにおける実証研究でも同様の結果が出ている。*See* Sraer & Thesmar, *supra* note 23 (2007).
27) *See* Dazai, et al., *supra* note 4 (2016A).

能不全を起こし、ファミリー企業では何らかの機能修正が働いたことを示唆している。

2　日本の上場ファミリー企業のコーポレート・ガバナンスの特色

以下、低成長期に、非ファミリー企業に対する比較優位をもたらした原因として考えられるファミリー企業の特色を4点列挙する。

第一に、創業家が大株主（block shareholder）として、モニタリングのインセンティブと情報を有していることである[28]。

諸外国の上場ファミリー企業に比べて、日本の上場ファミリー企業は、創業家の持株比率が低いことが特色であり、創業家が過半数の株式を保有している例は少なく、逆に、創業家がほとんど株式を保有せずに、経営者を輩出しているケースも少なくないが、創業家の持株比率の平均値は約15％であり、5％以上20％未満および20％以上50％未満のグループがそれぞれ約3分の1を占めている[29]。

すなわち、典型的な日本の上場ファミリー企業の創業家は、支配株主ではないが、実質的な持分を有するブロックホルダーであり[30]、株主利益の観点から、経営陣ないし会社共同体をモニタリングするインセンティブを有し、その意味では、機関投資家に近い役割を果たしているものと思われる[31]。さらに、創業の経緯等から、一般の機関投資家よりも、経営に関する情報を有している場合が多い点を勘案する

---

28) *See id.*
29) *See id.*
30) 創業家の株式保有は、経営者・株主間のエージェンシー・コストの削減に寄与する側面があるとともに、支配株主・少数株主間のエージェンシー・コストを発生させる側面もある。*See* Randall Morck, Andrei Shleifer & Robert W. Vishny, *Management Ownership and Market Valuation: An Empirical Analysis*, 20 J. Fin. Econ. 293 (1988). ただし、宍戸善一＝宮島英昭＝新田敬祐「親子上場をめぐる議論に対する問題提起——法と経済学の観点から（上）（中）（下）」商事法務1898号（2010）38頁、1899号（2010）4頁、1900号（2010）35頁参照。

と、ベンチャー・キャピタルに近い役割を果たしている可能性もある[32]。とくに、バブル期およびその後の低成長期において、会社共同体の成長バイアスに対するブレーキの役割を果たし、無駄な投資を防いだ可能性が高い。

　第二に、実子経営者は、サラリーマン経営者に比して、強いエクイティのインセンティブを有していることがあげられる[33]。日本の上場企業のサラリーマン経営者の報酬はほとんどが金銭報酬であり、エクイティのインセンティブが希薄であるが[34]、ファミリー企業の実子経営者は、創業家の一員として大株主であることが多い。すなわち、ファミリー企業の実子経営者は株主としての利益をも有しており、それがほとんどないサラリーマン経営者に比べて、株主にとってのエー

---

31) 機関投資家がコーポレート・ガバナンスに果たす役割に関して、Barnard Black, *Shareholder Passivity Reexamined*, 89 Mich. L. Rev. 520（1990）; Ronald Gilson & Reinier Kraakman, *Reinventing the Outside Director: An Agenda for Institutional Investors*, 43 Stan. L. Rev. 863（1991）; John Coffee, Jr., *Liquidity versus Control: The Institutional Investors as Corporate Monitor*, 91 Colum. L. Rev. 1277（1991）参照。海外機関投資家の保有比率がトービンのQとROAで測った企業パフォーマンスに正の効果をもたらすことを示した実証研究として、Miguel A. Ferreira & Pedro Matos, *The Colors of Investors' Money: The Role of Institutional Investors around the World*, 88 J. Fin. Econ. 499（2008）、日本における同旨の実証研究として、宮島英昭＝新田敬祐「株式保有構造の多様化とその帰結——株式持ち合いの解消・「復活」と海外投資家の役割」宮島英昭編著『日本の企業統治——その再設計と競争力の回復に向けて』（東洋経済新報社、2011）105頁、宮島英昭＝保田隆明「株式所有構造と企業統治——機関投資家の増加は企業パフォーマンスを改善したのか」財務省財務総合政策研究所ファイナンシャル・レビュー121号（2015）3頁参照。

32) ベンチャー企業のコーポレート・ガバナンスにおけるベンチャー・キャピタルの役割に関しては、宍戸善一「ベンチャー企業とベンチャー・キャピタル」江頭憲治郎編『株式会社法大系』（有斐閣、2013）107頁参照。

33) *See* Dazai, et al., *supra* note 4（2016A）.

34) 経済産業省「日本と海外の役員報酬の実態及び制度等に関する調査報告書」（2015）10頁参照。

ジェンシー・コストが小さいといえる。

　第三に、実子経営者は、比較的若く社長に就任し、その任期も長い。日本の上場企業のサラリーマン社長の社長就任時年齢の中央値は、非ファミリー企業で60歳、ファミリー企業で58歳であるのに対し、実子社長のそれは、46歳と際だって若く[35]、また、サラリーマン社長の任期の中央値は、非ファミリー企業で5年、ファミリー企業で4年であるが、実子社長のそれは13年と、際だって長い[36]。実子経営者は、社長就任に当たって、10年以上の任期を予想できるので、長期的視野に立った経営が可能なのではないかと考えられる。任期が長いと、逆に、必要な決断を先延ばしにする傾向が強くなるのではないかという反論も考えられるが、そもそも、ファミリー企業の実子経営者は企業価値の維持を次世代にコミットしているので問題の先送りができない立場にある[37]。

　社長任期の長期化は、一般上場企業では、新社長の同期だけでなく、かなり若い世代までのインセンティブを阻害してしまうというトレードオフが発生するが、ファミリー企業では、社長は創業家から出ることが原則で、従業員からの内部昇進はNo.2までというルールが事前に定まっているため、会社共同体のインセンティブ・メカニズムとのトレードオフが回避されている[38]。

　そして、第四に、ファミリー企業は、婿養子制度[39]等を利用して、適宜、外部経営者市場を利用してきた。前述のとおり、日本の上場企業の社長の内部昇進比率は諸外国に比して突出して高く、外部経営者

---

35) *See* Dazai, et al., *supra* note 4（2016A）.
36) *See id.*
37) 日本取締役協会「中堅・ファミリー企業委員会」における32社のファミリー企業経営者に対するインタビューにおいて、経営の最大目標として、次世代への企業価値の承継をあげる経営者が圧倒的に多数を占めた。日本取締役協会　中堅・ファミリー企業委員会　講演録2007年〜2010年『長きにわたり成長を続ける、強くて良い企業・経営のスピリットを求めて』（2013）参照。
38) *See* Dazai, et al., *supra* note 4（2016A）.

第6章 日本企業のコーポレート・ガバナンスの今後のあり方

市場から経営者人材を採用する例はきわめて稀であるが、ファミリー企業では、企業承継のほぼ10回に1度は、実子ではなく、娘婿に対して行われている[40]。娘婿に対する企業承継は、アメリカにおける敵対的企業買収と同様の威嚇（threat）として、重要なモニタリング機能を果たしているという解釈があるが[41]、むしろ、日本で未発達の外部経営者市場の代替としての役割が大きいと思われる[42]。

Ⅳ　日本企業のコーポレート・ガバナンスの今後のあり方についての提言

　以下、Ⅱであげた日本企業のコーポレート・ガバナンスの4つの問題点に対して、Ⅲで論じた日本のファミリー企業の特色を良い形で一般上場企業に生かす可能性を検討し、4つの提言にまとめる。

1　株主利益推進のために

　日本企業のコーポレート・ガバナンスの第一の問題点は、株主の利益よりも従業員の利益が優先される傾向が強いということであった。高度経済成長期には、このような「従業員主権」的考え方が、むしろ、日本企業の強みとして論じられていたが、低成長期に入って、株主の利益と従業員の利益が相反する場合が増えてくるにつれて、コーポレート・ガバナンス上の問題として認識されるにいたった[43]。

　このような、内部者と株主の利益相反への対処として、ファミリー

---

39) 日本で「婿養子」という言葉は、単なる娘婿で姓も変えない場合と、娘婿が婿家の姓を名乗る場合と、娘婿が養子縁組みをして相続権を取得する場合の3つを含む概念として用いられているが、実証研究の上で、後の二者を区別することはきわめて困難である。

40) *See* Mehrotra, et al., *supra* note 4, at 841.

41) *See id.*

42) *See* Dazai, et al., *supra* note 4 (2014); Dazai, et al., *supra* note 4 (2016A).

43) *See* Shishido, *supra* note 6, at 216. 宍戸・前掲注6) 259頁参照。

Ⅳ　日本企業のコーポレート・ガバナンスの今後のあり方についての提言

企業において機能していた可能性があるのが、大株主としての創業家によるモニタリングである。非ファミリー上場企業にも、数パーセントの株式を保有する大株主（ブロックホルダー）は存在するが、従来、日本企業は株式相互持合を通じて大株主による発言および退出の双方を封じてきた[44]。経営に関する情報とモニタリングのインセンティブを有し、かつ、持合によって発言を封じられていない大株主が存在することは、日本の上場企業の中で、ファミリー企業の大きな特色と言える。そして、このことが、低成長期に入ってからのファミリー企業のROAが非ファミリー企業に比して高いことの理由の一つではないかと考えられる[45]。

そこで、日本企業のコーポレート・ガバナンスの今後のあり方に関する第一の提言は、大株主によるモニタリングの強化である。株主によるモニタリングは、以下にあげるように、現在、日本でも、すでに改革が進んでいる点ではあるが、未解決の問題も多い。

第一に、機関投資家比率の増大とスチュアードシップ・コードの制定があげられる。過去20年間にわたり、日本の上場企業の株式保有構造は大きく変わった。とくに、持合の解消が急速に進み、中でも、銀行の保有割合が大きく減少した。それに変わって保有割合を増やしたのが、機関投資家である[46]。さらに、2014年に、機関投資家に株主利益の方向での議決権行使と経営者との対話（エンゲージメント）を推奨するスチュアードシップ・コードが公表され[47]、多くの機関投資家が採択を表明した[48]。この一連の流れは、大株主の発言によるモニタリング強化の方向への大きな前進といえるが、根本的な問題として、

---

44) *See* Miyajima & Kuroki, *supra* note 10 at 79.
45) *See* Dazai, et al., *supra* note 4 (2016A).
46) 宮島・前掲注 16) 参照。
47) 日本版スチュアードシップ・コードに関する有識者検討会「「責任ある機関投資家」の諸原則《日本版スチュアードシップ・コード》〜投資と対話を通じて企業の持続的成長を促すために〜の確定について」(2014)。

ほとんどの機関投資家は数多くの企業の株式に対してポートフォリオ投資をしているので、個別企業に対して発言によるモニタリングを行う十分な情報もインセンティブも有していないということが指摘されている[49]。ファミリー企業の創業家のように、資産の大部分を当該企業の株式として長期間保有する大株主を一般上場企業に見いだすことは困難である。

　第二に、コーポレートガバナンス・コードの公表と社外取締役の増強があげられる。2015 年に、上場企業における独立社外取締役の導入を促進することをはじめとしたコーポレート・ガバナンス強化を推奨するコーポレートガバナンス・コードが公表され、さらに東京証券取引所規則として採択された[50]。それに伴い、上場企業のほとんどが独立社外取締役を採用し、多数の企業で複数の独立社外取締役が置かれるようになった[51]。独立社外取締役は、主として株主の利益の観点か

---

48) 日本版スチュアードシップ・コードに関する有識者検討会「「責任ある機関投資家」の諸原則《日本版スチュアードシップ・コード》～投資と対話を通じて企業の持続的成長を促すために～の受入れを表明した機関投資家のリストの公表について」（2016 年 9 月 2 日現在）。
49) See Takaaki Eguchi and Zenichi Shishido, The Future of Japanese Corporate Governance: Internal Governance and the Development of Japanese-Style External Governance through Engagement, in RANDALL THOMAS & JENNIFER HILL, EDS., RESEARCH HANDBOOK ON SHAREHOLDER POWER 552, 567 (2015).
50) 東京証券取引所「コーポレートガバナンス・コード～会社の持続的な成長と中長期的な企業価値の向上のために」（2016）。
51) 東証一部上場企業で社外取締役を導入している企業は、2010 年には 48.5％ であったが、2014 年には 74.3％、平成 26 年改正会社法が施行された 2015 年には 94.3％ と上昇し、2016 年 6 月 16 日の時点では 98.5％（東証上場企業全体では 95.1％）となっている。コーポレートガバナンス・コードが求める 2 名以上の独立社外取締役を置いている企業の比率も、同コード実施以前の 2014 年には 21.9％ だったものが、2015 年には 48.4％、2016 年 6 月 16 日時点で 77.9％（東証上場企業全体では 58.4％）と急上昇している。後藤元「社外取締役・独立取締役はどのような役割を期待されているのか？――近時の企業統治改革の効果の検証に向けて」本書第 8 章参照。

ら経営陣に対するモニタリングを行うことが期待されるが、ここでも、機関投資家によるモニタリングと同様、社外取締役に、そのようなモニタリングを行う十分な情報とインセンティブがあるのかという疑問が提起できる[52]。

そして、第三に、現象面として、機関投資家比率の増大に伴う、利益配当ないし自社株買いの増加があげられる。ただし、このような現象に対しては、株主利益の尊重の現れとして歓迎する意見がある一方、短期保有の機関投資家の圧力によって、経営陣が短期的な株価の引き上げに走り、長期的な企業価値の最大化を目指す経営ができなくなっているのではないかという懸念も表明されている[53]。

2　過度にリスク回避的な経営に陥らないために

日本企業のコーポレート・ガバナンスの第二の問題点は、経営陣がリスクをとらない（あるいは、とれない）ことによって、過度にリスク回避的な経営が行われ、企業価値を最大化する機会を失っているということであった。その理由として考えられるのは、日本の一般上場企業の経営陣のインセンティブ構造がサラリーマンのそれと基本的に同じであるということである[54]。すなわち、プロジェクト等が成功した

---

[52] 宍戸善一「交渉の場としての取締役会——取締役会の仕組と動機付けの仕組の相互関係」小塚荘一郎ほか編『商事法への提言（落合誠一先生還暦記念）』（商事法務、2004）269、292頁参照。ただし、アメリカにおいては、社外取締役市場の発達および株式市場の効率化によって、社外取締役がモニタリングを行うインセンティブおよびそれを行うに必要な情報の問題は解決したとの議論がある。See Jeffery Gordon, *The Rise of Independent Directors in the United States, 1950-2005: Of Shareholder Value and Stock Market Price*, 59 STAN. L. REV. 1465（2007）.

[53] 短期主義的経営に関する議論について、淵田康之「短期主義問題と資本市場」（2012）（http://www.nicmr.com/nicmr/report/repo/2012/2012aut06.pdf）、武井一浩＝石崎泰哲「上場企業法制における企業の中長期的利益とショートターミズムとの調整——最近の欧米の議論の諸相から（上）（下）」商事法務2097号（2016）21頁、2098号（2016）36頁等参照。

第6章 日本企業のコーポレート・ガバナンスの今後のあり方

場合のアップサイドの見返りは小さく、失敗した場合のダウンサイドの不利益が大きいので、誰もリスクをとりたがらない。このようなインセンティブ構造は、経営者の報酬パッケージに端的に現れている。日本企業の経営者の報酬は、その多くが固定金銭報酬であり、業績連動部分は少なく、とくに株式報酬の割合が、欧米企業のそれと比べて、極端に低い[55]。これに対して、日本のファミリー企業の子孫経営者は大株主であることが多く、また、その財産に占める自らが経営する会社の株式の割合も、サラリーマン経営者のそれと比べて遙かに大きいと推測され、アップサイドの利益を取れるので、リスクに対して適切な対応ができ、過度にリスク回避的な経営を行わないインセンティブを有しているはずである[56]。

そこで、日本企業のコーポレート・ガバナンスの今後のあり方に関する第二の提言は、経営者の報酬パッケージの見直しである[57]。株式報酬の割合を高め[58]、エクイティのインセンティブを強化することによって、エージェンシー・コストの削減をはかることである[59]。

このような改革は、経営者のインセンティブが株主のそれに近くなるので、従業員との利害対立が生じる可能性はあるものの、会社共同

---

54) 三品・前掲注2) 244頁参照。

55) 経済産業省・前掲注34) 11頁参照。

56) アメリカにおいて、ファミリー企業は、非ファミリー企業と比べてリスクに対する対応に差がないという実証研究がある。See Anderson & Reeb, *supra* note 23 (2003B) at 655, 679.

57) 経営者報酬制度に関しては、阿部直彦「コーポレート・ガバナンスの視点からみた経営者報酬のあり方」商事法務2048号（2014）24頁参照。

58) 2010年3月期より、1億円以上の役員報酬については有価証券報告書における個別開示が義務付けられた。この開示規制が心理的な上限を設定している可能性もあり、日本の上場企業の経営者報酬が1億円を超えているケースは少なく、エクイティのインセンティブを強化するためには、株式報酬の割合だけでなく、報酬パッケージの全体額を増やす必要もあるであろう。

59) ただし、経営者の株式報酬の比重が高いアメリカにおいては、それによって、短期的視野による経営が行われているという批判もある。

Ⅳ 日本企業のコーポレート・ガバナンスの今後のあり方についての提言

体のインセンティブ構造とのトレードオフはそれほど深刻ではないと思われる。内部昇進経営者が提言しにくい問題であるので、社外取締役（報酬委員会）による後押しが必要である。株式報酬に対する税制の見直しも必要になる[60]。

社外取締役が経営陣に働きかけて、リスク回避的な経営からリスク中立的な経営への転換を促すことは余り期待できない。なぜなら、一般に社外取締役は、そのインセンティブ構造として、経営者よりもリスク回避的であるからである。一つの可能性としては、大株主の利益を考える社外取締役を積極的に受け入れることである。戦前の日本の財閥企業においては、大株主が非執行取締役として重要な役割を果たし、財閥系企業の経営成績は良好であったことが広く知られている[61]。このような可能性を否定しないために、コーポレートガバナンス・コード等において、独立取締役の要件として、大株主ないしその関係者を除外するイギリス型の基準[62]をとるべきではない[63]。

ただし、日本企業の経営者が適切なリスクをとるように促すという提言に対しては、そもそもの問題は、雇用維持を経営の至上命題として課す社会規範および労働法制、さらには、経営者の責任を厳しく問う法制度の結果、日本企業の経営者はリスクをとれなくなっていることにあり、法制度の改革が不可欠であるとの反論も予想される[64]。

3 問題先送り傾向の是正のために

日本企業のコーポレート・ガバナンスの第三の問題点は、経営陣が

---

[60] 平成28年度税制改正において、株式報酬（「特定譲渡制限付株式」）を損金算入の対象とする等の制度整備が行われたことは重要な前進である。石綿学ほか「日本版リストリクテッド・ストックの導入——譲渡制限つき株式報酬導入に係る実務上の留意点〔上〕〔下〕」商事法務2102号（2016）4頁、2103号（2016）26頁、渡辺徹也「役員に対するインセンティブ報酬への課税とコーポレート・ガバナンス——リストリクテッド・ストックを中心に」本書第10章参照。

[61] 岡崎哲二『持株会社の歴史——財閥と企業統治』（筑摩書房、1999）参照。

[62] See UK Governance Code B.1.1 (2014).

問題先送りをする傾向が強いことであった。その理由として考えられるのは、日本の一般上場企業の社長のほとんどは会社共同体から内部昇進したサラリーマン社長であり、任期も短く、自分の代で、会社共同体内部で軋轢が起こる改革を行うインセンティブがないことであった。これに対して、ファミリー企業の子孫経営者は比較的若く社長に就任し、任期もサラリーマン社長のほぼ3倍であり、社長就任時に長期政権が予定されている場合が多いと思われるので、長期的視点から必要な改革を行うことが期待できる[65]。

そこで、日本のコーポレート・ガバナンスの今後のあり方に関する第三の提言は、社長の若年化と任期の長期化である[66]。4〜5年というサラリーマン社長の任期は、大きな改革をするには短かすぎ、次の社長に問題を先送りする誘因を与えてしまう。たとえば、10年の任期

---

[63] 大株主の利益が経営に反映されることと、少数株主保護とのトレードオフの問題が発生しないかという懸念がある。たしかに、大株主が、少数株主の不利益において私的利益を追求できるほどの経営支配権を有していた場合には、エージェンシー・コスト削減効果よりも弊害が上回る可能性がある。それゆえ、支配株主からの独立性を要求することには意味があると思われる。*See* Pamela Hanrahan and Tim Bednall, *Independence of Directors Affiliated with Substantial Shareholders: Issues of Law and Corporate Governance*, 33 C&SLJ 239 (2015). ただし、東京証券取引所は、親会社または兄弟会社のみならず主要株主の業務執行者等であったもの等を独立役員として指定する場合は、その理由も含め、コーポレート・ガバナンス報告書において開示することを要求している（有価証券上場規程施行規則211条4項6号、226条4項6号）。

[64] 木下・前掲注17）参照。ただし、飯田秀総「日本企業のリスクテイクと取締役の民事責任ルール」本書第11章参照。

[65] 実際に、プロネクサスや阿波製紙などのファミリー企業において、子孫経営者が、非連続的な技術革新に直面し、迅速にビジネス・モデルの転換を行った例がある。日本取締役協会・前掲注37）135、175頁。

[66] 統計上、サラリーマン社長の任期は短く、創業家出身社長の任期は長い、といった場合の「任期」は、結果としての任期である。ここで提案する「任期の長期化」も、初めから長期の任期を約束するという意味ではなく、長期を原則とするが、成績不良の場合は途中解任もあり得るという意味である。

Ⅳ　日本企業のコーポレート・ガバナンスの今後のあり方についての提言

が予定されていれば[67]、大きな改革に取り組む時間的余裕とインセンティブを持つことができるであろう。

　ただし、この提言には2つの大きな問題がある。

　第一に、社長の任期を長期化すれば、分散が大きくなるので、リスクも大きい。すなわち、優秀な経営者を得れば、大きな効果が期待できるが、問題のある人物を社長にしてしまった場合、日本企業では、途中解任がきわめて困難であるので、企業価値を大きく毀損しかねない[68]。

　第二に、会社共同体のインセンティブ・メカニズムとのトレードオフが大きい。ランク・ヒエラルキーの出世競争においては、社長ポストがもっとも大きなプライズであり、社長ポストが10年間は空かないということになると、新社長の同期から10年くらい遡る世代まで、インセンティブが阻害されることになる。最も優秀な人材が会社を去るという可能性も考えられる。

　このように、社長任期の長期化は、日本の一般企業では導入が容易ではないと予想される。そこで、それに代わる措置として、長期譲渡制限株式報酬が考えられる。社長に対して、社長退任後、たとえば、5年間は譲渡できない株式を、社長報酬のかなりの部分を占める報酬として与える。当該企業の根本的な問題解決を今行わなければ、たとえ社長在任期間中には問題が表面化しないとしても、社長退任後5年の内には、企業価値が毀損し、株価の低落に繋がる可能性が高いので、現社長が問題を先送りすれば、自らの将来の個人資産が大きく目減りしてしまうことになる。現社長は、その任期中に改革を完了すること

---

[67]　最適任期が何年かについて定見はないが、平均利益率の有意差検定を行った結果として、10年あたりに閾値があることを示唆するものとして、三品・前掲注2）240頁参照。

[68]　時折報道される、「ワンマン社長」の独走によるファミリー企業の倒産等のケースからも伺えるように、社長の途中解任が困難であるという日本企業の問題点は、ファミリー企業においてより重大な結果をもたらすことが多い。

ができないとしても、改革を開始するインセンティブを持つであろう。

　果たして、社外取締役は経営陣による問題先送りを防ぎ、果敢な改革の実行を促す役割を果たせるであろうか。社外取締役が不採算部門からの撤退を働きかけることは可能であろう[69]。これに対して、市場環境や技術の非連続的な変化に対応し、大きなビジネス・モデルの転換を自ら提案することは、一般に、業界の情報および知見を十分に有しない社外取締役には困難であり、期待されている役割からも外れるであろうが、社長が、社内の軋轢に苦慮しながら、改革を提案している場合に、その背中を押す役割を果たすことは可能である。ただし、ここでも、社外取締役にそのようなインセンティブがあるかという疑問があり、経営陣が自ら改革を発案するインセンティブを持つような体制作りが必要である。

4　有能な経営者を選抜するために

　日本企業のコーポレート・ガバナンスの第四の問題点は、経営者の育成・採用制度が必ずしもうまく機能していないということであった。その理由として考えられるのは、内部昇進、年功序列、調整能力重視等の会社共同体規範が、稼げる経営者の選抜を困難にしているということである。

　これに対して、ファミリー企業では、社長は原則として創業者の子孫であり、彼らに対しては年功序列が適用されず、会社共同体からの内部昇進は No.2 までとはじめから決まっている。また、娘婿制度等を利用して、創業者の子孫以外の人材を外部から採用することも適宜行われている。ランク・ヒエラルキーの出世競争に社長ポストが欠けていることは、コア従業員のインセンティブを阻害するように思われるが、経営者の選抜には有利に働いている可能性がある[70]。

---

69)　冨山＝澤・前掲注2）204頁参照。
70)　*See* Dazai, et al., *supra* note 4 (2016A).

Ⅳ　日本企業のコーポレート・ガバナンスの今後のあり方についての提言

　そこで、日本のコーポレート・ガバナンスの今後のあり方に関する第四の提言は、経営者の選抜に関する会社共同体規範からの逸脱、とくに、外部経営者市場の適宜利用である。会社共同体からの内部昇進だけでは経営者の人材プールが限られる。外部のより広い人材プールから採用できれば、優秀な経営者を選抜できる可能性はより高まる。また、内部昇進を原則とするとしても、10回に1回ぐらいは社外採用が行われた方が内部者の育成にも効果があるのではないかと思われる[71]。ただしこれは、会社共同体のインセンティブ・メカニズムとのトレードオフが大きい改革であるので、日本の一般上場企業への導入は容易ではなく、様々な工夫が必要であろう。

　一般上場企業でも、はじめから、内部昇進は No.2 までというルールにしておいてはどうかという議論も考えられる。ファミリー企業では、そのルールが事前に定まっているため、たとえ、創業者の子孫以外の人材を外部経営者市場から採用したとしても、会社共同体のインセンティブ構造に大きな動揺を与えない[72]。ただし、ここで注意しなくてはならないのは、ファミリー企業の創業家出身者（実子・娘婿）は、将来社長になることを前提に、30代で途中入社することが多く、30代で取締役に就くなど、年功序列とは別のファスト・トラックにのるが、外部からすぐに社長になる、いわゆる「落下傘」ではないことである[73]。

　日本のファミリー企業は、経営者の選抜に関して、会社共同体規範の呪縛から逃れているように見えるが、外部経営者市場を直接活用しているのではなく、上記のような、いわば、中途採用とファスト・ト

---

71)　*See* Mehrotra, et al., *supra* note 4 at 841.
72)　2015年に、サントリーが、ローソン社長だった新浪氏を社長に迎えたケースを参照。
73)　それゆえ、実子・娘婿も統計上は内部昇進社長に含まれる。また、外部から「落下傘」経営者を迎えることも、非効率な水準に達した組織内の準レントを払拭する効果が期待できるので、常に否定されるべきものではない。

ラック[74]の組合せによって経営者の育成を行っている。非ファミリー企業で、まず、導入するとすれば、この中途採用とファスト・トラックの組合せであろう。ただし、「鶏と卵」の関係であるが、外部労働市場の流動性が低い日本において、個別企業の努力だけで、このような経営者育成制度がすぐに効果を発揮するとは思えない[75]。

　社外取締役も、経営者の選抜には、積極的に関与すべきである[76]。内部昇進を原則とするとしても、経営陣は、社外取締役に候補者に関する情報を十分に与えた上で、社外取締役のコンセンサスを得る手続をとる制度を構築すべきである。社外取締役が、外部の選択肢を示すことも含め、次期 CEO 選択のプロセスに実質的に関与する必要がある[77]。

V　結論

　高度経済成長期には成功した会社共同体中心の日本的企業システムが、低成長期には機能しなくなった。その原因は、企業の成長速度が鈍化したことによって、会社共同体と株主の利害対立だけでなく、会

---

[74] アメリカの上場企業の CEO も、その約 4 分の 3 は内部昇進とされているが（See Strategy& 2013, *supra* note 21）、その多くは、日本企業のような年功序列によるものではなく、ファスト・トラックを経た者である。

[75] 婿養子制度は、優秀な外部人材にファミリー企業への転職のインセンティブを与えることによって、外部経営者市場の代替となっていたと評価できるが（See Dazai, et al., *supra* note 4 (2014); Dazai, et al., *supra* note 4 (2016A)）、一般上場企業にはそれに対応するインセンティブ・システムが存在しない。ただし、最近、日本においても、外部労働市場ないし外部経営者市場が徐々に広がっている兆しは見え、非ファミリー企業においても、中途採用ないしファスト・トラックが広まっていく可能性はある。

[76] 大杉・前掲注 6) 10 頁参照。

[77] 宍戸善一「モニタリング・ボード再考──内部ガバナンスと外部ガバナンスの補完性の観点から」黒沼悦郎＝藤田友敬編『江頭憲治郎先生古稀記念論文集（仮題）』（近刊）参照。

社共同体の本質的問題が顕在化したことにある。主要な問題点として、株主の利益よりも従業員の利益が優先される、経営陣がリスクをとらない、経営陣が問題解決を先送りする、有能な経営者を選抜できていない、といったことが指摘されている。

経営陣と従業員が人的資本の拠出者のチームを自然に形成する日本企業の会社共同体は、日本企業の強みであることに変わりはない[78]。その強みを生かしながら、株主利益の視点を導入し、会社共同体に内在する問題を是正する方策を考える上で、ファミリー企業が示唆するところは多い。

具体的には、以下の4つの提言を行った。第一に、大株主（ブロックホルダー）の発言によるモニタリングの強化をはかること、第二に、経営者の報酬パッケージを見直し、エクイティのインセンティブを強化すること、第三に、社長の任期を長期化すること、および、その代替案として、長期譲渡制限株式報酬の導入を検討すること、そして、第四に、経営者選抜に関しては会社共同体規範からの逸脱をはかること、とくに、外部経営者市場の活用を視野に入れた工夫を行うことである。日本企業のコーポレート・ガバナンスの問題は、社外取締役の導入だけでは解決できない部分が多いが、上記提言の方向に沿った改革と社外取締役の機能強化が補完的にプラスの効果を発揮する可能性は高い。

本稿で行った提言は、日本の上場ファミリー企業で既に行われているシステムの中から日本企業の問題点に対する処方として有効に機能する可能性があるものを取り上げ、それらを一般上場企業に当てはめた場合、どのような形のシステムになるかを考えたものである。ただし、これらはいずれも、多かれ少なかれ、会社共同体のインセンティ

---

78) 欧米において、経営陣と従業員は、伝統的に、敵対的（adversarial）関係にあり、両者が連携して、人的資本の拠出者のチームを形成しようとしても、コストが高くつきすぎる。

第6章　日本企業のコーポレート・ガバナンスの今後のあり方

ブ・システムとトレードオフの問題を生じさせるものである。日本企業のコーポレート・ガバナンスの今後のあり方は、これらのトレードオフの問題を一つ一つ解いていくことによって、日本的企業システム（Jモデル）とアングロサクソン型企業モデル（Aモデル）とのハイブリッドを模索していくことになろう[79]。

（ししど・ぜんいち）
（やながわ・のりゆき）
（さいとう・たくじ）
（だざい・ほくと）

---

[79] 同旨の提言として、宮島・前掲注16）参照。

第 2 部

取締役・取締役会によるガバナンス

第 7 章
日本型取締役会の形成と課題

中央大学教授　大杉謙一

I　主題

　2015 年 5 月 1 日に、改正会社法が施行された。そこでは、社外取締役を置かない上場会社は「置くことが相当でない理由」を説明する義務を負うとされ（同法 327 条の 2）、「監査等委員会設置会社」という新たな機関設計（399 条の 2 以下）が選択肢として導入されるなど、社外取締役の活用がテーマとなっている。また、同年 6 月 1 日には、東京証券取引所と金融庁の策定した「コーポレートガバナンス・コード」が適用を開始した。ここでも、社外取締役が独立した立場から経営者を監督することがテーマとなっている。

　そして、このハードロー（制定法）とソフトロー（取引所の上場規則や、業界の自主規制など）による改革は、上場企業の取締役会実務に目に見える変化を生じさせている。ほぼすべての上場企業が 1 人以上の社外取締役を選任し、多くの上場企業では社外取締役数は 2 人以上となった（表 1、表 2）[1]。また、監査等委員会設置会社という新しい機関設計に移行し、あるいは移行を表明した企業は、2016 年 6 月末までに 680 社を超え、全体の 18％を超えた[2]。

---

[1]　株式会社東京証券取引所「東証上場会社における独立社外取締役の選任状況〈確報〉」（2016 年 7 月 27 日）（http://www.jpx.co.jp/news/1020/20160727-01.html）。2016 年 7 月 27 日時点でのコーポレート・ガバナンス報告書の記載からの集計である。

第 7 章　日本型取締役会の形成と課題

表 1　東証一部上場会社のうち社外取締役等を選任する会社の割合

	2012年	2013年	2014年	2015年	2016年
社外取締役	55.4%	62.3%	74.3%	94.3%	98.8%
独立外取	38.8%	46.9%	61.4%	87.0%	97.1%
独立外取2名以上	16.7%	18.0%	21.5%	48.4%	79.7%

表 2　東証上場会社の市場区分ごとの社外取締役等を選任する会社の割合（2016年7月14日）

	一部	二部	マザーズ	JASDAQ	全体
社外取締役	98.8%	98.1%	93.2%	87.0%	95.8%
独立外取	97.1%	91.2%	79.9%	69.1%	88.9%
独立外取2名以上	79.7%	56.0%	29.9%	23.7%	60.4%

　それでは、このような実務の変化をわれわれはどのように評価すべきであろうか。

　戦後の日本企業の取締役会の変遷をたどると、商法（会社法）の改正による取締役会の規模・構成や運営への影響は決して大きくないが、法改正による直接的な影響がなくても実務が変化することがある。具体的には、2000年代における取締役数の削減と執行役員制度の採用がそれである。

---

2)　川井信之弁護士のブログ（http://blog.livedoor.jp/kawailawjapan/）での集計によると、2016年9月末までに708社が移行済みないし移行を表明している（ただし、公表後に移行を取りやめた会社が1社あり、下記はこの会社を除いた社数）。市場区分では、東証一部が356社（2016年7月14日時点の1966社中の18.1%）、東証二部が126社（536社中の23.5%）、マザーズが38社（234社中の16.2%）、JASDAQが156社（771社中の20.2%）、名証が18社（うち名証二部が17社、セントレックスが1社）、福証が7社、札証が1社（アンビシャス）である。当初の予想とは異なり、小規模企業だけがこの機関設計を選択しているわけではない。

本稿は、戦後の日本の上場企業の取締役会が、その規模・構成や運営においてどのようであったか、それがどのように変化したかを、資料により跡付けるとともに、取締役会の変遷がどの程度法規制と関連して生じたものか、あるいは法律外的要素によって生じたものかを考察するものである。本稿での考察は、現在進行中の日本の上場企業の取締役会改革を評価する上で、一定の視座を与えるはずである。

本稿の構成は次のとおりである。まず、1980年代までの取締役会の実情を明らかにする（Ⅱ）。次に、それが1990年代以降にどのように変化したのか否か、その要因は何かを分析する（Ⅲ）。最後に、以上の分析から得られる示唆を明らかにして本稿の結びとする（Ⅳ）。

Ⅱ　1980年代までの取締役会の実情

1　前説——昭和56年改正

昭和56（1981）年改正前商法では、取締役会の権限・職務については明確な定めは置かれておらず、ただ、「会社の業務執行は、取締役会これを決す。支店の設置、移転及び廃止並びに支配人の選任及び解任また同じ。」（同法260条）と定められていた（句読点を補い、カタカナによる文語表記を現代的なものに改めた。以下も同じ）。この規定は、同年改正により改められ、同条第1項は「取締役会は、会社の業務執行を決し、取締役の職務の執行を監督す。」、第2項は「取締役会は、左の事項その他の重要なる業務執行については取締役に決せしむることをえず。」（1号から4号は省略）、第3項は「取締役は、3月に1回以上、業務の執行の状況を取締役会に報告することを要す」との規定が整えられた。この規定は、平成14（2002）年改正で若干の改正を経て、平成17（2005）年の会社法制定時に、内部統制システムの概要の決定が取締役会の専決事項とされたこと等を除いて、ほとんど実質を変更せずに同法362条に引き継がれている。

2　昭和56年改正前商法下での取締役会

　ここでは、昭和56年改正前商法下での大企業・上場企業の取締役会の実情がどうであったのかを確認する。

(1)　昭和40年頃

　昭和40（1965）年刊行の実務書[3]によると、当時の日本の大企業では、取締役会のほかにいわゆる常務会を任意に設置する会社が一般的であった。昭和36（1961）年の経済同友会によるアンケート調査では、85％近い会社がこれを設けていると回答している[4]。多くの会社では、常務会は常務取締役以上の取締役を構成員として設置される会議体であるが[5]、名称は各社により異なる[6]。同じ調査では、常務会の事務局を置く会社が61.5％にのぼる[7]。常務会の権限をどのように定めるかは、会社により大きく異なる[8]。常務会を設けた理由は、企業規模の急速な拡大への対応が必要であり、取締役会は取締役の人数が多いため意思決定・協議の場として十分に機能しなかったからである[9]。

　昭和40年の上場企業を対象とするアンケートでは、会社の総括的決定を行う最高意思決定機関として「会長、社長、取締役会、社長と一部の取締役、常務会、社長と関連部門責任者、その他」の選択肢が挙

---

[3]　戸谷富士夫＝福井龍夫「取締役会・常務会の運営の実際」商事法務研究会編『取締役・監査役ハンドブック』（商事法務研究会、1965）141頁以下。
[4]　戸谷ほか・前掲注3）192頁。同193頁の〈表4〉1をあわせて参照。
[5]　戸谷ほか・前掲注3）198頁。50社を対象とする東洋経済の昭和34年の調査では、常務会の構成員は、会長から専務取締役・常務取締役までの合計数が150人、それ以外の者が25人である（同頁の〈表7〉より筆者が集計）。
[6]　戸谷ほか・前掲注3）193頁〈表4〉の3によると、「常務会」との名称を用いる会社が83.5％である。
[7]　戸谷ほか・前掲注3）202頁〈表11〉、205頁。
[8]　戸谷ほか・前掲注3）206頁以下。
[9]　戸谷ほか・前掲注3）158頁、191頁以下。

げられ、回答は多いほうから社長、常務会、取締役会となっている（この3つの間は僅差である）。昭和36年の別のアンケートでも、取締役会の実態については、「実質的には社長または常務会で多くの意思決定が行われるが、取締役会は客観的にこれを監督する」との設問に対して賛成する会社が多い[10]。当時は、常務会とは異なり、取締役会に事務局が設けられている会社はごく少数に過ぎなかった[11]。

(2)　**昭和50年代**

昭和50（1975）年には、上場企業の中でも特に大規模の会社で取締役の数が非常に大きな数になっていた。当時の最多が三菱商事の49人で、30人以上の取締役を擁する会社が20社あったことが確認されている[12]。そのため、当時、商法学者などの間では、取締役の数が多すぎるため取締役会で実質的な議論ができていないのではないか、という疑問が提起されていた。

これに対して、企業の実務家は、このように一部の大企業で取締役の数が多くなるのは、取引上の必要性から（特に、商社、証券会社、金融機関）であって、従業員の処遇として取締役の数が増えている側面はあるが、それは主たる要因ではなく、業態や組織の複雑さの度合いによって取締役数が決まっている、と反論する[13]。すなわち、将来に常務以上になると思われる人物を選んで取締役にするのであって、部

---

10)　以上につき、戸谷ほか・前掲注3) 158頁以下。特に、同159頁〈表1〉の最初の「総括的決定」の表と、同頁〈表2〉の「取締役会の現状」の表の④を参照。
11)　戸谷ほか・前掲注3) 157頁。
12)　矢沢惇＝河本一郎＝清水湛＝竹中正明「取締役・取締役会制度の改善策」商事法務707号（1975）2頁、16頁以下。
13)　矢沢ほか・前掲注12) 15頁〔竹中発言〕、20頁〔竹中発言〕。なお、当時の三井物産では、取締役は45人で、そのうち20人くらいが代表取締役であったが、代表権がないと契約締結の際に困るため人数が多くなっていると説明されている。足利繁男＝玉木六郎＝竹内昭夫「取締役会制度運営の実情（座談会）」商事法務802号（1978）4頁、5頁〔足利発言〕、16頁〔足利発言〕。

第7章 日本型取締役会の形成と課題

長が全員取締役に任命されるわけではない（1つの会社の内部でも「部」によって、その統括者〔部長〕の全社的な職位が異なり、取締役という肩書は全社的な職位を表しているということであろう）。そして、各社は同業同規模の他社を見て取締役の数を調整しており、その是非は社内外の論評に晒されることから、取締役の人数は企業の自己決定に委ねてよいのではないか、との意見が表明されている[14]。

　常務会などの任意の機関については、次のように説明されている。企業の規模拡大・複雑化によって意思決定事項が急増し、早急な処理が必要であり、月1回の取締役会では間に合わない。そこで、常務会（や経営会議）を設け、そこで実質的な審議を行い、緊急の事項はそこで決定するという慣行が定着した[15]。常務会を置く大企業では、取締役会で実質的な討議が行われることはほとんどないが、案件は、まず案件の性質ごとに設けられた委員会にかけられ、次いで常務会に付議され、この過程で議論が尽くされ、しかる後に取締役会に付議される。取締役会では、常務会のメンバーでない下位の取締役も委員会に関与しているので、問題の所在は知っている。取締役会は、ある意味で形式化しているけれども、法律上の責任を負う機関として、厳然とした存在として意識されている、と。実務家の多くは、このような意思決定のプロセスは全体として合理的であると考え、また、常務会の性格は各社で異なるため、その法制化は難しいと考えている[16]。商法学者にも、以上の実務家の見解に同意する者は少なからず存在する[17]。

　また、常務会で間に合わない緊急事項のために、前述（注15の本文）

---

14) 足利ほか・前掲注13）5頁以下〔足利発言〕、12頁以下〔玉木発言、足利発言〕。
15) 安井正男「常務会・経営会議などの審議事項」商事法務782号（1977）48頁。
16) 高橋勝好「業務監査権の強化等とその受入態勢」商事法務693号（1975）2頁、3頁以下、足利ほか・前掲注13）7頁〔足利発言〕、鈴木治雄＝矢沢惇＝河本一郎＝清水湛「企業経営と株式会社法の今日的課題（新春座談会）」商事法務688号（1975年）4頁、20頁〔鈴木発言〕、18頁〔鈴木発言〕、矢沢ほか・前掲注12）21頁〔竹中発言〕。

のとおり「経営会議」という会議体を作る会社が増えていた[18]。結局、任意の機関には、それなりの存在理由があり、立法に当たってはその長所を害することのないよう注意が必要なのであろう。

当時の商法学者は、アメリカの大企業におけるバイス・プレジデントのような役職（アメリカでは取締役ではない）を置くには、日本では取締役にせざるを得ない、部長クラスの人材に「取締役」以外に適切な肩書がない、とも述べている[19]。これは、後の執行役員制度の出現を考えると、興味深い指摘であるように思われる。

3　昭和56年改正の経緯

(1)　「今後の会社法改正に関する問題点」

昭和40年代初頭の企業不祥事を契機として、昭和49 (1974) 年に商法の大改正が行われ、これにより監査役の業務監査権限が復活した。法制審議会商法部会は、同年改正の直後からさらなる商法（会社法）の改正のあり方についての審議を開始し、翌50年6月12日、法務省は「今後の会社法改正に関する問題点」を作成し、各所への意見照会を行った。その内容は多岐にわたっているが、取締役会に関しては、①決議事項の法定、②取締役会の構成についての規制、③常務会の法制

---

17)　鈴木ほか・前掲注16) 20頁〔矢沢発言〕、矢沢ほか・前掲注12) 7頁、9頁〔矢沢発言〕、大隅健一郎＝鈴木竹雄「私の会社法改正意見」商事法務713号 (1975) 6頁、13頁以下〔大隅発言、鈴木発言〕。

　　なお、社外取締役を法で義務付けることに対する反対論として、鈴木ほか・前掲注16) 14頁以下〔矢沢発言。取引所の自主規制による段階的な改革を主張〕、足利ほか・前掲注13) 15頁以下〔竹内発言〕。

18)　足利ほか・前掲注13) 17頁〔足利発言〕。昭和50年に刊行された実務書では、昭和40年代には企業を取り巻く内外の環境が激変したため、部門代表者を多く含む常務会では難局に対処することは難しく、今後は、経営の基本方針、新製品開発、設備投資などの目的別に集めた組織を設け、これと常務会とを併用すべきであると説かれていた。成毛文之「取締役会・常務会の運営」商事法務研究会編『取締役ハンドブック』（商事法務研究会、1975) 203頁以下、277頁。

19)　矢沢ほか・前掲注12) 21頁〔矢沢発言、河本発言〕。

化などが論点として提起されている[20]。これに対する各界の意見は、①について裁判所に積極意見が多いものの、経済界はすべての提案に対して消極的であり、大学関係者（および①以外についての裁判所）の意見は割れていた[21]。

この②について少し具体的に見ると、「問題点」では、「取締役の人数を20人以下に制限すること」、「使用人兼務取締役の禁止」、「取締役の一定数を社外取締役とすること」等の項目が問題提起されていた。当時の逸話として、当時は誰も、そのような法改正が行われるとも、自発的にそのような組織改革を行う会社が出るとも考えておらず、もしも「そのような法改正を試みるならば、サラリーマンの暴動が起きる」という笑い話もあったという[22]。

(2) 「株式会社の機関に関する改正試案」

その後、法制審議会で審議が再開され、これと並行して商法学者で組織する「商法改正研究会」が「会社機関に関する改正意見」を昭和53年9月に公表し[23]、同年12月25日に、法務省民事局参事官室から「株式会社の機関に関する改正試案」が公表された[24]。この改正試案では、上記の①（決議事項）については具体的な法定事項を掲げた提

---

20) 矢沢ほか・前掲注12）3頁、法務省民事局参事官室「会社法改正に関する問題点」元木伸ほか『商法改正に関する各界意見の分析（別冊商事法務51号）』（1981）321頁、322頁以下。
21) 稲葉威雄「会社法改正に関する各界の意見——法務省の意見照会に対する回答結果について」商事法務725号（1976）2頁、12頁以下。
22) 江頭憲治郎「コーポレート・ガバナンスの課題」銀行法務21 558号（1999）4頁、8頁以下。
23) 前田庸「取締役および取締役会」商事法務814号（1978）13～18頁、矢沢惇「『会社機関に関する改正意見』について」商事法務817号（1978）10～17頁。
24) 商事法務824号（1978）6頁、元木ほか・前掲20）331頁。改正試案の公表までの経緯について、元木伸「株式会社の機関に関する改正試案の公表」商事法務824号（1978）2頁を参照。

案がなされ、②（取締役会の構成）は提案に含まれず、③は「経営委員会」を任意に設置できるという提案となった。「問題点」になかった事項として、改正試案では、④取締役会が取締役の職務の執行を監督する旨を明記すること、⑤代表取締役が一定期間ごとに取締役会において業務・財産状況を報告しなければならないとすることが、提案された。

　他方、当初の「問題点」には監査役制度についての問題提起はなされていなかったが、「改正試案」では監査役制度の改正も提案された。具体的には、監査役の権利・義務の強化、独立性の確保（監査費用・報酬に関して）、大会社における監査役の構成（複数監査役、1人以上の常勤者の義務付け、1人以上の社外監査役の義務付け）等が提案された。なお、学者による「改正意見」も上述の点においては「改正試案」と同一ないし類似の提案をしていた。

　改正試案に対する意見照会の結果は次のとおりであった。①取締役会の決議事項の法定については、賛成が多数であるが、反対論も多く、その多くは経済界であった。③経営委員会制度については、趣旨を設置強制と誤解しての反対意見が数多く寄せられた。④取締役会の監督権限を明文化することについては、賛成論のほか、法曹界・学界からは、それだけでは不十分であり、監督権をさらに強化するための方策を講じるべきであるとの反対論が述べられ、他方で経済界からは、経営機構について法律で規定することへの反撥に由来する反対論が述べられた。⑤代表取締役の報告義務については、法曹団体が賛成したほか、経済界からは反対意見が出され、他方で、報告義務をさらに強化すべきとする方向での反対論も見られた[25]。

　他方、監査役制度については、大会社における複数監査役、常勤監査役の義務付けについては賛成意見が多いが、社外監査役の設置につ

---

25) 元木伸＝稲葉威雄＝濱崎恭生「株式会社機関改正試案に対する各界意見の分析」元木ほか・前掲注20) 89頁、116頁、124頁、120頁。

いては、法曹界は賛成論が多く、経済団体では反対論が多かった[26]。

(3) 「商法等の一部を改正する法律案要綱」

以上の経緯を受けて、昭和55年11月19日に「商法の一部を改正する法律案要綱案（案）」[27] が、同年12月17日には「株式会社の監査等に関する商法の特例に関する法律の一部を改正する法律案要綱案（案）」[28] が取りまとめられ、これらが「商法等の一部を改正する法律案要綱（案）」として同月の法制審議会商法部会、翌56年1月の法制審議会で決定・承認された。要綱では、取締役会に関しては、これまで議論されてきた③常務会・経営委員会についての改正は見送られ、①決議事項の法定と④取締役会の監督権限、そして⑤代表取締役の取締役会への報告義務（3月に1回以上）が盛り込まれた。他方、監査役制度については、社外監査役以外の項目はおおむね要綱に盛り込まれている。このような要綱の内容は、同年の商法改正で実現した。

(4) 小括

上記の昭和56年改正の経緯と結果について、松井秀征教授は、経済界が強く求めているのは何よりも経営の自立性確保であり、監査役制度は、社外の人間を入れたり、取締役選解任に関与する権限を与えたりしない限り、これを脅かすものではない、とコメントしている[29]。

そして、取締役会を監督機関とする（≒社外役員の導入）よりも、意思決定機関にとどめる（≒内部者による相互牽制）ことを望んだのは、企業の経営者だけではなかった。従業員にも同様のセンチメントが存在したことを、(1)で示した②についての逸話が示している。

---

26) 元木ほか・前掲注25) 140頁以下。
27) 商事法務889号（1980）8頁。
28) 商事法務892号（1980）6頁。
29) 松井秀征「要望の伏在――コーポレート・ガバナンス」中東正文ほか編著『会社法の選択』（商事法務、2010）368頁、434頁以下。

Ⅱ　1980年代までの取締役会の実情

4　改正法の受容

　それでは、昭和56年改正商法が導入した取締役会に関するルール、すなわち、①決議事項の法定、④取締役会の監督権限、⑤代表取締役の取締役会への報告義務は、当時どのように受け止められたのであろうか。

　この点については、大別して2つの考え方が見られる。第1に、経営トップの独断・暴走を防止するという点で改正法は意味を持つが、これはたいていの会社ですでに行われてきた（最低限の）ことである、改正法はそこからの逸脱を抑止しようとするものであるが、大企業に関する限り、改正によって取締役会の運用はさほど変化しないだろう、という理解である[30]。なお、取締役会の開催頻度については、改正に先立ち実態を調査したところ、上場企業でもほとんど取締役会を開催していないという会社もあったこと、最大公約数は月に1回だが、それ以上開いている会社が半数以上であったことなどが報告されている[31]。

　これに対しては、第2の見解として、改正法によって、取締役会は、単なる上意下達の場ではなくなり、合議による意思決定の色彩が加わるのではないか、そのような運営を心がけるべきではないか、という問題意識も窺われる[32]。たとえば、ある実務家は、報告制度の持つ意味は、取締役間の情報量のアンバランスを是正すること、社長が経営理念を下位の取締役に徹底すること、本音を言い合うこと、の3点であると述べている[33]。

---

30)　稲葉威雄「商法等の一部を改正する法律の概要（中・二）」商事法務909号（1981）8頁、13頁、竹中正明＝稲葉威雄＝窪内義正＝竹中正明「商法改正に伴う基本問題の検討（座談会）」商事法務914号（1981）4頁、21頁〔稲葉発言、竹中発言、窪内発言〕。

31)　稲葉威雄＝多田晶彦＝南忠彦＝岩城謙二「取締役の業務報告に関する諸問題(1)」商事法務958号（1982）10頁、12頁〔南発言〕、13頁〔稲葉発言〕。

もっとも、この第 2 の見解のように、改正を機に、取締役会の場をより実質的に機能させるべしとの意気込みが語られていても、取締役の員数を縮小するとか、常務会を廃止するというような考え方は、この時点では見られない。日本企業は、もともと稟議や常務会の仕組みを通じて、ボトムアップで意思決定を行う傾向が強いため[34]、個別の意思決定の合理性を高めるという限りでは、取締役会で決定することを義務付けてもあまり意味はない。個別の意思決定から独立した、全体の戦略の方向性について、合議の仕組みが有効であるとしても、その機能はこれまでも常務会によって果たされてきたはずである。取締役会を活性化すべしという第 2 の見解の論者からも、常務会をどのように位置付けすべきかが語られていないため、その意気込みが空回りしているのではないかという疑問は拭えない。

　以上に照らすと、改正法は、第 1 の経営トップの独断・暴走を防止するという最低限の政策目標を達成する点で一定の合理性を有するが、第 2 の合議による意思決定を通じた経営の質の向上という点は、法・制度の問題というよりは運用の問題であり、改正法が運用の改善につながったという感触は当時の文献からは見いだせない。

---

32) 上柳克郎＝北沢正啓＝神崎克郎＝森本滋「取締役会決議事項の範囲と決議を欠く行為の効力（下）」商事法務 925 号（1981）21 頁、26 頁〔匿名の実務家発言〕、稲葉ほか・前掲注 31) 13 頁〔岩城発言、南発言〕、稲葉威雄ほか「取締役の業務報告に関する諸問題(3)」商事法務 960 号（1982）22 頁、27 頁〔岩城発言〕、鈴木竹雄＝岩城謙二「新商法下の会社機関の運営について」商事法務 971 号（1983）2 頁、14 頁〔鈴木発言〕、15 頁〔岩城発言〕。
33) 稲葉威雄ほか「取締役の業務報告に関する諸問題(8)」商事法務 965 号（1983）50 頁、56 頁〔多田晶彦発言〕。
34) 足利ほか・前掲注 13) 8 頁以下〔足利発言〕。

Ⅲ　1990年代以降の取締役会の変化

1　1990年代前半

　平成4(1992)年6月に商事法務研究会と東京弁護士会会社法部が実施した主要各社に対するアンケート調査によると、回答会社576社において、取締役の員数は、最頻値が13名から14名（95社、16.5％）であるが、30人以上の企業も40社（6.9％）存在する。なお、社外取締役数は、1人以上が338社、無回答が238社で、無回答の会社がすべて0人と仮定すると、社外取締役を1人以上置く会社の割合は58.9％となる[35]。

　取締役会の開催頻度は、最頻値が月1回（365社、63.6％）である。招集に際して、議題ないし議案が通知される会社が多いが、参考資料が事前に送付される会社はわずかである（83社、14.4％）[36]。所要時間は、最頻値が30分から1時間であるが（188社、32.8％）、1時間30分以内（109社、19.0％）、2時間以内（114社、19.9％）の会社も多い。出席者の発言状況は、議長の提案、担当取締役の説明以外には、質問・意見が述べられることは少ないようである（議長が取締役・監査役を指

---

[35]　森井英雄＝橋本孝一＝成毛文之＝榎本峰夫＝豊泉貫太郎「座談会　取締役が語る取締役会の現状」『取締役会の運営心得（別冊商事法務153号）』(1993) 28頁、30頁以下。
　　この頃、取締役の員数の決まり方について、本文Ⅱ2(2)の時代（昭和50年代）とほぼ同様の見方が示されている。阿部一正ほか『条解・会社法の研究6　取締役(1)（別冊商事法務176号）』(1995) 68頁以下〔阿部発言、成毛文之発言〕。たとえば、商社では取締役数が多く、代表取締役の比率も高いが、メーカーでは代表取締役の数は少ない傾向があるという。そして、この時点でも、取締役の員数を決めるにあたっては各社とも同業比較を気にしているという。同66頁〔成毛発言、阿部発言〕、67頁〔中西敏和発言〕。

[36]　森井ほか・前掲注35) 44頁。

名して意見を求めることは行われている）[37]。採決の方法としては、議長が「ご異議ありませんか」と尋ねることが多く、挙手による採決はあまり行われない（全員一致が原則）[38]。

常務会については、週に1回前後開催する会社が一般的で、以前に102社の調査をやったところでは、常務会のある会社が66.7％、経営会議のある会社が21.6％、両方併設が11.8％であったという[39]。

この頃の実務家による座談会を読む限りでは、昭和56（1981）年改正後しばらく経過しても、取締役会の人数・運用や、常務会との関係について、大きな変化は生じていないようである[40]。

2　1990年代末から2000年代にかけて

(1)　執行役員制度の誕生と普及、取締役数の削減

1997年6月、ソニーが執行役員制度を導入し、取締役数を38人から10人へと大幅に削減した。翌98年の6月総会には、これに倣って執行役員制度を導入する企業が急増した。他方、執行役員制度を導入せずに取締役数を削減する企業も、和光証券や東海観光、およびさくら銀行などの公的資金導入に揺れる金融機関などを中心に相当数存在した[41]。

37）森井ほか・前掲注35）60頁以下〔成毛発言、橋本発言など〕。
38）森井ほか・前掲注35）62頁以下。
　　以上の本文で述べた取締役会の運用状況は、1990年代の後半に入ってもほぼ同様であったようであるが、平成5（1993）年改正により義務付けられた社外監査役が取締役会に出席するようになり、少し変化が生じたようでもある。阿部一正ほか『条解・会社法の研究7　取締役（2）（別冊商事法務200号）』（1997）106頁〔阿部発言〕、108頁〔成毛文之発言、熊谷一雄発言〕、109頁〔阿部発言、熊谷発言〕、110頁以下〔熊谷発言、成毛発言〕を参照。
39）森井ほか・前掲注35）34頁〔成毛発言、橋本発言〕、35頁〔成毛発言〕。
40）この頃の常務会の状況については、阿部ほか・前掲注35）67頁、129〜134頁、阿部ほか・前掲注38）134〜137頁、194〜196頁を参照。
41）編集部「主要企業における取締役のリストラ状況」取締役の法務50号（1998）90頁、澤口実「執行役員制度導入上の問題点」商事法務1494号（1998）4頁。

Ⅲ　1990年代以降の取締役会の変化

　この取締役数の削減と執行役員制度の導入は、当初の予想を超えて多くの上場企業に広がっていった[42]。東証一部・二部上場企業では、1999年度から2004年度まで、毎年100社を超える企業（その多くは東証1部上場企業である）が執行役員制度を導入し、2004年度末には、2007社のうち893社（44.5%）がこの制度を導入するに至った[43]。この「執行役員」という法律に根拠を持たない制度は、取締役数の削減に伴い「取締役」の職から解かれる経営幹部に付される新しい肩書という意味を持っていた[44]。

　執行役員制度には、次の2種類がある。すなわち、①役付取締役制度を廃止して、社長等の役職を「執行役員」の役職として位置づけるもの、すなわち、業務執行は取締役の職務ではなく執行役員の職務として整理するもの（監督と執行の分離。一部の役員は両方を兼務する）と、②全社的な意思決定に関与する者を取締役とし、主として担当部門について責任を負う者を執行役員とするもの（経営と執行の分離。両方を兼務する者はいない）とである[45]。数の上では、両社はほぼ同数であった[46]。

　2000年7月実施のアンケート調査(全上場・店頭登録会社3360社に宛てたもので、回答は500社)によると、大規模企業では、取締役数を減少させる傾向がみられ、一部上場企業で平均が15人程度になっているのに対して、小規模企業では、業務内容の拡大に伴い、取締役の数が増える傾向があった。そして、回答企業のおよそ8割が、取締役会以

---

42)　澤口実「執行役員制度の実務マニュアル」商事法務1524号（1999）4頁。
43)　宮島英昭＝新田敬祐「日本型取締役会の多元的進化——その決定要因とパフォーマンス効果」神田秀樹編『企業統治の多様化と展望』（金融財政事情研究会、2007）27頁、33頁、34頁〔図表2-1〕。
44)　澤口・前掲注41）6頁、「執行役員制度はなぜ導入され続けるのか（スクランブル）」商事法務1521号（1999）46頁。
45)　澤口実「取締役と執行役員の関係」商事法務1576号（2000）36頁。
46)　通商産業省産業政策局産業組織課「企業運営の実態把握・商法の課題把握に係るアンケート結果」商事法務1575号（2000）4頁、11頁。

外に常務会、経営委員会などの名称の会議体を設け、月2、3回の頻度でこれを開催し、取締役でない経営幹部もこれに参加して、実質的な意思決定を行っている（この比率は、同じアンケートで執行役員制度を導入済みか導入予定と回答した4割よりも高い）。そのような会議体を設ける理由として、取締役会では、法定決議事項が多いため実質的な議論を行う時間を割けず、実際にも実質的な議論はあまり行われていないこと、取締役会は機動的に開催できないことが挙げられている[47]。

同じ調査では、執行役員制度を導入する理由として、業務執行の迅速化、執行機能と監督機能の分離、意思決定の責任の明確化などが挙げられている（同時期のほかのアンケートの結果もほぼ同様である）。理由として株主代表訴訟の対象となる役員を減らすことを挙げる企業は、存在するものの少数である[48]。

(2) 時的推移

東京証券取引所は、取締役会の状況などについてアンケート調査を行い、これを1998年以降、おおむね2年に1回のペースで公表している[49]。この結果から、取締役の員数や執行役員制度などに着目して、時系列で整理したものが次の表3である。下線を引いたものは、東証以外が実施したアンケート調査である。

同様の推移は、日経NEEDS-Cges（コーポレート・ガバナンス評価システム）を用いた調査[50]からも得られている。こちらは2002年度末から2007年度末までの東証一部上場企業の全数について、取締役数と

---

[47] 通商産業省・前掲注46）8頁、10頁。なお、このアンケート調査では、社外取締役を置く企業が26.6％、「導入する予定はない」が48.3％（12頁）、自発的に監査委員会、報酬委員会、人事（任命）委員会を置く会社が、いずれも5％弱（13頁）との回答が得られている。

[48] 通商産業省・前掲注46）11頁。なお、回答企業全体のうち、商法が取締役に課す賠償責任が過重であるかとの問いに対して、これを肯定する企業が16％である（15頁）。

[49] http://www.jpx.co.jp/equities/listing/cg/02.html

表3 取締役会改革を実施した会社の社数・割合

実施時期	人数削減	（取締役数）	執行役員制度	社外取締役
92年6月*	NA	13-14名（最頻値）	NA	338（58.9%）
98年9月	325（28.6%）	NA	40（3.5%）	404（35.6%）
00年9月	363（27.7%）	NA	279（21.3%）	261（19.9%）
02年11月	494（36.2%）	NA	466（34.2%）	385（28.5%）
05年3月	NA	NA	44.5%+	560（40.6%）
06年10月**	NA	8.99名（平均値）	40.7%	42.3%
08年8月	NA	8.68名（平均値）	46.2%	45.4%
09年1月++	NA	5-9名（最頻値）	NA	49.3%
10年9月	NA	8.35名（平均値）	51.3%	48.7%

* 商事法務研究会と東京弁護士会会社法部が実施した主要各社に対するアンケート調査（前記Ⅲ1）。
+ ここには、宮島＝新田・前掲注43）の数値を記載した。同じ頃の東証の調査では649社（49.3％）とされているが、これは導入予定を含む数値であるため、表3には掲載しなかった。
** この年から、マザーズ市場を含めてアンケートを行い、かつ全ての上場企業からの回答を得ている（それまでは回答率は6〜7割程度であった）ため、それまでの数値と単純に比較できなくなっている。
++ 商事法務編集部によるアンケート調査（別冊商事法務334号43頁以下）。

経営チーム規模（取締役数と執行役員数の和。兼任者の人数は控除）の変化を調査したものである。対象期間を通じて、取締役数も経営チーム規模もその中央値にはほとんど変化はなく、前者は10人か9人であり、後者は12人か11人である。これに対して、取締役の最大数は、50人から30人に激減している（この変化は2003年度末から2005年度末

---

50) Konari Uchida, "Does corporate board downsizing increase shareholder value? Evidence from Japan," International Review of Economics and Finance 20-4, at 562, 563 and 564 (2011).

第7章　日本型取締役会の形成と課題

にかけて生じている）のに対して、経営チーム規模の最大数は対象期間内に小さな増減を繰り返しているが、大まかには56人から61人に微増している。また、取締役数が20人以上の会社は92社（6.3％）から31社（1.8％）に減少しているのに対して、経営チーム規模が20人以上の会社は215社（14.6％）から290社（17.0％）に増加している。そして、執行役員制度を採用する会社は、2002年度末の461社（31.4％）から2007年度末の992社（58.0％）に至るまで、単調に、かつほぼ一定のペースで、増加し続けている。

　先の東証のアンケート調査に戻ると、2006年実施分以降は、全ての上場企業（マザーズ上場企業を含む）から返答が得られ、また質問項目の連続性が高まっているが、アンケートで任意の会議体について言及している会社の割合をまとめたものが、次の表4である。東証のアンケートでは、この項目は「業務執行、監査・監督、指名、報酬決定等の機能に係る事項」とされている（左端の執行役員と右端の社外取締役は、他の項目から筆者が拾って併記したものである）。ここでの「諮問委員会」は、「諮問」・「アドバイザリー」・「懇談会」・「協議会」のいずれかのキーワードが記載されている会社を拾い上げたものである。

　以上の推移（(1)で示したものを含む）から、次の事実が明らかになる。① 1990年代末から2000年代の前半にかけて、上場企業のうち大規模企業において取締役数の大幅な削減が行われた。②導入のスピード（比率の変化）は①から少し遅れたものの、同じ時期に、主として大規模企業で執行役員制度が導入され、その動きは2000年代の後半にかけて規模の小さな上場企業にも広がった（この2000年代後半の段階では、同制度の導入は必ずしも取締役数の削減を伴っていない）。③ 2000年代の半ばには、常務会を置く会社はすでに10％台にまで減少し、経営会議を置く会社が40％を超え、前者はその後も漸減し、後者はその後も漸増している。④ 1人以上の社外取締役を置く企業の割合は、いちど2000年頃にかけて約20％にまで減少し、その後、増加に転じた[51]。

　「経営委員会・常務会などの取締役会以外の任意的機関（経営委員会

Ⅲ　1990年代以降の取締役会の変化

表4　任意の会議体に言及した会社の社数・割合（執行役員・社外取締役の導入状況と合わせて）

実施時期	執行役員	常務会	経営会議	諮問委員会	社外取締役
92年6月＊	NA	66.7%	21.6%	NA	338（58.9%）
06年10月	40.7%	13.8%	42.8%	11.5%	42.3%
08年8月	46.2%	12.3%	43.2%	12.0%	45.4%
10年9月	51.3%	11.2%	46.4%	12.4%	48.7%
12年9月	53.1%	10.3%	47.3%	12.4%	54.7%
14年7月＋	48.4%	8.4%	46.6%	10.4%	64.4%

＊　商事法務研究会と東京弁護士会会社法部が実施した主要各社に対するアンケート調査（前記Ⅲ1）。
＋　この年から、ジャスダック市場を含めたアンケートが行われているので、それまでの数値と単純に比較できなくなっている。

51）　日本の上場会社においては昔から社外取締役が珍しかったわけではなく、（いつごろの話かは明記されていないが）「一時、社外重役というのがはやりまして、各社とも設けたことがあります」との発言もある。足利ほか・前掲注13）15頁〔足利発言〕。なお、三井物産では、かつては社外取締役が2名いたが、両名が亡くなってからはこの座談会の当時（1978年）まで、取締役は社内者のみとなったという。同5頁〔足利発言〕。

　　2000年頃にかけて社外取締役を置く上場会社の比率が低下したことについては、データが十分に得られていないため、低下の開始時期や原因が明らかではないが、筆者は次のように推測している。1990年代の経済の低迷と企業不祥事の続発を受けて、本文(3)から(5)で論じるように、同年代後半に、取締役会数を減少させるべしとの社会的圧力が生じ、また平成5（1993）年商法改正により社外監査役の選任が義務付けられたことによって、企業がコストを削減するために社外取締役を減少させた（従前の社外取締役の中には、社外取締役に横滑りした者もあれば、単に退任した者もあっただろう）のではないか。それであれば、社外取締役を置く企業の比率の低下は、主として1990年代後半に進展したのではないか。他方、業績の低迷・ガバナンスの向上にとって社外取締役が有益であるとの見方が2000年を過ぎたころから徐々に広がってきたことから、その頃からは（たとえ委員会等設置会社に移行する会社は全体のごく一部であったとしても）社外取締役を置く会社の比率が次第に上昇するようになったのではないか。

等)」については、別のアンケート調査がある（2009年1月に旬刊商事法務編集部が実施したもの。国内の5証取の本則市場上場の2532社宛て、回答は901社）。これによると、経営委員会等の構成人数の最頻値は6から10人であり、これだけを見ると取締役会の人数とあまり変わりはない。しかし、その構成員の役職を見ると、「常務以上」(23.6%) と「常勤取締役」(23.3%) が拮抗しており、「その他」が37.5%を占めることに照らすと、ここでの「経営委員会等」には従来型の常務会と、新しいタイプの経営会議とが混在しており、後者は必要に応じて執行役員を出席させる（しかし常に出席するわけではない）という仕組みになっているのではないかと推測される。経営委員会等は、取締役会に付議すべき事項の予備的検討と位置付けられている。経営委員会等等は定期的に開催され (74.8%)、開催頻度の最頻値は1か月に2回 (38.5%) であるが、1か月に1回、1か月に3・4回という会社もかなり多い[52]。

　他方、取締役会の実態であるが、招集通知と一緒に参考資料が提供される会社はこの時点でもあまり多くはない (123社、13.7%) が、取締役会での発言状況については、ほぼ全員が発言すると回答した会社が425社 (47.2%) にのぼっていて、この点は1992年のアンケート調査 (Ⅲ1) とは大きく異なっている。開催頻度が月1回が最頻値である (721社、80.0%) 点は1993年頃と変わっていないが、平均所要時間については、最頻値が「1時間30分超2時間以内」(235社、26.1%)、これに「45分超1時間以内」(192社、21.3%)、「1時間超1時間30分以内」(190社、21.1%) が僅差で続いていることに照らすと、わずかであるが長時間化の傾向が認められる。

　以上を総合して、やや単純化した図式を示すと、2000年代に各社で試行錯誤を経て行われた取締役会改革は、かつての「大きな取締役会、小さな常務会」から「小さな取締役会、大きな経営会議」への転換で

---

[52] 別冊商事法務編集部『会社法下における取締役会の運営実態（別冊商事法務334号）』(2009) 43頁、116頁以下。

あり[53]、取締役会はかつてよりも実質的な討議の場となりつつあったと推測される。

(3) 取締役数の決定要因と削減の効果

1990年代末から2000年代にかけて実施された取締役数の削減と執行役員制度の導入については、各社の意思決定がどのような要因と相関しているか、そのような改革が企業の業績向上をもたらしたかについて、やや対立する2つの実証研究がある。

第1の研究は、内田交謹氏によるものである[54]。銀行と保険を除く東証一部上場企業のうち、正確な取締役数の判明している企業について、2002年度末と2004年度末の取締役数と経営チーム規模（取締役数と執行役員数の和。兼任者の人数は控除）の変化に着目して回帰分析を行っている。

分析の結果は、次のように要約される。①取締役数を一定程度（3人以上、あるいは20％以上）削減した企業は執行役員制度を採用する傾向にあるが、経営チーム規模を縮小するわけではない。②取締役数の削減は経営チーム規模の縮小をもたらさない。特に、業績が良く、情報の非対称性が深刻でない企業[55]は、取締役数を減らしても経営チーム規模を縮小しない。よって、取締役数の削減をもたらしたものは「取

---

53) あるアンケート調査で、執行役員制以外に取締役会に関連する機構改革を行ったかについて、最多（44％）が「経営会議・常務会等の廃止または見直し」を挙げている。澤口実「執行役員制度に関するアンケート結果の概要——商事法務研究会が実施した実態調査結果の分析」商事法務1526号（1999）23頁、31頁を参照。
54) Uchida, supra note 50. なお、内田氏には同じテーマに関する先行する邦語論文がある。内田交謹「取締役会構成変化の決定要因と企業パフォーマンスへの影響」商事法務1874号（2009）15頁。しかし、英語版はこれを修正・洗練させたものと考えられるので、本稿では英語版を紹介する。
55) 情報の非対称性の大きさは、トービンのq、R＆D費率、株式収益率標準偏差により測定している。

第 7 章　日本型取締役会の形成と課題

締役会の規模を適正化せよ」という外部からの圧力であるが、企業は取締役数を削減する際には最適な経営チーム規模を考慮に入れている。③2002 年度末以降に取締役数を一定程度以上に削減した企業は、取締役数の減少が 2 人以下の会社と（業種ごとに）比較すると、経営チーム規模を縮小したか否かに関わらず、2002 年から 2007 年の業績改善効果（ROA およびトービンの q で測定）が劣っている。

なお、ここでいう「圧力」として、内田氏は、日本コーポレート・ガバナンス・フォーラムが 2002 年 3 月に公表した行動規範や、厚生年金基金連合会が 2003 年 2 月に公表した行動規範（こちらの内容は議決権行使基準に組み込まれた）を挙げている[56]。

第 2 の研究は、宮島英昭氏と新田敬祐氏によるものである[57]。東証一・二部上場企業（金融を除く）のうち、1996 年度と比べて、2004 年度までに執行役員制度を採用するか委員会（等）設置会社へ移行した会社については、その決定要因として、株価の変動性が高いこと（外部環境の変化の代理変数）、海外売上高比率が高いこと（海外展開）、元々の取締役人数が多いことが確認できるが、先行実施された同業他社の改革動向にも大きく感応しており、トレンド追随的な要素も大きい。

これに対して、1996 年度に取締役数が 15 名以上の会社に対象を絞っ

---

[56] なお、内田論文からは離れるが、厚生年金基金連合会が 2000 年代の日本の上場企業のガバナンスに対して与えた影響を簡単に要約しておく。同連合会は、2001 年に「株主議決権行使に関する実務ガイドライン」を定め、受託運用機関に対して積極的な議決権行使への取り組みを求めた。その後、同連合会は、「モノ言う投資家」としての積極的な取り組みや問題提起を行い、わが国でのオピニオン・リーダーとして活動した。同連合会は、2004 年の法律改正により「企業年金連合会」に改組・改称されて現在に至っている。

　もっとも、2009 年の秋頃から、企業年金連合会はコーポレート・ガバナンス活動に関する取り組みを事実上休止した。

[57] 宮島＝新田・前掲注 43）。なお、この研究は、新田敬祐「日本型取締役会の多元的進化──取締役会組織はいかに分化したか」宮島英昭編『企業統治分析のフロンティア』（日本評論社、2008）17 〜 43 頁によって追試され、その分析結果が大筋で妥当することが示されている。

て分析すると、取締役の人数の縮小は、取締役会人数、海外売上高比率、株価の変動性、事業セグメント数と相関しており、相関の程度も大きく、他方で、海外機関投資家の保有比率や同業他社の選択とは有意な関係がない。つまり、執行役員制度の採用や委員会設置会社への移行という改革にくらべて、取締役会規模の縮小のほうが、外部環境の変化や企業内部の調整コストに直面した企業がより自発的に採用したと考えられる。

そして、改革の効果については、執行役員制度の採用や委員会設置会社への移行は業績改善をもたらしていないが、いずれかの改革が取締役の人数の縮小と同時に実施された企業で業績の改善に結びついているという。

すなわち、内田氏の研究では、企業は、経営チーム規模（取締役・執行役員の数）を合理的に決定しているが、取締役数の削減は社会的要請に応じたものであり、そこに経営上の合理性はなかったとしている。これに対して、宮島氏らの研究では、企業は取締役数を合理的に決定しているが、執行役員制度等への移行は必ずしも業績改善効果をもたらしておらず、先行実施された同業他社への追随という側面を有しているという。

このような分析結果の違いが生じた理由については、(5)で筆者の仮説を示すことにしたい。

(4) 法的な要因

1990 年代から 2000 年代にかけては、数次の商法改正（2005 年の会社法制定を含む）が行われた。その中で、取締役数の削減や執行役員制度の採用に影響を与えた可能性があるのは次のものである。

第 1 に、平成 5 (1993) 年の商法改正では、株主代表訴訟について所定の改正が行われた。従来は、原告株主が裁判所に納付する手数料が請求額（訴額）に応じて定まるのか、それとも、賠償金は原告ではなく会社に支払われることを理由に、代表訴訟の提起は「財産権上の請

求でない請求」として（民事訴訟費用等に関する法律4条2項）、固定額であるのかについて、裁判所の取扱いも分かれていた。同年改正により、後者の立場が明確化され、8200円の印紙代で株主代表訴訟を提起できることとなった（改正法は、同年10月1日に施行）。

第2に、平成13（2001）年の改正で監査役（会）制度が強化され、翌14（2002）年の改正では監査役（会）制度に代わって委員会（等）設置会社という選択肢が導入された。しかし、改正法の施行後も、委員会等設置会社を選択する上場企業はごくわずかにとどまり、多くの上場企業は監査役（会）制度に止まりつつ、取締役数の削減や執行役員制度の採用へと舵を切った。

筆者は、上記のうち第1の改正が当時の情勢と相まって、取締役数の削減に一定の影響を与えたのではないかと推測している。上場企業で当時の取締役会改革に関わった方々複数にヒアリングをしたところ、次のような回想が得られたからである。すなわち、1990年代の一連の企業不祥事や、その後の日本経済の長期の低迷を経て、2000年頃にはコーポレート・ガバナンスの改善の必要性が関係者に強く認識されていたところ、株主代表訴訟の実例が登場し増加したことが相まって、経営幹部の間で「善管注意義務」の意識が浸透するとともに、取締役会を活性化すべきである（そのために取締役数を削減することが合理的である）との認識が浸透していった、という[58]。

---

58) 実務家を交えた当時の座談会においても、当時の取締役会の実態（サラリーマンの延長で報酬が少ない）と商法が取締役に課す責任の重さの間に乖離があることが強く意識されている。近藤光男ほか「取締役の経営責任の取り方」近藤光男ほか『取締役の責任のとり方（別冊商事法務210号）』（1998）21頁、22頁以下〔堀発言〕、24頁〔中川発言〕、25頁以下〔竹中発言〕（なお、元となった座談会は1997年から1998年にかけて行われたようである）。また、取締役の数を削減することの合理性について、同106頁〔近藤発言〕108頁〔中川発言〕、アメリカでの取締役とオフィサーの役割分担の合理性について、26頁〔竹中発言〕、108頁〔島田発言〕、当時の経営トップがガバナンス改革に本腰を入れていることについて、111頁〔竹中発言〕を参照。

当時の情勢を確認しよう。平成5年改正法の施行後は、ちょうどバブル経済の崩壊等により企業の不祥事への社会的な批判が高まった時期と重なったため、上場企業の役員を相手取って株主が代表訴訟を提起することが相次いだ。そのような最中、1997年には多くの大企業が総会屋への利益供与を行っていたこと（いわゆる「海の家」事件）が発覚した[59]。

　同年の9月には、経済団体連合会コーポレート・ガバナンス特別委員会が「コーポレート・ガバナンスのあり方に関する緊急提言」を公表し、自由民主党法務部会商法に関する小委員会も「コーポレート・ガバナンスに関する商法等改正試案骨子」を公表した。これらの内容・方向性に対して、多くの商法学者は反対したが、その反対論の中には、現下の課題は経営トップへの牽制というよりも、経営効率の向上のための経営・管理機構の改革という全く新しいものであることを指摘するものもあった[60]。

　そのような状況下で、大和銀行事件判決（大阪地裁平成12年9月20日）[61]が大きな話題となった。取締役・監査役を合わせて47人が被告とされたこの事件で、大阪地裁はそのうちの11人に対して、最高で5億3000万ドルの損害賠償を命じた（この事件は控訴され、大阪高裁ではずっと金額の低い和解で決着した）。この事件が1つのきっかけとなって、株主代表訴訟脅威論が経済界で再浮上し、平成13年12月に議員

---

59) 当時、三菱地所の社長を務めていた福澤武氏（現、三菱地所名誉顧問）は、海の家事件を回顧して、次のように述べている——「1997年は戦後日本のアンシャン・レジーム（旧体制）が崩壊した年だと思う。金融機関の破綻が相次ぐなどアンシャン・レジームの時代には何とか周りが手を差し伸べて助けていたものが、つぶれてもやむを得ないということになった。世の中は変わった」（「私の履歴書㉕」日経朝刊2016年4月26日36面）。

60) 江頭憲治郎「自民党の商法等改正試案骨子と監査役・監査役会」商事法務1470号（1997）17頁。

61) 商事法務1573号4頁、判例時報1721号3頁、判例タイムズ1047号86頁、金融・商事判例1101号3頁、資料版商事法務199号264頁。

立法による商法改正（監査役制度の強化と、役員の対会社賠償責任・株主代表訴訟の制度を改正するもの）が成立したのであった。

　以上を踏まえると、多人数の取締役を有していた大企業にとって、①部長クラスの経営幹部にしかるべき肩書を与えるニーズに対して「執行役員」というステータスが社会的に認知され、定着したことを前提として、②取締役数を削減し、株主代表訴訟の被告となるリスクのある経営幹部の数を減少させ（執行役員は代表訴訟の被告とならない）、③取締役会の議論を活発にすることで責任追及への防御とすることが、単に企業経営者にとって合理的であっただけでなく、会社・株主の観点からみても一定の合理性を有したのではないかと考えられる。たしかに、この②③は、商法学者の観点からは「代表訴訟逃れ」と見えるかもしれない。しかし、全社的な責任を負っていない部門代表者を代表訴訟の脅威に晒すことが立法政策として合理的か否かについては、議論は分かれよう。代表訴訟のリスクに晒される者を、実務の感覚として合理的と思われる範囲に限定するために、取締役を減らしこれに別の肩書を与えることは、環境変化への合理的適応と見ることもできる。

(5) 小括

　以上の(3)と(4)を総合すると、2000年代、特にその前半に生じた取締役会改革の原因と結果は、次の２つの経路が混合したものであったように思われる。

　第１に、企業の重要な意思決定は実質的には組織下部の稟議制度や常務会などによって行われており、取締役会は特段の機能を果たしていないという場合である。この場合には、意思決定の妥当性は取締役会以外の仕組みにより担保されており、取締役数を削減することにより業績は改善しない。むしろ、取締役数を削減すれば、「取締役」という肩書が企業内部の地位を表し、その秩序を形成している機能が損なわれ、あるいは対外的な取引を円滑に進めることが困難になることか

ら、業績にはマイナスの影響が生じうる。そして、このマイナス効果は、執行役員制度の導入によっても避けることができない場合がある。仮に「執行役員」という肩書が受容されていなければ、取締役数の削減と執行役員制度の導入を同時に実施しても、近い将来に取締役に昇進することが見込まれていた経営幹部のモチベーションは低下するだろう。あるいは、中小企業との取引が多い企業において、取締役という肩書に取引を円滑に進める効果がある場合には、この肩書を執行役員に置き換えれば、少なくとも短期的にはこの効果は失われるだろう。

　第2に、経営トップが取締役会での議論を活性化することを目的として、取締役の人数を削減する場合である。この場合、取締役会には個別の意思決定の妥当性担保に止まらない新たな機能が付加されうる。たとえば、企業の使命（理念）・戦略について、あるいは基本的な組織体制（法令遵守の体制や、より一般的に内部統制システムの構築）について、取締役会で議論し、その結果を社内に浸透させていくことを目指すのであれば、取締役会の人数は一定の規模に抑える必要がある（おそらく、従来は常務会が果たしていたかもしれない役割を、取締役会が吸収することになる）。取締役数を一定規模に抑えることの業績改善効果は、モニタリング・モデルの取締役会——経営陣に対するモニタリングの役割を果たす——では想像しやすいが、取締役会を意思決定機関ととらえる日本型のマネジメント・モデルにおいても、そこに使命・戦略・組織体制の決定機能を想定するならば、取締役会の活性化による業績改善は十分に期待できる。このとき、「取締役」の肩書が果たしていた社内外での機能を「執行役員」の肩書によって代替できるのであれば、取締役数の削減は業績改善へとつながるだろう。

　このように2つの影響が予想されるときに、企業が取締役数を自由に選択できるのであれば、取締役数の削減のメリットがデメリットを上回る企業だけがこれを実行するから、第2の経路だけが実現するはずである。しかし、内田氏の実証研究は第1の経路が実現したことを示唆している。それでは、内田氏のいうように、取締役数の大きな企

業に対してその削減を迫る社会的な要請が存在したのだろうか。

　この点について、数名の実務家にヒアリングしたところ、次のようなコメントが得られた。①すでに1998年には、景気の低迷や業績悪化を受けて、従業員数削減、給与のカット、店舗の統廃合といったリストラの動きが目立っており、役員（取締役・監査役）クラスでも、報酬・賞与のカットに加えて、役員数を減らす動きも広がっていた[62]。そうであれば、当時、業績の芳しくない企業に対して、取締役数を削減すべきという社会的な圧力が実際に生じていたのではないか。②内田論文の分析した2002年度末から2004年度末という時期は日本経済が低迷していた時期であり、「取締役（全員）の報酬（の上限）を株主総会決議で定めなければならない」という商法のルールの下で、取締役に相応の報酬・賞与を与えるには、かつて30人の取締役のために総会で定めた「枠」を10人で使う（非取締役への報酬支給には総会決議は不要である）ことや、利益処分（当時の商法では、取締役への賞与の支給は株主への配当とセットで決議された）時の取締役数を減らすことが有力な手段であったのではないか。また、③先に（4）で検討した法的要因（代表訴訟逃れ）も、非合理的な圧力として機能した（企業価値最大化ではなく、取締役の保身のために選択された）可能性がある。

　データの解釈は難問であるが、内田氏の調査対象期間（上記）において、企業経営上の合理性がない（先の第1の経路を生じる）取締役数の削減であっても、これを選択せざるを得なかった企業[63]があったとしても不思議はないように思われる。他方、上記①②の特殊要因は2000年代前半の限られた時期にのみ強く作用したのであれば、それ以前に執行役員制度に移行した事例（≒取締役数を削減した事例）を調査

---

[62]　編集部・前掲注41）90頁。また、1998年の春にいくつかの銀行が相次いで取締役数の削減と執行役員制度の導入を公表したが、公的資金投入に関連して当局から取締役数の削減が求められていたことを示唆する記述がある。日本長期信用銀行について商事法務1484号（1998）49頁以下、日本債券信用銀行の経営健全化計画に関して商事法務1485号（1998）49頁を参照。

対象に含めている宮島氏らの研究においては、第1の経路よりも第2の経路が強く観察されることになったのではないか。

　以上の推論はあくまで仮説に過ぎないが、一般化すると、「企業は多くの場合には合理的な選択を行う」ことと、「企業は、外部からの圧力に屈して非合理的な選択を行う場合もある」ことを、2つの研究は示しているのではないだろうか。

　なお、筆者は、③法的要因は、取締役数削減・執行役員制度の導入の一因であるものの、主たる要因はバブル経済の崩壊後に生じた経営環境の変化への対応であると考える。すなわち、日本企業の海外進出、事業構成の多角化、組織内部の分権化の進展、メインバンクによる規律の後退、一部の企業における株式の持合いの解消などの諸要因である[64]。

　当時の論説には、執行役員制度の導入の背景には、グループ事業の多角化に伴い、グループの本社機能の強化、グループ企業の自律的経営が求められるようになってきているという認識、あるいは、カンパニー制を取る会社で、カンパニーと会社本体の役割、カンパニー代表者の権限を明確化するために、執行役員制度が導入されたという認識を示すものがある[65]。このような認識は、取締役会改革が経営環境の変化への対応を目的としていたという先の推測に合致するものである。

---

63) 取締役数の大きな企業では、2002年度末よりも早期に取締役数の削減・執行役員制度の採用が進んでいたため、内田氏が「取締役数を削減した企業」として調査した企業は、先行企業に比べて「改革が遅れた会社」であり、サンプルにバイアスがあった（そのような会社の業績が低迷することに不思議はない）という解釈があり得るところである。なお、この期間の取締役数削減企業には、建設業の企業が多かったようである。シンポジウム「コーポレート・ガバナンスと実証分析――会社法への示唆」私法72号（2010）53頁、77〜79頁、81〜85頁における、伊藤靖史氏、後藤元氏、森田果氏と内田氏のやり取り（英語論文の元となった邦語論文に関してのもの。前掲注54参照）を合わせて参照。

64) 宮島＝新田・前掲注43）29頁、32頁。

3　その後の変化

　先の2(5)に示した筆者の見立てを補強するものとして、その後の日本企業のガバナンスの変化についても簡単に見ておこう。
　第1に、2005年から2010年の東証一部上場の非金融事業法人を対象として、取締役会構成の決定要因と社外取締役の導入効果を検証した研究がある[66]。この実証研究は、(1)機関投資家の保有比率の高い企業では、事業の複雑性、モニタリングの必要性などの企業特性に対応して合理的な取締役会構成が選択されていること、(2)機関投資家の保有比率の低い企業では、社外者による情報獲得が容易で、社外取締役の選任が企業価値を引き上げる可能性が高い場合でも、経営者の私的利益のために選任が遅れる企業が存在すること、を明らかにしている。
　第2に、2010年に実行された持株会社体制への移行案件の分析がある。この分析の対象は取締役会改革ではなく組織アーキテクチャーに

---

65) 丹羽繁夫「コーポレート・ガバナンス論と執行役員の位置づけ」商事法務1512号（1998）16頁、松井真一「執行役員制度をめぐる理論と実務（上）」商事法務1539号（1999）75頁。松井・76頁は、執行役員制度の導入が意思決定の迅速化などの目的を達成するためには、カンパニー代表者への権限の委譲などの組織改革が必要である、と述べる。
　　多角化した企業では、部門代表者を取締役にすることは合理的でない。岩原紳作＝山下友信＝前田雅弘＝須藤岳史＝小林利治＝久保利英明＝萩野博司「経営環境の変化と企業の取締役会改革（座談会）」商事法務1505号（1998）6頁、34頁〔久保利発言〕。実務家からは、多角化企業では、たとえばテレビと映画では経営の感覚が全く異なるところ、これを1つの会議体で意思決定していくのは難しいため、持株会社化し、持株会社は各部門の財務状況等を把握して、経営資源の再配置を行うことに専念することが合理的であり、持株会社の取締役会は事業会社の取締役会とは相当に役割が異なる、と説明されている。同座談会22頁以下〔須藤発言〕。
66) 宮島英昭＝小川亮「日本企業の取締役会構成の変化をいかに理解するか？──取締役会構成の決定要因と社外取締役の導入効果」RIETI Policy Discussion Paper 12-P-013（2012年7月）http://www.rieti.go.jp/jp/publications/summary/12070006.html

関するものであり、また分析手法も回帰分析を用いたものではないが、次のような結果が得られている。同年には単独の会社を持株会社と事業子会社に分離する事例が22件あるが、その理由として開示資料に掲げられた目的には、「経営戦略策定と業務執行の分離」「意思決定の迅速化」を挙げる例が多い。戦略策定と執行の分離を目的とするのであれば、持株会社において、従前よりも、①取締役の人数が減少し、②（独立）社外取締役の人数が増加し、③取締役会の開催回数が減少するのではないか、と推測される。しかし、移行の前後における開示資料（平成25年までの3年間のもの）を比較しても、持株会社と子会社の取締役を兼任する例が多く、①②③の傾向は明確には観察されない。すなわち、外形的には、戦略策定と執行の分離や意思決定の迅速化という目的が達成できているか否かの確認はできない、という[67]。

この結果の解釈は一義的ではないが、次のような解釈は的外れではないだろう。まず、この結果は、当時の日本企業の多くが2(5)で述べたように海外進出、事業構成の多角化、組織内部の分権化の進展などの環境変化に直面し、これに対処しようとしていたことを示すものである。また、先の第1として示した実証研究の結論(1)(2)と同様に、組織アーキテクチャーの選択においても、各社はその企業特性に応じた選択を進めているものの、（おそらく機関投資家からの圧力が十分に働いていないために）経営者の私的利益が最適な選択を妨げている場合もあることが推認される。

---

67) 三笘裕＝遠藤努＝鈴木健人「持株会社体制への移行の実証的分析（上）（下）」金融・商事判例1463号2〜13頁、1464号（2015）2頁。この三笘氏らによる論文については、筆者はすでにコメントを公表している。大杉謙一「三笘・遠藤・鈴木論文へのコメント　持株会社化の先にあるもの」金融・商事判例1464号（2015）10〜14頁。

第 7 章　日本型取締役会の形成と課題

Ⅳ　結語

　以上のⅡ、Ⅲの分析からは、今後の日本企業のガバナンス改革のあり方に関して、次のような示唆が得られる。
　第 1 に、これまでの取締役会改革は、法規制により直接的に生じたものは稀であり、むしろ外的な環境変化への対応として行われた改革が主流であった。もっとも、商法（会社法）改正が間接的な影響を及ぼした例もある。具体的には、取締役会に関する昭和 56 年の商法改正は実態にほとんど影響を及ぼしていない――そもそも同年改正は実態への影響を最小限にとどめることを意図した改正であるため、当然の結果ではあるが――のに対して、株主代表訴訟の提起を容易にした平成 5 年の商法改正は、当時の企業不祥事とそれに対する社会的批判などと相まって、取締役数の削減・執行役員制度の採用を促進する一要因となった。
　第 2 に、一口に上場企業といってもその規模・業種・文化（社風）は多様であり、多くの場合に、各企業は自社の置かれた状況に照らして合理的な選択をしており、法律により直接的な規制を行うことは合理的でない。たとえば、取締役の人数の上限[68]を法で規制したり、常務会（あるいは経営会議）を法制化することは、合理的ではないだろう。
　第 3 に、経営者の私的利益がかかわる事項については、各企業の自発的な選択に委ねることは最善でない可能性がある。社外取締役の選任や指名委員会・報酬委員会の設置（任意のものを含む）については、法による一律の強制が合理的か否かは明らかでないが、一定の限度で

---

68) 2016 年 5 月の段階で、取締役数の多い上場企業として、ニプロ（30 名）、凸版印刷（26 名）、東レ（25 名）などがある。このうち、ニプロと東レは同年 6 月の総会で同じ人数の取締役を選任したが、凸版印刷は 19 名のみを選任した（同社は、同時に定款変更を行い、取締役数の上限を 32 名から 25 名へと減少させた）。

制定法やソフトローによる介入が正当化される可能性がある。ただ、仮に一定の介入を行うとしても、企業に選択の幅のある規制とすることが望ましく、各企業における私的利益の規律は、企業と投資家の対話を通して果たされるべきであろう[69]。

　第4に、本稿では直接議論しなかったが、戦後の日本の大企業の改革を欧米の取締役会改革と対比すると、次のように見ることができる。まず、昭和49（1974）年の商法改正は、社外取締役の設置を強制・推奨する方向ではなく、監査役の業務監査権限を復活させることを選んだものであり、世界標準からの分岐・逸脱（diversion）を示すものであった。しかし、社外監査役の義務付け（平成5〔1993〕年改正）、監査役の取締役会への出席義務・意見陳述義務、監査役会における社外監査役比率の厳格化（平成13〔2001〕年改正）、そして、法改正ではないが、2000年代における取締役数の削減と執行役員制度の採用、近時の社外取締役の自発的（あるいは半強制的）な選任などを踏まえると、長い時間軸で見ると、日本企業のガバナンスは欧米のそれに収斂（conversion）しつつあると考えられる[70]。

　もっとも、この収斂は、非常に長い時間を経て、かつ部分的・跛行的に進展したものである。日本企業の人事制度が国際的にみて特異であり、かつ、そのような特異性は日本社会全体の制度・文化の特徴と

---

69) 経営者からの独立性の高く、一定規模以上の株式を保有する株主が、経営者の私的利益の規律において有益であることを示唆する研究がいくつか存在する。宮島＝小川・前掲注66）、江頭憲治郎「上場会社の株主」江頭憲治郎編『株式会社法大系』（有斐閣、2013）3頁、Hideaki Miyajima and Ryo Ogawa, "Convergence or Emerging Diversity? Understanding the impact of foreign investors on corporate governance in Japan" RIETI Discussion Paper Series 16-E-053（2016）．また、江口高顯「エンゲージメントの時代における機関投資家の役割」商事法務2109号（2016）24頁、白井正和「アクティビスト・ヘッジファンドとコーポレート・ガバナンス」商事法務2109号（2016）34頁をあわせて参照。
70) 大杉謙一「会社法制の見直しに関する要綱案の概要」ビジネス法務12巻11号（2012）18頁を参照。

関連するものであることを思い起こすと、われわれは、収斂それ自体を良しとするのではなく、企業が自発的に行う選択がより良いものとなるように、選択肢を増やし、指名委員会（任意のものを含む）の設置を促すなど経営者のアカウンタビリティーを全体として高める施策を指向すべきであろう[71]。

このような示唆を踏まえると、本稿の冒頭Ⅰで指摘した近時の大きな変化（社外取締役の普及、監査等委員会設置会社への移行）は、上記の第2、第3の点に照らして、大筋で合理的なものであるといえる。そして、それをもたらした会社法の改正やスチュワードシップ・コード、コーポレートガバナンス・コードの制定は、経営者のアカウンタビリティーを強化するものとして肯定的に受け止めることができよう。

もっとも、本当に大切なことは、このような変化が当初の目的に沿ったものであるかを今後検証していくことである。具体的には、上場企業が資本効率を意識した経営を志向し、資本効率の改善につながるKPI（主要業績指標）を社内の経営目標として共有し、経営トップのアカウンタビリティーを向上させる実務が進展するか否かを、今後われわれは注視すべきである[72]。また、コーポレートガバナンス・コードが「適度に効いている」のか、それとも「過度にガバナンスの外形に影響を与えている」のかを、予断を排して、長期的に検証することが必要であろう[73]。

（おおすぎ・けんいち）

---

[71] 大杉謙一「上場会社の経営機構」法律時報87巻3号（2015）4頁、大杉謙一「日本的経営とコーポレート・ガバナンス」月刊資本市場367号（2016）14頁、19頁以下。

[72] 『『持続的成長への競争力とインセンティブ～企業と投資家の望ましい関係構築～』プロジェクト　最終報告書」（いわゆる伊藤レポート）（2014年8月）を参照。

[73] この点について、野田博「コーポレート・ガバナンスにおける規制手法の考察」商事法務2109号（2016）14頁、澤口実「コーポレート・ガバナンスに関する新しい開示情報とその分析」商事法務2109号（2016）48頁を参照。

第8章
社外取締役・独立取締役はどのような役割を期待されているのか？
―― 近時の企業統治改革の効果の検証に向けて

東京大学准教授　後藤　元[*]

I　はじめに

1　近時の企業統治改革とその効果

　平成26年改正会社法が施行され、また日本版コーポレートガバナンス・コード[1]の適用が開始された平成27年は、日本における「企業統治改革元年」であると言われることがある[2]。これら2つの企業統治改革は、いずれも社外取締役・独立取締役がコーポレートガバナン

---

[*]　筆者は、平成22年3月から同25年7月にかけて、法務省民事局調査員（非常勤）として法制審議会会社法制部会の事務局とその後の会社法改正に向けた立案作業に関与したが、本稿はあくまで筆者の個人的見解に基づくものであり、法務省の立場と必ずしも一致するものではない。本稿の執筆に当たり、企業法研究会（2015年11月9日、一橋大学大学院国際企業戦略研究科）、Energy Law – Maritime Law – Corporate Law – Commercial Law Intersection: Bridging the Gap（2016/3/24 at University of Zagreb, Faculty of Law）、および University College London, Roundtable on Comparative Corporate Governance: The Case of Japan（2016/5/20 at Royal Automobile Club, London）の参加者から有益なコメントを受けた。なお、本稿は、科学研究費補助金・基盤研究C「株主構成の多様化・国際化に対応した株主権の適正行使を確保する法制度の構築」（課題番号16K03390）による研究助成の成果の一部である。

第8章 社外取締役・独立取締役はどのような役割を期待されているのか？

スにおいて果たす役割に注目している点で共通している。

　すなわち、平成26年改正会社法においては、①社外取締役を1名も選任していない上場企業[3]に対する「社外取締役を置くことが相当でない理由」の説明・開示の義務づけ（会社法327条の2、会社法施行規則74条の2、同124条2項）によって、いわゆるcomply or explainの形式で社外取締役の選任を推奨するとともに、②監査等委員会設置会社制度の導入（会社法399条の2以下）によって、監査役会設置会社が社外取締役を選任した場合の重複・負担を軽減し、さらに③社外取締役・社外監査役の要件の厳格化（会社法2条15号ハニホ・同16号ハニホ）によって、これらの者の独立性が高められている[4]。また、日本版コーポレートガバナンス・コードは、上場企業に対して、独立社外取締役を少なくとも2名以上選任するか、そうしない場合にはその理由を説明することを求めている（東京証券取引所有価証券上場規程436条の3、コーポレートガバナンス・コード原則4－8）[5]。

---

1)　いわゆる日本版コーポレートガバナンス・コードは、金融庁と東京証券取引所が設置したコーポレートガバナンス・コードの策定に関する有識者会議によって「コーポレートガバナンス・コード原案～会社の持続的な成長と中長期的な企業価値の向上のために～（平成27年3月5日）」(available at http://www.fsa.go.jp/news/26/sonota/20150305-1/04.pdf) が取りまとめられた後、各証券取引所がこれを有価証券上場規程の一部として採択するという形式を採っている。
2)　たとえば、神作裕之「特集　コーポレート・ガバナンス元年の株主総会」法学教室421号（2015）3頁。
3)　本文の規制の対象は、厳密には、公開会社であり、かつ大会社である監査役会設置会社であって、金融商品取引法24条1項の規定によりその発行する株式について有価証券報告書を提出しなければならないものであるが、本稿では簡略化のため「上場企業」と記載することとする。
4)　平成26年会社法改正による社外取締役関連の改正内容の詳細については、坂本三郎ほか「平成二六年改正会社法の解説〔Ⅰ〕〔Ⅱ〕〔Ⅲ〕」商事法務2040号（2014）28頁、2042号（2014）19頁、2043号（2014）4頁および前田雅弘「企業統治」ジュリスト1472号（2014）18頁を参照。
5)　日本版コーポレートガバナンス・コードによる取締役会・独立社外取締役関連の要請の詳細については、油布志行ほか「『コーポレートガバナンス・コード（原案）』の解説〔Ⅰ〕〔Ⅲ〕〔Ⅳ・完〕」商事法務2062号（2015）47頁、2064号（2015）35頁、2065号（2015）46頁を参照。

Ⅰ　はじめに

　これらの企業統治改革の結果として、わが国の上場企業による社外取締役・独立取締役の選任状況は、ここ数年で急速に変化している[6]。東京証券取引所第一部上場企業について見た場合、社外取締役を 1 名以上選任している上場企業の比率は、平成 26 年改正会社法に向けた法制審議会会社法制部会の議論が開始された 2010 年には 48.5％ にとどまっていたが、その後は 2012 年に 55.4％、2013 年に 62.3％、2014 年に 74.3％、2015 年に 94.3％ と上昇を続け、2016 年 7 月 14 日時点においては 98.8％（東京証券取引所の上場企業全体では 95.8％）に達している。また、コーポレートガバナンス・コードが求める 2 名以上の独立取締役を選任している上場企業の比率は、同コード実施以前の 2014 年時点では東京証券取引所第一部上場企業のうち 21.5％ であったが、2015 年には 48.4％ に、2016 年 7 月 14 日時点では 79.7％（東京証券取引所の上場企業全体では 60.4％）にまで上昇している[7]。

2　本稿の問題意識

　しかし、このように平成 26 年改正会社法および日本版コーポレートガバナンス・コードを受けて社外取締役・独立取締役の選任比率が上昇したとしても、この点のみをもって、これらの企業統治改革の効果が実現したと評価することは慎むべきであろう。社外取締役・独立取締役を選任した企業の中には、まずは改正会社法やコーポレートガバナンス・コードの要請に形式的に対応することを優先させたものもあ

---

[6]　以下のデータは、東京証券取引所「東証上場会社における独立社外取締役の選任状況〈確報〉（2016 年 7 月 27 日）」（available at http://www.jpx.co.jp/news/1020/nlsgeu000001sndx-att/20160727-1.pdf）による。

[7]　もっとも、会社法やコーポレートガバナンス・コードが要請する水準を越えて、取締役会の 3 分の 1 や過半数を社外取締役または独立取締役とする上場企業は、依然として少数にとどまっている。2016 年 7 月 14 日時点において、東京証券取引所第一部上場企業のうち取締役会の 3 分の 1 以上が独立取締役である企業の比率は 22.7％、2 分の 1 が独立取締役である企業の比率は 4.6％ である（東京証券取引所・前掲注 6）5 頁）。

るかもしれないからである。重要なのは、社外取締役・独立取締役の選任の増加を通じて、これらの者に期待されてきた役割が実際に果たされているかどうかである[8]。

　この点を検証するためには、社外取締役・独立取締役に期待されてきた役割がどのようなものであるのかということ、換言すれば、どのような効果を期待して企業統治改革が行なわれたのかということを明らかにしておく必要がある。しかし、社外取締役・独立取締役に期待される役割としては、各種の報告書や論者によって様々なものが挙げられてはいるものの、それらの内容や相互の関係が突き詰めて分析されることは、あまり多くはないように思われる[9]。

　たとえば、日本版コーポレートガバナンス・コードは、その序文において、同コードが「会社におけるリスクの回避・抑制や不祥事の防止といった側面を過度に強調するのではなく、むしろ健全な企業家精神の発揮を促し、会社の持続的な成長と中長期的な企業価値の向上を図ることに主眼を置いて」おり、「会社の迅速・果断な意思決定を促すことを通じて、いわば『攻めのガバナンス』の実現を目指すものである」ことを謳っており[10]、独立社外取締役についても「会社の持続的な成長と中長期的な企業価値の向上に寄与するように役割・責務を果たすべき」であるとしている（原則4－8）。ここからは、独立社外取

---

[8]　金融庁および東京証券取引所が平成27年8月に設置した「スチュワードシップ・コード及びコーポレートガバナンス・コードのフォローアップ会議」も、「ガバナンス体制の強化が、形式だけでなく、実質を伴ったものとなっているか」という観点から議論・検証を行なうものとしている（同会議「コーポレートガバナンス・コードへの対応状況と今後の会議の運営方針（平成27年10月20日）」1頁、available at http://www.fsa.go.jp/singi/follow-up/statements.pdf）。コーポレートガバナンス・コード原案・前掲注1）23頁の原則4－8の背景説明も参照。

[9]　平成26年改正に向けた議論が開始される以前の段階においての同様の指摘として、落合誠一「独立取締役の意義」新堂幸司＝山下友信編『会社法と商事法務』（商事法務、2008）219頁、222頁参照。

[10]　コーポレートガバナンス・コード原案・前掲注1）2頁。

I はじめに

締役の選任の目的が企業不祥事の摘発・防止にあるわけではないということは窺えるものの[11]、「攻めのガバナンス」とは具体的にどういうものなのか、その実現のために独立社外取締役は具体的にどういった役割を果たすことが期待されているのか[12]ということは明らかではないのである。

本稿では、以上のような問題意識から、平成26年会社法改正、日本版コーポレートガバナンス・コードの策定とその前後の企業統治改革に関する議論を分析し、近時の企業統治改革の中で社外取締役・独立取締役に期待されてきた役割を整理・検討する[13]。平成26年改正会社法および日本版コーポレートガバナンス・コードによる企業統治改

---

[11] 企業不祥事の摘発・防止が主目的ではないということは、コーポレートガバナンス・コードのみならず、平成26年改正会社法による社外取締役関連の改正にも当てはまる。岩原紳作「総論——会社法制見直しの経緯と意義」ジュリスト1439号（2012）12頁、13～15頁、Gen Goto, Manabu Matsunaka & Souichirou Kozuka, *Japan's Gradual Reception of Independent Directors: An Empirical and Political-Economic Analysis, in* INDEPENDENT DIRECTORS IN ASIA (Harald Baum et al, eds., Cambridge University Press, *forthcoming*)。藤田友敬「『社外取締役・取締役会に期待される役割——日本取締役協会の提言』を読んで」商事法務2038号（2014）4頁、7～8頁も参照。なお、コーポレートガバナンスの改革は企業不祥事の発生を機に行なわれることが多く（小塚荘一郎「企業の国際化とコーポレート・ガバナンス改革」長谷部恭男ほか編『岩波講座現代法の動態4 国際社会の変動と法』（岩波書店、2015）181頁、188～189頁参照）、その点で今回のわが国の改革は国際的にみても珍しいものである。そのためもあってか、平成26年改正は、会社法制部会の審議開始後に発生したオリンパス事件等の企業不祥事への対応を目的とした立法であったと誤解されることもある（たとえば、Wolf-Georg Ringe, *Independent Directors: After the Crisis*, 14 EUROPEAN BUSINESS ORGANIZATION LAW REVIEW 401, 408 (2013)）。米・英・独におけるモニタリング・モデルの発展の経緯について、大杉謙一「コーポレート・ガバナンスと日本経済——モニタリング・モデル、金融危機、日本的経営」金融研究32巻4号（2013）105頁、122～148頁を参照。

[12] 独立社外取締役が直接何かをすることを想定しているわけではなく、経営陣が必要な行動を採るための環境整備として独立社外取締役の選任が要請されている可能性もあるが、その場合も、経営陣に期待されている行動は具体的に何であるのか、なぜ独立社外取締役の選任が環境整備になるのか、ということが問題となる。

第 8 章　社外取締役・独立取締役はどのような役割を期待されているのか？

革の効果の検証は、これを受けた将来の課題としたい[14]。

---

13)　社外取締役の導入促進の論拠としては、以下の本文で取り上げるもののほか、「経営チームに経営陣から一定の距離のある外部者を入れることにより、外部者への説明を通じて経営の透明度が高まり、開かれた経営への第一歩となり得る」という観点（神作裕之「取締役会の独立性と会社法」商事法務 2007 号（2013）48 頁、52 頁）や、社外者を中心とする独立性の高い取締役会による業務執行者の監督という仕組みを取ることで、内外の投資家の信認を得ることができ、ひいてはわが国の資本市場の国際競争力の強化に資するという発想（金融審議会金融分科会「我が国金融・資本市場の国際化に関するスタディグループ報告～上場会社等のコーポレート・ガバナンスの強化に向けて～（平成 21 年 6 月 17 日）」1～2 頁（available at http://www.fsa.go.jp/singi/singi_kinyu/tosin/20090617-1/01.pdf）参照）も存在している。前者については、経営の透明性を高めることによってどのような効果を期待するのか、外部者がどのような観点からの説明を求めるのかが不明瞭であり、これのみでは評価が困難であるように思われる。

後者については、外国人投資家に向けて「体裁を取り繕うことが重要である」という主張は社外取締役を「法令で強制する根拠には、到底なり得ない」との批判もあるが（江頭憲治郎「会社法改正によって日本の会社は変わらない」法律時報 86 巻 11 号（2014）59 頁、61 頁）、アプリオリに排除されるべきものではなく、そのような仕組みを採用することで（それを採用しない場合と比べて）日本市場への投資が増加するか（藤田友敬「本シンポジウムの目的」商事法務 2007 号（2013）4 頁、14 頁注 44 参照）、また日本市場への投資が増加することにどのようなメリットがあるかということを問題とすべきであると思われる。これらの点には、これ以上立ち入らないが、本稿の問題意識との関係では、上記の発想は、突き詰めれば、なぜそのような仕組みを取ると内外の投資家の信認を得やすいのか、内外の投資家は社外取締役にどのような役割を期待しているのかという問題に帰着するということを指摘しておく。

14)　会社法の一部を改正する法律（平成 26 年法律 90 号）の附則 25 条は、同法の施行後 2 年を経過した場合において、社外取締役の選任状況その他の社会経済情勢の変化等を勘案し、企業統治に係る制度の在り方について検討を加え、必要があると認めるときは、その結果に基づいて、社外取締役を置くことの義務付け等所要の措置を講ずることとしている。今後の企業統治改革に際しては、平成 26 年改正会社法や日本版コーポレートガバナンス・コードによる改革の評価がまずなされるべきであり、本稿はそのような作業のための前提としての意義を有する。なお、上記の改正法附則 25 条を受けた改正に向けての非公式な検討作業も既に開始されているが（公益社団法人商事法務研究会「『会社法研究会』の審議状況」(available at https://www.shojihomu.or.jp/kenkyuu/corporatelaw) 参照）、本稿執筆時点（平成 28 年 7 月 31 日）において、社外取締役の選任の義務付け等に関する検討はまだなされていない。なお、筆者は、会社法研究会の委員であるが、本稿は筆者個人の意見であり、同研究会を代表するものではない。

Ⅱ 社外取締役・独立取締役に期待されてきた機能

1 平成26年改正会社法とモニタリング・モデル

(1) 平成26年改正会社法

　まず、平成26年改正会社法における社外取締役関連の改正をめぐる議論から見て行こう。

　この改正の土台となった法制審議会会社法制部会での審議においては、上場企業である監査役会設置会社に対して社外取締役1名の選任を義務づけるべきか否かという論点を軸に議論が展開された。そこでクローズアップされたのは、監査役会設置会社には社外監査役が存在しているにもかかわらず社外取締役の選任が必要であるとすれば、それはなぜかということであり、社外監査役では果たし得ない社外取締役に期待される機能はあるのかということが焦点となった[15]。

　この点については、会社法制部会においては、社外取締役に期待される機能としては大きく分けて①経営効率の向上のための助言を行う機能（助言機能）、②経営全般の監督機能、③利益相反の監督機能の3

---

[15] 平成26年改正会社法による社外取締役関連の企業統治改革に批判的な江頭憲治郎は、「社外監査役制度が失敗したのであれば、その失敗の原因を究明することなしに、社外取締役制度の運用を論ずることはできないはずである」とし、監査役会制度の失敗は、常勤監査役が議長となる運用が定着した結果、社外監査役の積極性が失われた点にあるため、社外監査役の一人が議長になり、常勤監査役はその事務局的な立場に立つ運用が行なわれていれば、監査役会制度の評価は違ったものになった可能性があるとしているが（江頭・前掲注13）62～63頁）、これは、社外取締役には監査役会制度および社外監査役が適切に機能していたとしても果たし得ない役割があるのではないかという平成26年改正会社法の問題意識を十分に理解していないものであるように思われる。
　なお、平成26年改正会社法では、結局、社外取締役の選任の義務付けは採用されなかったものの、社外取締役に期待される機能に関する本文の整理は、平成26年改正会社法の下でも妥当するものと考えられる。

つがあると整理され、このうち②が(a)取締役会における重要事項の決定に関して議決権を行使することなどを通じて経営全般を監督する機能と(b)経営全般の評価に基づき、取締役会における経営者の選定・解職の決定に関して議決権を行使することなどを通じて経営者を監督する機能（経営評価機能）の2つに、また③が(a)会社と経営者との間の利益相反を監督する機能と(b)会社と経営者以外の利害関係者との間の利益相反を監督する機能の2つに細分化されている[16]。このうち①助言機能については、その活用の是非の判断を経営者に委ねることが望ましいと考えられ、また③利益相反の監督機能については、敵対的買収防衛策の導入についての意見（会社法施行規則129条1項6号）や大規模な第三者割当ての必要性・相当性についての意見（東京証券取引所有価証券上場規程432条1項）等の形で、社外監査役も一定の役割を既に果たしている[17]。これに対して、②の機能は取締役会における意思決定に際しての議決権を有さない社外監査役では果たし得ないものであり、中でも社外取締役に期待される機能として注目されたのが、②(b)の経営評価機能であった[18]。

　この取締役会による経営者の選定・解職権限とそれへの社外取締役の関与への注目は、いわゆるモニタリング・モデルの影響を受けたも

---

[16] 法制審議会会社法制部会「部会資料9　企業統治の在り方に関する論点の検討(1)」1頁（平成23年1月26日）(available at http://www.moj.go.jp/content/000066727.pdf)。なお、社外取締役による監視・監督の内容としては、経営の効率性の向上（本文の②(b)に対応）および経営者の利益相反行為の防止（本文の③(a)に対応）とならんで、経営の適法性の確保が挙げられることも多い（たとえば、川口幸美『社外取締役とコーポレート・ガバナンス』（弘文堂、2004）5～7頁）。会社法制部会において、この経営の適法性確保という側面が取り上げられなかったのは、法令遵守や虚偽表示の防止はまさに監査役の中核的な職務であるため、社外監査役に加えて社外取締役の選任を義務づけることの根拠にはならないと考えられたためである。

[17] 松中学「監査役のアイデンティティ・クライシス」商事法務1957号（2012）4頁、7頁参照。

[18] 坂本ほか・前掲注4)商事法務2040号34頁参照。

II 社外取締役・独立取締役に期待されてきた機能

のであると考えられる[19]。モニタリング・モデルとは、取締役会の主たる役割は、経営者の選解任や経営方針の決定を通じた(特に効率性の観点からの)経営者の監督であると位置づけ、そのために業務執行の決定の大半を経営者に委任し、取締役の過半数を社外取締役にするなど取締役会の経営者からの独立性を高めようとする考え方のことであり[20]、Melvin Eisenberg 教授によって 1976 年に提唱された後[21]、1990 年代以降、世界的に受容されているものである[22]。平成 26 年改正会社法は、わが国の上場企業の取締役会の役割としてモニタリング・モデルを採用したわけではないが、モニタリング・モデルにおいて社外取締役に期待されている株主利益の代弁者としての効率性の観点からの経営者の業績評価と監督という役割を重視して[23]、少なくとも 1 名

---

19) 法制審議会会社法制部会の部会長であった岩原紳作も、社外取締役に関する改正内容をモニタリング・モデルとの関係という観点から説明している。岩原紳作「会社法制の見直しと監査役」月刊監査役 607 号 (2013) 4 頁、6 頁。ただし、立案担当官による解説には、モニタリング・モデルへの言及は見られない (法務省民事局参事官室「会社法制の見直しに関する中間試案の補足説明」商事法務 1952 号 (2011) 19 頁、20 頁以下、坂本ほか・前掲注 4) 商事法務 2040 号 34 頁参照)。

20) モニタリング・モデルについて、詳しくは川濱昇「取締役会の監督機能」森本滋＝川濱昇＝前田雅弘編『企業の健全性確保と取締役の責任』(有斐閣、1997) 3 頁を参照。なお、モニタリング・モデルは、あくまで取締役会の機能に関する考え方であるが、平成 26 年改正に至る議論の中では、社外取締役 1 名の選任の義務付けが争点となっていたため、(取締役会ではなく) 単体としての社外取締役の機能に置き換えられていることに注意を要する。

21) Melvin Aron Eisenberg, The Structure of the Corporation: A Legal Analysis (Little Brown, 1976), at 162-168.

22) 独立取締役とモニタリング・モデルが世界的に普及した過程について、小塚・前掲注 11) を参照。

23) 岩原・前掲注 19) 4 ～ 6 頁。岩原紳作「平成 26 年会社法改正の意義」ジュリスト 1472 号 (2014) 11 頁、13 ～ 15 頁は、平成 26 年改正の最大の意義は、「従業員出身者が会社の経営者の地位を独占し、株主利益よりは従業員集団の利益を重視する傾向のあった、わが国の株式会社のコーポレート・ガバナンスを、株主利益をより重視する傾向に一歩進めたこと」であると述べている。

の社外取締役の選任を comply or explain の形で推奨するとともに、社外取締役のそのような役割を活用しようとする企業にとって柔軟性の高い（指名委員会等設置会社よりも抵抗感の少ない）仕組みとして監査等委員会設置会社制度を創設し、モニタリング・モデルへの入り口となることを期待したものと評価することができよう。

(2) 日本取締役協会の提言

このような観点をより明確に表明しているのが、日本取締役協会の「社外取締役・取締役会に期待される役割について（提言）」である[24]。この文書によれば、「社外取締役・取締役会の主たる職務」の中核は、「経営者に対して経営戦略・計画について説明を求め」、それが「株主の立場から是認できないものでないかを検討」し、「経営の成果について、経営者から説明を求め」た上で、「経営者を評価し、最終的には現在の経営者に経営を委ねることの是非について判断する」ことにある[25]。

2 日本版コーポレートガバナンス・コードと「攻めのガバナンス」

(1) 「攻めのガバナンス」

日本版コーポレートガバナンス・コードは、第二次安倍晋三政権による成長戦略の一環として「『日本再興戦略』改訂 2014」により策定

---

[24] 日本取締役協会「社外取締役・取締役会に期待される役割について（提言）」（2014年3月7日）」（available at http://www.jacd.jp/news/odid/140307_01report.pdf）。この提言の分析として、藤田・前掲注11）を参照。

[25] 日本取締役協会・前掲注24) 2頁。この提言は、社外取締役に期待される他の役割として財務情報の信頼性の確保、経営者の報酬の合理化、経営者の利益相反行為の抑止、適切なリスク管理体制の構築を上げる一方で、個別の業務執行の決定は経営者と会社との利益相反が生ずる場合を除いて経営者に委任すべきであるとし、また個別の不祥事の発見自体は社外取締役による監督の直接的な目的ではないことを強調している（同2～3頁）。

が指示されたものであり[26]、同コードの序文がその目的として掲げた「攻めのガバナンス」の実現は、近時の企業統治改革のキャッチフレーズとなった感もある[27]。この「攻めのガバナンス」の具体的内容は、本稿の冒頭において見たように、同コードによって定義されてはいないが、その語感および関連して挙げられている「迅速・果断な意思決定」や「健全な企業家精神の発揮」、「会社の持続的な成長と中長期的な企業価値の向上」といったキーワードからは、持続的な成長に向けた積極的なリスクテイクの促進が意図されているように思われる。このことは、上記の「『日本再興戦略』改訂 2014」が、「コーポレートガバナンスの強化により、経営者のマインドを変革し、グローバル水準の ROE の達成等を一つの目安に、グローバル競争に打ち勝つ攻めの経営判断を後押しする仕組みを強化していくことが重要である」とし、「特に、数年ぶりの好決算を実現した企業については、内部留保を貯め込むのではなく、新規の設備投資や、大胆な事業再編、M&A などに積極的に活用していくことが期待される」と述べていることからも窺えよう[28]。

この積極的なリスクテイクの促進という方向性は、バブル経済崩壊後の長期にわたる日本経済の低迷（いわゆる「失われた 20 年」）の原因

---

26) 日本経済再生本部「『日本再興戦略』改訂 2014──未来への挑戦（平成 26 年 6 月 24 日）」18 頁、30 〜 31 頁（available at http://www.kantei.go.jp/jp/singi/keizaisaisei/pdf/honbunJP.pdf）。
27) ただし、「攻めのガバナンス」という言葉は、法制審議会会社法制部会の議論では用いられていない。
28) 日本経済再生本部・前掲注 26) 4 頁。なお、日本企業は、投資額の大きさという点ではリスクを取っている（そして失敗している）ことも少なくなく、「失敗確率が低くても投資額が大きければリスクは大きくなる事実を、見逃している」可能性があるが、成長戦略を掲げるのであれば「失敗確率が低くない新規事案に数多く小さく投資していくこと」が必要であるとの指摘もなされている（三品和広「リスクテイクが足りない？」東洋経済 6658 号（2016 年 5 月 14 日号）9 頁）。

第8章　社外取締役・独立取締役はどのような役割を期待されているのか？

に関するマクロ経済学者による分析とも一定程度符合するものである[29]。たとえば、福田慎一は、2000年代前半にバブル崩壊後の不良債権処理が完了したにもかかわらず経済全体では生産性が低迷したのは、確実な回収を求める債権者によるコストカット圧力やバブル崩壊を経験した経営者の投資マインドの保守化により、企業がリストラによって業績を回復した一方で技術革新や設備投資を怠ったからであるとしている[30]。また、業績回復による余剰資金を再投資せずに、収益率がゼロに近い現預金として保有する企業が拡大したことが、日本企業の自己資本利益率（ROE）が低迷する原因であるとも指摘されている[31]。

---

29) 日本経済の低迷の原因については、本文に記載したものとは異なる分析も示されている。たとえば、コーポレートガバナンス・コードの策定に関する有識者会議の座長を務めた池尾和人は、日本のGDPギャップのマイナスがなかなか解消しない原因は、単なる需要不足ではなく、バブル期に形成された過剰な供給構造と産業構造の組換えが極めて緩慢なペースでしか進んでいないことにあり、これを解消するためには、需要喚起策ではなく、民間の産業構造調整を妨げている制度的な障害や規制を見直すことに注力すべきであると指摘している（池尾和人『連続講義・デフレと経済政策——アベノミクスの経済分析』（日経BP社、2013）41～44頁、68～70頁）。

30) 福田慎一『「失われた20年」を超えて』（NTT出版、2015）136～138頁、152頁、156頁、233頁。このほか、深尾京司『「失われた20年」と日本経済——構造的原因と再生への原動力の解明』（日本経済新聞出版社、2012）275～283頁（失われた20年の最大の原因は1970年代以降の生産年齢人口率の低下や欧米へのキャッチアップの終焉による全要素生産性上昇の原則により民間設備投資が大幅に減少したことによる総需要の不足であるとして、日本経済が停滞から脱却するための方策として、非製造業における情報通信技術投資等の加速によるイノベーションの促進や、生産性の高い大企業による国内回帰と対内直接投資の拡大などを提言する）、および、吉川洋『デフレーション』（日本経済新聞出版社、2013）209～213頁（日本企業は、2000年代のデフレと国際競争と円高の中でプロセス・イノベーションによるコストダウンに専心してきたが、その結果として需要創出型のプロダクト・イノベーションがおろそかになり、さらに経済の長期停滞をもたらすという悪循環に陥ったとする）も参照。

Ⅱ　社外取締役・独立取締役に期待されてきた機能

(2) 積極的なリスクテイクの促進と独立社外取締役の役割

　本稿にとっての問題は、日本版コーポレートガバナンス・コードがcomply or explainの対象としている独立社外取締役2名以上の選任が、新規の設備投資や大胆な事業再編・M&Aといった積極的なリスクテイクとどのように結びつくのかという点である。

　まず、同コードは、独立社外取締役に特に期待される役割・責務として、①経営の方針や経営改善についての助言、②経営陣幹部の選解任その他の取締役会の重要な意思決定を通じた経営の監督、③会社と経営陣・支配株主等との間の利益相反の監督、④少数株主をはじめとするステークホルダーの意見の取締役会への反映の4点を挙げているが（原則4−7）[32]、これらが積極的なリスクテイクとどのように関係するのかは明らかにされていない。

　リスクテイクへの言及があるのは取締役会の役割・責務に関する記述であり、そこでは取締役会の中心的な役割・責務が、ⅰ）企業戦略等の大きな方向性の決定、ⅱ）経営陣幹部による適切なリスクテイクを支える環境の整備、ⅲ）独立・客観的な立場からの経営陣・取締役に対する実効性の高い監督の3点に整理されている（基本原則4）[33]。しかし、ⅱ）が示しているように、積極的なリスクテイクを行なうの

---

31) 福田・前掲注30) 233〜234頁。なお、内部留保が相対的に潤沢な企業ほど、2008年秋の世界金融危機後の景気悪化時に倒産を回避できたことも指摘されている（同192頁）。

32) これは、④を追加している点以外は、法制審議会社法制部会における社外取締役の機能の整理に従ったものである。なお、④において株主以外のステークホルダーが考慮対象に含まれている点が注目されるが（基本原則2も参照）、取締役会の役割は「株主に対する受託者責任・説明責任を踏まえ、会社の持続的成長と中長期的な企業価値の向上を促し、収益力・資本効率等の改善を図る」という観点から整理されている（基本原則4）。

33) ⅰ）企業戦略等の大きな方向性の決定とⅲ）独立・客観的な立場からの経営陣・取締役に対する実効性の高い監督は、モニタリング・モデルに基づくものであるということができる。

は(当然のことながら)独立社外取締役ではなく業務執行を担う経営陣であり、この点では、独立社外取締役は経営陣によるリスクテイクを支える「環境の整備」に携わる可能性があるに過ぎない。そして、リスクテイクを支える環境の整備としては、「取締役会は、……経営陣からの健全な企業家精神に基づく提案を歓迎しつつ、説明責任の確保に向けて、そうした提案について独立した客観的な立場において多角的かつ十分な検討を行なうとともに、承認した提案が実行される際には、経営陣幹部の迅速・果断な意思決定を支援すべきである」(原則4－2)とされており、これによって当該意思決定の結果として会社に損害が発生した場合にも、いわゆる経営判断原則の適用によって経営陣が損害賠償責任の負担を免れるための重要な考慮要素の一つである「意思決定過程の合理性を担保することに寄与する」と考えられているのである[34]。

　取締役会のこのような役割を重視しているのが、コーポレートガバナンス・コードの策定に関する有識者会議の委員でもあった弁護士の武井一浩である。武井は、実際に「攻める」のは経営陣であることを前提として、「独立社外取締役を含んだ取締役会が中長期の企業価値向上のために果たすべき役割とは、経営陣の戦略や提案を建設的に揉んで、グローバル競争など外部環境に耐えうる内容へと方向づけていくことにある」とし、取締役会には「グッドクエスチョンを経営陣に発して、経営課題とその克服に対する気づきを与え、リスクをマネージして前に進む力と説明力とを高めていくいわゆるコーチング機能」が期待されているとしている[35]。また、このコーチング機能を果たすためには、取締役会で決議を経るという方法以外にも、経営会議で決議して取締役会に事後報告するという方法、経営陣による意思決定の

---

[34] コーポレートガバナンス・コード原案・前掲注1) 19～20頁。
[35] 武井一浩「コーポレートガバナンス・コードへの対応」ジュリスト1484号(2015) 60頁、64頁。

前に取締役会の意見（または任意に集めた社外取締役の意見）を聞くという方法など、多様な選択肢があり得るとしている[36]。

ここで想定されている「経営陣の戦略や提案」の規模が明らかではないが、仮にそれが経営戦略の変更に該当するような大規模な設備投資や事業再編・M&Aに限られず、個々の業務執行上のリスクテイクをも含むものだとすると、武井の言う取締役会のコーチング機能は、平成26年改正会社法や日本取締役協会の提言に影響を与えたモニタリング・モデルとは緊張関係に立ち得るものであるように思われる。独立社外取締役の役割としては、経営陣の業績評価・監督よりも、経営についての助言に期待していることになろう[37]。

もちろん、独立社外取締役にその多様なバックグラウンドを活かした助言を期待することを排除する必要はなく、また独立社外取締役が取締役会における少数派にとどまることの多いわが国の現状において現実に期待できるのは助言機能にとどまるのかもしれない。また、独立取締役に経営陣による過剰なリスクテイクを防止する役割も期待することは、特に2008年の世界金融危機以降、国際的に見ても珍しいことではない[38]。しかし、ともに取締役会および社外取締役・独立取締役の役割に期待している平成26年改正会社法と日本版コーポレートガバナンス・コードとの間に、力点の置き方がずれている可能性があ

---

36) 武井・前掲注35) 66頁。
37) 取締役会の在り方のモデルとしてのアドバイザリー・ボードとモニタリング・ボードの違いについて、落合誠一「日本企業の取締役会の現状と課題、あるべき姿」日本取締役協会編『独立取締役の教科書』（中央経済社、2015）1頁、15〜16頁を参照。
38) たとえば、アメリカ合衆国のドッド＝フランク・ウォール街改革・消費者保護法は、100億ドル以上の資産を有する銀行および連邦準備委員会の監督下にある銀行以外の金融機関に対して、FRBが適切と判断する数の独立取締役を構成員に含むリスク委員会の設置を要求している。松尾直彦『Q&Aアメリカ金融改革法──ドッド＝フランク法のすべて』（金融財政事情研究会、2010）113頁参照。

ることは留意しておくべきであろう[39]。

3 その他の議論

(1) 冨山和彦

これに対して、リスクテイクの促進について独立取締役に異なる意義を見出しているのが、同じくコーポレートガバナンス・コードの策定に関する有識者会議の委員であり、また日本取締役協会の提言の策定にも関与した冨山和彦である。

冨山は、「長年にわたり企業価値を喪失してきた日本企業の課題は、経営者、経営陣が必要なリスクを取らないこと、従来の事業や組織のあり方から不連続な変化を過度に嫌うこと、『あれか、これか』の鮮烈な戦略的意思決定を行わないこと」にあり、「経営者に対して、適切にリスクを取れるよう、組織内部の抵抗を乗り越えて鮮烈で不連続な改革を断行できるよう『アクセル』を踏ませることも、わが国のコーポレートガバナンスにおいては非常に重要となる」として、日本版コーポレートガバナンス・コードと共通の問題意識を表明する[40]。そして、「終身雇用・年功制・企業別組合などを背景に、組織内の協調を優先するサラリーマン・ムラ社会型の共同体的な性格が過度に進化した」組織は、「組織内の大きな軋轢や不協和音を生む事業の撤退・売却や戦略的な大方針転換のような意思決定には向かない」として[41]、「経営トップの部下ではない独立取締役」に「『ムラの空気』のガバナ

---

[39] なお、本稿は、モニタリング・モデルの観点からの経営者の業績評価と監督を重視する見方と、経営陣による積極的なリスクテイクの支援・管理という側面を重視する見方のいずれが優れているかということを主張しようとするものではなく、今般の企業統治改革の成果の評価軸として、2つの異なる機能が期待されていたということを指摘するものに過ぎない。

[40] 冨山和彦「企業価値向上に向けた取締役会～一歩進んだ独立取締役の役割～」日本取締役協会編『独立取締役の教科書』(中央経済社、2015) 107頁、114頁。

[41] 冨山・前掲注40) 112頁。

II 社外取締役・独立取締役に期待されてきた機能

ンスを打破し、株主をはじめとするステークホルダーと経営陣との間に存在すべき良き緊張感を取締役会に持ち込む主役となることを期待」しているのである[42]。

ここでは、独立取締役は、経営陣が社内のしがらみを断ち切って「選択と集中」を進めることができるように後押しをすることが期待されているのであり[43]、助言者としての役割よりも株主利益の代弁者としての役割が重視されていると言うことができよう[44][45]。そのような独立取締役の位置づけは、「取締役会の中核的な使命」は「経営者が、長期持続的な企業価値の向上に関して然るべくパフォーマンスをしているか否かを監督すること」にあるとし、そのためには経営トップの部下ではない独立取締役が「経営トップに対する解任動議を出し、そこで賛成票を投じる権能を潜在的にでも持っている」ことが決定的な意味を持つとして、モニタリング・モデルを採用している点にも現れ

---

[42] 冨山・前掲注40) 117頁。
[43] 冨山・前掲注40) 128頁。岩原・前掲注19) 5頁も、日本企業では「株主利益より従業員集団の利益の方が優先されるために、会社利益を第一とする果断な意思決定が難しく、従業員組織のスリム化が図られにくい等」といった問題意識が平成26年改正の背後にあったと指摘している。
[44] 冨山・前掲注40) 135～136頁は、「独立取締役の役割は、あくまでも監督が主であり、アドバイスが従である」とし、「独立取締役に対して過度にアドバイスを求めることは適切ではないし、独立取締役自身も具体的な執行の中身やプロセスに過度に介入することには慎重になるべきである」と指摘している。なお、独立取締役が意思決定の議論に参加することが排除されているわけではなく、それによって判断内容とプロセスに客観性がもたらされ、独立取締役の多角的な視点と経験的知見によってダウンサイドリスクを最小化する効果も期待されているようであるが、必要以上にリスク回避的になることは望ましくないことが指摘されている（同137～138頁）。
[45] このほかに独立取締役に期待される役割としては、経営システムが全体として正常に機能しているかどうかの監視・評価、経営の大きな方向性やガバナンス構造を含む会社の基本的なかたちに関する議論、非常に大規模なM&Aや敵対的買収提案への対応などの企業の存続の根幹に関わるような重大な経営判断に関する議論が挙げられている（冨山・前掲注40) 128～130頁）。

ている[46]。

　なお、独立取締役に株主利益の代弁者としての役割を期待するといっても、株主の短期的な利益のみを重視すべきであるという立場は採用されておらず、ヘッジファンド等による大幅な増配等の要求に対しては、これに過度に反応すると企業の長期的な成長性や収益性が毀損されるリスクがあるとして、否定的なスタンスが採られていることも注目に値しよう[47]。

(2)　伊藤レポート

　また、経済産業省による「持続的成長への競争力とインセンティブ～企業と投資家の望ましい関係構築～」プロジェクトの最終報告書（いわゆる伊藤レポート）[48]は、「日本企業の長きにわたる低収益性は自己規律によるガバナンスに限界があったことを如実に物語って」おり、「社外取締役などを活用した他律によるガバナンスが必要である」と指摘している[49]。ここで問題とされている低収益性とはROEが投資家の要求する資本コストを下回っていることを意味しているが[50]、それが問題であるのは、投資家の要求する資本コストを達成できない状態が継続すると、競争力の源泉であるイノベーションを生み出すた

---

46)　冨山・前掲注40) 117頁、118頁。
47)　冨山・前掲注40) 122頁。
48)　経済産業省「『持続的成長への競争力とインセンティブ～企業と投資家の望ましい関係構築～』プロジェクト（伊藤レポート）最終報告書（平成26年8月)」（available at http://www.meti.go.jp/press/2014/08/20140806002/20140806002-2.pdf)。
49)　経済産業省・前掲注48) 6～7頁。伊藤レポートのこのような議論に対する批判として、神谷高保「社外取締役の導入促進に反対する」法学志林113巻2号（2015）1頁、75頁以下がある。紙幅の都合上、この批判の当否の検討は、別稿に委ねることとしたい。
50)　経済産業省・前掲注48) 5～6頁。なお、日本企業のROEの低さは主に売上高利益率の低さによるものであって、資本回転率やレバレッジについては欧米の企業と大きな差はないと指摘されている。同11頁、37頁。

めの投資を支える長期的な資金を日本の市場に誘引できなくなるからである[51]。

ここからは、社外取締役には、投資家＝株主利益の代弁者としてROEを意識した経営が行なわれるように仕向ける役割が期待されているものと考えられる[52]。なお、伊藤レポートは、短期的な観点からではなく中長期的なROEの向上を目指すべきであるとしており[53]、また「投資家が重視しているのは内部留保を再投資して成長原資とすることであり、もし有効活用できないのであれば、今後の成長への道筋としてその活用方法を株主還元も含めたビジネスプランとして示し、ステークホルダーと共有することである」と述べている[54]。これは、配当等によるフリーキャッシュフローの株主への還元を選択肢に残しつつ、ROEを短期的に引き上げることを目的とした増配等に対しては否定的な評価を示そうとしたものであると考えられる。

(3) 大杉謙一

冨山と同様に、社外取締役に経営陣を会社共同体から切り離す効果を期待する論者として大杉謙一が挙げられる。大杉は、特に大規模化・多角化した企業においては、事業部門の部分最適に陥らずに会社としての全体最適を実現するためには、社長および本社の事業部門に対する投資家としての機能が重要であるところ、大卒予定者の一括採用と会社主導の配置・異動を通じた正社員の育成・選抜という日本企業の人事制度を背景として生み出されたステークホルダー重視の日本

---

51) 経済産業省・前掲注48) 2頁。冨山・前掲注40) 109頁も参照。
52) 伊藤レポートは、そのプロジェクト名が示すように企業内部のガバナンス構造よりも企業と投資家との関係に着目するものであり、社外取締役に期待される役割について具体的な検討はなされていない。経済産業省・前掲注48) 50〜51頁を参照。
53) 経済産業省・前掲注48) 13頁。
54) 経済産業省・前掲注48) 40頁。

第 8 章　社外取締役・独立取締役はどのような役割を期待されているのか？

的経営のもとでは、企業の存続・発展のために一部の従業員に苦痛を強いたり、従業員全員に一時的に苦労を要求するような「決断」が行なわれにくいとの認識を背景に[55]、「社長を『（社長 OB を含む）会社共同体』から切り離し、よりバランスのとれたミッションを社長に与えることが重要」であり、そのために「①社長指名のプロセスに外部の視点を介在させることと、②社長を要する『本社』が戦略を実践する（事業部門に対して正しく力を発揮する）ことができるように、取締役会がその権威の源となること、の 2 点において、社外取締役の役割を重視すべきである」と述べている[56]。

ここで大杉が着目している社長指名プロセスへの社外取締役の関与とは、現職の社長が自らの後継者を（社長 OB との相談等の上で）密室で決定するのではなく[57]、社外取締役が加わった委員会が次期社長候補者として数名を絞り込み、それらの者に課題を与えて育成し、最終的に次期社長を選抜するといったことを指すものと考えられる[58]。この委員会の関与があくまで次期社長の人選にとどまり、現職の社長の解職・再任の是非の判断には踏み込まないのであれば、モニタリン

---

55) 大杉謙一「上場会社の経営機構——強い『本社』と社長を確保するために」法律時報 87 巻 3 号（2015）4 頁、6 〜 7 頁、8 〜 9 頁。大杉・前掲注 11) 169 〜 170 頁も参照（「日本の大企業における主たる問題は、……リスクテイクの消極性（あるいはその方向の誤り）、経営者の選抜・養成の不全から生じる戦略の不全を克服すべきだということである。」）。

56) 大杉・前掲注 55) 10 頁。大杉謙一「日本的経営とコーポレート・ガバナンス」資本市場 367 号（2016）14 頁、20 〜 21 頁も参照。

57) 大杉・前掲注 11) 170 頁も参照。松中学「経営者のモニタリングとボードの役割——取締役会の型と経営者の評価機能」法律時報 86 巻 3 号（2014）36 頁、37 頁も、「経営トップや他の取締役候補者の選抜過程が不透明であることに加え、現在・過去の経営トップの意向が強く働き、それにより非効率が生じているのではないかとの疑念」から、わが国においては経営者の評価機能が特に問題となるとしている。

58) 冨山・前掲注 40) 132 〜 133 頁は、実例としてオムロン株式会社における社長指名プロセスを紹介する。

グ・モデルとして本来想定される選解任権限の行使を通じた経営者の監督と完全に一致するものではないが、多くの企業において社外取締役が取締役会の過半数を占めるには至っていない現状においては、社外取締役に期待する役割として現実的なものであるとも言えよう。

　もっとも、大杉の見解には、不明瞭な点も存在する。大杉は、上記の引用部分に続けて、「社長が『暴走』したときも、そのクビを切るのは、OB・会社共同体ではなく、一定の独立性を有する取締役会であるべきである」としている[59]。ここで「暴走」として具体的にどのような行為が想定されているのかは明らかではないが、別の論文においては、経営者の解任への社外取締役の関与は、「日本的経営の課題」という節ではなく「不正の防止」という節において取り上げられており、そのような解任を検討すべき「経営者に問題がある場合」としては「経営トップが不正に関与している場合、または真相の解明に極めて非協力的な場合」が挙げられているのである[60]。もちろん、不正の防止はそれ自体として重要な課題ではあるものの、既に見たように、モニタリング・モデルは取締役会の機能として不正の防止よりも効率性の観点からの経営者の業績評価に着目するものである。大杉は、「筆者は、わが国の大企業はモニタリング・モデルの方向へと進化すべきであると考えている」と述べているが[61]、社外取締役の役割としていずれを重視しているのか、やや定かではない[62]。

---

[59]　大杉・前掲注55)　10頁。
[60]　大杉・前掲注11)　174頁、176頁。
[61]　大杉・前掲注11)　188頁。
[62]　大杉・前掲注11)　171頁は、「会社共同体の閉鎖性を克服するうえで社外者の活用は有益であるが、それは『社外取締役』という形式を取る必要はない。アニマル・スピリットの促進のためには、有能な社外者を経営陣に加える……ことにも意味がある」としている。

第8章　社外取締役・独立取締役はどのような役割を期待されているのか？

4　小括

　以上のように、最近の企業統治改革とそれをめぐる議論の中では、社外取締役・独立取締役には様々な役割が期待されている。社外取締役・独立取締役に複数の役割を期待すること自体が当然に望ましくないわけではないが、企業統治改革の影響により社外取締役・独立取締役の選任が進んでいることの効果の有無を検証する際には、いかなる効果を期待していたのかを明らかにしておかないと、評価軸が定まらず、議論が嚙み合わなくなる恐れがある。このような観点から、上記の分析結果を整理しよう。

　まず、平成26年改正会社法および日本取締役協会の提言が期待していたのは、モニタリング・モデルの発想をベースとして、①経営者の選定・解職に関する取締役会における議決権の行使を通じた、効率性の観点からの経営者の業績評価と監督という役割である。もっとも、取締役会の過半数が内部出身の取締役によって占められていることが多い現状では、社外取締役・独立取締役らが経営者を不適任であると判断したとしても、内部出身の取締役の抵抗によって経営者を解職できない可能性が少なからず存在する。

　そのこともあってか、他の議論には、業績の振るわない経営者の解職以外の、株主利益の観点から要請される役割を社外取締役・独立取締役に期待するものが多い。たとえば、冨山は、②経営陣が事業の撤退・売却や戦略的な大方針転換のような「選択と集中」を推進することができるように、会社共同体の部外者として共同体のしがらみを断ち切る役割を期待している。また、大杉は、同様の問題意識から、③社長指名プロセスに社外取締役を関与させ、取締役会を社長の権威の源泉と位置づけることによって、社長を会社共同体から切り離すことができるとしている。伊藤レポートも、④社外取締役に株主利益の代弁者としてROEを重視した経営が行なわれるように仕向ける役割を期待している。また、伊藤レポートは、内部留保を成長のために有効

活用できない場合には、⑤フリーキャッシュフローの株主への返却も選択肢として挙げている。

これに対して、日本版コーポレートガバナンス・コードは、⑥経営陣による新規の設備投資や大胆な事業再編・M&Aといった積極的なリスクテイクを促進することが重要であるとの認識のもとに、そのための環境の整備として取締役会で客観的・多角的かつ十分な検討を行なうことが必要であるとしている。武井は、これを⑦取締役会による経営陣に対するコーチングと捉えており、独立社外取締役に対しても経営陣に対する助言を期待しているように見受けられた。

III 終わりに

平成26年改正会社法と日本版コーポレートガバナンス・コードによる企業統治改革の結果として、わが国の上場企業による社外取締役・独立取締役の選任は、(少なくともこれらを1名以上選任している企業の比率という点では) ここ数年で大幅に増加した。このような変化が実際にどのような効果をもたらしたかという点については、今後、実証的な研究[63]が行なわれることが期待されるところである。その際には、そして、そのような実証研究の成果を今後の制度改正の参考とする際には、社外取締役・独立取締役のどのような役割に着目しているのかを意識した分析がなされることが望ましい。

また、社外取締役・独立取締役を選任した各上場企業はどのような役割を期待しているのか、最近の企業統治改革の前後でこの点に変化はあったかということも検証するべきであろう。この点については、コーポレートガバナンス報告書のこの点に関する記載のほか、これら

---

63) これまでの社外取締役・独立取締役の選任の効果に関する実証研究のレビューとしては、内田交謹「日本企業の取締役会の進化と国際的特徴」商事法務2007号 (2013) 41頁および Goto, Matsunaka & Kozuka, *supra* note 11 を参照。

の取締役の経歴や取締役会における活動・発言状況、監査役会設置会社または監査等委員会設置会社の場合には任意の指名・報酬委員会の有無とその構成・権限などが手がかりとなると思われる。

　本稿が、近時の企業統治改革の効果の検証作業の出発点となれば幸いである。

※校正時に、「日本私法学会シンポジウム資料　変化するコーポレート・ガバナンス」商事法務2109号（2016）4頁以下所収の各論文に接した。

（ごとう・げん）

第9章
独立取締役の効果について
―― 組織の経済学の理論からのコメント

一橋大学教授　伊藤秀史

> ジョージ・ハリソン：おもしろいね、ゲストを呼ぶとみんなほんと感じがよくなるんだよ。すごく意地悪な人間だってことを人に知られたくないからさ。"ホワイト・アルバム"の時も同じことがあった。僕がエリック・クラプトンを連れてきて「ホワイル・マイ・ギター・ジェントリー・ウィープス」でプレイしてもらった時だ。いきなりみんな、ものすごく態度がよくなったんだよ．．．．ビリー［・プレストン］はそこでどんな駆け引きやらゲームやらが行われていたか知らない。何も知らないまま入り込んでくれたから、バンド全体にちょっと弾みがついたんだ。
>
> 『The Beatles: Anthology』（リットーミュージック、2000）318頁

I　はじめに

　この小論の目的は、取締役会、特に社外／独立取締役（以下、独立取締役）がコーポレート・ガバナンスに果たす役割について、組織の経済学の視点からコメントすることにある。取締役会の役割（何をすべきかではなく、何をしているか）についての標準的なサーベイ論文 Adams et al. (2010) が指摘するように、取締役は単に経営陣を監督・監視したり選任／解任するのみならず、むしろそれ以上に、会社の戦略

策定（事業選択、問題解決など）において重要な役割を果たす。直接的には、社内からはアクセスが困難な情報や人脈のような資源をもたらすという助言機能を思い浮かべる読者が多いだろう。しかし、間接的な効果もある。本論文のささやかな目的は、2種類の間接的効果を指摘することにある。

　本論文では、経営陣およびその下で働く従業員全体を単純化してひとりの意思決定者として扱い、以下では経営者と呼ぶ。また、内部取締役の間に信条・価値観に相違はないが、独立取締役は内部取締役とは異なる信条・価値観を持つと仮定する。さらに、内部取締役の信条・価値観は経営者と一致すると仮定する。

　IIでは、複数の役員から構成されるチームである取締役会を、単純化してひとりの意思決定者として扱う。そして、ひとりの経営者と単一の意思決定主体としての取締役会という分析枠組みを考察する。取締役会は正式の決定機関としての役割を果たし、決定事項を経営者が実行する。取締役会は会社の戦略策定について経営陣とは異なる信条や価値観を持つ。つまり、経営者と異なる信条・価値観を持つ独立取締役が過半数を占める取締役会、と解釈することができる。最近の組織の経済学の分野では、組織における意思決定プロセスの研究成果が蓄積されつつある（Gibbons et al., 2013）。経営者と取締役会の間の意思決定プロセスの枠組みに応用することによって、経営陣とは異なる信条や価値観を持つ取締役会がもたらす間接的効果を紹介する。なお、この節は組織の意思決定プロセスの厳密なモデルを組み立てて分析した学術論文 Itoh and Morita（2016）および、その内容を簡潔に紹介する伊藤・森田（2013）に基づく部分が多い。

　IIIでは、IIでひとつの主体として扱った取締役会を、複数の役員から構成されるチームとみなす。さらに、取締役会の過半数は内部取締役であり、独立取締役は少数であると仮定する。そのような状況で、独立取締役の存在が取締役会の意思決定、ひいては会社の業績に影響を与えるようなことがあるだろうか。本節では、人は自己イメージを

考慮する、という人間の心理にかんする法則・規則性を組み込んだ最近の経済分析に依拠して、少数の独立取締役の存在が内部取締役の行動に影響を及ぼす可能性を指摘する。分析枠組みは、自己イメージを個人の選好に組み込む先行研究 Bénabou and Tirole（2006）をチームに拡張したものである。ただし、厳密な理論分析はまだ行われておらず、大部分は憶測に基づいて書かれていることをお断りしておかなければならない。なお、自己イメージを考慮する既存研究については、たとえば伊藤（2015）を参照されたい。

II　異質性のインセンティブ効果

　組織における意思決定プロセスは、大まかには次の3つの段階に分けることができる。第1段階は、決定に必要もしくは有益な情報の収集と提案で、何が選択可能で、どの選択肢がどの程度の成果をもたらすのかについての情報が獲得され、第2段階の関係者に提案される。第2段階は選択と承認で、正式な決定が行われる。第3段階は決定の実行で、第2段階での決定事項が実行される。コーポレート・ガバナンスに当てはめると、第3段階は経営者（経営陣およびその下で働く会社の従業員）が行う。第2段階は取締役会の役割である。第1段階は主に経営者の役割であるが、取締役会が助言機能を果たすとすれば、取締役会もある程度の役割を果たすことになる。以下では助言機能以外の間接的効果に焦点を合わせるために、第1、第3段階は経営者、第2段階は取締役会の役割とする。

　同じ会社に属する人々が共有する信条や価値観を「企業文化」と呼ぶことがある。企業文化の強い会社もあれば弱い会社もあるが、同じ会社に属する人々は信条・価値観を共有する傾向がある。そもそも自分と同じ信条・価値観を持つ人々と一緒に働くことを望んで会社を選ぶ傾向があることが第1の理由、そして、同じ会社で同じ成功・失敗体験を共有することで、互いに同じ信条や価値観に近づくことが第2

の理由である。内部取締役の多くが従業員の内部昇進によるとすると、内部取締役が大部分を占める取締役会と経営者も、同じ信条・価値観を共有することになる。

　第2段階の主体である決定者と第3段階の実行者が同じ信条・価値観を持つことにはさまざまなメリットがある。たとえば決定者から実行者への決定権限の委譲がやりやすくなる。詳しくは伊藤・森田（2013）を参照していただきたい。自明でないのは、決定者と実行者の間で信条・価値観が異なることのメリットである。

　異質性のメリットを説明するために、会社が2種類のプロジェクトのいずれか一方を選択・実行する問題を考える。実行されたプロジェクトが成功するためには、会社を取り巻くビジネス環境に適応している必要があるが、事前にはどちらのプロジェクトが適応するのかは不確実で五分五分である。経営者は決定プロセスの第1段階で会社内外の環境について追加情報を得て、2種類のプロジェクトのどちらが環境適応性すなわち成功確率が高いかを知り、取締役会にプロジェクトを提案する。経営者は環境にかんする情報探索のために時間と労力を必要とする。情報探索に時間と労力を費やすほど、追加情報を得られる可能性が高くなる。第2段階では、取締役会が一方のプロジェクトを選択し、正式に承認する。当面、第1段階で経営者が追加情報を得たかどうか、得た場合にどのような追加情報であったかは取締役会で明らかになると仮定する。第3段階では、第2段階で決定されたプロジェクトを経営者が実行する。プロジェクトの成否は経営者の実行努力にも依存する。

　取締役会も経営者も、実行されたプロジェクトが成功したときのみ、なんらかの利得を享受する。つまり、両者はいずれも実行されたプロジェクトが成功することを望んでいる。しかし、成功した場合の利得で比較したとき、取締役会と経営者の間でプロジェクトにかんする好みが一致しているとは限らない。以下本節では、2種類のプロジェクトの間の成功利得の大小関係が、取締役会と経営者で同じ場合と、

異なる場合とを比較する。前者は経営者と信条・価値観が一致する内部取締役が過半数を占める取締役会、後者は経営者と信条・価値観が異なる独立取締役が過半数を占める取締役会と（きわめて不完全ではあるが）解釈することができる。

　上記の意味で取締役会と経営者の間で信条・価値観が同じか異なるかは、第1段階の経営者の情報探索のための努力インセンティブ、および第3段階のプロジェクト実行における努力インセンティブに間接的な影響を及ぼす。まず後者については、第2段階で取締役会がプロジェクトを選択する際に、経営者の実行インセンティブを考慮することが大切になる。このことに起因して、取締役会が第2段階で自分の好みに固執せず、追加情報を活用しようとする効果が生まれてくる。この効果を「追加情報活用効果」と呼ぶ。

　ここで、追加情報の精度が重要な要因のひとつとなる。追加情報の精度が非常に低ければ、好みが一致している場合でも異なる場合でも、取締役会は追加情報を無視して自身の信条・価値観にしたがってプロジェクトを選択する。逆に追加情報の精度が十分に高い場合には、好みが一致している場合でも異なる場合でも、取締役会は追加情報にしたがって成功確率の高い方のプロジェクトを選択する。これら2種類の状況では、取締役会と経営者の間で信条・価値観が同じか異なるかは、追加情報活用効果にかんして差はない。

　好みが一致している場合と異なる場合で差が出るのは、追加情報の精度が中間的な場合である。まず、追加情報が「取締役会の好みのプロジェクトの方が成功する可能性が高い」の場合には、追加情報の方が経営者の実行インセンティブよりも重要という妥当な仮定の下では、信条・価値観の一致不一致にかかわらず、取締役会は自身の好みのプロジェクトを選択する（つまり、追加情報は活用されない）。他方、追加情報が「取締役会の好みでないプロジェクトの方が成功する可能性が高い」の場合には、取締役会の好みでないプロジェクトが経営者の好みのプロジェクトである場合ほど、取締役会が好みに固執せず追

第9章　独立取締役の効果について

加情報を活用する可能性が高い。つまり、信条・価値観が異なる取締役会の方が、追加情報を活用しようとするのである。

　追加情報活用効果は、第3段階のプロジェクト実行における経営者の努力インセンティブを考慮することによって、第2段階の取締役会の決定において生じる効果である。本節の残りでは、第1段階における情報探索のための努力インセンティブへの効果に焦点を合わせる。取締役会と経営者の間で信条・価値観が同じか異なるかは、2種類の間接効果を第1段階の情報探索努力インセンティブに及ぼす。まず、経営者が追加情報を得ることができなかった状況を考える。取締役会と経営者の好みのプロジェクトが一致している場合には、追加情報の欠如は経営者にとって痛手ではない。追加情報なしのときには、取締役会は経営者の好みのプロジェクトを選択してくれるからである。しかし、好みのプロジェクトが異なる場合には、取締役会は経営者の好みのプロジェクトとは別のプロジェクトを選択することになる。したがって、このような追加情報欠如の状況を回避しようとするインセンティブは、信条・価値観が異なる取締役会に対しての方が強くなり、結果的に追加情報を得る可能性も高くなる。信条・価値観が異なることで生じる「追加情報欠如回避効果」と呼ぶことができる。

　ただし、経営者が追加情報を得ているかどうかが取締役会には分からない場合には、信条・価値観が異なる経営者の追加情報欠如回避効果は働かない。なぜならば、あたかも自分の好みのプロジェクトに有利な追加情報があるかのように報告して、好みのプロジェクトを選んでもらおうとする負のインセンティブが生じるからである。このような情報伝達の歪みを防ぐために、取締役会は、追加情報を得た証拠を経営者がねつ造することができないほど十分な審査能力を持たなければならない。

　信条・価値観の相違が情報探索努力インセンティブにもたらすもうひとつの効果は、第2段階での取締役会の追加情報活用効果を通してもたらされる。追加情報の精度が中間的な場合には、信条・価値観が

異なる取締役会の方が追加情報を活用しようとすることを指摘した。このことを先読みする経営者が情報探索のために努力するインセンティブは、取締役会と信条・価値観が一致している場合よりも異なる場合の方が強くなる。生み出した追加情報を活用してもらえる可能性が高いからである。

Ⅲ　自己イメージ選好

　前節の分析枠組みでは、経営者と信条・価値観が異なる取締役会は公式の決定権限を持っているので、独立取締役が過半数を占める取締役会が想定されている。本節では取締役会を大多数の内部取締役と少数の独立取締役からなるチームとみなし、独立取締役の存在がもたらす効果について考察する。鍵となるのは、人は他者からどのように認識されるかを考慮するという、人間の心理にかんする法則・規則性である。社会的に認められたい、自分に対してよいイメージを他者からもたれたい、そのために、献血や寄付のような向社会的行動や、会社や上司のために自らを犠牲にする行動をとる可能性である。

　自己イメージ選好に注目して向社会的行動や金銭的インセンティブの効果を分析した先行研究 Bénabou and Tirole（2006）は、個人の選好について次のようなモデルを提示し分析した。各個人の向社会的行動は、内発的動機と外発的動機（金銭的インセンティブ）によって動機づけられる。さらに向社会的行動は、自己イメージ選好にも左右される。自己イメージ選好は、自分が内発的に動機づけられる程度についての他者の認識、および自分が外発的に動機づけられる程度についての他者の認識の２種類からなる。前者は自分にプラスの利得をもたらすが（内発的に動機づけられているとみなされるほど嬉しい）、後者はマイナスの利得をもたらす（金銭等によって外発的に動機づけられていないとみなされるほど嬉しい）。Bénabou and Tirole（2006）の主な関心は金銭的インセンティブの導入の効果で、金銭的インセンティブを導入する

ことによって、「はたして彼／彼女は内発的に動機づけられて向社会的行動をとるのかどうか」が他者からわかりにくくなり、前者のプラスの自己イメージ選好が弱まってしまう。結果的に、金銭的インセンティブの導入が向社会的行動を阻害する可能性があることが示されている。

このモデルを取締役会のチームに応用してみよう。ただし、外発的動機づけについては考慮しない。各取締役の取締役会での行動は取締役会の外からは観察できない。しかし、他の取締役の「目」にさらされる。さらに、内部取締役にどのようにみられるかと独立取締役にどのようにみられるかは、異なる自己イメージ選好を構成すると考えられる。本論文冒頭の引用にあるように、ジョージ・ハリソンがビートルズの部外者であるエリック・クラプトンやビリー・プレストンを参加させることによって、メンバーの行動は部外者の「目」を気にして、グループにとってよい方向に変化した。部外者のビートルズへの直接的な影響力はないに等しいにもかかわらず、である。同様の効果が少数の独立取締役の導入にもあるのではないかというのが、ここで伝えたいことである。

さらに、独立取締役の導入が社長によって行われるとすれば、社長も当然、独立取締役にどのように認識されるかを気にする。その結果、社長の「目」を気にする他の内部取締役の行動にも、彼らの自己イメージ選好を通して、向・独立取締役の方向に影響を及ぼすかもしれない。

IV おわりに

この小論では、独立取締役の導入がもたらす可能性のある2種類の間接的効果を、組織の経済学の分野の理論に基づいて指摘した。しかし、いずれの効果についても厳密な分析が必要である。IIの分析については、取締役会をひとりの意思決定者として扱ってしまっている。

Ⅲでは、そもそも厳密な分析のない憶測の範囲をでない考察である。ただし、いずれの節の分析も、著者の最近の研究テーマの応用として位置づけられるので、遠くない将来に取締役会の厳密な分析結果を提示できればと考えている。

(参考文献)

Renée B. Adams, Benjamin E. Hermalin, and Michael S. Weisbach, The Role of Boards of Directors in Corporate Governance: A Conceptual Framework and Survey, *Journal of Economic Literature*, Vol.48, No.1, March 2010, pp.58-107.

Roland Bénabou and Jean Tirole, Incentives and Prosocial Behavior, *American Economic Review*, Vol.96, No.5, December 2006, pp.1652-1678.

Robert Gibbons, Nico Matouschek, and John Roberts, Decisions in Organizations, in Robert Gibbons and John Roberts (eds.), *The Handbook of Organizational Economics*, 2013, Princeton NJ, Chapter 10, pp.373-431.

Hideshi Itoh and Kimiyuki Morita, Information Acquisition, Decision Making, and Implementation in Organizations, mimeo., March 2016. http://ssrn.com/abstract=2751969

伊藤秀史「行動契約理論──「エキゾチックな選好」を持つエージェントとプリンシパルの理論」西條辰義監修、清水和巳＝磯辺剛彦編『フロンティア実験社会科学 4　社会関係資本の機能と創出──効率的な組織と社会』(勁草書房、2015) 第 1 章、3〜28 頁。

伊藤秀史＝森田公之「組織の異質性がもたらすインセンティブ効果」一橋ビジネスレビュー 61 巻 1 号 (2013 年 SUM.) 78〜88 頁。

(いとう・ひでし)

第10章
役員に対するインセンティブ報酬への課税とコーポレート・ガバナンス
——リストリクテッド・ストックを中心に

早稲田大学教授　渡辺徹也

I　はじめに

　ここ数年、コーポレート・ガバナンスの観点から、役員に対するインセンティブ報酬が検討され[1]、実際に導入する企業も増加してきた。この傾向は、平成27年6月1日にコーポレートガバナンス・コード（以下、「CGコード」という）[2]の適用が開始されたことによって、いっそう強まっているようにみえる[3]。

---

1) コーポレート・ガバナンス・システムの在り方に関する研究会「コーポレート・ガバナンスの実践～企業価値向上に向けたインセンティブと改革～（平成27年7月24日）」(http://www.meti.go.jp/policy/economy/keiei_innovation/keizaihousei/corporategovernance.html) 7頁、および「別紙1」5頁以下等参照。
2) http://www.jpx.co.jp/news/1020/20150513.html
3) 「株で役員報酬広がる　中長期の業績で評価　伊藤忠やリクルート230社」日経新聞2016年6月10日朝刊1面、「LIXILグループ　役員53人に半減　社長報酬、全額株式に」同6月6日夕刊3面、「株式で役員報酬　地銀でも　武蔵野銀など導入提案」同6月14日朝刊7面、「ストックオプションの活用　昨年度10年ぶり最高654社に　企業統治指針も後押し」同4月16日朝刊15面、「株式報酬時代の幕開け（十字路）」同4月12日夕刊5面など参照。もっとも、報酬等の決定方針を定めている上場企業2974社のうち、株式報酬に触れた会社は7.5％、ストック・オプションに触れた会社は12.7％という調査結果がある。中西敏和＝関孝哉『コーポレート・ガバナンスの現状分析』（商事法務、2016）127頁参照。

第10章　役員に対するインセンティブ報酬への課税とコーポレート・ガバナンス

　CGコードの原則4－2（取締役会の役割・責務(2)）では、「経営陣の報酬については、中長期的な会社の業績や潜在的リスクを反映させ、健全な企業家精神の発揮に資するようなインセンティブ付けを行うべきである」とされ、その補充原則4－2①では、「経営陣の報酬は、持続的な成長に向けた健全なインセンティブの一つとして機能するよう、中長期的な業績と連動する報酬の割合や、現金報酬と自社株報酬との割合を適切に設定すべきである」と記されている[4]。

　インセンティブ報酬の類型としては、交付されるもの（支給される対象物）によって金銭型とエクイティ型に区別され、後者はさらにオプション型と株式型に分けられる。ストック・オプションはオプション型であり、リストリクテッド・ストックは株式型ということになる[5]。すなわち、CGコードの原則4－2でいう自社株報酬の典型例がリストリクテッド・ストックであり、一般的には「一定期間の譲渡制限が付された株式報酬」と説明されている[6]。

　会社法において盛んに議論されてきたにもかかわらず、CGコードが導入された後も、株式報酬に関する課税ルールの整備は遅れていた。したがって、税制がインセンティブ報酬の普及を阻害している旨

---

[4]　平成27年6月30日に閣議決定された「日本再興戦略」改訂2015においても、「経営陣に中長期の企業価値創造を引き出すためのインセンティブを付与することができるよう金銭でなく株式による報酬、業績に連動した報酬等の柔軟な活用を可能とするための仕組みの整備等を図る」という記述がある。「『日本再興戦略』改訂2015——未来への投資・生産性革命」44頁（http://www.kantei.go.jp/jp/singi/keizaisaisei/pdf/dai2_3jp.pdf）参照。

[5]　大石篤史ほか「インセンティブ報酬の設計をめぐる法務・税務の留意点〔上〕」商事法務2077号（2015）30頁では、オプション型を無償ストック・オプションと有償ストック・オプションに分け、前者の導入例として三井物産と資生堂、後者の導入例としてソフトバンクをあげている。また、株式型を株式取得目的報酬と株式交付信託に分け、前者の導入例として千代田化工建設、後者の導入例として武田薬品工業をあげている。エクイティ型の報酬類型としては、武井一浩ほか『企業法制改革論Ⅱ』（中央経済社、2013）128頁の図表も併せて参照。

[6]　前掲注1)「別紙3」13頁参照。

の指摘が、とりわけ実務界から生じていた[7]。これらの批判を意識してか[8]、平成28年度税制改正では、一定のリストリクテッド・ストックに対して、ストック・オプションの場合とほぼ同様の課税ルールが導入された。

　以下、本稿では、平成28年度税制改正の前後を比較しつつ、コーポレート・ガバナンスの観点から、インセンティブ報酬に対する課税のあり方について、主としてリストリクテッド・ストックを中心に検討する（したがって、本稿でいう「役員」とは、特に断らない限り経営者を意味することとする）。そこでは、所得税の問題、すなわち、役員側の所得種類と収入金額（課税時期）はもとより、法人税との関連を意識した考察、とりわけ、法人側の損金算入を厳しく制限してきた課税ルールの当否が重要な検討項目として位置づけられる。また、検討に際しては、同じくインセンティブ報酬の一形態であるストック・オプションに対する課税ルールについても、必要に応じて取り上げることにする[9]。

---

[7]　たとえば、櫛笥隆亮氏は、リストリクテッド・ストックについて「日本では、無償で役員に譲渡制限株式を渡した時点において所得税がかかるかもしれないという、制度的にはっきりしないところがあり、誰も試みないのが現状です」と述べ（武井ほか・前掲注5）130頁）、武井一浩氏は「現行の法人税法では、業績連動型の役員報酬について、端的にいうと一年ごとに精算される類型でないと損金にならないことになっています」「これでは長期業績連動報酬の要請に真っ向から反しています」とするだけでなく、「所得税法の世界では付与時の課税繰り延べの範囲の拡張も望まれる」と指摘し（武井一浩「役員報酬改革」ジュリスト1452号（2013）63頁）、そして中原裕彦氏と梶元孝太郎氏は「今後の残された制度的課題として、報酬制度……に関する税制上の取扱い」をあげ、「役員報酬等のさらなる活用のために必要となる制度の整備について検討する」必要性を説いている（中原裕彦＝梶元孝太郎「コーポレート・ガバナンスの実践〔下〕——企業価値向上に向けたインセンティブと改革」商事法務2078号（2015）28頁）参照。

[8]　経済産業省「平成28年度税制改正に関する経済産業省要望【概要】（平成27年8月25日）」15頁参照。

[9]　ガバナンスの観点から課税の在り方を論じた先行業績として、増井良啓「ストック・オプションと所得課税」『人的役務と所得税』日税研論集57号（2006）97頁がある。

II　コーポレート・ガバナンスと役員報酬
　　　──報酬の額と構成内容に関する日米比較

　日米の役員報酬を比べた場合、特に報酬の金額とその構成内容（報酬ミックス）に違いがある。まず、金額についてであるが、2011年において売上高1兆円以上の企業の代表取締役の報酬の中央値は、金額で比較すると、日本はアメリカCEOの報酬の4分1未満というデータがある[10]。また、日米で同じ業績向上を達成すると、日本では報酬2000万円、アメリカでは4億円になるという見解もある[11]。そして報酬水準が抑えられている要因としては、日本の企業風土、たとえば、従業員の延長線上での報酬水準の設定や、愛社精神を基礎にした使命感や責任感、社会的ステータス向上の方を報酬よりもインセンティブとして重視されているといったことがあげられている[12]。

　次に、報酬ミックスについて触れる。上記と同じく、2011年の売上高1兆円以上の企業72社の代表取締役の報酬について、その構成割合としては、日本の場合、固定金額の基本給が64％、業績連動賞与が

---

10)　比較法研究センター「役員報酬の在り方に関する会社法上の論点の調査研究業務報告書」（2015）63頁（松尾健一執筆部分）、日本取締役協会「経営者報酬ガイドライン（第三版）と法規制・税制改正の要望──報酬ガバナンスの更なる進展を──」添付資料①（2015年）。ここでいう中央値は、日本の場合、総額は時価総額上位100社のうち売上高等1兆円以上の企業72社の連結報酬等の中央値、アメリカの場合、Fortune 500のうち売上高1兆円以上の企業75社の中央値である。もっとも、この「添付資料①」のデータは1ドル＝79.84円（2011年の平均レート）で換算しているので、2015年現在のレートで換算すれば、日米の差は更に広がることになるだろう。

11)　久保克行＝武井一浩「経済成長戦略に資する報酬のあり方」神田秀樹ほか編著『日本経済復活の処方箋　役員報酬改革論〔増補改訂版〕』（商事法務、2016）279頁（久保発言）。ここでのアメリカのデータは、Frydman & Saks, Executive Compensation: A New View from a Long-Term Perspective, 1936–2005, The Review of Financial Studies 23, 2099-2138（2010）を元に作成されている。

20%、エクイティ報酬を含む長期インセンティブ報酬が 16%となっており、長期インセンティブ報酬が 67%、業績連動賞与が 22%、基本給が 11%のアメリカ CEO の報酬と比較すると、固定額の報酬と変動報酬の割合がほぼ逆になっている[13]。また、日本の経営者のインセンティブ報酬はアメリカの 20 分 1 に過ぎないという指摘もある[14]。

　このような業績連動性の低すぎる報酬体系は、経営リスクをとらず事なかれ主義に徹して任期を全うする動機を強めているといった印象を、株主や投資家に与えているといえよう[15]。すなわち、日本の経営者は、報酬の額と構成内容の双方により、長期にわたり無難に務め続けることを、一方でアメリカの経営者は、リスクに挑み続けることを、それぞれ動機づけられていることになる。その結果、アメリカにおけるガバナンスの議論では、リスクを取り過ぎる経営者の暴走防止が求められる一方で、日本の現状は、経営者に業績向上を促す攻めのガバナンスの方が前面に出てくるといった正反対の方向性が示されることになる[16]。そして、そのような攻めのガバナンスのためにインセンティブ報酬の積極的な導入が主張されるのである。

---

12) 内ヶ﨑茂＝武田智行「役員報酬ガバナンスの実践——役員報酬ポリシーと業績連動型株式報酬の意義〔上〕」商事法務 2083 号（2015）28 頁、経済産業省「持続的成長への競争力とインセンティブ～企業と投資家の望ましい関係の構築～」（伊藤レポート）(2014) 54 頁参照。
13) 日本取締役協会・前掲注 10) 添付資料①によれば、イギリスは、日米の中間で、固定金額の基本給が 22%、業績連動賞与が 30%、エクイティ報酬を含む長期インセンティブ報酬が 48%となっている。
14) 久保克行『コーポレート・ガバナンス——経営者の交代と報酬はどうあるべきか』（日本経済新聞社、2010）187 頁参照。
15) 内ヶ﨑＝武田・前掲注 12) 28 頁参照。
16) 「企業統治改革への課題(3)役員報酬、欧米と違い」日経新聞 2016 年 4 月 27 日朝刊 32 面参照。

第10章　役員に対するインセンティブ報酬への課税とコーポレート・ガバナンス

Ⅲ　役員側に関する課税ルール（所得税）

1　裁判例

　リストリクテッド・ストックに関する主たる課税問題の1つは課税時期（課税のタイミング）である。具体的にいうなら、課税されるのは株式を付与した時か、譲渡制限等の制限が解除された時（権利帰属時）か、株式を売却した時かということである[17]。

　この点に関して、日本子会社に役員として勤務する原告に、米国親会社から付与されたリストリクテッド・ストックに関する課税が問題となった東京地裁平成17年12月16日判決[18]（以下、「リストリクテッド・ストック東京地裁平成17年判決」という）は、「本件リストリクテッド・ストックに係る経済的利益の取得は、本件制限解除によって初めて現実化したものであって、その年分の所得として認識するのが相当であるというべきである」[19]と述べて、制限解除時に課税されるとした。制限が解除されない状態では、株式の経済的価値を取得するに至ったと評価することができないから、付与時ではなく、（そのように評価できるようになった）制限解除時に課税するとしたものと思われる[20]。

　制限解除時に課税する考え方は、ストック・オプションに関する最高裁平成17年1月25日判決[21]（以下、「ストック・オプション最高裁平

---

17) そして、どの段階で課税されるかに関する結論は、もう1つの主たる課税問題である所得種類とも密接に関わってくることになる。
18) 訟月53巻3号871頁。
19) 訟月53巻3号890頁。
20) 東京地裁平成17年12月16日判決については、渡辺徹也「インセンティブ報酬に対する課税——リストリクテッド・ストック等を中心に」税務事例研究150号（2016）35頁参照。
21) 民集59巻1号64頁。

成17年判決」という）と軌を一にすると思われる。なぜなら、行使制限が解除された後に非適格ストック・オプションを行使して株式を取得した状態と、リストリクテッド・ストックの譲渡制限が解除された状態は、制限の付されていない株式が役員等の手元にあるという意味において、その経済状態が等しいからである。すなわち、いつでも株式の譲渡等が可能になったのであり、そのときをもって課税時期とするという考え方である。

　リストリクテッド・ストック東京地裁平成17年判決は、もう1つの主たる課税問題である所得種類についても、ストック・オプション最高裁平成17年判決と同様の考え方に基づいて、完全親会社から付与されたリストリクテッド・ストック等のインセンティブ報酬は、制限解除時（権利確定日）に給与所得として課税されるとした。すなわち、「［米国親会社］は、［日本子会社］の発行済全株式を有する親会社であるから、［米国親会社］は［日本子会社］の役員の人事権等の実権を握ってこれを支配しているものとみることができるのであって、原告は、［米国親会社］の統轄の下に［日本子会社］の常務取締役として……職務を遂行していたものということができる」とした上で、「本件リストリクテッド・ストックは、……幹部役員等に対する精勤の動機付けとすることなどを企図して付与されたものであり、［米国親会社］は、原告が上記のとおり職務を遂行しているからこそ、原告との間で本件付与契約を締結して原告に対し同ストックを付与し、その譲渡制限を所定の時期に解除したものであって、本件利益が原告が上記のとおり職務を遂行したことに対する対価としての性質を有する経済的利益であることは明らかというべきである」から、「本件利益は、雇用契約又はこれに類する原因に基づき提供された非独立的な労務の対価として給付されたものとして、所得税法28条1項所定の給与所得に当たる」と判断している[22]。

第10章　役員に対するインセンティブ報酬への課税とコーポレート・ガバナンス

2　平成28年度税制改正

　平成28年度税制改正では、所得税法施行令84条に変更が加えられた。施行令84条は、所得税法36条（収入金額に関する定義規定）に関する政令であり、そのタイトルは、「譲渡制限付株式の価格等」である。この政令の内容は複雑であるが、第1項の文言の骨子だけを抜き出して整理すると以下のようになる（番号、太字、下線は筆者）。

　①個人が法人に対して役務の提供をした場合において、②当該法人（又は当該法人の完全親法人）から③当該役務の提供の対価として当該法人（又は当該法人の完全親法人）の④譲渡制限付株式（次に掲げる要件に該当する株式をいう）であつて⑤当該役務の提供の対価として当該個人に生ずる債権の給付と引換えに当該個人に交付されるものその他当該個人に給付されることに伴って当該債権が消滅する場合の当該譲渡制限付株式（「特定譲渡制限付株式」）が当該個人に交付されたときにおける⑥当該特定譲渡制限付株式に係る法第三十六条第二項（収入金額）の価額は、当該特定譲渡制限付株式の譲渡についての制限が解除された日における価額とする。

　そして、ここでいう上記「次に掲げる要件」とは、**⑦譲渡についての制限がされており、かつ、当該譲渡についての制限に係る期間（「譲渡制限期間」）が設けられていること、⑧当該個人から役務の提供を受ける法人又はその株式を発行し、若しくは当該個人に交付した法人がその株式を無償で取得することとなる事由が定められていること**の2つである。

　つまり、所得税法施行令84条1項は、(i)特定譲渡制限付株式の定義と(ii)それが交付されたときの収入金額について規定している。簡単に

---

22)　訟月53巻3号887頁。なお、退職所得該当性については、リストリクテッド・シェアに関する東京地裁平成24年7月24日判決税資262号（順号12010）および渡辺・前掲注20）41頁参照。

言えば、(i)所得税法施行令84条1項の対象となるリストリクテッド・ストック、すなわち特定譲渡制限付株式とは、個人が役務提供の対価として、役務提供先の法人（またはその完全親法人[23]）から、当該個人に生ずる債権の給付と引換えに交付される一定の要件を満たした譲渡制限付株式であって、そこでいう一定の要件とは、譲渡制限期間が設けられていること、株式の無償取得事由が定められていることであり、(ii)そのような特定譲渡制限付株式に係る収入金額等とされるべき金額としての経済的利益の額は、譲渡制限が解除された日における当該株式の時価ということになる。

　まず、特定譲渡制限付株式の定義をみる限り、インセンティブ報酬としてのリストリクテッド・ストックの性質を前提とした内容であることがわかる。次に、収入金額（課税のタイミングを含む）については、リストリクテッド・ストック東京地裁平成17年判決などの裁判例と同じである。したがって、同じくエクイティ型のインセンティブ報酬であるストック・オプションと同様の課税ルールが、平成28年度改正で設定されたことになる。実際、平成28年度改正前所得税法施行令84条1項は、ストック・オプションに対する課税時期を定めた規定であった。この改正前所得税法施行令84条1項は、改正後は同条の2項に移動している（同条は2項までである）。つまり、所得税法施行令84条は、インセンティブ報酬に関する課税規定として位置づけられることができる。

　特定譲渡制限付株式の制限解除時（すなわち権利確定時）における所得種類について、所得税法施行令84条は何も規定していない。同条は

---

23) 完全親法人の譲渡制限株式が交付される場合、交付の時から当該譲渡制限付株式に係る譲渡制限期間（所得税法施行令84条1項1号に規定する譲渡制限期間）終了の時まで、完全支配関係が継続することが見込まれていなければならない。所得税法施行規則19条の4第1項。一方で、そのような完全支配関係のない（あるいは完全支配関係が継続することが見込まれていない）親法人の株式が交付された場合の課税関係は、必ずしも明らかではないように思われる。

収入金額(および課税時期)に関する規定であるから、所得種類について触れていないこと自体は特に不自然ではないが、規定がないこともあり、ここでもストック・オプション最高裁平成17年判決と同様の考え方が維持されていると思われる。

したがって、役員に交付されたリストリクテッド・ストックは、制限解除時に原則として給与所得として課税されることになろう。なお、ストック・オプションについては、所得税基本通達23〜35共-6に上記最高裁判決と同種の内容が示されている。平成28年度改正を受けて、この通達にも特定譲渡制限付株式に関する内容が追加されるのかもしれない[24]。

リストリクテッド・ストック以外の株式型報酬に係る裁判例としては、ストック・アワードに関する大阪高裁平成20年12月19日判決[25]、リストリクテッド・シェアに関する東京地裁平成24年7月24日判決[26]があるが、いずれの裁判例も、リストリクテッド・ストック東京地裁平成17年判決同様、考え方としてストック・オプション最高裁平成17年判決を踏襲している。

---

[24] ただし、親会社が子会社の役員等へ付与するストック・オプションの場合、所得税基本通達23〜35共-6(2)では、措置法第29条の2第1項に規定する「取締役等」の関係を「雇用契約又はこれに類する関係に該当する」として、完全親法人でない親法人のケースがありうることを当然の前提としているが、リストリクテッド・ストックに関する所得税法施行令84条1項は、完全親法人以外の親法人を対象外としている。また、(後述する法人税法54条1項の適用上)損金算入できるのは子法人であって親法人でないという点も、ストック・オプションの場合とは異なる。前者はともかく後者は、ストック・オプションとリストリクテッド・ストックの構造上の違いから生じる差異ということができそうである。

[25] 訟月56巻1号1頁。第一審は大阪地裁平成20年12月19日判決訟月56巻1号21頁。

[26] 税資262号(順号12010)、前掲注22)。

Ⅳ 法人側に関する課税ルール（法人税）
──損金算入の可能性

1 平成 28 年度税制改正

　法人がその役員へ支払う報酬は、原則として法人の費用なのであるから、法人税法 22 条 3 項 2 号に基づいて損金に算入すべき項目である。しかし、現行法人税法は、（平成 18 年度改正において）役員給与という概念を創設し、同法 34 条 1 項各号の例外（1 号の定期同額給与、2 号の事前確定届出給与、3 号の利益連動給与）に該当しない限り、損金算入を認めない構造になっている。さらに、たとえ同条 1 項各号のいずれかに該当したとしても、同条 2 項にいう不相当に高額な役員給与は、その部分において損金算入できないとされている。

　平成 28 年度改正前において、インセンティブ報酬としてのリストリクテッド・ストックの交付は、法人税法 34 条 1 項各号のいずれにも該当しないと考えられていたため、損金算入できる可能性はほとんどなかった[27]。これに対して、ストック・オプションは法人税法 34 条 1 項柱書きにおいて、明文で同条による損金算入制限の枠外に置かれ、当時の同法 54 条 1 項にしたがって損金算入が認められていた。

　平成 28 年度改正は、法人税法 34 条 1 項 2 号の事前確定届出給与に関する要件を緩和するとともに、同法 54 条 1 項の内容に特定譲渡制限付株式を追加して、損金算入に道を開いた。すなわち、特定譲渡制限付株式による給与について、事前確定の届出を不要とするとともに（法法 34 条 1 項 2 号）、当該株式の譲渡制限が解除された日の事業年度

---

27) ただし、リストリクテッド・ストックからの利益が、役員の退職給与に該当する場合は、法人税法 34 条 2 項に反しない範囲で損金に算入できたと思われる。なお、現行法について、T&A master 654 号（2016）7 頁参照。

において、役務提供に係る費用の額が損金に算入できるようになったのである（法法54条1項）[28]。この改正にともなって、ストック・オプションに関する改正前法人税法54条は改正後の同法54条の2へ移動した。

2　損金算入が認められる時期と金額（時期は一致・金額は不一致）

　法人税法54条1項によれば、法人側で損金に算入できるタイミングは、役務を提供した役員が所得税の課税を受けたとき、すなわち特定譲渡制限付株式に係る譲渡制限が解除されたとき（権利確定時）である[29]。したがって、リストリクテッド・ストックを交付した時点や役務提供があった段階では損金算入できず、役員が課税されるまで待たねばならない[30]。

　さらに、損金算入できる金額は、（定期同額給与などの場合とは異なり）役員における収入金額とはならない。法人税法施行令111条の2

---

[28]　「平成28年度税制改正の大綱」（http://www.mof.go.jp/tax_policy/tax_reform/outline/fy2016/20151224taikou.pdf）58〜59頁参照。もっとも、法人税法34条1項2号における事前確定の届出を不要とすることは、理論上は手続の緩和であって、それが（同法22条3項2号ではなく）同法54条1項にいう損金算入制限規定と具体的にどのように関係しているのかは明らかでない。

[29]　条文上は、「役務の提供につき所得税法その他所得税に関する法令の規定により当該個人の同法に規定する給与所得その他の政令で定める所得の金額に係る収入金額とすべき金額又は総収入金額に算入すべき金額を生ずべき事由……が生じた日」とされている。この日において、「役務の提供を受けたものとして、この法律の規定を適用する」と規定されている。

[30]　これに対して会計上は、リストリクテッド・ストック交付時において前払費用（貸方は資本金等）を計上しておき、役務提供の段階で費用として処理することになる。経済産業省産業組織課「『攻めの経営』を促す役員報酬〜新たな株式報酬（いわゆる「リストリクテッド・ストック」）の導入等の手引〜（平成28年6月3日時点版）」25頁参照。（http://www.meti.go.jp/press/2016/04/20160428009/20160428009-1.pdf）参照。

第5項柱書きは、(カッコ書きを除くと)「特定譲渡制限付株式の交付が正常な取引条件で行われた場合には、法第54条第1項の役務の提供に係る費用の額は、当該特定譲渡制限付株式の交付につき給付され、又は消滅した債権の額に相当する金額とする」と規定しているからである。

たとえば、法人は、月額180万円の役員報酬のうち現金部分を80万円、特定譲渡制限付株式部分を100万円として、現金と株式をそれぞれ交付していた（役員は報酬債権としての100万円を現物出資することで株式の交付を受けていた）が、制限解除時における当該株式の時価が上昇していて150万円であったと仮定した場合、特定譲渡制限付株式について制限解除時に法人が損金算入できる金額は、100万円であって[31]、150万円ではない。一方で、制限解除時に役員の収入金額となる金額は、所得税法施行令84条1項に基づいて150万円となる。

このような所得税（役員側の課税）と法人税（法人側の損金算入）における非対称的（unsymmetrical）な扱いは、既にストック・オプションに関する課税ルールにおいて行われてきたことであるが[32]、立法論としては、両者を一致させること（上記の例でいえば、法人側でも150万円の損金算入を認める方法）を検討すべきである[33]。

役員側が給与所得として課税されれば、法人には所得税法183条以下にしたがって、源泉徴収義務が生じる。したがって、法人は自らが役員給与を支払ったとして源泉徴収義務を負わせられるのに[34]、損金

---

31) 法人税法34条2項にいう不相当に高額な部分は存在しないとする。
32) 平成28年度改正前の法人税法54条1項および平成28年度改正後の法人税法54条の2第1項。
33) 値上がり益である50万円部分は、法人が与えたものではないから損金算入すべきでないという主張は十分に成り立ち得るが、その場合は、役員側が給与として課税されることに対する説明が困難となる。ここで注目しているのは、役員側の課税（所得種類）と対称的に法人側の課税（損金算入の可否）を捉える必要性である。渡辺徹也「引き抜き防止」佐藤英明編『租税法演習ノート〔第3版〕』（弘文堂、2013）210頁参照。

第10章 役員に対するインセンティブ報酬への課税とコーポレート・ガバナンス

算入できるのは、役員等によって現物出資された報酬債権等の額に限られることになる[35]。

ただし、金銭報酬と比較した場合のストック・オプションやリストリクテッド・ストックの利点として、会社のキャッシュ・フローを圧迫しない（現金の減少がない高額報酬支払を可能とする）という指摘がある[36]。そうであれば、現金を支出していない法人側で損金算入を認めるのはおかしいという主張がありえる。

しかし、そもそも会社は（報酬としての現金の不足の如何にかかわらず）新株を発行あるいは自己株式を処分して現金を獲得し、当該現金で報酬を支払うことができる。そのような二段階の行為と同視して、ストック・オプションやリストリクテッド・ストックの場合も、法人が費用を支出していると理論上構成することは不可能ではないであろう。いずれにしても、これらは立法論である。

---

[34] 役員が制限解除時に課税されるとしても、法人側は現金を支払っているわけではないから、①源泉徴収すべき金額に相当する金員を役員に請求するか、②同額を翌月の給与から差し引くか、③同額の現金給与を別途支払うことになる。②の場合、株価が大幅に上昇しているときに制限解除が行われると、一月分の給与額では源泉徴収額に満たない場合がありえる。③の場合は、当該給与にさらに所得税がかかるから、その金額をグロスアップして支給する必要があるだけでなく、そのような役員給与は、前述のように法人税法34条1項各号のいずれにも該当しないから、損金算入できない可能性がある。法人側におけるこのような負担を肯定することは、源泉徴収制度の本来の趣旨からは外れているので、それを正当化することは難しい。渡辺・前掲注20）46頁参照。

[35] 黒田嘉彰＝土屋光邦＝松村謙太郎「『攻めの経営』を促すインセンティブ報酬――新たな株式報酬（いわゆるリストリクテッド・ストック）を中心に――」商事法務2100号（2016）39頁参照。もちろん、株式の時価が下落した場合は、役員が課税された額以上の損金算入が可能となるが、役員側と法人側における課税ルールの非対称性は残ったままである。

[36] 武井一浩＝有吉尚哉＝松尾拓也「新しいエクイティ報酬（自社株報酬）導入に向けて」前掲注11）264頁〔松尾発言〕参照。

V　アメリカ法における課税ルール

1　役員側の課税ルール

(1)　歳入法典 83 条および財務省規則 1.83

　非適格ストック・オプション（non-statutory stock option）[37]およびリストリクテッド・ストックに対する現行課税規定は、歳入法典83条およびそれに関連する財務省規則 1.83 である。歳入法典 83 条のタイトルは「役務の提供に関連して移転された資産（property transferred in connection with performance of services）」とされている。以下、まずストック・オプションを例にとり、これらの規定についてごく簡潔に述べる[38]。

　（i）　役務の提供に関連して移転された資産であるストック・オプションについて、付与時の段階で「容易に算定可能な適正市場価値（readily ascertainable fair market value）」が存在し、かつそれらに行使制限や譲渡制限が付されていない場合（権利失効の実質的危険にさらされていない場合）、役員は、当該ストック・オプションの適正市場価値と等しい報酬を受領したとされ、通常所得として課税される。この場

---

[37]　ここでいう非適格ストック・オプションとは、歳入法典 421 条以下に規定される適格ストック・オプション（statutory stock option）以外のストック・オプションをいう。適格ストック・オプションは、付与時および行使時には課税されず、株式売却時にキャピタル・ゲイン課税を受ける。アメリカ法が制定法に適格ストック・オプションを導入したのは 1950 年である。See Bittker & Lokken, Federal Taxation of Income, Estates and Gifts, ¶ 60.6 (2016). 適格ストック・オプションは incentive stock option とも表現される。See Kahn & Kahn, Federal Income Tax A Guide to the Internal Revenue Code, ¶ 3.4000 (7th ed. 2016).

[38]　詳しくは、渡辺徹也「ストック・オプションに関する課税上の諸問題」税法学 550 号（2003）70 頁参照。

合、さらにストック・オプション行使時において課税されることはなく、オプション行使によって取得した株式を売却した時点で、キャピタル・ゲインとして軽い課税を受ける。

(ii) ストック・オプションが付与された段階で、オプションに容易に算定可能な適正市場価値が存しない場合、付与時に課税されることはない。役員は、オプション行使時あるいはオプション譲渡時に報酬を実現したとされ、通常所得として課税される。なお、株式売却時には、行使時から売却時までの利益がキャピタル・ゲインとして課税される。

(iii) オプションには行使制限や譲渡制限が付されている（権利失効の実質的危険にさらされている）が、付与時の段階で容易に算定可能な適正市場価値が存在する場合、歳入法典83条(b)に基づいて、役員は(i)と同様の付与時課税を受けるという選択（以下、「83条(b)選択」という）を行うことができる。

(iv) 上記(iii)において、83条(b)選択をしなかった場合、権利失効の危険にさらされなくなったときに課税される

上記(i)～(iv)の課税ルールを簡単なフローチャートで示すと図1のようになる[39]。

リストリクテッド・ストックの場合も、原則としてストック・オプションと同じ課税ルールに服する。リストリクテッド・ストックの場合のフローチャートは図2の通りである。リストリクテッド・ストックは現物なので、「容易に算定可能な適正市場価値」をスキップして、次の「権利失効の実質的な危険にさらされているか」という問いからスタートすることになる。

---

39) 渡辺・前掲注38) 73頁を一部修正して再掲。

V アメリカ法における課税ルール

図1 ストック・オプションの場合

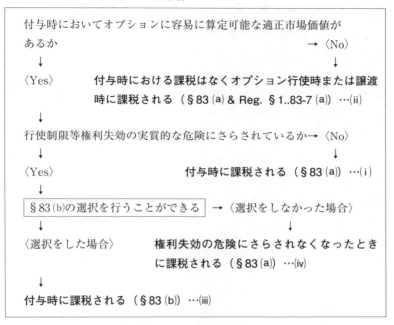

図2 リストリクテッド・ストックの場合

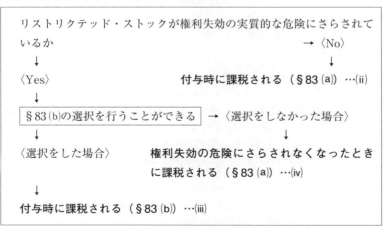

2　法人側の課税ルール

　ストック・オプション等の付与や行使による利益が、歳入法典83条に基づいて従業員の総所得に算入された場合、法人側で歳入法典162条に基づく費用控除が認められている[40]。控除が認められる金額は、従業員が報酬として課税された金額と同額であり、控除のタイミングも、従業員が課税された時点とされる。

　ただし、適格ストック・オプションの場合、法人は費用控除できない[41]。ストック・オプションからの利益は、従業員側でキャピタル・ゲインとして課税されるため、当該利益が法人から支払われたものとは考えられないからである[42]。

---

40) §83 (h). アメリカには、いわゆる100万ドル控除制限に関する歳入法典162条(m)があるが、一定のストック・オプションはこの規定の対象外である。この規定については増井・前掲注9) 104頁、伊藤靖史『経営者の報酬の法的規律』（有斐閣、2013）126頁参照。
41) Reg.§1.61-2 (d) (2).
42) アメリカのストック・オプションについて、Bittker & Lokken は適格ストック・オプションと非適格ストック・オプションを比較した具体例をあげている（Bittker & Lokken, *supra* note (37) at ¶ 60.6.1）。その例で、政府が多く課税できる（税収が多くなる）のは、適格ストック・オプションの方であるが、それは非適格ストック・オプションの場合、個人（Bittker & Lokken の例では従業員）が所得課税を受けた金額だけ、法人側で控除できるからだと説明されている。ただし、同じ事例を日本の現行法にあてはめてみると、法人側の控除の範囲が限られているので、（法人税法施行令111条の3第3項にいう「新株予約権の発行の時の価額」にもよるが）非適格ストック・オプションの方が、税収は多くなる場合がありえると思われる。

3　簡単な具体例

これまで述べてきたストック・オプションおよびリストリクテッド・ストックに対する課税ルールについて、簡単な具体例を以下に示す[43]。

(1)　ストック・オプションの場合
〈事例〉

AはB社の役員である。01年におけるB社の株価は100であった。AはB社より、以下のようなストック・オプションを無償で付与された。ストック・オプションに容易に算定可能な適正市場価値はなく、オプションの行使価格は100、行使時期の制限はない。ただし、取得した株式はオプション取得時から5年間は譲渡禁止で、かつAが5年内にB社を退職した場合、ストック・オプションおよびストック・オプションを行使して取得した株式は失効するという制限が付されていた。

Aは02年にこのストック・オプションを行使した。オプション行使時における株価は120であり、06年に制限が解除された段階での株価は140であった。Aは07年にそのときの時価と等しい150で株式を売却した。

〈課税結果〉

①　01年の段階でAに対する課税はない。付与時においてストック・オプションに「容易に算定できる適正市場価値」が存しないからである[44]。

②　02年の段階でAが83条(b)選択をしなければ、制限解除時であ

---

[43]　主としてWatson, Federal Income Taxation, 170 (Oxford, 2011) を参考にした。
[44]　Reg. §1.87-1 (a).

る 06 年に課税される[45]。その際の所得は 40（140-100）、所得種類は通常所得（株式の基準価格が 140 になる）。そして、07 年の段階で 10（150-140）のキャピタル・ゲインについて課税される。

③　02 年の段階で A が 83 条(b)選択をした場合、20（120-100）が通常所得として課税される（株式の基準価格が 120 になる）。この場合、株式に譲渡禁止等の制限が付されていることは、株式の評価にあたり無視される（つまり株式は制限が付いていない場合の時価である 120 として評価される）。06 年に制限が解除された場合の課税はない。07 年に株式を売った段階で、30（150-120）がキャピタル・ゲインとして課税される。ただし、もし 5 年内に A が退職等をして株式が失効した場合、02 年に課税された 20 について A は控除できない。もっとも、株式購入のために支出した 100 についてはキャピタル・ロスとして控除できる[46]。

④　なお、課税上は、株式の制限が解除されるまで、B 社が株式の所有者として扱われるため、制限解除までの間に A が受け取る配当は、追加的報酬として（すなわち通常所得として）課税される[47]。そして同額が（下記⑤と同じ方法で）法人側で控除される[48]。

---

[45]　制限解除時における 83 条(a)に基づく課税は、当初の株式取得に対して適正市場価値が支払われていた場合でも適用がある。条文上は、役務提供に関連して移転された資産に対して支払われた金額を「超える（excess）」当該資産の市場価格が所得になるとされているが、この中には zero excess も含まれる。したがって、役務提供に関連して（connection with performance of services）リストリクテッド・ストックを付与された役員は、たとえ当該付与について完全な市場価値を支払っていても、83 条(b)選択をしておかねば、（株式譲渡時ではなく）制限解除時に制限期間中の含み益が通常所得として課税される。*See* Alves v. CIR, 734 F2d 478（9th Cir. 1984）. 議会が 83 条(b)を創設したのは、単にフレキシビリティを追加するためであって、超過の有無に関する要件を 83 条(a)に付するためではないとされる。1969 U.S. Code Cong. & Ad. News 2027, 2154.

[46]　Reg. § 1.83-2 (a).

[47]　Reg. § 1.83-1 (a) (1).

[48]　Rev. Rul. 83-22, 1983-1 CB 17.

⑤　法人側は、Aが通常所得として課税された時に同額が歳入法典83条(h)に基づき控除できる[49]。かつては法人が給与に関する源泉徴収[50]を予め行っていなければ、控除も認められなかった[51]。これは、法人側の控除について、役員側の所得算入に対応させること（事実上のオフセット）を確保するためのルールであった（ただし、この要件は役員等に付与されたストック・オプション等にだけ要求され、得意先などへのストック・オプションは対象外であった）。1995年の改正は、歳入法典83条(h)の文言をより忠実に解釈して、この源泉徴収要件を外した。したがって、源泉徴収の有無にかかわらず、役員の方で所得に算入される場合には、法人側の控除が認められる[52]。

⑥　ただし、控除が認められるためには原則として歳入法典162条の「通常かつ必要な費用」要件を満たさねばならない。たとえば、家事使用人への支払い、資本的支出、あるいは過大な給与部分は、歳入法典162条を満たさないため歳入法典83条(h)によっても控除できない。

⑦　また、役員が83条(b)選択を行った後で、株式等が失効した場合、法人側は取り戻した株式について所得を計上する[53]。上記③で株式が失効した場合、B社は120の所得を計上する。もっとも、20についてはAが課税された段階で既にB社において控除していることに注意（また、③で示したように100についてAはキャピタ

---

49) Venture Funding, Ltd. v. CIR, 110 TC 236（1998）.
50) §3402.
51) Former Reg. § 1.83-1 (a)（2）; Rev. Rul. 79-305, 1979-2 CB 350. *See* Bittker & Lokken, *supra* note（37）at ¶ 60.4.5.
52) TD 8599, 1995-2 CB 12.役務提供者によって源泉徴収要件の有無に差異があるという問題もあるが、それ以外にも、ストック・オプション行使利益やリストリクテッド・ストック付与利益は一種の現物給与であるから、源泉徴収がやりにくいという事情も存したようである。
53) Reg. § 1.83-6 (c).

第10章 役員に対するインセンティブ報酬への課税とコーポレート・ガバナンス

ル・ロスとして控除していることにも注意）すべきである。

(2) リストリクテッド・ストックの場合

上記(1)の事例において、02年の段階で時価120のリストリクテッド・ストックをAがインセンティブ報酬として受け取ったと考えれば、同様の結果となる。

すなわち、②' 株式付与時において83条(b)の選択をしなければ、制限解除時に140が通常所得として課税され、株式譲渡時に10がキャピタル・ゲインとして課税される。③' 83条(b)選択をすれば、選択時において120が通常所得として課税され、株式譲渡時に30がキャピタル・ゲインとして課税される[54]。途中で権利が失効しても、役員は課税された120部分について控除できない。④' 制限期間中の配当は追加的報酬とされる。⑤' 法人は役員が通常所得として課税されたときに、同額を控除できる。⑥' ただし、控除については162条の制限を受ける。⑦' 制限解除前に株式が失効した場合、120が法人の所得とされる。

(3) 歳入法典83条(b)選択について

83条(b)選択について簡単にまとめると次のようになる。もし役務提供に関して付与された資産（ストック・オプションやリストリクテッド・ストック）の価値が将来上がると予想される場面では、この選択をすることで、早い段階で（値上がり前の）低い価値に対する通常所得課税が行われ、かつ将来課税される（値上がり後の）所得の性質がキャピタル・ゲインになり、そして課税のタイミング（いつ株式を譲渡するかというタイミング）をコントロールすることもできる。一方で、資産価値

---

54) エグゼクティブが労働の対価の利益を低い税率が適用されるキャピタル・ゲインへと変換していると捉え、83条(b)選択を問題視する見解として、see Fleischer, Taxing Alpha: Labor is the New Capital, Tax L. Rev. (forthcoming 2016). Fleischerは、貧富の差を解消するために超富裕層が最も恩恵を被っているキャピタル・ゲイン軽課制度そのものの廃止を提案している。

が下落してしまうと、当初の課税が過重（over tax）になり、また権利が失効してしまった場合でも、損失をどこからも控除できない。

Ⅵ　コーポレート・ガバナンスと望ましい課税ルール

1　Bebchuk と Fried の見解

アメリカにおいて、コーポレート・ガバナンスの観点から経営者報酬の問題を指摘した見解として、Bebchuk と Fried によるものがある。ここでは、既に日本でも有名な 2004 年に出版した著書[55]より後に発表された 2010 年の論文[56]を主に取り上げる。この論文は、彼らの新しい業績であるというだけでなく、金融危機を踏まえた上で、経営者に対する長期的インセンティブのあり方（改善提言）を示すものであり、それを租税法の観点から検討してみることに、意味があると考えるからである[57]。

Bebchuk らの改善の前提には、権利確定（vest）した後のエクイティ報酬の多くの部分を役員に継続的に保有させる必要があるという考えがある[58]。この前提が日本にもあてはまるかどうかについて、まず確認しておきたい。

---

[55] *See* Bebchuk & Fried, Pay Without Performance: The Unfulfilled Promise of Executive Compensation（Harvard University Press, 2004）. 増井・前掲注 9) 100 頁も併せて参照。

[56] *See* Bebchuk & Fried, Paying for Long-term Performance, 158 U. PA. L. REV. 1915（2010）.

[57] Bebchuk & Fried は長期的な業績と結びついた株式報酬に関する原則（Principles for Tying Equity Compensation to Long-Term Performance）として 8 つをあげている。*Id.*, at 1958. この文献の内容については、津野田一馬「経営者報酬の決定・承認手続」法学協会雑誌 132 巻 11 号（2015）2161 頁以下参照。

[58] *See* Bebchuk & Fried, *supra* note（56）, at 1919.

第10章　役員に対するインセンティブ報酬への課税とコーポレート・ガバナンス

　現状においては、役員への報酬を通じて、今よりリスクを取らせようとする日本と、これ以上リスクをとらせまいとするアメリカという構図が、一応成り立つ[59]。つまり、両国の置かれている立場は異なりうる[60]。しかし、経営者が中長期の利益を追求すべきという前提は共有できると思われる[61]。

　また、論文が公表された2010年という年が、リーマン・ショックの直後であることの意味についても考える必要があるが、上記の前提自体は、Bebchukらの2004年の著書に依拠している[62]。したがって、以下では、リーマン・ショックという要因をことさらに意識することはせずに、租税法の観点からの簡単な分析を試みる。

2　改善提言と租税法

　Bebchukらの提言は大きく分けて3つから構成される。第一がエクイティ・インセンティブの換金に関する制限[63]、第二がゲーミング（gaming）の防止[64]、そして第三がヘッジおよびデリバティブ取引に関する制限[65]である。租税法との関係で重要なのは第一の提言であ

---

[59] 前掲・注16）参照。また、CGコード序文7項には「攻めのガバナンス」という文言がある。しかし、「攻め」とは何を指しているのか、どのようなリスクをとれということなのか、具体的にははっきりしない。少なくとも、アメリカにおいてリーマン・ショックを引き起こしたようなリスクではないであろう。

[60] 武井一浩ほか『コーポレート・ガバナンスの実践』（日経BP、2015）19頁。

[61] 加えてエージェンシーコストを削減すべきという前提も共有できるだろう。また、そもそもリスクとは何かという問題もある。中里実「課税とリスク」租税法研究41号（2013）4頁では、「リスクとは、未知の事象（未知の対象や、将来予測）から生じる不確実性であると考えたい」という前提のもと、リスクの種類として、business riskやfinancial riskなどがあげられている（同11頁）。

[62] See Bebchuk & Fried, *supra* note（55）, at 174-79. 津野田・前掲注57）2162頁および2164頁注（488）、さらに前掲注58）も併せて参照。

[63] See Bebchuk & Fried, *supra* note（56）, at 1922.

[64] *Id*., at 1936.

[65] *Id*., at 1951.

り、その内容は、①権利確定と権利行使（unload）自由の区別[66]、②退職を基準とした保有要件の問題[67]、③換金（unwind）に関する付与ベース制限[68]、④換金に関する総計制限[69]である。

①は、経営者に対しては、与えられたリストリクテッド・ストック等の権利が確定しても、自由に権利行使を認めるべきでないという提言である。ただし、当該権利確定によって生じる納税義務の履行に必要な範囲はこの限りでない。リストリクテッド・ストックの権利が確定した後、直ちに換金の自由を許せば、経営者は中長期的な利益を追求しなくなるから、これを認めないが、納税資金にあてるための換金だけは認めるという趣旨である。②は、エクイティ・インセンティブを換金する権限を経営者の退職と結びつけるべきではないという提言である。経営者による退任時期の操作や退任後のことを考えない短期的な利益追求を防ぐためである。③は、①でいう納税義務履行のための換金を別にして、エクイティ型の報酬は、権利確定日があった後、付与ベースに基づいて段階的に少しずつ換金を認めるといった制限に服するべきという提言であり、④は、③にさらに縛りをかけて、すべてのエクイティ型の報酬は、総計ベースに基づく換金制限にも服するべきという提言である。そうすることで、各年[70]において付与ベースとは別に、総計したエクイティ・インセンティブの一定部分だけが換金可能となる[71]。

租税法の観点から、特に興味深いのは、中長期的な利益追求というガバナンスの視点から、リストリクテッド・ストック等の早期の換金

---

66) *Id.*, at 1923.
67) *Id.*, at 1925.
68) *Id.*, at 1928.
69) *Id.*, at 1931.
70) これには退職後の一定期間も含まれる。
71) 津野田・前掲注57) 2162頁は、①〜④を2つに分けて、①②部分を「権利確定後の一定期間における換金を禁止すること」、③④部分を「換金を段階的に行うよう制約を課すこと」としている。

第10章 役員に対するインセンティブ報酬への課税とコーポレート・ガバナンス

をできるだけ制限させる方向性を示しながらも、納税資金のための換金は別扱いを受けてよい[72]とされていることである。

会社法学者であるBebchukらが、租税法のルール改正を正面から提起しないのは当然かもしれないが、彼らの見解が（換金の制限を通じた）実質的な権利確定の先送りを意味するのであれば、そのときまで課税も繰り延べよという主張はありえたのではないかと思える。

一方で、そんな主張をしても、課税のルールは変わらないだろうという前提のもと、会社法の領域で対応すべきことを目指したのかもしれない。もしそうであれば、納税のためのキャッシュアウトだけを例外扱いとする背景には、権利確定時に待ったなしで生じる課税のために納税資金を確保することはどうしても必要であり、その手当てなしに権利確定後の換金を制限することは、ガバナンスの観点からも好ましくないという考え方が存することになろう。

VII 結びにかえて──アメリカ法からの示唆

これまでみてきたように、アメリカ法はエクイティ報酬の譲受側と支払側において課税（所得種類とタイミング）を一致させる制度[73]であったが、リストリクテッド・ストック等に関する日本のルールは、役員側で給与所得として課税しておきながら、法人側で損金算入を制限している。このような課税ルールについて、税制がコーポレート・ガバナンスの観点からの報酬設計を阻害していることにならないか、十分な検討が必要である[74]。とりわけ海外に優秀な人材を求めようと報酬総額や報酬ミックスのあり方を考えている企業にとって[75]、税制

---

72) 株式について、権利確定日の価格に基づく源泉徴収あるいは会社への買取請求といった方法も提示されている。See Bebchuk & Fried, *supra* note (56), at 1926.
73) 制限期間中の受取配当を報酬としつつ法人側の控除も認める扱いも含まれる。

が足枷となって国際競争力を削ぐ結果となることは避けるべきであろう。

　一方で、税率引下げと課税ベースの拡大をセットで行ってきた最近の法人税法改正の流れにおいて、リストリクテッド・ストック等に関する法人側の損金算入枠を広げる改正は難しいのかもしれない。もっとも、個人所得税の累進性強化[76]と法人実効税率の軽減という方向から近時の税制改正を眺めるなら、法人側の控除を所得税の課税と一致させても、税収減はそれなりに限定的なものとなろう。多額の役員報酬に対して高税率で課税する一方で、控除に際して適用される法人税率が下がってきているからである。

　仮に、立法論としては、現行法人税法54条および54条の2で認められた枠を超えて、法人側の損金算入を認めるべきでないというのであれば、役員側の所得種類をもう一度見直すという方法もありえる。たとえば、法人で控除可能とした部分だけを給与所得として、それ以外の部分があれば、一時所得とする（あるいは雑所得や譲渡所得までをも考慮対象に入れる）という発想があってよいのかもしれない。

　上記とは異なり、日本でも対称的な課税ルールを導入するとした場合、アメリカ法との比較において考えるべきことを簡単に上げてみる。まず、アメリカ法と同じように、役員側で課税された額だけ法人側の損金算入を認めるとした場合、源泉徴収義務の履行を損金算入の要件とすべきだろうか。

---

74) 増井・前掲注9) 114頁は、所得課税ルールのあり方として、「『報酬設計を阻害しない』といったスタンスが適切であろう」とする。「望ましい報酬設計を税制で誘導する」こと（同104頁）がよいかどうかは、おそらくケースバイケースだと思われるが、少なくとも「阻害」することは避けるべきであろう。
75) 「外国人経営者報酬が高騰」日経産業新聞2016年6月23日19面参照。
76) たとえば、平成26年度改正によって、給与所得控除の上限は、それまでの1500万から、平成28年は1200万円、平成29年は1000万円へと縮小されることになっている（所法28条3項）。また、所得税の最高税率も平成27年より、それまでの40％から45％に引き上げられている（所法89条）。

第10章　役員に対するインセンティブ報酬への課税とコーポレート・ガバナンス

　源泉徴収を控除の要件とするかつてのアメリカ法のルールは[77]、精緻な源泉徴収と年末調整で課税関係を終了させる制度[78]を持つ日本にとっては、魅力的といえる[79]。課税庁としては、役員側の申告を心配する必要はなく、源泉徴収と年末調整でリストリクテッド・ストック等に関するすべての所得税の徴収が完了するからであり、法人側にとっても損金算入と結びつけられていれば、当該徴収義務を履行するインセンティブとなる。

　しかし、日本において法人税法と所得税法は別の法律であり、法人税の控除と所得税の課税は、理論上も切り離されているから、報酬を受け取った側で課税できていないことをもって、支払った側の課税計算に関する損金不算入の実体的根拠とすることは、困難であろう。もちろん法律で義務を課している以上、義務不履行があれば、課税庁は徴収義務者である法人に対して告知処分を行うことができる。ただ、立法論としては、リストリクテッド・ストック等に対する源泉徴収義務の負担が、通常の金銭給与支払いの場合と比べて加重になりがちなことから、この点の改善が望まれることも指摘しておきたい。

　次に、日本でも歳入法典83条(b)選択のような制度を認めるべきかが問われる。この選択は、どちらか一つに決め難い課税のタイミングと所得種類について、納税者に選択させることで納得させる手法のようにみえなくもない[80]。しかし、付与時に給与として課税しておき、そ

---

77) 前掲注51)参照。
78) 渡辺徹也「申告納税・源泉徴収・年末調整と給与所得」日税研論集57号（2006）143頁参照。
79) ただし、役員の給与収入金額が2000万円超であったり、2か所以上から給与の支払いを受けたりしていれば、源泉徴収と年末調整で所得税額が確定しないことになる。渡辺・前掲注78) 126頁参照。
80) しかし、ここでの納税者は役員であって法人ではない。法人は控除に関する選択権はなく、役員の選択が法人側の控除の可否を決定してしまうことになる。ただし、報酬にどのような制限等を付けるかについては、事実上法人側に決定権があるともいえる。

の後の利益はキャピタル・ゲインとして扱うのであるから、それなりに理論的な方法といえる。もっとも、選択後、制限解除時において株価が上昇していればよいが、下落していても控除は認められない。この意味で、83条(b)選択にはギャンブルの要素があるといわれている[81]。

日本にこの制度を導入した場合、むしろ納税資金の方が懸念される。83条(b)選択は課税時期を前倒しするからである。たとえば、リストリクテッド・ストック付与時にこの選択をして、給与所得としての課税を受けるとしても、譲渡制限が解除されない限り換金して納税することはできない。したがって、83条(b)選択をするにあたり、役員は別途、納税資金を準備しておかねばならないことになる。

ところが、日本の役員報酬の総額は欧米に比べてそれほど多くないので[82]、報酬全体におけるインセンティブ報酬の割合を増やせば、付与時課税に対する納税資金が不足しかねない[83]。したがって、法人と

---

81) *See* Kahn & Kahn, *supra* note (37), at ¶ 3.3400.
82) 一方で、アメリカの経営者の報酬は高すぎるという批判があるのは周知の通り。米証券取引委員会（SEC）の開示規則により、企業は最高経営責任者（CEO）と一般従業員の給与格差を開示することを義務づけられることになった（新開示規則は2015年8月5日に承認された）。*See* Victoria Mcgrane & Joann Lublin, SEC Approval of Pay-Gap Rule Sparks Concerns, WSJ (2015. 8. 15). オラクル、ラジオシャックなど20社以上の企業が、2010年に施行されたドッド・フランク法に基づく say on pay vote（役員報酬案に対する株主投票）の実施にもかかわらず、役員に高額の報酬を支給し続けている。オラクルのラリー・エリソンCEOの2013年度の報酬額は約7700万ドル（約80億円）であった。ただしそのほとんどが株式報酬であり、年間給与はわずか1ドルに過ぎない。それでも say on pay vote ではこれまで2回否決されている。*See* Emily Chasan, Radio Shack, Nabors Stick With CEO Pay Despite Shareholder Objections, WSJ (2014. 8. 26).
83) そもそも権利確定時の換金でさえ、日本ではインサイダー防止ルールに抵触して許されないという問題が指摘されている。武井・前掲注7) ジュリスト1452号63頁、武井ほか・前掲注5) 132頁参照。しかし、そうしている間に株価が下がれば、後日換金できても当初の税額に満たない場合も生じうる。

しては、役員が付与時に給与所得課税をされた場合（役員が83条(b)選択をした場合）を想定して、それに見合う現金給与を支給するようなことが考えられるが[84]、それは任意であって、法律でそのような義務づけをすることは困難であろう[85]。

最後に、今後の課題として、法人税法54条および54条の2において損金算入が認められる範囲だけでなく、これらの規定と同法34条1項および2項との関係や均衡について、コーポレート・ガバナンスの観点から抜本的に再検討することが望まれる。本稿で行った作業は、その第一歩に過ぎない。　　　　　　　　　　（平成28年7月脱稿）

（わたなべ・てつや）

※本稿は科研費（課題番号26380041）に基づく研究成果の一部である。

---

[84] この問題については、前掲注34）参照。また、現物給与一般についても、同種の問題は存する。

[85] 権利確定後も換金に縛りをかけつつ、納税のための換金を別扱いするというBebchukらの提言は、納税資金の問題に有効に対処しているようにもみえる。ただし、Bebchukらは、権利確定時における提言をしているのであって、権利が未だ確定していない83条(b)選択時とは、問題としている時期が異なる。

第11章
日本企業のリスクテイクと取締役の民事責任ルール

神戸大学准教授　**飯田秀総**

I　はじめに

1　日本企業とリスクテイク

　企業経営にリスク[1]テイクは必要不可欠である。この命題について異論はないと思われる。そして、日本の会社はリスクテイクが低いことが課題とされている。

　日本の企業のリスクテイクが不十分であることの証拠としてしばしば指摘されるのが、日本企業のROA[2]、ROE[3]、PBR[4]などの指標の低さとその分散の小ささである。このことは、日本企業の利益率が低く、かつ、大半の企業が同じような水準にとどまっていて、ばらつきが小さいことを意味している[5]。この現象は、ローリスク・ローリターンの経営を日本企業がしがちだという文脈で語られることが多い。この議論では、ハイリスク・ハイリターンの経営をしているならば、収益性の指標の分散はもっと大きくなるはずだということが前提

---

1)　なお、ここでいうリスクとは、確率計算が可能な「リスク」と、確率計算不可能な「不確実性」の両方を含む意味である。
2)　Return on Asset の略語。総資産に対する利益の割合のこと。
3)　Return on Equity の略語。株主資本に対する利益の割合のこと。
4)　Price Book-value Ratio の略語。時価総額を株主資本で割った比率のこと。

となっている。

　このような、日本企業のリスクテイクが不十分であるという認識を前提に、コーポレートガバナンス・コード[6]をめぐる議論をきっかけに、「攻めのガバナンス」[7]という言葉が近時の議論のキーワードの1つになっている。攻めのガバナンスは、企業の成長性・収益性を高めることを目的とするものである。そして、企業の成長性・収益性を高めるためには、適切なリスクテイクが必要となる。コーポレートガバナンス・コードの基本原則4は、そのリスクテイクを促進するための環境整備の必要性を指摘している。また、リスクテイクが必要だということは、伊藤レポート（2014）[8]にも登場する。

　それでは、日本企業のリスクテイクの低さの要因は何か。Nakano and Nguyen（2012）は、投資の機会の少ない会社においては取締役会のサイズが大きいとリスクテイクがされにくいとする[9]。また、伊藤レポート（2014）では、①債権者（銀行）によるガバナンスだったから、②終身雇用制度だから赤字リスクを避けるから、③社長の任期が4～6年と短いから、④リスクテイクする社員の評価が不適切だから、といった仮説が指摘されている[10]。

---

5)　亀田制作＝髙川泉「ROAの国際比較分析──わが国企業の資本収益率に関する考察」日本銀行調査統計局ワーキングペーパーシリーズ（2003）（https://www.boj.or.jp/research/wps_rev/wps_2003/data/cwp03j11.pdf）、「持続的成長への競争力とインセンティブ～企業と投資家の望ましい関係構築～」プロジェクト「最終報告書」（2014）37頁（http://www.meti.go.jp/press/2014/08/20140806002/20140806002-2.pdf）（以下「伊藤レポート」という。）。

6)　http://www.jpx.co.jp/equities/listing/cg/tvdivq0000008jdy-att/code.pdf

7)　冨山和彦「コーポレートガバナンス・コードの策定に関する意見書（第4回有識者会議向け）」2014年10月20日、http://www.fsa.go.jp/singi/corporategovernance/siryou/20141020/04.pdf

8)　伊藤レポート・前掲注5) 32頁。

9)　Makoto Nakano and Pascal Nguyen, *Board Size and Corporate Risk Taking: Further Evidence from Japan*, 20 CORPORATE GOVERNANCE: AN INTERNATIONAL REVIEW 369 (2012).

Ⅰ　はじめに

　また、MBOによって非公開化する際に、MBOを実施する理由として、上場を維持したままだと株主に過大なリスクが及ぶおそれがあり、非公開化して積極的にリスクを取れる経営体制を構築することが公開買付届出書等で開示されることがある。ここからは、経営者としては、積極的にリスクをとる経営をしたいけれども、一般株主がいるからできない、というメッセージが読み取れる。このメッセージが経営者の本心から出ているものなのか、それとも建前上の説明にすぎないのか明らかでないが、少なくとも、このようなストーリーが投資家に対する説明として通じると考えられているのだろう。それでは、一般株主がいるとリスクテイクができないのは何故なのだろうか。積極的なリスクテイクが企業価値の向上につながるならば、一般株主も賛成するはずである[11]。したがって、株主に過大なリスクが及ぶのを避けることが非公開化の目的であるというストーリーは全面的には信じにくい。むしろ、積極的なリスクテイクによって短期的な業績が悪化すると、株価が下がり、経営者の地位が守れない、あるいは代表訴訟が起こる、などと経営者の自己保身的な利益が背景にあると理解すべきケースもあるかもしれない。

　日本企業のリスクテイクが低い原因として仮説は色々と考えられるが、真の原因は必ずしも明らかではない。法制度がリスクテイクの阻害要因となっているかどうかも明らかではない。コンセンサスがあると思われるのは、リスクテイクの結果、会社に損害が発生した場合に、経営者の結果責任を問うような法制度は望ましくないということである[12]。もしも、法制度が適切なリスクテイクを妨げているならば、その法制度を改善した方が良い。「攻めのガバナンス」とか、「適切なリスクテイク」を促すということが強調される背景には、経営者は「リ

---

10)　伊藤レポート・前掲注5) 33頁。
11)　もちろん、情報の非対称性があるから、経営者の評価と株主の評価が食い違うということはあるだろう。

スクを取ってもあまり報われず、失敗すれば法的責任を問われる」という状況にあるという認識があるのかもしれない。そうだとすると、結果責任を問うような法制度になっていないか、会社法の制度を検証してみる作業が必要になる。

2　本稿の目的

そこで、本稿では、経営者の個人的な責任が追及される局面の法制度を検討し、法制度が日本企業のリスクテイクの阻害要因として機能してきたのかという問題を、定性的に法的検討を加えることを目的とする。

第1に、株主代表訴訟制度はリスクテイクの阻害要因かを検討する。株主代表訴訟は、制度の仕組みとしては、弁護士が主導するか、または、経済的利益を顧みない株主が主導して提起される構造となっている。そうだとすると、経営者がリスクテイクすることは、失敗に終わる可能性もあるので、代表訴訟のチャンスを与えるから、代表訴訟を提起されたくなければ、経営者はそもそもそのようなリスクテイクをしなくなるとも思われる。しかし、このストーリーは日本の状況の説明として整合的だろうか。

第2に、経営判断原則について検討する。もしも責任発生の基準が最適なリスクテイクをしたか否かであって、かつ、裁判所がそれを正しく判断できるのであれば、法制度としては最も効率的である。なぜならば、取締役は最適なリスクテイクをすれば責任を問われることは

---

12) たとえば、次の神田秀樹発言を参照。「リスクをとった結果、しかし、結果が悪かったときに後から結果責任を負うようなことがないような仕組み、ルールなのかもしれません、それを確保する必要があります。これは大変重要なことで、さもないと保守的にリスクをとらない経営になってしまうので、これはまさに攻めという言葉で言えば、コーポレートガバナンスの観点から決して望ましいことではないわけです。」(神田秀樹発言・コーポレートガバナンス・コードの策定に関する有識者会議（第4回）議事録（2014）http://www.fsa.go.jp/singi/corporategovernance/gijiroku/20141020.html)。

ないから、最適なリスクテイクをとるようになり、過剰なリスクテイクや過小なリスクテイクをしないようになるからである。しかし実際にこのように最適なレベルのリスクテイクの水準を設定することは不可能であるし、仮に水準を正しく設定できたとしても裁判所の事実認定が100％の正確性をもって行われることも不可能である。それでは、経営判断原則による審査ならばどうだろうか。経営判断の内容と過程が著しく不合理でなければ義務違反にならないという経営判断原則による判断基準は、取締役に有利な基準であり、この判断基準が採用される限りでは、リスクテイクの阻害要因にはならないようにも思われる。そこで、経営判断原則とリスクテイクの関係について検討する。

第3に、会社法429条の取締役の第三者に対する責任がリスクテイクの阻害要因となっているかを検討する。この責任は、会社が事業に失敗した場合の会社債権者の損害を、経営者に負担させる構造となっている。判例で、429条で責任が認められるケースはどのようなものが多いのかを調べれば、リステクテイクの阻害として機能するかどうかについての手がかりになるだろうから、この点を明らかにする。

II　株主代表訴訟

1　問題の所在

日本の株主代表訴訟は、株式を取得してから6か月経過すれば誰でも原告株主になれることや、たとえ取締役会や他の全ての株主が反対したとしても一人の株主の意思で株主代表訴訟を最後まで続けることができること（会社法847条）などに特徴があり、代表訴訟を提起しやすい法制度といえる。

そこで、次のような仮説が考えられる。すなわち、「株主代表訴訟が起こると、経営者はこれに対応しなければならない。経営者は、株主代表訴訟の材料になるようなニュースを提供したくない。だから、経

営者はリスクテイクを避ける。」というものである。本節では、このようなの仮説が成り立っているのかを考えたい。もしもこれが成り立っているのであれば、株主代表訴訟制度を改善することによって、日本企業のリスクテイクの状況を改善できる可能性がある。逆に、この仮説が特に成り立っているわけではないのであれば、リスクテイクの妨げの真の理由は株主代表訴訟制度ではないということになる。

2　株主代表訴訟の構造

　株主代表訴訟の構造を図1で示した。すなわち、①株主が会社を代表して取締役を提訴する。その請求が認められれば、②取締役は会社に対して賠償する。そして、③会社は株主に対して費用・報酬を支払う（会社法852条）。④株主は弁護士に報酬を支払う。

　株主にとっては、株主代表訴訟に勝訴することによって得られる直接的な金銭的利益は、取締役が会社に対して賠償した額の持分相当額のみである。たとえば、100万円の賠償が会社に対してなされた場合、それが直接的に株式の価値を100万円高めると仮定すると、原告がその会社の株式を1％保有していたとすれば、1万円の価値が増加する。しかし、原告株主にとっては、訴訟にかかる費用が1万円を超えるの

図1　株主代表訴訟の構造

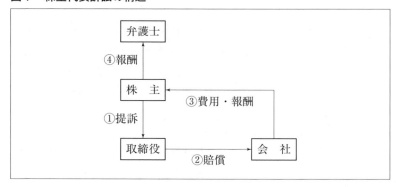

Ⅱ　株主代表訴訟

であれば（そして1万円を超えるケースが通常だろう）、株主代表訴訟を提起することによってかえって不利益になるから、株主代表訴訟を提訴しない方が合理的な意思決定となる（合理的無関心）[13]。もちろん、原告株主が勝訴した場合、費用・弁護士報酬は会社が支払うが、それは全額ではなく、「相当と認められる額」に限定されるから（会社法852条）、原告株主の持ち出し分が発生することは制度上、十分にあり得る。そして、日本の株主代表訴訟の提起についてのイベントスタディでは、株価に有意な影響はないことが実証研究によって報告されており[14]、これによれば少なくとも株主代表訴訟の提起によって株主全体に直接的な金銭的利益がもたらされるわけではないというのが株式市場の反応である。要するに、株主全体にとっても、また、提訴する株主にとっても、株主代表訴訟を提起することによる直接的な金銭的な利益はないケースが多いと考えられる。

　弁護士にとっては、勝訴（一部勝訴でよい）すれば、会社に弁護士報酬請求権をもつ株主から報酬を得られるので、ビジネスチャンスでもある。弁護士が個人の代理人となった場合と比べれば、株主代表訴訟の場合には、勝訴したときに会社からの支払いのバックアップがあるので、報酬の支払いがより確実になるなどの魅力があると思われる。もちろん、敗訴してしまえば、そのような会社からのバックアップはなくなるし、依頼者である原告株主からは着手金しかもらえないが、確率論として勝訴の可能性がある以上は報酬目当てで受任するインセ

---

[13] 詳しくは、Daniel R. Fischel and Michael Bradley, *The Role of Liability Rules and the Derivative Suit in Corporate Law: A Theoretical and Empirical Analysis*, 71 CORNELL L. REV. 261, 271-72 (1986), Roberta Romano, *The Shareholder Suit: Litigation Without Foundation?*, 7 J. L. ECON. & ORG 55 (1991) 参照。

[14] Mark D. West, *Why Shareholders Sue: The Evidence from Japan*, 30 J. LEGAL STUD. 351, 359 (2001), Dan W. Puchinak and Masafumi Nakahigashi, *Japan's Love for Derivative Actions: Irrational Behavior and Non-Economic Motives as Rational Explanations for Shareholder Litigation*, 45 VAND. J. TRANSNAT'L. L. 1, 42 (2012).

ンティブがなくなるわけではない。

　そして、この弁護士報酬目当てで提訴するインセンティブがあるというメカニズムは、コーポレートガバナンスの観点からも有意義である可能性がある。たとえば、何らかの取締役の不祥事を会社が発見した場合、会社が取締役の責任を追及して損害賠償請求をすることでプラスを得ることができる側面はたしかにあるが、同時に、提訴によって会社のイメージの悪化が生じたり、経営者が訴訟対応に追われたりすることによってかえって企業価値は下がってしまうおそれもあり、マイナスがプラスを上回るおそれがある[15]。このような場合、会社としてはあえて当該取締役の責任を追及しない方が合理的といえることがある。このことを理解している取締役は、自分が多少の不祥事を起こしても、将来会社に訴えられることはないと考えて、不祥事を起こすかもしれない。ところが、株主代表訴訟制度があると、不祥事の存在に気がついた弁護士は、原告となる株主さえ見つけることができれば、代表訴訟を提起し、勝訴して報酬を受け取ることができる。会社にとってはその時点では提訴しない方が合理的であっても、弁護士にとってはむしろ提訴して勝訴できれば弁護士報酬を受け取れるから、提訴する方が合理的だからである。このことを予想する取締役は、不祥事を起こすと将来代表訴訟が提起されるおそれがあると考えて、不祥事を起こさないようになるかもしれない。取締役が不祥事を起こさないようにすることは、事前の観点からみれば効率的な場合があるだろうから、弁護士報酬目当ての提訴の可能性のある代表訴訟制度の存在によって、事前の効率性をもたらす（抑止効果）ことができ、仕組み

---

15) Puchiniak and Nakahigashi, *supra* note 14, at 42 は、代表訴訟の和解が成立した場合に、株価は有意にプラスの反応を示すことを報告している。このことは、取締役に対する訴訟が係属していることによって会社の効率性が悪化していたことが、和解によって終了する効果を反映している可能性がある。そうだとすると、取締役に対して提訴することは、事後の段階では非効率となっている可能性があり、本文のストーリーと整合的である。

として上手い制度になっていると評価することもできる[16)]。

　また、先行研究では、株主が代表訴訟の勝訴による直接的な金銭的な利益の獲得の目的ではなく、非金銭的な利益を獲得することや、総会屋としての脅威を高めることで間接的な金銭的な利益の獲得を目的に、株主代表訴訟が提起されることもあると指摘されている[17)]。

　報酬目当てという金銭的利益の獲得を目的とする弁護士主導型の提訴の可能性は、どの会社にも同様にあると考えられる。これに対して、非金銭的な利益の追求を目的とする代表訴訟の提訴の可能性は、全ての会社に同じ確率で存在するというよりかは、株主の個性や、このような提訴を好む株主がどの会社をターゲットにするかによって大きく異なってくると考えられる。

3　経済合理的な弁護士像

　少なくともアメリカにおいては、経済合理的な行動をとる弁護士によって代表訴訟が提起されるという仮説と整合的な事実がある。その代表例ともいうべき近時の現象として、アメリカのM&Aは訴訟の対象になりやすいという事実がある。すなわち、2009年以降、1億ドル以上のM&A取引の8割以上のケースで信認義務違反訴訟が提起されている[18)]。しかもその大半が、株主総会における賛成率に特段の影響を与えていないという意味で実益のない情報開示を追加するだけの内容の和解で終わるにもかかわらず、弁護士報酬は認められてきた[19)]。

---

16) 田中亘「取締役の善管注意義務・忠実義務および株主代表訴訟」田中亘編著『数字でわかる会社法』(有斐閣、2013) 71頁、96頁参照。
17) Puchiniak and Nakahigashi, *supra* note 14.
18) Matthew D. Cain and Steven Davidoff Solomon, *Takeover Litigation in 2015* (2016), available at http://ssrn.com/abstract=2715890.
19) Jill E. Fisch, Sean J. Griffith and Steven Davidoff Solomon, *Confronting the Peppercorn Settlement in Merger Litigation: An Empirical Analysis and a Proposal for Reform*, 93 TEXAS L. REV. 557 (2015).

原告株主が開示以外の実質的な和解を得た場合、代理人の報酬の中央値は 1000 万ドル～ 2000 万ドル程度もあり、原告株主が和解によって得たものは会社による追加的な開示だけにすぎないという場合であっても、代理人の報酬の中央値は 40 万ドル～ 50 万ドル程度もある[20]。
　また、2015 年 7 月以降、デラウェア州の裁判所が、このような実質的な意味のない追加的な開示の和解を認めたとしても弁護士報酬額を減額したり、そもそも和解を認めなかったりする（和解で合意された追加的な開示事項が重要でないから。）傾向を見せ始めたところ[21]、提訴の割合が急減し、2015 年の第四四半期では 21.4％になっている[22]。従来は、M&A の差止めリスクを嫌がる経営陣が、軽微な情報開示の追加を内容とする和解に応じることで、その後の差止めリスクを軽減するインセンティブを持っていたため、和解が成立しやすく、それを見越した株主（を代理する弁護士）による提訴も多かったわけだが、裁判所がその和解の内容である情報開示が重要なものであるかどうかを詳しく審査するようになると、容易に和解の成立は認められるわけではなくなり、これを理解する弁護士達が提訴を働き掛けなくなった、と経済合理的な行動として理解することができる。

4　日本では弁護士主導型ではない

　これに対して、日本では弁護士が報酬目当てで株主代表訴訟を提起するように株主を説得するというケースはあまりないと考えられている。Puchinak and Nakahigashi（2012）は、株主オンブズマンが代表訴訟の原告になるケースでは不祥事などを契機に提訴され、和解・勝

---

20) Cain and Davidoff, *supra* note 18, at 5.
21) たとえば、*In re* Riverbed Technology, Inc. Stockholders Litigation, C.A. No. 10484-VCG, 2015 WL 5458041（Del. Ch. Sept. 17, 2015）（弁護士報酬を和解案より減額）、*In re* Trulia, Inc. Stockholder Litigation, 129 A.3d 884（2016）（開示のみが内容の和解案の承認を否定）参照。
22) Cain and Davidoff, *supra* note 18, at 5.

訴率も 76.7％ と高いが、その他のケースでは株主である総会屋や株主がその政治的主張のために提訴することが多く、経済的合理性を度外視していることが多いと分析している[23]。福井（2012）も、日本の代表訴訟の状況として、小規模閉鎖会社の件数がかなり多く、大規模会社では、「不正な会計処理や独占禁止法違反行為、贈賄等の発覚を契機にして提起されるほか、政治献金等に対する会社の姿勢を問う市民運動の一環として提起されることが多いようである。」[24] と指摘されている。

小規模閉鎖会社の場合は会社の内紛に端を発する事件が多いだろうから、弁護士主導型で提起されているとは考えにくい。また、大規模会社ではよほどの不祥事でもない限りは、市民運動の対象とされる行為さえしていなければ代表訴訟の対象となるおそれも小さいといえる。この分析が正しければ、経営判断の結果責任を問うような代表訴訟は起こらないか、起こったとしても不運なケースという程度であって、代表訴訟の存在が日本の上場企業のリスクテイクの主たる阻害要因となっているとは考えにくい。

そもそも、日本の弁護士の報酬契約では、完全な成功報酬のものは少なく、弁護士会の報酬規程（平成 16 年 3 月 31 日に廃止。）に従って、事件の受任時に着手金を受け取り、勝訴すれば追加で報酬が払われるという形態のものが多かった[25]。そのため、Puchinak and Nakahigashi（2012）は、弁護士報酬については、アメリカのように完全成功報酬制をとっている例が日本では少なく、株主が着手金を支払わなければいけない仕組みになっているから、弁護士主導で訴訟が始まるということも少ない、と分析していた[26]。

---

23) Puchiniak and Nakahigashi, *supra* note 14, at 45-48.
24) 福井章代「会社法施行後の株主代表訴訟の概況」資料版商事法務 334 号（2012）72 頁、74 頁。
25) 株主代表訴訟の弁護士報酬の例として、東京地判平成 16 年 3 月 22 日判タ 1158 号 244 頁。

第11章　日本企業のリスクテイクと取締役の民事責任ルール

しかし、日本の株主代表訴訟において、着手金の支払いを後払とする例もある[27]。後払になっていれば提訴時に原告が直ちに報酬を支払わなくてよいという意味では完全な成功報酬とほぼ同様の状況になる。そのため、日本で弁護士主導の株主代表訴訟が少ない理由は報酬形態がアメリカと違うというだけでは説明できてはいないと考えるべきだろう。

日本で弁護士主導の株主代表訴訟が少ないことについての主たる理由の候補としては、原告の勝訴率が低いということを指摘できる。原告の勝訴率は、約10％、和解は約20％程度とされている[28]。上記のアメリカのM&Aの訴訟のように、ある程度の確率で和解が成立するならば提訴されやすいし、裁判所が和解の成立を認めにくくなると提訴されにくくなるという関係にあるとすれば、勝訴率の低さは提訴の少なさの原因になっている可能性はある。しかし、原告の勝訴率が低いからといって、弁護士報酬目当ての訴訟が起こらないとは限らない。なぜならば、濫訴（被告に責任がないことを原告が知りながらあえて訴える場合や、被告に責任がないことは原告が事前に調査すれば簡単に分かるのに、それをせずに訴える場合）かどうかは原告のみが知っているという情報の非対称性があるし、また、被告の方がリスク回避的であれば、たとえ濫訴の可能性があるとしても、被告には和解に応じるインセンティブがあるからである[29]。

もう一つ、日本で弁護士主導の株主代表訴訟が少ない理由として考えられるのは、弁護士の競争状況である。弁護士の競争が激しくなり、収入の機会があればそれを求める行動をとることが考えられるとこ

---

26) Puchiniak and Nakahigashi, *supra* note 14, at 44.
27) たとえば、大阪地判平成22年7月14日判時2093号138号。
28) 福井・前掲注24）73頁。
29) ROBERT G. BONE, CIVIL PROCEDURE, THE ECONOMICS OF CIVIL PROCEDURE 18-102 (FOUNDATION PRESS, 2003), ロバート・G・ボウン（細野敦訳）『民事訴訟法の法と経済学』（木鐸社、2004）22～94頁参照。

ろ、競争がそこまで激しくなければ、勝訴率があまり高くない株主代表訴訟を報酬目当てで提訴しなくとも、弁護士は競争を生き残っていけると考えられる。日本の弁護士数は 36415 人であり（2015 年 3 月 31 日現在。日本弁護士連合会のウェブサイトに基づく数字である。）、最近 20 年で倍増してはいるものの、数多くの代表訴訟を提起して、そのうちの勝訴・和解できた事件の報酬を目当てに提訴するというような活動をする弁護士が登場するほどには、競争が激しくはないといえるだろう。したがって、将来の可能性としては、弁護士の競争が激化すれば、代表訴訟をビジネスチャンスと考える人も出てくるかもしれないが、少なくとも現状においてはそこまでには至っていないと評価できるように思われる。

5　小括

日本において、株主代表訴訟がリスクテイクの阻害要因の主たる原因となっているとは考えにくい[30]。その意味では、たとえば株主代表訴訟制度を起こしにくく改正したとしても、劇的に日本企業の行動パターンが変化して、リスクテイクするようになるとは考えにくい。

ただし、理論的には、株主代表訴訟の構造から考えれば、その阻害要因となる可能性はある。また、アメリカの状況を知っている人や、会社法を勉強した人ほど、代表訴訟リスクを気にする可能性があるかもしれない。そして、弁護士の競争がますます激しくなれば、弁護士が積極的に代表訴訟を提起しようとする日が来るかもしれない。この

---

[30]　機関投資家に対するアンケート調査によれば、株主代表訴訟が経営を萎縮させるという質問に対して、46.6％の機関投資家があまりそう思わない・まったくそう思わないと回答し、どちらともいえないが 31.8％、強くそう思う・ややそう思うが 21.6％ という結果がある（田中亘「機関投資家向けコーポレート・ガバナンスに関するアンケート調査　結果報告」(2012) 13 頁、http://web.iss.u-tokyo.ac.jp/gov/survey_on_corporate_governance.pdf）。この調査結果も、やはり、株主代表訴訟のせいで経営が萎縮しリスクテイクを避けているとはいえないという本文の評価と整合的なデータといえるだろう。

意味では、株主代表訴訟制度がその時々の状況の中で適切な制度になっているのかを絶えず検証する必要性は少しも否定されない。

Ⅲ　経営判断原則

1　問題の所在

　経営判断原則は、一定の場合には「裁判所は経営判断に事後的に介入しないというルール」[31]である。もっとも、結果論としてその経営判断によって取締役の責任が発生するわけではないということは、取締役についてのみ認められるルールというわけではなく、民法上の委任契約における受任者などでも同じであり[32]、当然のことである。むしろ、経営判断原則の特徴は、「判断の中身の良し悪しについては、裁判所は原則として立ち入らない」[33]点にあり、日本の判例でいえば著しい不合理性がなければ取締役の善管注意義務違反は認められないというのがその特徴である。

　経営判断原則の根拠としてよく指摘されるのは、善管注意義務違反による責任を恐れて取締役が萎縮してしまい、リスクテイクを避けて「消極的に無難な選択肢を安易に採ることが心配され」[34]、「取締役の冒険心を萎縮させる事後的評価をなすことは、株主の利益にならない」[35]からである。つまり、経営判断原則の根拠は、取締役がリスクテイクを避けないようにすること、そしてそれが株主の利益に適うこ

---

31)　神田秀樹『会社法〔第18版〕』（弘文堂、2016）226頁。
32)　能見善久＝道垣内弘人編『信託法セミナー(2)受託者』（有斐閣、2014）26頁〔道垣内弘人発言〕。
33)　能見＝道垣内・前掲注32）27頁〔藤田友敬発言〕。
34)　近藤光男編『判例法理経営判断原則』（中央経済社、2012）4頁〔近藤光男執筆〕。
35)　江頭憲治郎『株式会社法〔第6版〕』（有斐閣、2016）464頁。

とに求められている[36]。

本節では、この経営判断原則とリスクテイクの関係について検討する。

2 誤審リスク

田中（2013）は、裁判所の誤審のリスクと取締役のリスク回避を前提にした場合、取締役に適切な行動をとらせるには、裁判所が同じく判断を誤るならば取締役の責任を認めない方向に誤るようにすべきであり、これが経営判断原則の合理性を支えるロジックであるとする[37]。

この指摘を敷衍して分析してみよう。まず、取締役が善管注意義務に違反したかどうかの裁判所の誤審リスクとしては、2つある。第1に、本当は義務を履行したにもかかわらず、裁判所が義務違反を認定してしまう場合である（タイプ1エラー）。第2に、本当は義務違反があるにもかかわらず、裁判所が義務を履行したと認定してしまう場合である（タイプ2エラー）。タイプ1エラーとタイプ2エラーが同程度の確率でランダムに発生する場合、この誤審による負の影響は必ずしも大きくないといえる類型もあるかもしれないが、取締役は株主代表訴訟の被告となるおそれもあり、タイプ1エラーをおそれてなるべく無難な行動をとろうとするおそれがある（萎縮効果）。しかし、リスクテイクが過小になってしまうと株主の利益には適わない。だから、裁判所は、なるべくタイプ1エラーを起こさないように判断すべきであり、そのためには、裁判所はなるべく善管注意義務違反を認定しないようにすべきであり、それによってタイプ2エラーが増えたとしても

---

[36] デラウェア州の判例でも、経営判断原則は、取締役が最適なリスクテイクを避ける問題を克服することを目的とするものであることを指摘するものがある。Gagliardi v. Trifoods Int'l, 683 A.2d 1049, 1052 (Del. Ch. 1996) ("the first protection against a threat of sub-optimal risk acceptance is the so-called business judgment rule.").

[37] 田中・前掲注16) 89～90頁。

第11章 日本企業のリスクテイクと取締役の民事責任ルール

やむを得ないと考えるべきだということである。

このロジックを、太田（2000）[38]を参考に定式化すると次のようになる。

		認定		事後確率 （心証度）
		Hは真	Hは偽	
客観的真実	Hは真	正しい認定 （費用は0）	Π	P（H）
	Hは偽	Δ	正しい認定 （費用は0）	P（〜H） ＝1−P（H）

いま、争点は善管注意義務違反の有無だとする。証明主題Hは「義務を履行したこと」である。

もしも、客観的真実においてHは真である（義務を履行した）場合、裁判所が正しく認定してHは真であると認定すれば、社会的損失はゼロであるとする。しかし、裁判所が間違ってHは偽である（義務違反がある）と認定してしまう場合の社会的損失はΠ（パイ）であるとする（Π＞0）。ここでいうΠは、たとえば、取締役が萎縮してしまうことによる損失であり、過剰な注意を会社の費用で行うなどの保守的経営による社会的損失を意味している。

他方、もしも、客観的真実においてHは偽である（義務違反がある）場合、裁判所が正しく認定してHは偽であると認定すれば、社会的損失はゼロであるとする。しかし、裁判所が間違ってHは真である（義務を履行した）と認定してしまう場合の社会的損失はΔ（デルタ）であるとする（Δ＞0）。ここでいうΔは、たとえば、最適なリスクテイクと比べて過剰なリスクテイクがなされた場合に生じる社会的損失である。

---

38) 太田勝造『法律』（東京大学出版会、2000）92〜99頁。

心証度 P(H) とは、H が真であるということについての審理が終わった段階での裁判官の心証度をさしている。心証度が P(H) のときに、H を真と認定することの社会的損失は、

$$(1-P(H))\Delta \quad \cdots\cdots ①$$

である。

また、心証度 P(H) で H を偽と認定することの社会的損失は、

$$P(H)\Pi \quad \cdots\cdots ②$$

である。

社会的期待損失を最小化するような基準に心証度を設定するのが、誤審リスクへの対応としてはもっとも効率的である。そこで、H を真と認定すべきなのは、心証度 P(H) で H を真と認定することの社会的損失（①）の方が、心証度 P(H) で H を偽と認定することの社会的損失（②）よりも小さいときである。なぜなら、それが社会的期待損失を最小化するからである。

したがって、①＜②がなりたつとき、すなわち、

$$(1-P(H))\Delta < P(H)\Pi$$

がなりたつときである。この不等式を P(H) について整理するように変形すると、

$$P(H) > \frac{\Delta}{\Delta + \Pi} \quad \cdots\cdots ③$$

となる。③式が成り立つときには H を真と認定するべきである。また、③式が成り立たないとき、すなわち、

$$P(H) < \frac{\Delta}{\Delta + \Pi} \quad \cdots\cdots ④$$

のときは、偽と認定するべきである。この分岐点である $\frac{\Delta}{\Delta + \Pi} = \lambda$ が証明度である。

そして、上記のように、Π はたとえば取締役が萎縮してしまうことによる損失であり、Δ はたとえば過剰なリスクテイクが行われることによる損失である。経営判断原則の議論の通説によれば Π の方が Δ よ

第11章 日本企業のリスクテイクと取締役の民事責任ルール

りもかなり大きいので、④式の分母が分子よりかなり大きいから、λはかなり小さい値になる。そのため、Hを真と認定する証明度λは、かなり小さい値にすべきこととなる。したがって、経営判断原則のように、なるべく裁判所が義務違反を認定しないようにする（つまり、Hを真と認定する）べきだということになる。

しかし、この議論の疑問点は、ΠとΔの大小関係について、当然にΠの方がΔよりもはるかに大きい（Π >> Δ）と仮定してよいのかという点である[39]。Πが取締役の萎縮効果のコスト、Δが取締役による過剰なリスクテイクのコストだとして、前者の方が後者よりも大きい（萎縮効果の方が問題である）といえるのか、という点である。次項で検討しよう。

3　過少なリスクテイクと過剰なリスクテイク

まず、上記のような取締役の萎縮効果の発生のおそれは、取締役以外の場面にも妥当するから、経営判断原則という名のもとで取締役の責任の場合についてのみP（H）を特に低くすべきだという根拠になるのかは疑問がある。たとえば、医療行為であっても、①悪くなることはないがよくなることもない治療（ローリスク・ローリターン）と、②完治する可能性もあるが現在よりも悪化するおそれもある治療（ハイリスク・ハイリターン）の選択肢があるとき、患者が完治の希望にかけてハイリスク・ハイリターンの治療を望んだとしても、医者は悪化した場合に問われるおそれのある医療過誤責任をおそれて、ローリスク・ローリターンの治療を施してしまうかもしれない[40]。しかし、経営判断原則に匹敵する「医療判断原則」のような法理が確立しているわけではない。

---

39) たとえば、Lisa M. Fairfax, *Spare the Rod, Spoil the Director? Revitalizing Directors' Fiduciary Duty Through Legal Liability*, 42 Hous. L. Rev. 393, 449-455（2005）は、取締役の責任のリスクが増加することによるコストよりも、大会社が倒産することを防止する利益の方が大きいと主張する。

次に、経営判断原則の根拠とされる、過小なリスクテイクを防止するストーリーについて検討しよう。過小なリスクテイクの設例として、ここでは、Aman（2010）の次のようなものを検討する[41]。

	プロジェクト1	プロジェクト2
成功確率（%）	90	10
成功時の利益	1000	9100
期待値	900	910
株主が好むプロジェクト	×	○
取締役が好むプロジェクト	○	×

すなわち、プロジェクト1は、成功確率は90％で、成功すると1000の利益をもたらすので、期待値は900である。プロジェクト2は、成功確率は10％で、成功すると9100の利益をもたらすので、期待値は910である。プロジェクト2の成功確率はかなり低いが、分散投資をしている株主にとっては、分散化可能な固有リスクの程度については気にしないので、期待値の大きいプロジェクト2を好む。しかし、取締役は、もしも経営判断原則がなければ、成功確率の低いプロジェクト2を選ぶと、個人的な責任の追及を受けるリスクが高くなるから、これを避けて、プロジェクト1を好むはずである。しかし、経営判断原則があれば、取締役はプロジェクト2を避ける必要がなくなるから、取締役は期待値の大きいプロジェクト2を選ぶようになるだろう。

以上が、経営判断原則の根拠としてリスクテイクの必要性を指摘する場合の数値例の一つである。プロジェクトのリスクのうち、株主に

---

40) Peter V. Letsou, *Implications of Shareholder Diversification on Corporate Law and Organization: The Case of the Business Judgment Rule*, 77 CHI.-KENT L. REV. 179, 199 (2001).

41) Todd M. Aman, *Cost-Benefit Analysis of the Business Judgment Rule: A Critique in Light of the Financial Meltdown*, 74 ALB. L. REV. 1, 13 (2010).

第11章　日本企業のリスクテイクと取締役の民事責任ルール

とっては分散化可能であるにもかかわらず、取締役はそれを分散化することができないのでそれを気にしてそのプロジェクトを採用しないという問題が、ここでの議論の対象である。これについて、経営判断原則で対応するという方法以外にも、そのリスクに対応する分を取締役の報酬で支払うことで対応するという方法も考えられる。しかし、株主にとっては、取締役に報酬額の増額で対応するよりも、取締役の責任を免除してそのリスクを株主が負担することの方が効率的である。なぜならば、株主はそのリスクを分散化することが可能であり、株主がリスク負担することが効率的だからである[42]。

　それでは、このような分析は説得的だろうか。たしかに、取締役は、プロジェクト2を選ぶと失敗したときに責任が問われやすいのであれば、これを避けようとするインセンティブが生じてしまうから、経営判断原則を導入することでこのようなインセンティブを解消することはできるのかもしれない。ところが、責任追及の恐怖がなくなった場合に、取締役が、期待値の大きいプロジェクト2を選ぶようになる保障はない。これを保障するには、たとえば、取締役の報酬を業績連動にして、期待値の大小だけで取締役が判断するようになるインセンティブを与えておく必要がある。ただし、取締役はリスク回避的であり、かつ、業績連動報酬に内在するリスクを分散できないのであれば、業績連動報酬を導入したとしても、プロジェクト2のリスクが大きいので、取締役は必ずしも期待値の大きいプロジェクト2を選ぶとは限らないおそれもある。いずれにしても、経営判断原則を導入すれば、積極的に取締役がリスクテイクするようになるとは限らないように思われる。

　また、仮にこの疑問をクリアできるとしても、プロジェクト2が社会的に最適である保障もない。なぜならば、取締役と株主がプロジェクト2を望んだとしても、失敗に終わった場合に、たとえば会社が倒

---

42) Aman, *supra* note 41, at 40.

産すれば、債権者は不利益を被ったり、従業員は雇用を失ったりするなど、取締役・株主以外の第三者に対して負の外部性が生じるからである[43]。上記の費用便益分析においては、第三者に与える影響については考慮されていない[44]。そのため、プロジェクト2を実行するように促す側面が経営判断原則にあるとしても、それが社会的にみて望ましいレベルのリスクテイクになるかどうかは別問題と言わざるを得ない[45]。経営判断原則は、株主・取締役以外の第三者に与える負の外部性を内在化しないから、社会的にみて最適な意思決定は行われないという評価もあり得る[46]。この観点からすると、後に検討する会社法429条の取締役の対第三者責任のルールは、過剰なリスクテイクによって第三者に与えるコストを取締役に内部化させる点で、社会的により好ましい意思決定がされるようにする機能を果たす可能性がある。

4　経営判断原則の限界と責任限定契約

経営判断原則があるからといって、必ずしも、取締役が、株主の望むようなリスクテイクをするとは限らない。なぜなら、経営判断原則は、リスクテイクを避けるインセンティブを持たせないようにするという意味で有意義であるが、経営判断原則があれば必ず取締役がリスクテイクするようになるという関係にあるわけでもないからである。

---

[43] 経営判断原則を前提にしたリスクテイクによって債権者が被る不利益については、たとえば、Patricia McCoy, *A Political Economy of the Business Judgment Rule in Banking: Implications for Corporate Law*, 47 CASE W. R. L. REV. 1, 10-22 (1996) 参照。

[44] Aman, *supra* note 41, at 33-34.

[45] 2007年から2008年にかけて発生した金融危機について、株主の利益を最大化するために社会的にみて過剰なリスクテイクがとられたことによる負の外部性が発生したとみる見解として、William W. Bratton and Michael L. Wachter, *The Case Against Shareholder Empowerment*, 158 U. P. L. REV. 653, 658-59 (2010) がある。

[46] Aman, *supra* note 41, at 40-41.

また、日本法における委任契約の善管注意義務違反の有無の審査は、結果責任を問うルールではないし、取締役の善管注意義務違反の有無の審査に経営判断原則が適用されるのであれば、やはり結果責任を問うルールではない。そのため、リスクテイクをして失敗した場合に、結果論として民事責任を問われやすいという関係にはない。したがって、取締役の会社に対する民事責任の存在が、リスクテイクを阻害する主たる要因だったとは考えにくい。

しかし、アパマンショップ事件の控訴審判決（東京高判平成20年10月29日金判1304号28頁）のように、リスクテイクについて責任を認める判例も少なくなかったことからすると、取締役の対会社責任という制度が、リスクテイクを萎縮させてきた可能性は否定できない。しかも、日本の経営判断原則は、意思決定の過程だけを審査して、それが著しく不合理でなければ、義務違反にならないという明確なセーフハーバールールではなく、意思決定の内容についても著しい不合理がないか審査の対象となるから、同原則はなお裁判所の誤審リスクを抱え込まざるを得ない。

この意味では、責任限定契約（会社法427条）の存在が注目されるが、現行法では、業務執行取締役等はそもそもこの制度を使えない。リスクテイクをする経営判断をするのは、基本的には、業務執行取締役等だと思われる。そうだとすると、業務執行取締役等に責任限定契約が認められていないことは、リスクテイクを阻害する要因である可能性がある。

もっとも、取締役のリスクテイクに関して善管注意義務違反が問題となる事例において、経営判断原則を前提にしてもなお会社法423条1項の責任が認められる場合には、取締役の任務懈怠につき悪意・重過失が認められることが多いとも思われる。この場合、責任の一部免除は認められない。善管注意義務違反が認められるときには取締役の過失が認められるのがほとんどであるという考え方を推していくと、経営判断原則で審査した結果、著しい不合理があるとされた場合に、

悪意・重過失がないと判断される場合というのはあまり想定できない。そうだとすると、責任限定契約によって経営判断原則に関する裁判所の誤審リスクをヘッジしたいと思っても、そもそもそのような場合には責任の一部免除も認められない可能性が高い。したがって、責任限定契約を業務執行取締役等に認めたとしても、日本企業のリスクテイクが劇的に変化するとも考えにくい。

5　小括

理論的には、経営判断原則がある場合と、ない場合を比べれば、ない場合には取締役にリスクテイクを避けるインセンティブを与えてしまうが、経営判断原則がある場合にはそのようなインセンティブを与えなくなる。この意味で、経営判断原則を定着させることにはリスクテイクするように動機付けるという観点からも意義はある。しかし、経営判断原則を導入すれば、取締役が積極的にリスクテイクをするようになる、とは当然にはいえない。同様に、責任限定契約が業務執行取締役等にも認められるようになったとしても、取締役のリスクテイクに関するインセンティブが大きく変わるとまではいえないだろう。

IV　取締役の対第三者責任

1　問題の所在

会社法429条は、「これまで、中小の会社で会社が倒産した場合に、会社債権者が債権回収のため、取締役……を訴える形で広く使われてきている」[47]と評されている。本稿の関心との関係でいえば、リスクテイクをした結果として失敗に終わった場合に会社法429条の対第三者責任が認められるケースがどのくらいあるかが問題である。

47）神田・前掲注31）264頁。

第11章　日本企業のリスクテイクと取締役の民事責任ルール

2　リスクテイクか放漫経営か

　たとえば、財務状況悪化時に返済見込みのない金銭借入をして、結局倒産してしまい、返済できず、対第三者責任が認められた最判昭和41年4月15日民集20巻4号660頁はどうか。この事件では、「代表取締役として、事業の遂行につきはつきりとした見透しも、方針もなく、事業の拡張により収益を増加し、右手形金の支払が可能であると軽率に考え、これらの手形により金融を受けて、その会社の資産・能力を顧慮しないで、調査不十分の事業に多額の投資をし破綻を招いたのは、会社の経営に当る取締役としては、著しく放漫なやり方であつて、右各手形の振出に関し、上告人において、その職務を行なうについて重大な過失があると認めるのが相当」とされた。

　この事件では、事業の拡張をしようとしたという意味では、積極的なリスクテイクをおこなったが、失敗に終わった事案とみる余地もないわけではない。もっとも、調査不十分なままにリスクテイクをすることはあまり好ましくなく、株主との関係でも経営判断原則の適用が否定されるだろう。もしも、この事例のような場合において対第三者責任を否定すれば、たしかに、会社の経営者はろくな調査もせずにリスクテイクをしても責任を問われるおそれが小さくなるものの、そのようなリスクテイクまでをも促進しなければならないのかというと大いに疑問である。株主にとっても、向こう見ずなリスクテイクまでをも望んでいるわけではないし、仮に望んでいたとしても、それは過度なリスクテイクとなるおそれが高く、そのようなリスクテイクから生ずる負の外部性を考慮すれば、この事案において対第三者責任が認められることによって、そのような負の外部性が内部化されることになると評価できる。したがって、このようなケースで対第三者責任が認められているからといって、会社法429条の存在が、日本企業のリスクテイクを阻害しているとまではいうべきではないだろう。

　また、経営が悪化して赤字を出すようになったので、生産を拡大し

て外国に輸出して経営を立て直すために工場を新設したが、その建設費用の借入によって資金繰りが苦しくなって会社を倒産させ、債権者の債権回収を不可能にした場合に対第三者責任を認めた東京高判昭和58年3月29日判時1079号92頁はどうか。この事案についても、積極的なリスクテイクをしたという側面もある。しかし、この事件には粉飾決算により一時を糊塗したという事実があるから、このような経営判断は株主との関係でも許されない事案といえる。また、この事案では、資金繰りが苦しくなった結果、高利金融への傾斜を強め、金利の支払いのため更に高利の借入をくり返すという資金繰りについて、常軌を逸していたので他の取締役から経営態度をあらためるように忠告されていたけれどもこれに耳を貸さなかったと認定されている。大きなレバレッジを効かせることにより、成功すればリターンがでるかもしれないが、失敗すれば多額の借金が残り、結局債権者に不利益を与えるという状況であり、過剰なリスクテイクともいえる事案である。そうだとすれば、やはり、この事案において取締役の対第三者責任が認められているとしても、リスクテイクを萎縮させるから望ましくないとまではいえないだろう。

3　経営判断原則と会社法429条1項の責任

周知のとおり、会社法429条1項の責任は、会社の財産が減少したことによって債権者が損害を被る間接損害事例と、履行の見込みがないのに実行された取引の相手方が損害を被る直接損害事例に二分される。

このうち、間接損害事例については、「責任肯定例では、取締役の違法行為ないし悪意が認定されている場合のほか、およそ経営判断らしい判断がなされておらず、放漫杜撰な経営としかいいようのない場合、あるいは、なされているとしても、経営判断の内容それ自体だけでなく、経営判断の前提となる情報収集・調査分析が著しく不十分であることも併せて、悪意と同視すべきはなはだしい任務懈怠がある場

合が多いということができよう。」[48]と整理されている。したがって、このような責任肯定事例については、株主との関係であっても責任を問われてしかるべき場合である。つまり、リスクテイクの失敗の結果責任が問われているわけではない[49]。

　また、直接損害事例で責任を肯定する裁判例に対する学説からの批判として、「手形の満期や債務の弁済期に支払いをなしえないことが困難であろうことを予見し得たのにしなかったというだけで取締役の重過失を認めようとする一部の裁判例は問題である……（苦境を乗り切ろうとする取締役の経営努力はそれなりに許容すべきである）」[50]と指摘

---

[48] 岩原紳作編『会社法コンメンタール9──機関(3)』（商事法務、2014）355～356頁〔吉原和志執筆〕。

[49] 責任を否定した例として、たとえば、千葉地判平成5年3月22日判例地方自治121号51頁は、「産業構造の変化に対応し、事業内容の転換を図ろうと努力していたことは、……認定のとおりであって、漫然と旧来の主力製品……の製造を続けていたわけではない。この努力は、最終的にはいずれも失敗に終わったわけであるが、その一事をもって取締役に重過失があったと認めることはできないのであって、製造・加工業者が、従来の主力製品が需要を失うような大きな産業構造の変化に対応して、どのような事業転換をすべきかというのは、経営上の選択の合理性の有無にかかわることであるから、右選択が著しく不合理であることが客観的に明白と認められる場合、例えば、他のより合理的な選択がありうることが第三者的観点から容易に理解できる場合に限り、重過失を認めるべきである。」「主要な借入れは、……合計九億二八〇〇万円という巨額なものであり、……経営状態が徐々に悪化していったこと、……右借入れの時期の客観的財産状況も相当悪いこと、……経営の仕方が、商業帳簿を無視し、丼勘定のきらいもあることからすると、右借入れは、返済の見込みのないものだったのではないかとも考えられる。しかしながら、経営が多分に不確定な要素を含むいわば生き物であり、取締役には経営上相当広範な裁量権が与えられるべきであると解されるから、返済の見込みについての重過失の有無は、単に結果的に返済できたかどうかとか、借入れの時点で会社に存在する財産及び負債のみから形式的に判断して債務超過にあったかどうかという観点のみから判断するのではなく、右の各要素のほか、将来の事業展開の可能性などから総合的に判断して、借入れ行為が通常の経済人の立場からみて明らかに不合理であったかどうかという見地から検討すべきである。」とした。

されている。

　たとえば、最判昭和44年11月26日民集23巻11号2150頁では、「会社の資産状態が相当悪化しており約束手形を振り出しても満期に支払うことができないことを容易に予見することができたにもかかわらず、代表取締役としての注意義務を著しく怠つたため、その支払の可能なことを軽信し、代金支払の方法として……約束手形を振り出した上、……被上告人をして本件鋼材16トンを引き渡させ、右約束手形が支払不能となつた結果、被上告人に右金額に相当する損害を被らせたこと」が代表取締役の職務執行上の重過失または不正行為に該当するとされた。

　この判例の存在は、たしかに、取締役のリスクテイクを萎縮させるおそれがある。経営状況が悪化してきたときに、大胆なリスクテイクをしたが、結果として失敗した場合に、裁判所によって、履行の見込みのないことを容易に予見することができた、と断じられてしまうおそれがあるからである。

　しかし、高知地判平成26年9月10日金判1452号42頁のように、債務超過会社が事業を継続させて債権者との取引を中止しなかったことについて、「会社の事業を整理（廃業）するかどうか、整理する場合の時期や方法などをどのようにするかといった判断を行うに当たっては、当該企業の経営者である取締役としては、当該企業の業種業態、損益や資金繰りの状況、赤字解消や債務の弁済の見込みなどを総合的に考慮判断し、事業の継続又は整理によるメリットとデメリットを慎重に比較検討し、企業経営者としての専門的、予測的、政策的な総合判断を行うことが要求されるというべきである」として経営判断原則を適用し、善管注意義務違反を否定したものもある[51]。この高知地判からすると、債務超過会社であっても、リスクテイクをすることの判断について経営判断が尊重されるわけであるから、このような裁判例

50）吉原・前掲注48）365頁。

が有力な傾向になれば、対第三者責任の存在のせいで取締役が債務超過になった場合の責任を恐れてリスクテイクを避けるということにはならなくなるはずである。

　また、「会社の経営が極度に悪化した状況」[52]におけるリスクテイクは、過剰なリスクテイクとなるおそれがあり、このような場合に責任を認めることは、過剰なリスクテイクに対する歯止めを掛ける機能を果たす側面もあり、有意義でもある。たとえば、福岡高宮崎支判平成11年5月14日判タ1026号254頁は、「破綻の危機に瀕している企業が状況打破のために冒険的、投機的な経営をすることも株主との関係ではときに正当化されることがあるとしても、第三者である取引先との関係では、単に危険な取引を強いるだけで、これを合理化する根拠はないのであって、取締役の注意義務を軽減すべき理由にはならない。第三者との関係においては、経営が逼迫している状況下では、その損害を回避するため、事業の縮小・停止、場合によっては破産申立をすべきではないかを慎重に検討する必要があるというべきである。」としている。この考え方が妥当するのが、会社の経営が極度に悪化した状況に限定されるのであれば、経営破綻に至らない経営難の状況ではリスクテイクは許されると考えられる。経営が極度に悪化した状況（経営破綻の状況）[53]であれば取締役の対第三者責任が肯定されたとしても、リスクテイクの観点から非難すべきとまではいえないだろう[54]。

---

51) 同方向の裁判例として、たとえば東京地判昭和57年9月30日判タ486号168頁（会社の経営状態が悪化した場合において、その業務執行の衝に当たる代表取締役が、経営立直しのため融資の獲得、取引の継続・拡大に努めることはむしろ当然のことであり、……それらの行為が、当該取締役個人や第三者の利益のためになされたものではなく、また、行為当時の諸条件に照らし明らかに不合理なものと認められず、違法な手段を用いたものでもない限り、仮にそれらが結果的に不首尾に終わつても、会社に対する任務懈怠にあたらない）がある。
52) 吉原・前掲注48) 368頁。

4　MBOと会社法429条1項の責任

近時、マネジメント・バイアウト（MBO）の案件に際して、対象会社の株主（だった者）が対象会社の取締役に対して、会社法429条1項の責任を追及する例が出始めている[55]。

現在の日本において、MBOに関する裁判の主戦場は、取得価格決定の申立てである（会社法172条）。取得価格決定事件では、取締役が賠償責任を負うのではなく、会社が公正な価格を支払うように命じられる。

これに対して、会社法429条1項の請求は、もしも認められれば、取締役が損害賠償責任を負うことになる。また、原告となり得る株主（だった者）の範囲は、同項の責任を追及する場合の方が取得価格決定事件よりもはるかに広く、たとえば公開買付けに応じた株主や、取得価格決定の申立てのために必要な手続（たとえば事前の反対通知）をとらなかった株主も利用することができる（勝訴できるかどうかは別問題であるが。）点に、取得価格決定の申立て事件との違いがある。

---

53) 経営難と経営破綻の区別については、最決平成24年12月21日判時2177号51頁の須藤正彦補足意見の「経営難は、組織再編や事業上あるいは財務上の対応策が講ぜられることによって事業の継続がなされ打開され得る。この意味で、経営難の状態とはいわばそのような対応策が求められている状態であり、破綻状態とはいわばそれらの対応策が尽きて事業の継続が著しく困難になった状態である」を参照。

54) 経営状態が極めて悪化して自転車操業状態だった会社における取締役の対第三者責任を認めた大阪高判平成26年12月19日判時2250号80頁は、経営破綻状態の事例だったといえる。これに対して、上記高知地判では、債務超過であったけれども資金繰りはできていたことや、一定の売上高を見込むことができていたことが指摘されており、経営難の状態の事案だったといえる。

55) 東京高判平成25年4月17日判時2190号96頁（責任は否定）。なお、独立当事者間での株式移転比率が不公正だと主張されて会社法429条1項の責任が追及された事案として、東京地判平成23年9月29日判時2138号134頁（請求棄却）もある。

第11章　日本企業のリスクテイクと取締役の民事責任ルール

　理論的には、MBO において、取締役が悪意・重過失によって善管注意義務に違反して、低すぎる価格で買収して株主に損害（これは直接損害である。）を与えたときには、会社法429条１項の責任が認められることとなる。MBO を実施する場合、対象会社の取締役はこの請求を受けるおそれを覚悟しておかなければならない。特に、現段階では、MBO における取締役の義務の内容が必ずしも明確ではないから、どうしても萎縮効果が発生してしまっているおそれがある。全ての上場会社の取締役にとって、MBO はとりうる手段の一つであるから、MBO が有益な企業再編の手段であるならば、萎縮効果が発生しているおそれのある状況はあまり好ましくない[56]。

　もっとも、MBO には、買収側に立つ取締役が売主側の株主の利益も考えなければならないという利益相反問題がある。そのため、通常の経営判断のように積極的にリスクテイクして実行すればよいという類の取引であるとまではいえない。また、もしも MBO において株主が不当に低い価格で買収される法制度になっている場合、そもそも株主が会社に対して出資することをためらったり、割引率を高く算定したりするようになって、資本コストが上昇してしまい、資金調達に非効率が発生し、かえって企業全体にとって好ましくない事態をもたらすおそれもある。つまり、MBO の萎縮を避けるために規律を緩めてしまえば、資本コストの上昇という別の問題が発生するおそれがある[57]。

　どのような方法・条件で MBO を行うべきかは、その会社の企業価値はもちろんのこと、その時々の会社の株式の保有構造や、資本市場

---

[56] 萎縮効果の考慮の必要性については、三笘裕「レックス・ホールディングス損害賠償請求事件東京高裁判決」金融・商事判例1422号（2013）１頁、田中亘ほか「〈座談会〉レックス HD 事件高裁判決の意義と実務への影響（下）」ビジネス法務14巻１号（2014）54頁、55～56頁、59～60頁参照。

[57] 玉井利幸「株式等売渡請求、キャッシュ・アウト、取締役の義務(1)」南山法学36巻３・４号（2013）242頁参照。

の状況など多様な要因を考慮に入れて行われるべきであるから、法制度によって事前にあるべき行動を限定するという規律を設計することは容易ではなく、どうしても取締役の善管注意義務に頼らざるを得ない面がある。もちろん、取締役が善管注意義務違反をした場合に責任を問われるという民事責任の恐怖による動機付けが唯一絶対の手段ではない。たとえば、善管注意義務違反を理由とする差し止めを認めれば、取締役の個人による損害賠償責任を通じてではなく、取引それ自体を実行できないようになるため、個人責任をおそれて萎縮するということは生じなくなる。しかし、現行法では、公開買付けを差し止める手段はないし、二段階買収における二段階目のキャッシュアウトが特別支配株主の株式等売渡請求や略式株式交換等である場合を除けば、その差止事由の法令違反（171条の3、182条の3、784条の2）に善管注意義務違反はないという前提で平成26年改正が行われたから、この手段は日本の現行法の下では使えないおそれがある[58]。他には、理論的には、取締役が適切な行動をとった場合に報奨を与えるという方法も考えられるが、それを実現可能な制度として設計することは容易ではない[59]。

したがって、会社法429条1項は、MBOを実行することの阻害要因となり得るが、取締役の動機付けの最も直接的な方法であるために、やむを得ない面がある。

また、MBO実行の阻害要因となるのは、他にも、取得価格決定・株式買取請求権において企業価値の増加分をも買取価格が算定できる

---

58) この問題についての私見については、飯田秀総「組織再編等の差止請求規定に対する不満と期待」ビジネス法務2012年12月号（2012）76頁参照。
59) 以上につき、飯田秀総「取締役の監視義務の損害賠償責任による動機付けの問題点」民商法雑誌146巻1号（2012）33頁、飯田秀総『株式買取請求権の構造と買取価格算定の考慮要素』（商事法務、2013）341～343頁、飯田秀総「レックス・ホールディングス損害賠償請求事件高裁判決の検討〔下〕」商事法務2023号17頁、24頁（2014）参照。

ようになったことの方が、日本の裁判の現状（主戦場は取得価格決定事件であって、取締役の責任を追及する訴訟ではないという現状）からすると、MBO 実行の阻害要因としてはより重要であるように思われる[60]。

5　小括

　上記最判昭和 44 年 11 月 26 日民集 23 巻 11 号 2150 頁は、現在の会社法 429 条の解釈論についての最高裁の立場を打ち出したリーディングケースであるため、この事件で責任が認められたということは、比較的簡単に取締役の悪意・重過失が認定されるおそれがあるという受け止め方をされてもやむを得ないように思われる。この判決については、そもそも会社法 429 条の法的性質論について最近でも学説から疑問が呈されるなど[61]、賛否は分かれているが、最高裁の事案であるが故に影響力は大きい。その意味では、会社法 429 条は、会社が倒産に至ったときには取締役が同条の責任を負うおそれがあり、リスクテイクの妨げとなってきた可能性がある。

　もっとも、上記 3 で紹介したように、他の裁判例ではリスクテイクの結果として、ダウンサイドのリスクが顕現化したことの結果論で責任を認めてきたわけではないものも少なくない。

　また、会社法 429 条が取締役のリスクテイクを妨げる方向で機能してきたおそれがあるとしても、必ずしも悪いことばかりだったともいえない。なぜならば、過度なリスクテイクをとることを抑止する方向でも、同条は機能してきたと考えられるからである。同様に、MBO についても、同条は、取締役を萎縮させるというネガティブな側面もあるが、利益相反問題への対応を取締役に意識させるという意味ではポジティブな側面もある。

---

60) 飯田・前掲 59) 書参照。
61) 髙橋陽一「取締役の対第三者責任に関する判例法理は今後も維持されるべきか？──両損害包含説の問題性と直接損害限定説の再評価(1)(2・完)」法学論叢 177 巻 6 号（2015）1 頁、178 巻 2 号（2015）1 頁参照。

結局、会社法429条は、リステクテイクの阻害として機能する側面があることは確かであるが、それが過度なリスクテイクを抑止してきたという機能もあることを無視することもできない。

V　むすび

　本稿では、取締役の民事責任に関する会社法上の制度が日本企業のリスクテイクの阻害要因となっているのかを検討した。その結論としては、株主代表訴訟と取締役の対会社責任・経営判断原則に関しては、これまでの日本の状況を前提にすれば、これらの制度がリスクテイク阻害の主たる要因だったとは考えにくい。

　しかし、会社法429条の取締役の対第三者責任については、会社が倒産した場合に結果責任を問うているかのような裁判例もあることからすると、リスクテイクを阻害する要因の一つとして機能しているおそれがある。他方で、株主有限責任制度の弊害[62]である、過度のリスクテイクを抑制する機能を同条は果たしているということもできる。もしも株主が望むようなリスクテイクをしていないのであれば、取締役は株主利益最大化原則にしたがって行動していないおそれがあり、問題があるものの、常に株主の望むリスクテイクをしていたのでは、過度のリスクテイクが行われて、負の外部性が発生するおそれがある。また、MBOについても、会社法429条には、取締役を萎縮させる方向での機能もあるが、同時に、利益相反問題への適切な対応を促すという機能も理論的には考えられる。したがって、対第三者責任が、リスクテイクを抑制する機能を果たしているおそれがあるからといって、ただちに同条を廃止すればよいというほど単純な関係には立たない。

---

62)　後藤元『株主有限責任制度の弊害と過少資本による株主の責任——自己資本の水準から株主のインセンティブへ』（商事法務、2007）参照。

結局、日本企業のリスクテイクが不十分であることの理由として、取締役の民事責任が一要素になってきた可能性は否定できないものの、リスクテイクの主たる阻害要因だったとまではいえないと評価すべきだというのが本稿の結論である。取締役の民事責任規定を改正したとしても、リスクテイクがされやすくなって日本企業の行動が大きく変わるなどという期待はあまりしない方がよさそうである。

（いいだ・ひでふさ）

第 3 部

労働法・倒産法・金融法と
コーポレート・ガバナンス

第12章
合意による労働条件設定と就業規則法理
―― 労働契約法 9 条の反対解釈をめぐる一考察

北海道大学准教授　池田　悠

I　日本型雇用システムにおける就業規則法理

1　日本型雇用システムと「働き方改革」

　近年、わが国では、労働法の改正や改正に向けた動きが盛んである。2012 年には、民主党政権下で、労働者派遣法の改正を皮切りに、労働契約法・高年齢者雇用安定法が改正され、近年まれにみる労働法の大改正が実現した。そして、労働法改正の動きは、政権の再交代を経た自民党政権下でも継続され、2013 年の障害者雇用促進法改正、2014 年のパート労働法改正、2015 年の労働者派遣法改正など、重要な法改正が毎年のように行われている。このような労働法の目まぐるしい変革は、労務管理をめぐる企業の行動にも必然的に多大な影響を及ぼし得る。

　従来、わが国の労働契約関係は、正社員と非正社員の厳然たる区別の下、労働市場の中核に据えられた正社員の解雇を厳格に制限する解雇権濫用法理と、労働条件を使用者が一方的に変更し得る就業規則法理の二本柱によって構成された、いわゆる日本型雇用システムに特徴づけられてきた。このうち、解雇を厳格に制限する国は比較法的に珍しくないのに対し、労働基準法において使用者に作成が義務づけられた就業規則について、使用者が一方的に作成・変更できる構造となっ

第12章　合意による労働条件設定と就業規則法理

ているにもかかわらず、就業規則上の労働条件設定・変更に合理性が認められる限りにおいて、労働契約上の労働条件が就業規則によって規律される効力を認めた就業規則法理は、欧米諸国に見られないわが国の労働契約関係における最も特徴的な規律ということができる。

ところが、このような伝統的な日本型雇用システムは、今般、正社員の「働き方改革」が政権の最重要課題に据えられたことにより、かつてない抜本的な変革の動きにさらされている。そして、「働き方改革」によって日本型雇用システムそのものを見直すということは、最終的に日本型雇用システムを支える二本柱である厳格な解雇規制と就業規則法理の変革に結びつき、近年の相次ぐ労働法改正と比べものにならない影響を企業の行動にもたらす可能性が高い。実際、2012年の自民党政権復帰後は、五月雨式に解雇規制の見直しが提起され、解雇紛争の金銭解決などが関心を呼んでいたところである。もっとも、このように議論のある解雇規制と異なり、就業規則法理は、比較法的に見ても極めて特異な労働条件設定規範であるにもかかわらず、全く議論に挙げられることがない。そこで、本稿では、将来的な日本型雇用システムの変革に向け、日本型雇用システムの中核をなしているにもかかわらず、未だ十分に検討されていない就業規則法理をめぐる解釈論上の課題を考察する。

2　就業規則法理

就業規則は、職場内における統一的規則ないし労働条件を規定するために一定規模以上の使用者に対して、労働基準法上、事業場ごとに作成が義務づけられたものである（89条・90条）。そして、作成された就業規則に関しては、法令または労働協約の定めに反しない限りで最低基準効を有し、当該事業場内の労働者の労働条件を直接に規律する効果が認められている（労働基準法92条1項・93条、労働契約法12条）。このような、就業規則の作成・変更に当たっては、労働者の過半数代表から意見を聴取する必要があるものの、過半数代表との合意は要求

されていないため、その意味で使用者は一方的に就業規則を作成・変更することができる[1]。そこで、使用者が一方的に作成のみならず変更もできるという就業規則について、労働者の不利益に就業規則の規定内容が変更された場合、労働者の労働条件を規律する効力が認められるか否かが問題になる。

この点につき、わが国の最高裁は、就業規則上の定年制度の新規設定が問題となった秋北バス事件において、就業規則上の規定が合理的である限りにおいて労働契約に対する拘束力を有するとともに、変更内容が合理的と認められる限りにおいて労働者は就業規則変更の拘束力も免れないという、従来の学説にはない独自の解釈を示すことで、就業規則法理と呼ばれる判例法理を確立した[2]。というのも、契約原理に基づけば、労働契約の内容である新しい条件に当事者が合意できない場合、当該契約は解約されざるを得ないところ、解雇権濫用法理の下では、労働条件変更に同意しないことのみを理由にした解雇は、解雇権の濫用として許されない可能性が高いと言える[3]。一方で、解雇権濫用法理の下、労働契約が長期的に継続する場合、労働契約の内容である労働条件の変更が必要になる可能性は高い。そこで、解雇ではない形で労働条件の変更手段を認めるために、就業規則法理が確立されるに至ったものとして理解できるのである[4]。このように、学説でも、同法理を解雇権濫用法理に基づく雇用保障の代償物として捉えることで、実質的に正当化できるとする見解が有力化し、平成19年の労働契約法制定時には、同法理もついに成文化されるに至っている（7条・9条・10条）。

そして、就業規則法理は、賃金などの金銭的労働条件に限られず、

---

1) 荒木尚志『労働法〔第2版〕』（有斐閣、2013）323〜324頁。
2) 秋北バス事件・最大判昭和43年12月25日民集22巻13号3459頁。
3) 東京大学労働法研究会編『注釈労働基準法（下）』（有斐閣、2003）969頁〔荒木尚志〕。
4) 菅野和夫『労働法〔第7版補正2版〕』（弘文堂、2007）105〜106頁。

労働時間・配転や出向の可否といった、就業規則で定めることのできるあらゆる労働条件に対して適用される[5]。その結果、わが国では、労働者が個々に締結する労働契約ではなく、就業規則による労働条件設定が一般化している[6]。

こうして、わが国の労働契約関係を特徴づける解雇権濫用法理・就業規則法理は、いずれも長年にわたって判例法理にとどまっていたが、司法制度改革の流れで労働契約をめぐる規律の不明確さが問題とされるに至り、平成19年にようやく労働契約関係を規律する基本法として労働契約法（平成19年法律第128号）が制定された。そして、誕生した労働契約法は、当初、全18条の小規模な立法ながら、先行して平成15年に労働基準法18条の2として成文化されていた解雇権濫用法理を承継した上で、就業規則法理を成文化することで、解雇権濫用法理と就業規則法理というわが国の労働契約関係を規律する二本柱を立法化し、わが国の労働契約関係を規律する骨格となる基本法として機能することになった。

II　問題状況

この労働契約法においては、契約法として合意原則（労働契約法1条）を謳いながら、合意の有無を問わず合理的な内容の就業規則によって労働条件が設定されるという就業規則法理を成文化（7条・9条・10条）しているため、合意原則と就業規則法理との関係が当初から問題とされてきた。特に、労働契約法9条が、「使用者は、労働者と合意することなく、就業規則を変更することにより、労働者の不利益に労働契約の内容である労働条件を変更することはできない。ただし、次条の場合は、この限りでない。」と規定しているところ、同条の反対解釈とし

---

[5]　荒木尚志ほか『詳説労働契約法〔第2版〕』（弘文堂、2014）110〜111頁。
[6]　土田道夫『労働契約法』（有斐閣、2008）128頁。

て、労働者と合意しさえすれば、労働契約法10条に基づいて判断される合理性の有無を問わず、就業規則変更によって労働者の労働条件を不利益に変更することができると読めることから、就業規則の不利益変更に当たって労働者から個別に合意を取った場合、労働契約法10条に基づく合理性審査を経ることなく労働者に対する労働条件不利益変更の拘束力を生じさせると解することができるかどうかが問題とされている。

この問題は、反対解釈の余地がある労働契約法9条の制定当初から議論されてきたところ、協愛事件において、一審が9条の反対解釈に基づく個別合意によって労働条件変更の効力が生じることに否定的な理解を示したのに対し、控訴審が一転して9条の反対解釈に基づく個別合意による労働条件変更の有効性を肯定する判断を示したことで注目を集めることになった。

Ⅲ　協愛事件

協愛事件の事案は、就業規則上の退職金規程の3段階にわたる不利益変更が問題となったものであり、平成7年になされた1回目の変更で退職金額が従前の3分の2の水準に、続いて平成10年になされた2回目の変更では、1回目の減額を前提にさらに総合職で75％、一般職で45％の水準にまで減額され、その後の平成15年になされた3回目の変更ではついに退職金制度自体が廃止されているというものである。このような状況下で、原告である労働者は、1回目と2回目の就業規則変更について書面に押印ないし署名押印して合意していたため、当該1回目と2回目の退職金減額について、就業規則変更の合理性ではなく、合意の効力それ自体を根拠に減額の有効性を認めることができるか否かが正面から問題となったものである。もっとも、同事件における就業規則変更は、労働契約法制定前のものであるが、一審・控訴審ともに労働契約法の条項に触れつつ判断を示している。

第12章　合意による労働条件設定と就業規則法理

　まず、一審（大阪地判平成21・3・19労判989号80頁）は、「労働基準法93条（現行の労働契約法12条）は、『就業規則で定める基準に達しない労働条件を定める労働契約は、その部分については無効とする。この場合において、無効となった部分は、就業規則で定める基準による。』旨定める。元来、労働条件は、労働者と使用者が、対等な立場において決定するものである（現行の労働契約法3条1項）が、就業規則は、労働者の労働条件について、統一的かつ画一的に決定するために定型的に定めるものであり、そのため、その内容は合理的なものにすることが求められている。そして、労働基準法93条は、同法89条、90条、92条及び106条の各規定とあいまって就業規則の内容の合理性を担保するために、いわゆる直律的効力を定めたものと解される（昭和43年12月25日大法廷判決・民集22巻13号3459頁参照）。このことに照らすと、就業規則に定められた労働条件の基準より不利益な労働条件については、労働協約を締結するか又は就業規則を変更しない限り、個々の労働者がその労働条件を内容とする労働契約を締結した場合においても、その不利益部分において無効であり、就業規則に定める基準によるものと解するのが相当である。そうすると、使用者が労働者に不利益な労働条件を定める就業規則に変更するに当たり、個々の労働者が同変更に同意した場合においても、そのことから直ちに労働条件の内容が同変更後の就業規則の内容に変更されると認めることはできない。確かに、使用者が、労働者と合意することなく、就業規則を変更することによって、労働契約の内容である労働条件を労働者の不利益に変更することは、その変更が合理的なものである場合を除いて、原則として許されないと解される（現行の労働契約法9条、10条本文参照）。しかし、上記の説示に照らすと、このことをもって、使用者が、労働者との間で、就業規則における労働条件の内容を不利益に変更することに合意をすれば、当然に労働条件の内容が就業規則の不利益変更後のものになるとまで認めることはできない。」と判示し、労働者との合意によって、就業規則の不利益変更の拘束力が当然に生じ

るという理解を否定し、結論としても3回にわたる就業規則変更の拘束力を全て否定した。

　この一審判決の判旨は、既に評釈等でも指摘されている通り、結論の当否を別としても理論的に判然としない部分が多いものの、善解すれば、労働契約法9条の反対解釈を否定する立場に立ち、就業規則の不利益変更は合理性を有することで初めて有効であるとの見地から、たとえ労働者との間で就業規則の不利益変更に合意したとしても、就業規則が有効に変更されない限り労働契約法12条に基づく就業規則の最低基準効によって当該合意は効力を有し得ないとする理解を示したものと思われる。

　これに対し、協愛事件の控訴審判決（大阪高判平成22・3・18労判1015号83頁）は、「労働契約法……9条は、『使用者は、労働者と合意することなく、就業規則を変更することにより、労働者の不利益に労働契約の内容である労働条件を変更することはできない。』と定める。これは合意原則を就業規則の変更による労働条件の変更との関係で規定するものである。同条からは、その反対解釈として、労働者が個別にでも労働条件の変更について定めた就業規則に同意することによって、労働条件変更が可能となることが導かれる。そして同法9条と10条を合わせると、就業規則の不利益変更は、それに同意した労働者には同法9条によって拘束力が及び、反対した労働者には同法10条によって拘束力が及ぶものとすることを同法は想定し、そして上記の趣旨からして、同法9条の合意があった場合、合理性や周知性は就業規則の変更の要件とはならないと解される。もっともこのような合意の認定は慎重であるべきであって、単に、労働者が就業規則の変更を提示されて異議を述べなかったといったことだけで認定すべきものではないと解するのが相当である。就業規則の不利益変更について労働者の同意がある場合に合理性が要件として求められないのは前記のとおりであるが、合理性を欠く就業規則については、労働者の同意を軽々に認定することはできない。」と判示した。

これは、端的に労働契約法9条の反対解釈を肯定し、労働者が就業規則の不利益変更に合意している場合には、当該合意の有効性を慎重に判断すべき必要性を強調しつつも、労働条件不利益変更の拘束力は当該合意それ自体から当然に導き出され、その場合は労働契約法10条に基づく就業規則変更としての合理性は問題にならないとする理解である。そして、結論としては1回目の就業規則変更における合意の有効性のみを肯定して、一審判決を一部変更した。

Ⅳ 学説の状況

1 対立の状況

この点、学説は、協愛事件控訴審判決と同様に、労働者の同意の有効性判断を慎重に行うべき必要性を強調しつつ、労働契約法9条の反対解釈に基づき、労働者の同意によって、労働契約法10条に基づく就業規則変更の合理性を有しているか否かを問わず、当該労働条件変更の効力を肯定する「肯定説」（この見解は、一般に「合意基準説」と呼ばれる見解であるが、端的に労働契約法9条の反対解釈を許容する見解として位置づけた方が分かりやすいように思われる）、労働契約法9条の反対解釈を認めつつ、労働契約法10条に基づく合理性を有しない労働条件変更に関しては、労働者の同意が有効とならないと解する「折衷説」、労働契約法9条の反対解釈に基づく労働条件変更の余地を否定する「否定説」に大別される（このような折衷説と否定説を併せて、一般に「合理性基準説」と呼ばれているが、労働契約法9条の反対解釈自体を許容しつつ同意の有効要件を設定する見解とそもそも反対解釈を否定する見解は意味合いが異なるため、本稿では区別して検討する）。

まず、肯定説[7]は、労働契約法9条の反対解釈は労働契約法で一貫して規定されている合意原則の一環として整合的に理解できることから、反対解釈が立法意思であり論理的帰結であるとして認めた上で、

Ⅳ 学説の状況

就業規則変更による労働条件変更への合意に、(α)具体的変更内容を了知した上での合意のほか、(β)就業規則変更を通じた労働条件変更権付与の合意という2種類が想定されるとし、前者の場合は、仮に合意の存在が認定されれば、合意通りに労働条件変更の効果が生じるのに対し、後者の場合は、合意の存否それ自体に加えて変更権行使について権利濫用の有無を審理する必要があるとする見解で概ね一致している。もっとも、肯定説の中でも、同意の成否あるいは有効性を認めるに当たっての判断枠組みの理解は多様であり、協愛事件控訴審判決のように合理性のある就業規則変更であるか否かを1つの指標として、合理性のない就業規則変更にかかる合意は原則として有効ではないと解する見解[8]、就業規則変更にかかる内容的な合理性の有無を指標として利用する見解を否定しつつ、自由な意思に基づく合意であることを認めるための手続的・実体的要件を提唱する見解[9]、労働契約法10条に「準じた法的制約」として、同意の認定に合理的・実質的な意思解釈を施す必要があるとする見解[10]など様々である。

---

[7] 菅野和夫『労働法〔第11版〕』(弘文堂、2016) 210頁、荒木ほか・前掲注5) 128～130頁、荒木・前掲注1) 356頁、土田道夫「労働条件の不利益変更と労働者の同意――労働契約法8条・9条の解釈」根本到ほか編『労働法と現代法の理論 西谷敏先生古稀記念論集(上)』(日本評論社、2013) 354頁、石崎由希子「就業規則の不利益変更と労働者による個別同意」ジュリ1438号(2012) 117頁、山本陽大「就業規則の不利益変更と労働者による個別同意との関係性」季労229号(2010) 184頁以下、土田・前掲注6) 514頁、西谷敏『労働法』(日本評論社、2008) 174頁(ただし、同書2版・後掲注12) 171頁で折衷説に見解を変更されている)など。

[8] 西谷・前掲注7) 174頁(同書2版・後掲注12) 171頁では、折衷説に立ちつつ、「仮に」労働契約法9条の反対解釈によって労働者の同意があれば直ちに労働条件変更の効力が生じると解する場合の処理として、同様の理解を提案している)。

[9] 土田・前掲注7) 論文363頁以下。

[10] 唐津博「労契法9条の反対解釈・再論」根本到ほか編『労働法と現代法の理論 西谷敏先生古稀記念論集(上)』(日本評論社、2013) 375頁。

第12章　合意による労働条件設定と就業規則法理

　一方、折衷説は、(a)協愛事件一審判決と同様、合理性のない就業規則変更は無効であるとの見地から、たとえ労働者からの同意を取ったとしても、当該就業規則変更が合理的でない場合には、労働契約法12条に基づく最低基準効によって合意も有効に存在し得ないという見解[11]と、(b)従前の判例法理である就業規則法理が合意の有無を問わない判断枠組みであることから、合意の存在に関わらず、労働契約法10条に基づく就業規則変更にかかる合理性審査は別個必要になるという見解[12]が存在する。

　これに対し、否定説は、労働契約法9条の反対解釈によって合意を根拠に労働条件不利益変更の拘束力が生じるという論理が、労働契約法の立案過程で全く扱われていない上に、「当該事業場の労働者は、就業規則の存在および内容を現実に知っていると否とにかかわらず、また、これに対して個別的に同意を与えたかどうかを問わず、当然に、その適用を受けるものというべきである。」と判示した秋北バス事件最高裁判決の判例法理からも逸脱しているため、労働契約法9条の反対解釈によって就業規則変更にかかる労働者の同意を取ることで労働条件変更することは許されないとする見解[13]である[14]。

---

[11] 山口浩一郎ほか編『経営と労働法務の理論と実務』(中央経済社、2008) 307頁以下〔淺野高宏〕、吉田美喜夫ほか編『労働法Ⅱ個別的労働関係法』(法律文化社、2010) 84頁〔根本到〕。

[12] 西谷敏『労働法〔第2版〕』(日本評論社、2013) 170頁。

[13] 唐津博「労働契約法の『独り歩き』」労旬1764号 (2012) 4頁 (もっとも、最近の論考・前掲注10) 375頁では、同論文の見解を、否定説に立つものではなく、肯定説に立つものとして説明されている)、西谷敏＝根本到編『労働契約と法』(旬報社、2011) 177頁〔矢野昌浩〕、勝俣啓文「就業規則の不利益変更に対する労働者の同意の効力」法時84巻4号 (2012) 121頁。

[14] もっとも、明示的な否定説というよりは、唐津博「就業規則と労働者の同意」法セ55巻11号 (2010) 23頁のように、疑問を呈するにとどまる見解が多かったように思われる。

2　その後の展開

このように、労働契約法9条が反対解釈される余地が明らかになって以来、否定説からの批判のみが専ら展開されていたのに対し、肯定説からの応答はこれまでほとんど見られなかった。しかし、最近になって、ようやく荒木教授から肯定説の立場に基づく応答が示された[15]。すなわち、判例法理からの逸脱になるという主張に対しては、秋北バス事件最高裁判決における就業規則の法的性質を論じた前段部分と就業規則の不利益変更の拘束力を論じた後段部分とを峻別する必要性を強調し、労働者の同意の有無に関わらず合理性が問題になる根拠として否定説が引用するのは前段部分であり、就業規則の不利益変更の拘束力を判示した後段部分は、「新たな就業規則の作成又は変更によつて、既得の権利を奪い、労働者に不利益な労働条件を一方的に課することは、原則として、許されないと解すべきである」としつつ、「当該規則条項が合理的なものであるかぎり、個々の労働者において、これに同意しないことを理由として、その適用を拒否することは許されないと解すべき」としており、同意の有無を問わず合理的な就業規則変更に拘束される旨を判示したものではないと指摘する。そして、就業規則の不利益変更による労働条件変更については、合意によって拘束力を生じることは学説でも「当然の前提」になっていた上に、「契約論として当然の帰結」であるにも拘らず、秋北バス事件最高裁判決が就業規則の不利益変更法理の定立によってこれを変更したとは解されないとする。また、労働契約法の立案過程において扱われていなかったことについては、9条として独立に扱われてはいないものの、8条の定める合意による労働条件変更の原則を就業規則変更による場面においても確認したものに過ぎない以上、9条の反対解釈は8条の内

---

15)　荒木尚志「就業規則の不利益変更と労働者の合意」曹時64巻9号 (2012) 2245頁以下。

容として「了解されていた事柄である。」として反論している。

次に、就業規則の最低基準効との関係に対しては、労働契約法9条の反対解釈としてなされる労働者の同意は、現存する就業規則との関係でなされるものではなく、変更後の就業規則との関係でなされるものであることから、その意味で労働者の同意が労働契約法12条に基づく就業規則の最低基準効に抵触することはないことを前提として確認する。そして、就業規則変更の労働者に対する拘束力の問題と就業規則変更としての有効性の問題とは切り離して考えるべきだとした上で、秋北バス事件最高裁判決の後段部分および同判決を受けた労働契約法9条・10条は、いずれも就業規則が労働者に不利益に変更された場合の労働者に対する拘束力を規定しているに過ぎず、就業規則変更それ自体としての有効性や効力要件を規定したものではないとする。そして、不利益変更の問題が生じない新規採用者に対する適用も考えると、就業規則変更の有効性は、合理性の有無によって決せられるものではなく、権限者によって変更され周知されているか否かのみによって決せられるものと結論づけている。

これに対し、否定説の立場に立つ道幸教授から新たな反論も試みられている[16]。すなわち、従前の判例法理との関係に関しては、労働契約法制定前の議論は同意のない場合になお拘束力を有し得るかにとどまり、合意によって就業規則変更としての合理性審査を回避し得るという労働契約法9条の反対解釈に基づく帰結が判例法理として確立していたものとまでは解しがたいとし、さらに追加的な根拠として、合理的な就業規則変更であれば合意に関わらず労働者を拘束する以上、労働者の同意を取るメリットは使用者側にのみ存在するため、労働契約法9条の反対解釈は契約法理としてアンフェアな帰結を招くというバランス論に基づく見解が示されている。

---

[16] 道幸哲也「労働法における集団的な視角」根本到ほか編『労働法と現代法の理論　西谷敏先生古稀記念論集（下）』（日本評論社、2013）18頁以下。

Ⅴ 山梨県民信用組合（退職金減額）事件最高裁判決

そして、最近になって最高裁は、信用組合の合併に際して、退職金の支給水準を大幅に低下させる旨の就業規則変更が行われ、当該就業規則変更による退職金額の変更を受け入れる旨が記載された書面に労働者が署名していたという事案において、「労働契約の内容である労働条件は、労働者と使用者との個別の合意によって変更することができるものであり、このことは、就業規則に定められている労働条件を労働者の不利益に変更する場合であっても、その合意に際して就業規則の変更が必要とされることを除き、異なるものではないと解される（労働契約法8条、9条本文参照）。」と判示した[17]。これは、労働契約法施行前の事案であるものの、労働契約法の存在を前提に、労働契約法9条の反対解釈に基づく個別的な合意による労働条件変更が可能なことを初めて認める判断と理解されている[18]。もっとも、同判決では、労働契約法9条の反対解釈による労働条件変更が可能となる根拠は何ら示されていない。

Ⅵ 問題状況の整理

そこで、労働契約法9条の反対解釈をめぐる議論をいかに考えるべきか、私見を交えつつ検討する。

まず、前提として問題状況を整理すると、労働契約法9条の反対解釈による労働条件変更をめぐる問題は、大きく以下の3点で議論が構

---

17) 山梨県民信用組合（退職金減額）事件・最二小判平成28年2月19日民集70巻2号123頁。
18) 池田悠「信用組合の合併に伴う退職金減額合意の成否及び労働協約の効力」日本労働法学会誌128号（2016）204頁以下。

第12章　合意による労働条件設定と就業規則法理

成されていると言える。すなわち、①労働契約法9条の反対解釈によって、労働者との合意さえあれば労働契約法10条に基づく就業規則変更としての合理性審査を要せず当然に労働条件変更の効果をもたらすと理解することが、労働契約法制定前の判例法理からの逸脱となるか否か、②合理性のない就業規則変更は労働契約法10条に基づいて無効となるため、たとえ労働契約法9条の反対解釈に基づいて労働者からの同意を得ていたとしても、労働契約法12条に基づく最低基準効の効果として当該同意は効力を有し得ないか否か、③労働契約法9条の反対解釈を許容することは、使用者側にのみメリットをもたらすため、契約法理としてアンフェアと言えるか否かである。

Ⅶ　①判例法理からの逸脱か否か

　まず、①に関して言えば、法律の条文について反対解釈が当然に"真"とならないのは当然であるとしても、反対解釈が有力な解釈手法であることは疑問の余地がない。したがって、労働契約法制定前の判例法理として確立していなかったというだけでは、そもそも労働契約法9条の反対解釈が許されない解釈であることを基礎づける根拠としては不十分と思われる。そして、判例法理の成文化という労働契約法制定の趣旨に照らすと、判例法理として確立していないにとどまらず、判例法理として許容されていなかったと言える場合に、はじめて反対解釈の帰結であっても許されないという立論が可能となるように思われる。

　この点に鑑みると、秋北バス事件最高裁判決[19]の前段部分と後段部分を峻別する限りは、荒木教授の指摘する通り、秋北バス事件最高裁判決の後段部分は同意の有無を問わない旨の判示をしているものではないので、同判決の定立した判例法理が、労働者の同意のある場合

---

19) 前掲注2) 判決。

であっても就業規則変更が合理性を有していない限り労働条件変更の効果を生じ得ないとする趣旨であったとまでは言えないと思われる。他方で、同判決は、あくまで労働者の同意がない場合であっても就業規則変更に合理性が認められる限り拘束力を免れない旨を判示したにとどまる以上、秋北バス事件最高裁判決の定立した判例法理として、労働者の同意さえあれば就業規則変更としての合理性審査を要せず、当然に労働条件変更の効力が生じるという規範が存在していたとまでは直ちに言えないように思われる。

しかしながら、秋北バス事件最高裁判決の後段部分の判旨を裏返して反対解釈する場合には、労働者の同意がある限り就業規則変更としての合理性審査を要せず労働条件変更の効果が生じるという理解が導き出されることになる。そして、下級審裁判例[20]においても、秋北バス事件最高裁判決の後段部分の反対解釈として、就業規則変更に際して労働者の同意のみによって労働条件変更の効力を認められる事例が登場するに至っていた[21]。

このように、労働者の同意がある場合に就業規則変更としての合理性審査を要せず労働条件変更の効果が生じるという理解は、労働契約法制定前の判例法理としては確立していなかったものの、"確立した判例法理"の反対解釈として存在していたと理解するのが適切であるように思われる。そのため、労働契約法9条の反対解釈が労働契約法制定前に秋北バス事件最高裁判決が定立した判例法理からの逸脱であるとまでは言えず、協愛事件控訴審判決のような解釈は、労働契約法制定前から秋北バス事件最高裁判決の後段部分の反対解釈として採ら

---

[20] イセキ開発工機（賃金減額）事件・東京地判平成15年12月12日労判869号35頁、東京油槽事件・東京地判平成10年10月5日労判758号82頁。
[21] このほか、就業規則変更を伴わずに労働者の同意のみを以って労働条件変更の効果を認めた裁判例も散見されたが、このような理解は就業規則の最低基準効違反として許されないことが、北海道国際航空事件・最一小判平成15年12月18日労判866号14頁によって明示的に確認されている。

れる可能性のあった理解が、労働契約法9条の反対解釈という形を取って顕在化したに過ぎないと言える（もっとも、成文化によって判例法理が明確になったと同時に、いわば副作用のように反対解釈の余地が公然化し、実務的に利用されやすくなったということは指摘できる[22]）。

Ⅷ ②最低基準効違反か否か

1 根拠

次に、②に関しても、荒木教授の指摘にある通り、就業規則変更の労働者に対する拘束力の問題と就業規則変更としての有効性の問題は切り離され、労働契約法9条・10条は前者の拘束力の問題を規定しているに過ぎないと解される。もちろん、労働者に対する拘束力の問題と就業規則変更としての有効性の問題を切り離して理解するとしても、就業規則変更を伴わず、労働者との合意のみによって労働条件を引き下げようとすることは、まさしく就業規則の最低基準効に抵触するものとして許されない[23]。しかし、秋北バス事件最高裁判決の後段部分の判旨文言や新規採用者の場合との整合性に鑑みると、就業規則変更の労働者に対する拘束力の問題と就業規則変更としての有効性の問題とは切り離して検討せざるを得ないように思われる。

これに対し、折衷説は、就業規則変更の労働者に対する拘束力と就業規則変更それ自体の有効性を切り離した場合には、(A)就業規則変更の合理性がないにも拘らず、就業規則変更それ自体としては有効という状況が生じることで、就業規則変更に同意して変更後の就業規則の適用を受ける労働者と変更の合理性が否定されて変更前の就業規則の

---

[22] そこで、山梨県民信用組合（退職金減額）事件最高裁判決は、このような実務の流れを受けて、労働契約法9条の反対解釈による労働条件変更に一定の制約を課したものとも評価できる。

[23] 北海道国際航空事件・最一小判平成15年12月18日労判866号14頁。

適用を受ける労働者が生じ得るため、就業規則の重要な役割である労働条件の統一的・画一的決定機能が失われること、(B)就業規則を変更しておいた上で、交渉力に格差のある労使間で合意すれば労働条件変更の効果が生じるのでは、労働者保護を目指して設定された就業規則の最低基準効の意義を著しく没却させることを根拠に、就業規則変更の拘束力と有効性は峻別し得ないと反論する。

2　(A)労働条件の統一的・画一的決定の阻害

しかし、(A)に関しては、手続的・形式的な側面からいえば、就業規則の合理性に関する判決の既判力が対世効を持ち得ない上に、実体的・実質的に言っても、就業規則の不利益変更においては、就業規則が全体として合理的な労働条件を設定しているか否かという「制度的な相当性」だけではなく、不利益変更の対象となる労働者との関係で個別的に判断される「個別的な相当性」が併せて求められるため、就業規則変更としての合理性の有無はあくまで労働者ごとに判断されるものである（その意味で、就業規則法理は労働条件の集団的設定を目指したものでありながら、あくまで個別的労働関係法の領域に位置づけられるのである）。そのため、たとえ合理性のない就業規則変更は無効と解しても、無効とされた効果は争った当該労働者に対してしか及び得ず、合理性が否定されて変更前の就業規則に回帰した労働者と、合理性を肯定あるいは争わずに変更後の就業規則の適用を受ける労働者との間で、労働条件の統一的・画一的決定機能は損なわれざるを得ないと言える。したがって、(A)の点は、就業規則変更の労働者に対する拘束力と就業規則変更それ自体の有効性を切り離すことに伴う特有の問題ではない以上、労働契約法9条の反対解釈を否定する論拠とは解しがたい。

3　(B)最低基準効の意義を没却するか

次に、(B)に関しては、たしかに就業規則の最低基準効に労働者保護

第12章　合意による労働条件設定と就業規則法理

機能があることは否定しがたいが、それゆえに就業規則変更の労働者に対する拘束力と就業規則変更それ自体の有効性を切り離すことができず、合理性のない就業規則変更の場合に就業規則変更自体が無効となる効果まで随伴するとは解されない。そもそも、就業規則の最低基準効は、昭和22年の労働基準法制定時から明文で認められているわが国における就業規則の原初的機能であり、就業規則法理を定立した昭和43年の秋北バス事件最高裁判決よりも以前から存在していたものである以上、就業規則の最低基準効と就業規則法理の適用は本来別個に考えるべきものと思われる。

そして、就業規則法理の存在しない状況で、就業規則の最低基準効だけが労働基準法制定時から明示されていたことの意義は、これまであまり検討されていないが、労働基準法89条に基づいて一定規模以上の使用者が等しく作成義務を課せられ、なおかつ労働基準法の定める基準を下回ることを許されない就業規則を以って事業場内の最低労働条件を規定させることによって、使用者の恣意を排除した形で労働条件を下支えし、労働条件の改善という労働基準法所期の目的を達成することにあったと言える。しかし、他方で、労働基準法の定める基準を下回ってはならないなど強行法規に反しない限り、就業規則上の労働条件に対する実体的な規律は存在せず、なおかつ就業規則の作成・変更過程では労働者（代表）の合意も要求されていないために、使用者があくまで一方的に作成・変更できる構造となっている点に鑑みると、最低基準効による労働条件の維持改善は、就業規則変更を伴わないでなされる労働条件変更を防止する以上に、労働者を保護する効果を有する規定ではなかったように思われる。そうであれば、(B)の理解は、労働基準法の建付けとして、実体的な規律もなく使用者が一方的に作成・変更できるという就業規則の最低基準効に対して、そもそも過大な労働者保護機能を期待している印象を否定しがたい。

その上、(B)について、学説が最低基準効を以って就業規則変更時の個別合意による労働条件変更を排除するよう試みるのは、実際のとこ

ろ、労使間の交渉力格差によって労働者が同意を余儀なくされる可能性を懸念しているところが大きい。しかし、労使間の交渉力格差によって労働者が不本意な同意を迫られる可能性は、就業規則変更の場面に限られず、労働契約関係のあらゆる場面における普遍的な問題である[24]。それにも拘らず、就業規則変更の場面だけを殊更に取り出して労働者の同意が成立する余地を否定すべき理由は見出しがたい。そうすると、労使間の交渉力格差に伴って労働者が同意を余儀なくされる懸念はもっともではあるものの、「労働契約法8条と9条の反対解釈に含まれる合意原則を前提とした上で、結果の重大性をも考慮しつつ、合意の認定問題のレベルで、議論を深化させるのが筋であるように思われる。」とする荒木教授のように、労働契約関係における労働者の同意の有効性という次元において一般的に議論すべき課題であるように思われる。したがって、(B)の論拠も、(A)と同様、就業規則変更の労働者に対する拘束力と就業規則変更それ自体の有効性を切り離すことに伴う特有の問題ではない以上、労働契約法9条の反対解釈を否定する論拠とは解しがたい。

4 最低基準効の発生要件

もっとも、就業規則変更の労働者に対する拘束力と就業規則変更それ自体の有効性を切り離して考えることができるとしても、就業規則の最低基準効を発生させるという意味における、就業規則変更それ自体としての有効性をどのように判断するかは別個の問題である。この点、労働契約法11条が「就業規則の変更の手続に関しては、労働基準法(昭和22年法律第49号)第89条及び第90条の定めるところによる。」としているものの、労働基準法上の就業規則作成・変更手続は、使用者に対して義務づけられた就業規則につき、監督官庁との関係でいわば公法上の有効性を法定したものに過ぎないため、就業規則変更が労

---

[24] 土田・前掲注6) 127頁。

第12章　合意による労働条件設定と就業規則法理

働者との関係で最低基準効を持ち得るかという意味における、いわば私法上の有効性要件を規定しているものではない。そこで、労働基準法11条に従って就業規則の変更過程でなされる意見聴取・届出・周知の各種手続のうち、どこまでが就業規則変更の私法上の有効性を基礎づけるに当たって必要な要件なのかが問題となり得る。

　そして、「就業規則変更〔ママ〕が権限者によって変更され、周知された場合、なお旧就業規則が存続し、最低基準効を保持すると解することは理論上困難」とする荒木教授をはじめ、肯定説の多くは、就業規則の周知のみによって足りるとする見解を示している。これは、就業規則の最低基準効の発生について、「就業規則の最低基準効の発生には、意見聴取・届出の義務が尽くされていることは必要ない。使用者がこれらの手続を怠ることによって、本来労働者に与えられるはずの最低基準効が否定されるのは妥当でないからで、異論のないところである。」とし、少なくとも「実質的周知があれば最低基準効を認めるべきは当然である。」とする議論を、就業規則変更についても当てはめたものである。

　しかしながら、就業規則の最低基準効に関する議論で専ら想定されているのは就業規則が新規に作成された場合であって、既存の就業規則が（特に不利益に）変更された場合ではないところ、意見聴取・届出を不要と解する根拠は最低基準効を認めることで労働者の有利に作用するということであり、不利益変更された就業規則の最低基準効を論じる根拠としては妥当し得ないように思われる[25]。実際、荒木教授も、最低基準効の発生に関しては、（実質的）周知がない場合であっても、「届出によって対外的に就業規則の存在を主張した使用者は、[それによって就業規則作成義務違反に関する責任を免れ、補助金の支給要件になっている場合など一定の便益を享受しておきながら、] 当該就業規則の存在を知った労働者に対して、周知の欠如を理由に就業規

---

25) 水町勇一郎『労働法〔第6版〕』（有斐閣、2016）89〜90頁。

則の最低基準効を否定することはできないと解すべきである。」としているところ、就業規則変更の際の最低基準効を論じるに当たっては届出のみで足りると解していないのは、同様に就業規則作成の場合と変更の場合との利益状況の相違に着目したものと解される。

　そこで、学説には、就業規則作成の場合と変更の場合との利益状況の相違を正面から認め、変更された就業規則の最低基準効に関しては「使用者が新就業規則につき労基法上の3つの手続（意見聴取、届出、周知）を履践」すべきと解する見解もある[26]。しかし、就業規則変更時に限ってではあれ、意見聴取・届出までも就業規則の最低基準効の発生に必要と解すると、就業規則の不利益変更の労働者に対する拘束力に当たっての手続を（実質的）周知のみで足りるとしている労働契約法10条の文言と整合しない帰結を招くことになる。すなわち、本来、就業規則変更の労働者に対する拘束力を論じる前提となるべき変更後の就業規則の最低基準効の方が、就業規則変更の労働者に対する拘束力よりも厳格な手続的規制に服することになって、変更後の就業規則の最低基準効は生じないにも拘らず、労働者に対する拘束力だけが生じる余地が生じ得るのである。

　そこで、このような理解を採る場合には、労働契約法10条の解釈を調整する必要に迫られる。まず、端的に労働契約法10条の解釈を調整する見解は、労働契約法10条が就業規則変更の労働者に対する拘束力をめぐって明文となっている（実質的）周知だけではなく、不文ではあるものの、個別合意に代わる手続要件として意見聴取・届出も労働契約法10条の拘束力を生じる要件として必要になると解している[27]。これに対し、就業規則変更の労働者に対する拘束力は、明文にある（実質的）周知を以って生じると認めつつ、労働基準法で義務づけられた

---

[26] 水町・前掲注25) 89～90頁。
[27] 土田・前掲注6) 513頁［7条の際にも必要］、西谷・前掲注12) 171頁［7条の際には不要］。

第12章　合意による労働条件設定と就業規則法理

手続要件である意見聴取・届出がなされていない就業規則の拘束力を使用者が主張することは信義則に反するとして、労働者からの権利主張のみ許されると理解する見解もある[28]。

IX　③契約法理としてアンフェアか否か

1　合意の意味

このように、①労働契約法9条の反対解釈を以って、労働契約法制定前の判例法理からの逸脱とは言いがたく、また、②労働契約法10条に基づくと合理性のない就業規則変更であっても就業規則変更としての有効性は別個に判断されるため、労働契約法12条に基づく最低基準効の効果が残存するということも言えない。そうすると、残る問題点は、③労働契約法9条の反対解釈を許容することは、使用者側にのみメリットをもたらすため、契約法理としてアンフェアであるという最も根源的な指摘である。この問題を考えるに当たっては、労働契約法9条の反対解釈を許容した場合に、取りつけられる合意の意味を検討する必要があるように思われる。

この点、労働契約法9条の反対解釈を許容する場合、就業規則変更に際して労働者の同意を取ることによって、労働契約法10条の合理性審査を待たず、当然に労働条件変更の効力が生じることになる。そして、この際、就業規則変更に対する労働者の同意には2種類想定されることが肯定説から指摘されている。

すなわち、(a)具体的変更内容を了知した上での合意と、(β)就業規則変更を通じた労働条件変更権付与の合意である。これは、労働契約法9条が「使用者は、労働者と合意することなく、就業規則を変更することにより、労働者の不利益に労働契約の内容である労働条件を変更

---

28)　水町・前掲注25) 104頁。

することはできない。」と規定するところ、「労働者と合意することなく」という文言を、「就業規則を変更する」という文言にかからせて理解するか、「労働条件を変更する」という文言にかからせて理解するかの相違で生じる違いと言えるが、これまでの肯定説はいずれの合意も成立し得ることを認めている。そして、(α)の場合は、仮に合意の存在が認定されれば、合意通りに労働条件変更の効果が生じるのに対し、(β)の場合は、合意の存否それ自体に加えて変更権行使について権利濫用の有無を審理する必要があるというのである。

2　(β)変更権付与の合意

しかし、一般論として 2 種類の合意に峻別されるのは理解できるものの、(β)のように就業規則変更を通じた労働条件変更権を使用者に対して付与する合意は、(イ)一般的・包括的に就業規則変更による労働条件変更権を使用者に対して予め留保する特約を締結する場合と（就業規則変更権という形を取るため、一般的な労務指揮権の留保とは異なる）、(ロ)個別的・具体的な労働条件変更に当たっての就業規則変更権を使用者に対して留保する個別合意を締結する場合の 2 種類にさらに分けて議論する必要があるように思われる。

まず、(イ)の包括的な特約の場合には、結果的に使用者の一方的な就業規則変更によって労働条件が変更されるという意味においては、労働契約法 10 条に基づく就業規則変更法理を適用する場合と異なるものではない。もちろん、労働契約法 10 条は労働者との合意のない場合の処理を規定している条文であって、その意味で強行性を有しない一種の任意規定である以上、合意のある場合として、労働契約法 10 条に代わる変更権の規範をいかに定立するかは労使間の自由な交渉に委ねられた事項であるとも考えられる。しかし、労働契約法 9 条は、あくまで具体的な就業規則変更の予定がある場面において、労働者との合意なく就業規則変更によって労働条件を変更することを禁止しつつ、但書で労働契約法 10 条の例外を許容したものと思われる。そのため、

いかに労働契約法10条が合意のない場合の処理を規定した一種の任意規定であると言っても、就業規則変更の具体的な予定もない状況下で就業規則変更を通じた労働条件変更権を付与する包括的な合意を予め締結するのは、労働契約法9条が想定する個別合意の範囲を超えているように思われる。

この点、肯定説の立場からは、(β)の場合に限って、合意の有効性それ自体に加えて実際の変更権行使について権利濫用の有無を審理する余地を残しているが、労働契約法10条の適用としての合理性を前提にしない中で、いかなる事情を以って使用者の権利濫用を判断するのか不明確である印象は否定しがたい[29]。

次に、(ロ)の具体的な個別合意の場合には、労働契約法10条の就業規則変更法理に取って代わるような合意ではないため、その意味で合意自体が許されるか否かは問題になり得ないと解される。しかし、具体的な就業規則変更に当たって就業規則変更による労働条件変更に労働者が同意するというのは、包括的な変更権留保の特約とは異なり、就業規則の作成・変更手続との関係で緊張関係を孕んでいるように思われる。というのも、労働契約法上、就業規則の作成・変更手続に関しては労働基準法の定めに従うことになっているところ、労働基準法の就業規則の作成・変更手続は、過半数代表への意見聴取・監督官庁への届出・労働者全体への周知であって、その過程において一切登場しない労働者個人が、いかなる意味で就業規則変更そのものに対して同意することがあり得るか、検討の余地があるように思われるのである。

もちろん、当該労働者に就業規則変更の拘束力が及ぶか否かという段階では、労働者個人との関係で就業規則変更が問題になっているため、就業規則変更それ自体について労働者個人が同意する機会もおよ

---

[29] そこで、否定説からは、このような場合には同意の相当性こそが問題なのではないかと指摘されている（道幸・前掲注16) 19頁）。

そ想定し得ないものではない。しかし、就業規則変更の拘束力を検討する段階では具体的な労働条件変更の内容が明らかとなっている以上、端的に(a)の具体的な労働条件変更に対する労働者の同意にほかならず（後述する(ニ)の合意に当たると解される）、(ロ)のように就業規則変更それ自体に対する同意を観念する必要はないように思われる。そのため、労働契約法 9 条が、「使用者は、労働者と合意することなく、就業規則を変更することにより、労働者の不利益に労働契約の内容である労働条件を変更することはできない。」と規定するところ、「労働者と合意することなく」という文言は、「就業規則を変更する」という文言にかからせて理解することはできず、「労働条件を変更する」という文言にかからせてのみ理解することができ、結果として(β)のような理解は採り得ないように思われる。

3　(a)具体的労働条件変更に関する合意

また、(a)具体的変更内容を了知した上での合意に関しても、(ハ)就業規則による労働条件設定から離脱する旨の個別合意、(ニ)就業規則による労働条件設定から離脱することなく労働条件変更を認める合意という、2 種類の合意を峻別して考えるべきであるように思われる。というのも、労働契約締結時に労働契約法 7 条但書の定める「就業規則の内容と異なる労働条件を合意してい」なかったために、いったん就業規則によって労働条件が規律されるに至った場合であっても、その後に就業規則による労働条件の規律から離脱する(ハ)の特約を締結することは妨げられないところ、このような合意は労働契約法 8 条の規律する合意による労働条件変更の一種に含まれると解され[30]、学説においてでも、労働契約法 12 条の最低基準効に反しない限りにおいて、そのような合意の許容性自体に異論は見られない。そうすると、(ハ)のような合意はそもそも労働契約法 8 条の効果として当然に認められること

---

30) 荒木ほか・前掲注 5) 122 頁。

になる以上、労働契約法9条の反対解釈によって許容される(α)具体的変更内容を了知した上での合意は、(ニ)の就業規則による労働条件設定から離脱することなく労働条件変更を認める合意に限られることになる。

4　労働契約法 10 条但書

こうして、(β)の就業規則変更による労働条件変更権付与の合意はそもそも観念することができるか疑問の余地があるものの、仮に許されると解する場合も含め、③労働契約法9条の反対解釈を許容することが契約法理としてアンフェアであるという否定説の批判は、就業規則による労働条件設定から離脱することがないにも拘らず、合意によって労働条件変更を認めることがアンフェアであるという批判になる。すなわち、就業規則による労働条件設定というレールの上から、全く異なる合意による労働条件設定のレールに完全に分岐するのではなく、労働条件を変更する瞬間だけは合意を根拠に離脱しつつ、労働条件変更後は再び就業規則による労働条件設定のレールに戻るという選択まで、契約法上の合意原則の帰結として許容されるのかが問題とされているのである。

この点、労働契約法10条但書は、就業規則の不利益変更が合理的である限り労働者に対して拘束力を生じるという規定に続けて、「ただし、労働契約において、労働者及び使用者が就業規則の変更によっては変更されない労働条件として合意していた部分については、……この限りでない。」と規定している。これは、就業規則では変更できない労働条件として合意されていた部分について就業規則の合理的変更法理が及ばないことを明示することで、就業規則法理の外延を画した規定であり、労働契約法制定前の判例法理において明確に認められていた解釈ではないものの、「就業規則の合理的変更法理が統一的集団的変更のためのルールとして展開形成された経緯、他方で、個別特約により合意した労働条件変更について就業規則法理の適用を認めた例の

ないこと、また、個別人事管理の進展に対応して個別契約自治の領域を確保し、職業生活の自己決定を尊重すべき必要性等を考慮して、明文をもって就業規則の合理的変更法理の射程を画したもの」と説明されている[31]。そのため、前述したように、労働契約法8条の効果として認められる(ハ)の就業規則法理から離脱する旨の個別合意をした場合には、当該労働条件はもはや「労働者の個別の合意なしには変更しえない」ことになり、確定的かつ終局的に就業規則法理による労働条件設定というレールから離脱することになるのである。

これに対し、労働契約法10条但書を反対解釈すると、"就業規則変更によって変更され得る個別合意"というものが観念可能であることが導き出される。そして、就業規則による労働条件設定というレールの上から、労働条件を変更する瞬間だけは合意を根拠に離脱しつつ、労働条件変更後は再び就業規則による労働条件設定のレールに戻るという選択は、労働契約法10条但書の反対解釈として"就業規則変更によって変更され得る個別合意"というものが労働契約法において観念可能であることを前提にしてはじめて許容されるように思われる。そうすると、労働契約法9条の反対解釈が可能であるということは、就業規則による労働条件設定というレールの上から、労働条件を変更する瞬間だけは合意を根拠に離脱しつつ、労働条件変更後は再び就業規則による労働条件設定のレールに戻ることを許容することを意味するところ、このような合意の存在可能性は、判例法理で確立していたものではないという労働契約法10条但書をさらに反対解釈することではじめて導き出される解釈と言える。したがって、労働契約法9条の反対解釈は、やはり労働契約法制定前に確立した判例法理として存在していたものではなく、確立した判例法理の反対解釈によってはじめてもたらされる解釈として理解すべきように思われる。

---

31) 荒木ほか・前掲注5) 143頁。

5　アンフェアか否か

　こうして、労働契約法9条の反対解釈を許容した場合に取りつけられる合意は、労働契約法10条但書の反対解釈から導出される"就業規則変更によって変更され得る個別合意"であり、就業規則による労働条件設定というレールの上から、労働条件を変更する瞬間だけは合意を根拠に離脱しつつ、労働条件変更後は再び就業規則による労働条件設定のレールに戻ることを許容する合意ということになる。そして、このような合意をすることが使用者側のみにメリットをもたらすアンフェアなものであるというのが否定説の論拠であるところ、労働者側のメリットとして想定し得るのは、就業規則法理からの離脱がないため、いったん合意しても、その後の労働条件変更に際して就業規則法理に基づく合理性審査の機会を享受し続けることができる点にあると言える。もっとも、労働者にとっては合意しなければ就業規則法理の適用を受け続けられる以上、就業規則法理の適用を受け続けることが、それ自体として合意する労働者側のメリットとは解しがたい。

　しかし、他方で、労働契約法8条に基づいて就業規則法理から離脱する合意が異論のないところとして許容されている以上、労働契約法9条の反対解釈として就業規則変更から離脱せずに合意する選択肢だけを排除しても、合意によって就業規則法理の適用を回避するインセンティブが使用者において生じる可能性に変わりはない。そうであれば、労働者において就業規則法理に基づく合理性審査の余地を残しつつ、当該労働条件変更に限って合意する選択肢を認めた方が、労働者の有利に働くものと解される。というのも、就業規則法理によって合理性審査の下に労働条件を規律され、いわば合理性の"傘"によって労働条件を保護されてきた労働者に関しては、労働条件変更に際して、就業規則法理から離脱していわば完全な自己責任の世界である個別合意のみで規律される状態に移行するよりも、就業規則法理による合理性審査の枠組みに残る余地を認めつつ当該労働条件変更に限って

合意する選択肢を認めることが、労働者の期待に沿うものであると言えるし、交渉力格差を前提にした労働者保護の要請にも適っているように思われるからである。結局、労働契約法8条に基づく労働条件の変更の個別合意をも否定する趣旨でない限り、労働契約法9条の反対解釈としてもたらされる労働条件の変更の個別合意をアンフェアとする否定説の批判は妥当しないように思われる。

X　総括

　このように、理論的な問題として労働契約法9条の反対解釈を否定することは難しい。そこで、最近の学説における問題関心は、否定説と見られてきた論者も含め、労働契約法9条の反対解釈が理論的に可能であることを前提に、労働契約法9条の反対解釈にかかる労働者の同意の成立要件あるいは効力発生要件をどのように設定するかという解釈論に移っている。

　この点、山梨県民信用組合（退職金減額）事件・最高裁判決[32]は、労働契約法9条の反対解釈が可能なことを前提に、「使用者が提示した労働条件の変更が賃金や退職金に関するものである場合には、当該変更を受け入れる旨の労働者の行為があるとしても、労働者が使用者に使用されてその指揮命令に服すべき立場に置かれており、自らの意思決定の基礎となる情報を収集する能力にも限界があることに照らせば、当該行為をもって直ちに労働者の同意があったものとみるのは相当でなく、当該変更に対する労働者の同意の有無についての判断は慎重にされるべきである。そうすると、就業規則に定められた賃金や退職金に関する労働条件の変更に対する労働者の同意の有無については、当該変更を受け入れる旨の労働者の行為の有無だけでなく、当該変更により労働者にもたらされる不利益の内容及び程度、労働者によ

---

32)　前掲注17) 判決。

り当該行為がされるに至った経緯及びその態様、当該行為に先立つ労働者への情報提供又は説明の内容等に照らして、当該行為が労働者の自由な意思に基づいてされたものと認めるに足りる合理的な理由が客観的に存在するか否かという観点からも、判断されるべきものと解するのが相当である……。」と判示した。このように、同判決は、「賃金や退職金」にかかる労働条件変更という条件設定の下、労働条件変更を受け入れる旨の労働者の「行為」のみによって直ちに当該労働条件変更に対する労働者の同意の存在を認めることはできず、「当該行為が労働者の自由な意思に基づいてされたものと認めるに足りる合理的な理由が客観的に存在するか否かという観点からも」同意の存否が判断されるべきであるという判断枠組みを提示した。

　このように、最高裁が同意の成立要件として「自由な意思」に基づいていることを求める根拠としては、労働者の使用従属性と労働契約における情報の非対称性が挙げられている。これは、労使間に交渉力格差が生じていることから、労働契約の基本原則である対等決定原則（労働契約法3条1項）を確保するために、やはり労働契約の基本原則である合意原則（労働契約法1条）に対する特別な取扱い（いわば、"裸の合意"からの逸脱）が認められるという理解[33]に基づくものと解される。

　そして、労働契約法9条の反対解釈にかかる労働者の同意の存否にかかる考慮要素として、同判決は、(イ)変更による不利益の内容及び程度、(ロ)労働者が当該変更に同意する旨の行為をした経緯及び態様、(ハ)当該行為に先立つ労働者への情報提供または説明の内容を列挙している。これらは、判旨でも「等」と留保されているように、あくまで考慮要素の例示であり、相互にいかなる関係であるかも明らかでない。

　もっとも、本判決は、判断枠組みにかかる具体的当てはめとして、

---

[33]　荒木・前掲注1) 246頁、土田・前掲注7) 324〜325頁、土田・前掲注6) 38頁以下。

「本件基準変更による不利益の内容等及び本件同意書への署名押印に至った経緯等を踏まえると、管理職上告人らが本件基準変更への同意をするか否かについて自ら検討し判断するために必要十分な情報を与えられていたというためには、同人らに対し、旧規程の支給基準を変更する必要性等についての情報提供や説明がされるだけでは足りず、……本件基準変更により管理職上告人らに対する退職金の支給につき生ずる具体的な不利益の内容や程度についても、情報提供や説明がされる必要があったというべきである。」としている。ここでは、「具体的な不利益の内容や程度についても、情報提供や説明がされる必要があった」とし、不利益性などの実体的な考慮要素を、情報提供などの手続的な考慮要素の判断過程に組み込んで判断している点に特徴がある。そうすると、不利益性の大きさなど、実体的な労働条件変更の重大性に比例して、詳細な情報提供が行われるなど、より慎重な手続が採られているかどうかを判断することになるものと思われる。したがって、本判決の判断枠組みの適用に当たって、本判決が例示する考慮要素は、並列的なものではなく、手続的な考慮要素の判断過程において、要求される手続の水準に影響する背景事情として、実体的な考慮要素が読み込まれるに過ぎない。

　また、就業規則の不利益変更にかかる合理性の考慮要素（労働契約法10条）と比べた場合、本判決では、合理性判断の中核的要素である労働条件変更の必要性が考慮要素として例示されていない。したがって、本判決の判断枠組みとの関係で、労働条件変更の必要性は、労契法10条のような独立した考慮要素ではなく、「情報提供や説明」といった手続的な考慮要素の判断過程で参照される背景事情となるに過ぎない。

　このように、山梨県民信用組合（退職金減額）事件・最高裁判決は、「賃金や退職金」に限定した体裁の判示ながら、労働契約法9条の反対解釈にかかる労働者との合意の成立に、労働者の「自由な意思」が必要であるとし、自由な意思に基づくことを判断するに当たって、専ら

情報提供や説明などの手続的な観点を考慮要素とする判断を示した。このように、最高裁の提示した判断枠組みは、実体的な労働条件変更の必要性と変更内容の相当性との相関的関係において当該労働条件変更の合理性を判断するという労働契約法10条の合理性判断手法とは明らかに異なる判断である。もちろん、実体的な労働条件変更の必要性や変更内容の相当性は、情報提供や説明などの手続的な考慮要素の判断に背景事情として影響を及ぼすため、労働契約法10条で合理性を認められないような就業規則変更の拘束力が、労働契約法9条の反対解釈によって当然に認められることにはならない。しかし、少なくとも「賃金や退職金」にかかる就業規則変更に関しては、労働契約法10条の合理性判断とは異なり、あくまで情報提供や説明などの手続的措置を尽くすことによって当該就業規則変更に伴う労働条件変更を実現できることになるため、使用者としては、ある意味で手間のかかる労働者個人を相手方とした手続的な措置の実施に重点を置くか否かによって、労働者の個別合意を通して就業規則上の労働条件を変更するか否か選択することになるものと解される。

　そして、今般の「働き方改革」においては、正社員概念の変革に伴い、正社員か非正社員かというような雇用形態ごとの画一的な従来型の労務管理から、各労働者の実情に応じた個別的な労務管理への移行が要請されている。このような中、個別的な労務管理において不可欠となる労働者と使用者の個別的な合意の成否に関して、最近の山梨県民信用組合（退職金減額）事件・最高裁判決は、あくまで将来的な賃金・退職金の減額にかかる判示ではあるものの、従来の就業規則法理における合理性判断とはおよそ異なる、専ら手続的な観点を考慮要素とする独特な自由意思の判断枠組みを定立した。これは、統一的かつ画一的な労働条件設定に優れた就業規則法理の役割を相対的に後退させ、個別的な合意による労働条件設定を拡充させる「働き方改革」の方向性に対し、個別的な労働条件設定のあり方を示したものと評価できる。そこで、今後は、「働き方改革」の名の下に、同一労働同一賃金

原則の導入など、より直接的な労働条件設定規範の変革を求められる事態に備えて、個別的な労働条件設定の合意をめぐる判断枠組みの更なる精緻化が必要になると思われる。

(いけだ・ひさし)

※本稿は、日本学術振興会科学研究費補助金・基盤研究(c)「倒産手続下における労働力調整モデルの適用をめぐる比較法的研究」（課題番号26380075）による成果の一部である。

第13章
窮境企業に対する銀行の経営関与

アフラック・シニアアドバイザー　木下信行

はじめに

　世界金融危機後、わが国の企業金融対策においては、銀行に中小企業向け貸出の条件緩和を促すために不良債権の開示範囲を縮小するという特異な措置がとられた。本稿では、これに関連する法制度について、アメリカおよびドイツと対比することにより、こうした措置がわが国でなぜとられたかを考察する。そのうえで、これらの法制度がわが国経済のパフォーマンスに与える影響等を踏まえ、今後の経済成長に向けた議論の端緒を供することとしたい。

Ⅰ　行政庁による企業金融対策

1　銀行監督当局による企業金融対策

(1) わが国における対応
　(ⅰ) 中小企業向け融資の貸出条件緩和が円滑に行われるための措置
　わが国の金融庁は、リーマン・ブラザーズの破綻から2か月後の2008年11月に、「中小企業向け融資の貸出条件緩和が円滑に行われるための措置」を策定し、不良債権の一項目である貸出条件緩和債権の定義を狭めた。具体的には、金融検査マニュアル等の変更について以下のように公表した。

「①　従来、貸出条件緩和債権から除外するためには、経営再建期間中に通常の取引条件と同様の金利を確保していることを要件としていたが、この要件を廃止する。

②　従来、「「概ね3年後の債務者区分が正常先となる」抜本的な経営再建計画があれば貸出条件の緩和を行っていても貸出条件緩和債権には該当しない」という取り扱いであったが、中小企業については、概ね5年後に正常先となるような計画があれば貸出条件緩和債権に該当しない。

③　貸出条件緩和債務から除外するための中小企業の経営再建計画については、さらに、以下の要件緩和を行う。
・5年～10年で計画通りに進捗している場合も差し支えない
・計画終了後に自助努力により事業の継続性を確保できれば、5年後が要注意先であっても差し支えない
・計画がなくとも、経営改善の見込みが確認できれば計画がある場合と同様に扱う」

また、2009年3月には、融資契約のコベナンツの変更を行っても貸出条件緩和債権に該当しないことを明確化した。

さらに、同年4月以降には、金融円滑化のための集中検査を行い、銀行が中小企業向け貸出の条件緩和をすすめるように促した。

金融庁の行ったこれらの措置は、少なくとも銀行による不良債権の開示額の縮小については、大きな効果があったとされている[1]。

(ⅱ)　中小企業金融円滑化法

2009年11月に成立した「中小企業者等に対する金融の円滑化を図

---

[1]　地域銀行の不良債権額は、2008年9月期から2009年3月期にかけて減少している。また、金融庁公表の資料によれば、2009年の第1四半期に貸出条件が緩和された18,366億円の融資のうち、約46％にあたる8,398億円は、その四半期中に再建計画が策定されたので貸出条件緩和債権には分類されなかった。これを含む不良債権の開示額縮小効果については、日本経済研究センター「金融危機時の企業金融対策の検証」（2010年12月）を参照。

るための臨時措置に関する法律」は、金融機関が中小企業または住宅ローンの借手による条件変更の申込みに対応するよう努めるべきことを定めた。

これに伴い、金融庁は、金融検査マニュアルを変更し、「債務者が実現性の高い抜本的な経営再建計画を策定していない場合であっても、債務者が中小企業であって、かつ、貸出条件の変更を行った日から最長1年以内に当該経営再建計画を策定する見込みがあるときには、当該債務者に対する貸出金は当該貸出条件の変更を行った日から最長1年間は貸出条件緩和債権には該当しないものと判断して差し支えない」とした。そのうえで、銀行に対し、貸出条件の変更等の実施状況を報告させ、とりまとめて発表した。

中小企業金融円滑化法は、もともとは2011年3月末までの時限立法であったが、その後、2013年3月末まで二度にわたって延長された。この間に、極めて多くの中小企業融資と住宅ローンが条件変更を受けた。こうした措置は、中小企業を対象に行われたアンケート調査によれば、倒産・廃業の回避等に有効であったとされている[2]。

(iii) 不良債権の開示範囲縮小の恒久化

金融庁は、2014年11月、「中小企業金融円滑化法の期限到来後の検査・監督の方針等について」を公表した。これによれば、「金融検査マニュアル等で措置されている、中小企業向け融資に当たり貸付条件の変更等を行っても不良債権とならないための要件(「経営改善計画が1年以内に策定できる見込みがある場合」や「5年以内(最長10年以内)に経営再建が達成される経営改善計画がある場合」は、不良債権に該当しません。)は恒久措置であり、円滑化法の期限到来後も不良債権の定義は変わりません。その上で、銀行が個々の借り手の経営改善に具体的にどのように密着して取り組んでいるのかについては、検査・監督におい

---

2) 東京商工会議所「中小企業金融に関するアンケート調査」(2012年8月)および経済産業省「中小企業白書」(平成23年版)。

て従来以上に光を当ててまいります。」とされている。

このように、不良債権の開示範囲縮小という措置は、金融円滑化法の検討開始以前に導入され、同法の期限終了後も恒久措置であることが確認された。この間、政権交代が行われていることからみても、政治的イニシアティブに基づく臨時的措置ではなく、行政機関としての金融庁が制度を恒久的に変更したものであることがわかる。とりわけ、2008年に定められた金利要件の撤廃は、中小企業向けに限らず全ての企業向けの債権について、不良債権の定義におけるアメリカ等との整合性[3]を破棄した点で、大きな意味をもつ措置であった。

(2) アメリカおよびドイツとの対比

世界金融危機は、アメリカの証券化商品市場の崩壊に端を発したものであり、ヨーロッパの銀行にも甚大な影響を及ぼした。これに伴って、まず欧米諸国、次いで世界各国の実体経済が急激に縮小した。深刻な景気後退に陥った欧米諸国においては、金融システムの安定化とともに、企業活動の回復を目指した様々な措置が講じられた。しかし、アメリカおよびドイツにおいては、わが国とは異なり、銀行に貸出条件の緩和を求める措置はとられておらず、銀行の不良債権の開示範囲縮小も行われなかった。

まず、企業金融に対する支援をみると、アメリカでは、公的資金が大規模に投入されたが、金融市場や金融機関に対する資金供給によって金融システムを安定化させることを通ずる間接的な支援が中心であり、貸出等の直接支援は小規模にとどまっている。最も主要な政策措置であるTARP（Troubled Asset Relief Program）は、資産買取りを目的としたものであった。結果としては、銀行の発行する優先株の買取

---

[3] World Bank 'Bank loan classification and provisioning practices in selected developed and emerging countries' (June 2002) P20, 木下信行『金融行政の現実と理論』（金融財政事情研究会、2011）6〜16頁、24〜25頁、33〜35頁。

りや、企業の法的整理の円滑な進行に寄与するための出資等に使用される比重が大きくなっており、銀行の財務を直接・間接に健全化するものとして運用された。また、ドイツをみても、世界金融危機に際してとられた措置は、銀行への公的資金の投入や銀行間信用の政府保証等であった。これは、銀行中心の金融システムを強化しようとするものであって、わが国におけるような、銀行の財務上のリスクとひきかえに企業金融を円滑化する措置はとられなかった。

次に、銀行の不良債権の開示範囲をみると、アメリカでは、不良債権の定義は一般的な企業会計原則（Generally Accepted Accounting Principles）で定められており、銀行監督当局はルールの設定権限を有していない。ドイツにおいても、銀行監督当局がルールの設定権限を有しておらず、企業会計原則によるべきことは同じである[4]。

国際的にみると、不良債権の概念は、貸倒引当金の計上基準と連動している。後者に関し、企業会計原則においては、貸出条件を緩和した場合、当初の契約における金利水準に基づく将来キャッシュフローから、条件緩和に伴って減価されるキャッシュフローの額を引当てることとされている[5]。したがって、貸出条件の緩和を行うと、それに見合って貸倒引当金を増額させるべきこととなる。

これと比べると、わが国では、銀行監督当局が不良債権の開示範囲を定める権限を有している点がアメリカやドイツと異なる。また、個別銀行の決算実務においては、不良債権の定義に該当するか否かに応じて引当率に差異を設けていることが多いとみられる。したがって、わが国で講じられた措置は、中小企業の資金繰りを支援するために、銀行の貸倒引当金が従来の基準よりも少額になることを銀行監督当局が許容したことになる。

---

4) World Bank・前掲注3) P21。
5) Basel Committee of Banking Supervision 'Sound credit risk assessment and valuation for loans' (June 2006) P16-17

世界金融危機時における企業金融対策について、わが国とアメリカおよびドイツとの間でこれだけ顕著な差異が生じた理由は、その時々の経済状況や政策判断の差異によるものではない。2008年末において、世界金融危機が企業活動に与えていた影響をみると、アメリカやドイツにおいては、わが国におけるよりもむしろ深刻であったとみられる。また、わが国においては、上記のように、異なる政党の政権下で、三段階にわたって一貫した措置が行われている。

したがって、こうした措置の違いについては、構造的な差異が背景にあると考えるべきである。

2　信用保証制度

(1)　制度の概況

(i)　わが国の制度の特徴

信用保証制度は、世界各国において活用されている中小企業向け金融支援策であり、わが国、アメリカ、ドイツのいずれにおいても設けられている。

これを比べると、わが国では、全額保証が広範に提供されていることが特徴である。信用保証制度における保証割合については、アメリカのSBA（Small Business Administration）による信用保証制度では75％または85％とされており、ドイツの保証専門銀行（Bürgschaftsbanken）による保証でも50％から80％とされている。このようにアメリカやドイツの信用保証制度が部分保証に限定されている理由は、銀行および企業のモラルハザードを防ぎ、制度の運営・収支を安定化させるために重要だというところにあるとされている[6]。

また、保証残高が極度に大きいこともわが国の特徴である。2011年末における保証残高のGDP比をみると、アメリカでは0.4％、ドイツ

---

[6]　岡田悟「信用保証制度をめぐる現状と課題」参議院「調査と情報」794号（2013年6月）6〜7頁。

では 0.2％であるのに対し、わが国では 7.3％とほかの先進国に例をみない水準に達している。

さらに、わが国の信用保証制度においては、保証料率が収支を賄うに足りない 0.45％〜1.9％の水準に設定されている。このため、国と地方の双方から膨大な財政支援が行われている[7]。この点に関し、アメリカにおける保証料率をみると、2％〜3.75％とされており、制度の運営コストは基本的に債務者が負担するものとされている。一方、ドイツでは、保証料率は 0.8％〜1.5％と相対的に低く、保証専門銀行は供与した保証残高に見合いの再保証を国と地方から受けるほか、法人税が免除されるという支援を受けている。しかし、保証範囲については、ＥＵレベルで、信用保証が政府支援となる恐れがあるという観点からの規制が設けられており、保証割合を 50％〜80％とし、保証上限を 100万ユーロ以下とする等の制限が設けられている[8]。

(ⅱ) 中小企業金融安定化特別保証制度

このようにわが国の信用保証制度がアメリカやドイツ等の先進諸国に例をみないようなものとされた契機は、1998 年に金融危機への対応策として中小企業金融安定化特別保証制度が導入されたことであった。この制度は、全ての業種について中小企業の借り入れを全額保証することとし、その審査にあたっては、粉飾決算や大幅債務超過等の事由に該当しない限り原則として保証承諾を行う等という思い切ったものであった。その効果に関しては、中小企業庁の分析によれば、「倒産件数、銀行取引停止処分件数は、平成 10 年 10 月以降、特別信用保証制度の実施に併せて減少幅が大きく拡大しており、政府の信用収縮

---

[7] 柿沼重志＝中西信介「財政負担の観点から見た信用保証に関する一考察」経済のプリズム No.114（2013 年 6 月）。

[8] OECD‛The Role of Credit Guarantee Schemes and Mutual Guarantee Societies in supporting finance for small and medium-sized enterprises'（Jan 2013）P8, 13, 19-20, 22, 25。日本政策金融公庫「欧米における中小企業信用保証制度に関する調査」（2015 年度）2016 年 3 月。

対策が倒産防止に寄与したことを表している。(中略) このように、パニック的な信用収縮を抜け出す緊急避難的な措置としては、特別信用保証制度などの対策の意義は大きかったと言える。」とされている[9]。

(2) 世界金融危機後の対応

世界金融危機に際しては、直接的に影響を受けたアメリカやドイツにおいて、信用保証制度の臨時的拡張が行われた。しかし、両国における保証残高をみると、わが国におけるような極度の膨張は示していない。ドイツにおいては、臨時的措置として保証割合の上限が緩和されたものの、90％にとどめられ、わが国におけるような全額保証は行われなかった。

これに対して、わが国では、緊急保証制度が導入され、業種の特定や信用保証協会による一定の審査等の歯止めは盛り込まれたものの、かつての特別保証制度と同様、やはり全額保証とされた[10]。この緊急保証制度は、実施期間の延長、対象業種や保証枠の拡大等が行われた結果、保証残高36兆円という規模にまで拡大した。

わが国における特別保証制度や緊急保証制度の効果を論じた文献をみると、倒産防止効果を分析の対象としているものが多い[11]。こうした分析は、窮境企業が倒産するかどうかは資金繰りで決まってくること、企業倒産の状況は行政庁の関与対象であることを前提としたものと考えられる。

---

9) 経済産業省「中小企業白書」(平成12年版)。
10) 内田衡純「緊急保証制度とかつての特別保証制度の違い」参議院「立法と調査」No.301 (2010年2月)。
11) 岡田・前掲注6) 等。

Ⅱ　倒産関連制度

1　企業の整理の基本構造

(1)　企業の整理の手続

　窮境に陥った企業を整理するための手続は、債務者企業と債権者が契約に基づいて行う私的整理と裁判所の管理下で行う法的整理に区分される。これらは、それぞれ、窮境企業の営んでいた事業の再生を図る再建型手続と事業を廃止する清算型手続に分かれる。ただし、私的整理から法的整理に移行する場合や、清算型手続のなかで事業の一部を他企業に譲渡のうえ再生させる場合がある等、整理の手続と結果の関係は一義的なものではない。整理の対象となった企業の状況に応じ、手続が使い分けられている。

(2)　債務者企業のインセンティブ

　以上の手続の選択について、債務者企業からみると、窮境に陥ったと自ら認識しても、できるだけ対外的信用を毀損しないことを重視するので、債権者に対し、再建型の私的整理に応ずることを内々に申し入れることが通常である。こうした申し出に対し、債権者が同意すれば再建型私的整理が開始されるが、債権者が同意しなければ、再建を断念するか、法的整理に移行するかの判断を行わねばならない。この判断にあたっては、裁判所や弁護士等の関与に要する費用も考慮に入れることになる。また、債権者が多数の場合、全員が私的整理の契約に合意すればよいが、そうでなければ、多数決で決定できる法的整理に移行せざるを得なくなる。

　債務者企業からみれば、法的整理の開始には、裁判所から債務弁済の猶予を措置してもらえるので、再建計画の策定や債権者との協議に要する時間を確保できることや、権利義務関係を変更する余地が大き

くなること等の長所がある一方、経営悪化が公になること等の短所がある。法的整理のなかでは、再建型手続を実施することが望ましいが、再建計画に債権者の合意や裁判所の認可が得られなかったり、手続期間中に資金繰りが破綻したりすれば、清算型手続に移行せざるを得ない。わが国では、法的整理の制度が再建型と清算型に分断されており、前者から後者への移行は「牽連破産」と呼ばれている。

(3) 債権者のインセンティブ

債権者から企業の整理の手続をみると、潜在的に価値の毀損している債権について、現金化するか、返済期限等を緩和した債権と交換するか、株式と交換するかという資産選択を行うプロセスである。まず、手続中に損失が拡大する恐れがあると判断する場合には、私的整理の要請を拒絶して、現金化を選択することになる。その際に用いられる現金化の手段としては、担保権の行使や債権に基づく強制執行がある。次に、私的にせよ法的にせよ企業の整理が開始された場合には、再建計画に同意して返済条件を緩和したり元本を減額したりした債権と交換するか、計画に同意せずに現金化するかという選択を行うことになる。その際に、債務者企業の経営に介入していくことでより有利な結果が得られると考える場合や、今後の価値上昇により価値毀損を取り戻せると見込まれる場合には、債権を株式と交換するデットエクイティスワップを選択することもある。

こうした資産選択に際しては、債権者も企業である以上、経済合理性に基づいて対応を決定することになる。たとえば、返済期限の延長に応じる場合には、損失の拡大するリスクが高くなるので、保全手段を確保したり、リスクに見合った高い金利を求めたりすることになる。また、株式に交換する場合には、手続の終了後も十分な支配権を確保することや、債務者企業の大幅な収益性上昇を求めたりすることになる。

債権者としては、こうした整理を行う手続については、法的整理で

あれば、裁判所から債務弁済の猶予が求められるうえ、相応の費用を要するので、私的整理の方が望ましい。しかし債権者が多数であって合意形成が困難な場合や、債務者企業の正確な業況を把握するために裁判所の関与が必要な場合には、法的整理に移行するほうが望ましいことになる。

(4) **裁判所のインセンティブ**

企業の整理を行う手続の選択を裁判所からみれば、私的整理とするか法的整理とするかは、債務者企業と債権者が以上の要因を踏まえて行う選択の結果であって、個別の事案について能動的に関与していくことはできない。一方で、裁判所としては、権利の公正な実現という本来の存在目的を担保するとともに、組織の存在基盤を確保するためには、法的整理というサービスを提供することは不可欠である。その際、アメリカでは連邦制度、ドイツでは EU 統合によって、裁判所は競争環境におかれているが、わが国ではそうした環境が存在しないという差異がある。

法的整理の制度設計にあたっては、裁判所のおかれたこうした状況が反映されることになる。

2 再建型倒産手続の開始に関する制度

(1) **債務者企業からみた再建型倒産制度**

企業の整理の手続、とりわけ再建型倒産手続の制度は、事業の詳細を把握している債務者企業が主体的に取組まない限り、円滑に実施することが困難である。したがって、倒産手続の開始は、通例、債務者企業の申立によることとなる。

この点を踏まえて、わが国とアメリカおよびドイツの再建型倒産手続に関し、債務者企業が裁判所に手続開始を申立てるための要件を比べると、アメリカのチャプター11では特段の要件が存在しない[12]のに対し、ドイツとわが国では、「債務超過又は支払不能のおそれ」が要

第13章　窮境企業に対する銀行の経営関与

件とされている点で異なる。これを、裁判所が法的整理というサービスの実施を受付ける要件としてみると、アメリカの制度は積極的であるのに対し、ドイツやわが国の制度は消極的であることになる。なお、経済的にみれば倒産手続の開始は企業の信用を毀損するので、法律上の要件がないアメリカにおいても、申立が無制限に行われているわけではないことに留意する必要がある。

　一方、倒産手続の申立に関する債務者企業の義務をみると、ドイツでは、倒産手続の開始要件に該当する恐れがある場合には、経営者が申立およびその検討のための調査を怠れば民事・刑事の責任が追及されることとされている[13]のに対し、わが国ではそうした義務が課されていない点が異なる。これは、一般に、ドイツでは、経営者が債権者の権利を毀損しながら企業を存続させることを認めない枠組みとされているのに対し、わが国ではそうした枠組みが存在しないという差異があることの一環だと考えられる。わが国では、むしろ、存続企業の経営者個人が債権者に直接責任を負う制度が設けられているように、経営者の責任と企業に対する債権者の権利毀損が切り離されている。

　こうした制度のもとで、わが国における倒産手続開始の実質的要件は、資金繰り困難となっている。すなわち、債務者企業の立場からを

---

12) ただし、倒産申立が信義誠実に反する場合には、裁判所は申立を却下できる。また、2005 年に制定された「倒産手続の悪用防止及び消費者保護に関する法律」（BAPCPA, Bankruptcy Abuse Prevention and Consumer Protection Act）では、倒産手続の終了後 1 年以内に再申立を行った場合、弁済猶予期間を 30 日間に限定することができる旨の規定が設けられた。

13) この制度については、窮境企業の経営者に対し委縮効果をもち、企業の再建を困難にするという批判も寄せられている。2008 年 10 月には、「金融市場の安定化のための措置に関する法律」（Gesetz zur Umsetzung eines Massnahmenpakets zur Stabilisierung des Finanzmarktes）の第 5 条で倒産法（Insolvenzordnung）の一部改正を行い、経営者が債務超過か否かを判定するに当たり、企業が将来ともキャッシュフローに問題がないことを示せる場合には、継続企業ベースで計算してよいこととされた。

考えると、資金繰り困難に陥った際、債権者に弁済を猶予してもらえない場合に裁判所による弁済猶予の措置を得るところに倒産手続申立のインセンティブがあるとみられる。

こうした状況となっている背景に関し、わが国の企業の活動停止の状況をみると、かねてより、自主的な休廃業や解散の件数が倒産件数の2倍強となっていることに注意する必要がある。また、倒産手続を行う場合であっても、かつては資金繰り破綻や担保権の執行による「内整理」が基本であり、形態別の倒産件数の推移をみると、2000年代半ばまでは銀行取引停止処分の件数が法的整理を上回っていた。さらに、法的整理について、再建型と清算型の内訳を対比すると、一貫して、清算型である破産の件数が圧倒的に多い[14]ことにも留意する必要がある。

以上から、わが国は、アメリカやドイツと比べ、企業の整理、とりわけ事業再生に関する裁判所の役割が著しく小さいことが特徴だということができる。

(2) 債権者からみた再建型倒産制度

(i) 論点

窮境に陥った企業が再建型の整理を考える場合には、手続期間中の資金を確保することが着手の前提となる。そのためには、事前に資金を確保するほか、銀行等の債権者と良好な関係を保ち、手続期間中の資金調達も可能としておくことが重要である。

一方、企業の整理を債権者からみると、前述のように、潜在的に毀損している債権の価値を確定させて、現金、条件変更後の債権、株式のいずれかに交換するという資産選択の問題である。このための手続としてみると、法的整理には、事実関係が確実に確定できること、多数決により再建計画に関する合意を形成できること、手続期間中の融

---

14) 帝国データバンク「全国『休廃業・解散』動向調査」（各年度）。

資が共益権として優先弁済を受けること等が長所である一方、公開による債務者企業の信用の毀損や、手続に要する費用と期間等が短所である。債権者としては、たとえば、私的整理におけるデットエクイティスワップと法的整理を比べ、どちらの方が経営支配の権能と資金の保全との組合せからみて有利か等を基準として選択していくことになる。

(ⅱ) アメリカの制度

この点を踏まえてアメリカの制度をみると、チャプター11の手続開始後に行われた「DIPファイナンス」については、裁判所の許可を得てスーパープライオリティが付されることが重要である。手続開始後に行った融資は、清算型のチャプター7に移行した場合でも優先性が維持されること、プライミング・リーエン（Priming Lien）制度により既存の担保に優先する担保設定が可能であること、債務者企業に対し情報開示を強制できること等の点で、手続開始前に資金繰り支援を行う融資よりも有利である。

一方、倒産手続開始前に資金繰り支援を行う場合、アメリカの制度のもとでは、わが国の銀行等のように窮境企業の経営に介入すれば、倒産配当にあたり、他の債権者に比して劣後した扱いとされる可能性がある。

この点に関するアメリカの制度としては、かつては「衡平上の劣後（Equitable Subordination）」の法理が援用されていた。これは、Deep Rock事件[15]の最高裁判決において示されたもので、倒産した企業を自社の代理人または道具のように不衡平に扱い、過小資本の状態に置いた親会社による融資は、倒産配当に当たって劣後することとしたものである。この法理は、その後、親会社等の内部者でなくとも、優越的地位による支配や詐欺等の不衡平な行為を行っていた場合にも拡張されるようになった。「衡平上の劣後」の法理は、1978年における連

---

15) Taylor v. Standard Gas & Electric, 306 US 307 (1939)

邦倒産法の改正に際して条文化されたが、その適用に関する議論の過程で、「リキャラクタライゼーション（Recharacterization）」という別の法理も用いられるようになった。「衡平上の劣後」の法理は、現に存在する債権について、債権者の行為が不衡平であった場合に劣後させるものであるが、「リキャラクタライゼーション」の法理は、債権者の行為が不衡平だったか否かに関わらず、株主等の内部者による資金拠出を倒産配当上株式として扱うというものである[16]。この法理のもとで劣後的取扱を行うための基準としては、契約内容や経済的関係等の多くの要素を勘案して、債務者と債権者の対等の交渉のもとで行われた取引かどうかを判定するものとされている。

　以上の制度を債権者の立場からみると、窮境に陥った企業に対しては、経営に介入しつつリスクの高い資金繰り支援を行うよりは、DIPファイナンスの形として融資を保全するとともに、透明性の高い環境で再建計画に関与することが可能となるよう、倒産手続の申立を促すインセンティブを与えるものである。

　(iii)　ドイツの制度

　ドイツの制度をみると、倒産手続開始後に行った融資については、共益債権としての優先性が賦与されるが、アメリカにおけるようなプライミング・リーエン制度は設けられていない。ただし、わが国と比べると、ドイツの倒産手続は再建型と清算型が統一されているので、牽連破産に伴う不利な取扱いのおそれという問題はない。

　また、ドイツでは、窮境企業に対する資金供与について、かねてより「資本代替的社員貸付（Die eigenkapitalersetzende Gesellschafterdarlehen）」の法理が適用されてきた。これは、会社が危機的状態にある場合に、一定割合以上の持分を所有する社員等が資金拠出を行えば、

---

16)　Skeel, David A.Jr. & Krause-Vilmar, Georg ' Recharacterization and the Non-hindrance of Creditors'（Faculty Scholarship Paper, 2006, University of Pennsylvania Law School）

その会社の倒産手続において出資として扱うというものである。かつては有限会社法（GmbH Gesetz）において、資本維持の観点から規定されてきたが、EU市場統合の一環として、各国法に準拠した会社の相互乗入れが定められ、会社法レベルでは規制が維持できなくなったこと等から、2008年に法改正が行われ、倒産法において根拠づけられることとなった[17]。この結果、この規定は、物的・人的を問わず、全ての有限責任の会社に適用されることが明確になったほか、そうした資金供与に対する弁済や担保提供は管財人による取消の対象とされた。

以上の制度を債権者の立場からみると、供与資金の保全等のために債務者企業に倒産手続の申立を促すインセンティブは、アメリカの制度におけるほどは強くない。これは、債務者企業が倒産手続の申立を義務付けられているなかでは、そうしたインセンティブを与える必要性が小さいことに対応するものと考えられる。また、「資本代替的社員貸付」の法理は、窮境企業が内部者による資金繰り支援によって事業を継続することを困難にすることを通じて、倒産申立をせざるをえなくする効果があると考えられる。

(iv) わが国の制度

以上に対し、わが国では、倒産手続開始後に行った融資については、共益債権としての優先性はあるものの、アメリカのようなプライミング・リーエン制度は設けられていない。ドイツと比べても、再建型手続と清算型手続が分かれているために、牽連破産の際に不利な取扱いとなる恐れがある点が異なる。

また、債権の劣後化についてみると、わが国の破産法は、劣後債権を列挙した規定があるほかは形式的平等主義をとっており、裁判所が衡平上の劣後的取扱いを行う余地は小さい。このため、破産手続の実

---

17)「有限会社法の現代化と濫用防止のための法律」(MoMiG, Gesetz zur Modernisierung des GmbH-Rechts und zur Bekämpfung von Missbräuchen) Bundesanzeiger Verlag' Gesellschafterdarlehen in der Insolvenz' (Systematisher Praxiskommentar GmbH-Recht 1.Auflage 2009)

務上は、衡平上の問題のある債権については届出をしないよう説得する等の対応を図っているようである。

　一方、民事再生法や会社更生法では、衡平を害しない場合には劣後的取扱いを行うことを認める規定がある。この規定に基づく劣後的取扱いは、現実の再生計画において相当程度行われており、これを認める判決も出されている。そして、その内容をみると、劣後させる債権は経営者等のものであり、劣後させる判決の論拠も不当経営等であった。これは、アメリカにおける「衡平上の劣後」の法理に対応する考え方であり、「リキャラクタライゼーション」の法理に対応する考え方はとられていないものとみられる[18]。

　以上のわが国の制度を債権者からみると、供与資金の保全のために債務者企業に倒産手続の申立を促すインセンティブはあまりない。また、その過程で経営再建計画の策定等に介入したとしても、信義則に違反する場合は別として、倒産配当上劣後して取扱われる恐れはない。むしろ、会計処理上は、わが国における倒産手続開始の実質的要件である資金繰り困難に陥らないよう、資金繰り支援を続けるインセンティブがあると考えられる[19]。

3　私的整理と法的整理の接続

(1) 論点

　前述のように、企業が窮境に陥った場合には、まず再建型の私的整理を図り、それが困難であった場合にはじめて法的整理に移行することが通例である。したがって、債務者企業からみれば、私的整理を図る過程で行われた事実確認や調整の結果を、法的整理でもそのまま活

---

18)　山本和彦＝山本研編『民事再生法の実証的研究』（商事法務、2014）196～197頁、野村剛司「更生計画における公正・衡平」『倒産判例百選〔第5版〕』193頁。
19)　銀行は、貸出先企業が倒産手続を申立てると破綻先となるため、それ以前から当該企業を実質破綻先に分類していない限り、貸倒引当金を大幅に積み増さねばならない。

用することができれば、事業再生の迅速処理の実を挙げることが可能となる。しかし、この点を裁判所からみれば、債務者企業の経営者と主要債権者が通謀してほかの債権者等を詐害するような調整を行っている可能性もあるため、自らの管理下に入った場合には、事実関係を慎重に確認したうえで適正な判断を下したいというインセンティブをもつことが自然である。

私的整理と法的整理の接続は、この両者のインセンティブをどのようにバランスさせるかという問題である。そのための制度設計の方法としては、法的整理をさらに開始しやすくするものと、私的整理を拡充することで法的整理に近づけるものがある。

(2) ドイツにおける対応

この点に関し、まずドイツの動きをみると、継続して倒産法制の整備を行い、立法的解決を進めていることが特徴である[20]。これを概観すると、DIPやプレパッケージ処理の制度を盛り込んだ倒産法（Insolvenzordnung）が1999年に施行された。これは、再建型と清算型の手続の双方を律する統一法である。その後、ドイツでは、消費者倒産、国際倒産、有限会社法改正との連動等の改正が行われたのち、2012年4月には、企業再建円滑化法（Gesetz zur weiteren Erleichterung der Sanierung von Unternehmen）が施行された。さらにその後も、倒産分野の法整備がすすめられている。

このうち、企業再建円滑化法については、EU指令で「主要利益の所在地」（Center of main Interest）で倒産手続を申請できるとされたこ

---

[20] ドイツでは、2014年に免責手続の短縮化等に関する法律（Gesetz zur Verkürzung des Restschuldbefreiungsverfahrens und Stärkung der Gläubigerrechte und zur Insolvenzfestigkeit von Lizenzen）が制定されたほか、2013年には法務省がコンツェルンの倒産手続の適正化に関する草案を提示している。松村和徳＝棚橋洋平＝内藤裕貴＝谷口哲也「ドイツ倒産法制の改正動向(1)」比較法学49巻2号（2015年12月）を参照。

とに伴い、各国裁判所間で管轄競争が生じていたことに対応したものとされている。

その主な内容は、

- ・暫定債権者委員会（Vorläufige Gläubigerausschuss）による管財人の人選等の提案
- ・再建計画による株主の権利変更
- ・倒産手続申立に先立つ「アンブレラ手続」（Schutzschirmverfahren）の導入

である。これらは、いずれも、私的整理での調整を法的整理に接続することに資するものである。

とりわけ、アンブレラ手続は、債務者企業が倒産手続の開始要件に該当せずとも、資金繰り困難に陥る恐れがある場合には、3か月の弁済猶予を得て、現経営者が再建計画策定を行うことができるとするものである。裁判所は、この手続を経て公式の倒産手続に移行することを認めないのであれば、その旨を債務者企業に通知しなくてはならない。

これを裁判所からみれば、EU域内での競争環境のもとで、当事者のイニシアティブにより倒産手続を行うこととして迅速化をすすめるとともに、債務者企業が自発的に倒産手続を前倒しする枠組みを設けたものである。

また、企業再建円滑化法を私的整理と法的整理の接続という観点からみると、法的整理の開始時期の自由度を広げるとともに、私的整理との接続を円滑化することで、法的整理の機能を拡張したものと考えることができる。

(3) アメリカにおける対応

一方、アメリカの状況をみると、かねてより、私的整理における債務者企業と主要債権者の合意を法的整理において引継ぐプレパッケージ型の倒産手続が設けられてきた。しかし、この制度については、再

建計画の基礎となる開示説明書の適正性に関し、上場企業では証券取引委員会の審査、非上場企業では倒産手続中の異議申立の審理が必要となるため、かえって迅速な処理を行えないという問題が指摘されてきた。

　そこでアメリカでは、手続開始以前の調整を有効に活用して事業再生までの期間を短縮できるよう、チャプター11の手続のより効率的な運用が図られている。その例としては、いわゆる「363条セール」が挙げられる。これは、チャプター11の手続を開始した企業について、「通常の取引の範囲外」の取引としての裁判所の許可を得て、収益性のある事業等を売却するものである。この方法をとることによって、収益性のある事業をスポンサーに迅速に引継ぐことが可能となり、倒産手続に伴う事業価値の毀損を最小とすることができる。その顕著な例としては、世界金融危機直後におけるGMやChryslerの事業再生が挙げられる。これらの例では、チャプター11の手続開始後僅か1か月で、事業の主要部分が363条セールで譲渡され、債務者企業の実質的事業再生が完了した[21]。

　これを裁判所から見れば、許可を検討するにあたって、「事業上の正当性（good business reason）」があるか、倒産手続の公正性を潜脱する「偽装計画（sub rosa plan）」ではないかについて審査すべきことになる。裁判所としては、この点をクリアできれば、セールの対象事業については、市場メカニズムによる価格付けに委ね、その対価を債権者への倒産配当の財源に充てればよく、経済合理的な手続運営を進めることができる。

　また、363条セールを私的整理と法的整理の接続という観点からみると、市場メカニズムを取り入れることで効率化するとともに、私的整理におけるデットエクイティスワップよりも透明性等が高い選択肢

---

21) A.Joseph.Warburton, 'Understanding the bankruptcies of Chrysler and General Motors: A primer' (Syracuse Law Review, Vol631, 2010.4)

を提供することで、法的整理の機能を拡張したものと考えることができる。

(4) わが国における対応

以上に対し、わが国の法的整理の制度をみると、不良債権問題への対応を契機として、2000年には民事再生法の施行、2002年には会社更生法の改正、2005年には破産法の施行と、倒産法の全面的整備が行われたものの、スーパープライオリティやプレパッケージ手続は導入されていない。また、2005年以降は、東京地裁を中心に倒産手続の合理的進行の工夫が図られたものの利用件数は多くはなく、ドイツにおけるような継続的な立法措置も行われていない。

一方、私的整理については、枠組の整備がすすめられてきており、2001年には金融界・産業界の経営者間の一般的コンセンサスとして「私的整理に関するガイドライン」が策定され、2007年には「産業競争力の再生及び産業活動の革新に関する特別措置法（産活法）」に基づき、事業再生ADR制度が設けられた。

しかし、わが国では、法的整理と私的整理の接続について、有効な制度が設けられていない。この背景には、わが国の中小企業は自己資金に乏しく、運転資金は長期の商取引債権に依存するとともに、後述のように、自己資本に相当する資金までも銀行からの融資に依存していることがある。また、倒産手続に関しても、極度の債務超過等に陥ってはじめて法的整理に移行することがある。このため、アメリカやドイツと比べると、私的整理と法的整理の接続にあたって解決すべき問題が大きい。

具体的には、私的整理期間中の資金繰り支援融資の保全と、法的整理移行後の融資に関する共益債権としての保護の権衡をどうするかという問題がある。前述のように、アメリカでは、この間に格差があることが早期の法的整理開始のインセンティブとなっている。しかし、わが国では、私的整理期間中の資金繰り支援については、事業再生

ADR の手続中のつなぎ融資について中小企業基盤整備機構による信用保証を提供することで対応された。このことは、アメリカとは対照的に、法的整理の申立を後倒しにするインセンティブを提供するものである。

　また、仕入れ先等の商取引債権と銀行等の金融債権との取扱が問題となる[22]。窮境に陥った企業としては、商取引債権の弁済まで停止すると事業を継続できなくなることから、私的整理期間中は金融債権者だけに弁済を猶予してもらうことになるが、法的整理ではそうした取扱いが債権者平等の原則に反するのではないかという問題である。この点に関しては、倒産法の実務家と学者による「事業再生に関する紛争解決手続の更なる円滑化に関する検討会」が 2014 年に設けられ、議論がすすめられてきた。この検討会は、2015 年 3 月に、事業再生 ADR の調整を経た再建計画については、裁判所が商取引債権について考慮する旨の規定を産活法に設けることを提言した[23]。しかし、この提言を盛り込んだ法改正は、2016 年秋に至っても行われていない。

　こうした動きを裁判所からみれば、法的整理については裁判官の実体的正義の判断によることを維持し、事業再生の迅速処理や早期着手という経済的目標については、行政庁の対応に委ねたものである。わが国においては、アメリカやドイツと異なり、私的整理と法的整理の接続については、事業再生 ADR の一層の活用により私的整理を拡充し、法的整理に近づけることとされた。

　しかし、事業再生 ADR の活用を私的整理と法的整理の接続という

---

[22] 野村資本市場研究所「各国の事業再生関連手続について――米英独仏の比較分析」(2011 年 2 月) 43 ～ 53 頁。

[23] 商事法務研究会「事業再生に関する紛争解決手続の更なる円滑化に関する検討会報告書」(平成 27 年 3 月)。この研究会では、こうした提案に至る過程でも、反対債権者の拘束に対する正当化根拠や憲法上の財産権の保障等について法律論が行われたほか、倒産法制の改正には長期間の審議を要すること等の立法実務に関する議論が行われた。

観点からみると、行政庁の関与を前提としている点や、裁判所によって商取引債権への考慮の度合いが異なりうる点で、アメリカやドイツに比べ、当面の部分的対応に留まると考えられる。しかも、その効果は、事業再生 ADR の対象となった企業の整理手続の迅速化にとどまり、企業一般の整理手続きの迅速化や事業再生の早期着手に対しては直接の効果をもっていない。

III　わが国における企業の整理に関する制度の経済学的評価

1　経済的影響

(1)　銀行システムに対する影響

　わが国における以上の枠組みの影響についてみると、まず、銀行監督当局による不良債権の開示範囲縮小が銀行の財務上のリスクの潜在化をもたらしたことが指摘されている。銀行の開示情報の信頼性については、平常時にはあまり問題とされないが、預金者や投資家の信頼が揺らいだ場合には疑念が蔓延する恐れがある[24]。

　この点に関し、バーゼル委員会においては、国際的会計基準を踏まえて、不良債権の定義に関する国際的ガイドライン案が示されている[25]。ここでは、通常の市場条件から乖離した融資等については、銀行が債務者企業に「譲歩」(Concession) を行ったものとされ、対象である債務者企業が財務的困難にある場合には、「追い貸し」(Forbearance) として、弁済可能性に応じて不良債権と認定するべきだという

---

[24]　星岳雄「日本の金融システムに隠されたリスク」NIRA オピニオンペーパー No.4（2011 年 10 月）、木下・前掲注 3）1～25 頁。

[25]　Basel Committee of Banking Supervision 'Guidelines Prudential treatment of problem assets- definition of non-performing exposures and forbearance' (July 2016)

記述が盛り込まれている。

　国際的にみた場合、わが国における貸出条件緩和は、対象企業が「実現可能性が高く、抜本的な経営再建計画」を作成し、確実に実現することを前提としているが、アメリカやドイツにおいては、窮境に陥った企業がこのような再建計画を策定する場合には法的整理によることが基本であることに留意する必要がある。こうした国々の投資家に対しては、わが国における不良債権の開示基準について、理解を得ることが難しいのではないかと考えられる。

　なお、銀行の財務会計では、貸倒損失の発生に備えた引当金については、貸倒実績率等に基づいて要積立額を算定することに留意する必要がある。貸出条件の緩和をすすめると、窮境企業による倒産手続の開始が後倒しとなるので、貸倒実績率が一時的に小さくなる方向の偏りが生ずる。近年では極度の金融緩和が進められてきたことを併せ勘案すると、わが国における企業倒産が後倒しになっており、中長期的にみれば、銀行が現在計上している貸倒引当金の額は実勢より過少になっているおそれがあると考えられる。

(2) 産業に対する影響

　わが国では、これまで説明してきた枠組みのもとで、企業が窮境に陥っても、法的整理の申立やそれに先行する私的整理に着手するタイミングが後倒しになっている。その結果、企業の整理に伴って発生する損失が高額になり、それに伴う社会的ペナルティも厳しくなる。そうした事態を恐れて、経営者が事業再生着手を一層ためらうという悪循環に陥っていると考えられる。

　この状況がわが国の産業に与える影響を考えると、まず、事業再生成功の基本的前提である早期着手と迅速処理を困難にしていることが挙げられる。このために窮境が長引いている間は、いわゆるデットオーバーハングの状態にあるので、当該企業が事業を再構築することは困難である。

III　わが国における企業の整理に関する制度の経済学的評価

　また、企業行動は、借入時に約定した条件を履行できない場合にどのような措置が講じられるかによって影響される[26]。この点からすれば、わが国の制度のもとでは、倒産手続を行った債務者企業に対するペナルティが厳しい一方、貸出条件が履行されずとも資金繰りが確保されれば倒産手続を申立てないですむことが重要である。この結果、一般の企業に現預金を過剰に留保するインセンティブが生じていると考えられる[27]。

　さらに、産業レベルで考えれば、わが国産業の新陳代謝が際立って低いことはつとに指摘されている。これまで説明してきた企業の整理に関する枠組みは、窮境企業の事業再構築や清算を後倒しにするだけではなく、それまでの間、人材や設備等の経営資源を留保することで、新規企業の参入を困難にする効果をもつ。こうした状況は、わが国の産業の新陳代謝を不活発にさせ、ひいては経済成長の停滞の一因となっていると考えられる。ただし、この問題は、企業の倒産のみならず、経営者の免責、従業員の転職、企業の設立等、様々な制度に関わるものであり、別途、包括的な研究が必要である[28]。

2　制度の背景

(1)　裁判所と行政庁の役割分担

　企業の整理に関わる枠組みについて、アメリカおよびドイツと対比

---

26) 柳川範之『法と企業行動の経済分析』（日本経済新聞社、2006）132〜167頁。
27) 木下信行「わが国企業の低収益性の制度的背景について」（日本銀行金融研究所）24〜34頁。
28) EUでは、倒産手続の受付要件の基準、債務者企業による申立義務の期限、倒産手続後における旧経営者等の免責について加盟国毎にかなり差異があり、産業の活性化に関する環境整備の一環として、その経済的影響に関する検討等が進められている。European Commission 'A new European approach to business failure and insolvency' (Com (2012) 742 final, December 2012) 'Business dynamics: start-ups, business transfers and bankruptcy' (DG Enterprise and Industry, January 2011)。

したわが国の特徴は、行政機関のカバーする領域が広いこと、倒産手続開始の実質的要件が資金繰りであることである。アメリカやドイツであれば倒産手続を申立てるような債務超過企業であっても、わが国では資金繰りが続く限り通常の事業を継続することになる。行政機関はこのことを所与として措置を講じている。

わが国の枠組みがこのような状況となった背景には、かつて、司法機関が民事不介入の方針をとっていたこと、企業の整理の主要な方法が銀行取引停止処分であったこと、倒産処理分野に不法勢力がはびこっていたことの慣性があると考えられる。

この点に関しては、さらに、明治以来の司法機関の歪みに関する指摘にも留意する必要がある[29]。

(2) 企業活動と資金に関する社会通念

企業金融におけるインセンティブ構造について経済学的に考えれば、残余請求者に経営の支配権を与えることが効率的である。債権や株式の制度設計にあたっては、これを基礎として、関係者に適切なインセンティブをもたらすように調整することが経済合理的である[30]。

この点に関し、わが国の制度をみると、銀行は、法的整理の開始前には債務者企業の経営再建計画が「実現可能性が高く、抜本的」であれば貸出条件を緩和するというかたちで経営に介入している一方で、破産手続においては形式的平等主義がとられているためリスクが生じない。

また、わが国の中小企業においては、銀行借り入れが財務上は自己資本の代替としての機能を果たしているとされる。すなわち、経営者としては、アメリカやドイツであれば株式により調達するべき資金を

---

[29] 園尾隆司『民事訴訟・執行・破産の近現代史』(弘文堂、2009)。
[30] 柳川・前掲注26) 15～35頁、宍戸善一『動機付けの仕組みとしての企業』(有斐閣、2006) 13～27頁。

「根雪」のような銀行借入で賄っている一方、銀行としては、短期融資の「転がし」によって債務者に規律を与える機会を確保するとともに、根抵当や根保証により長期的保全を講ずるという融資慣行である。しかし、わが国では、こうした「疑似エクイティ」に対応して、平常時から銀行が企業経営に介入するという考え方はとられていない。このような状況に鑑み、法的整理に至らない経営再建にあたって債権に比して劣後的な金融商品により資金を供与する場合には、劣後債権に関する契約で債権者の経営支配権を強化するという考えもかつて提示されたが、銀行実務への定着はなお限定的である[31]。

このように、わが国の企業金融においては、残余請求者の支配権という経済原則が確立していない。

なお、やや漠然とした印象であるが、企業金融について考える際に、債務が基本とされ、株式の活用が十分図られていない傾向があることも指摘したい。たとえば、私的整理におけるデットエクイティスワップや、法的整理における363条セールのような手法があまり用いられないことである。わが国においても同様の取組みを行えば、窮境企業の事業価値の評価に市場メカニズムを活用できること等の具体的利点に加え、一般の企業活動のリスクテイクに対する前向きの影響も期待できるのではないかと考えられる。

(3) 横断的検討の欠如

わが国において、このような制度設計や社会通念が残存している背景には、経済官庁と裁判所や、経済学と法律学の間等で、専門分野毎の仕切りが高いという問題があるものと考えられる。その結果、それぞれの分野で、既存の考え方に整合的な範囲で、部分最適を図っているのではないかということである。その結果、全体としては、既存の秩序維持に偏った枠組みとなっているものと考えられる。

---

31) 金融庁「新しい中小企業金融の法務に関する研究会報告書」(2003年7月)。

たとえば、倒産制度の改革に当たっては法律論的な整合性を慎重に検討することになるので、金融危機のように短期的対応が必要となる場合には、行政庁がさしあたり時間を稼ぐような措置を講じざるを得ない。しかし、その結果、抜本的な法制度整備に向けた動機づけを減殺するという副作用をもち、それが枠組み全体を現状維持に偏らせるという循環現象を生じていると考えられる。

また、倒産制度の設計に関しては、経済的成果を目指した手続の整備を議論する場合であっても、平常時の企業行動のインセンティブに与える影響が十分に勘案されていない。法律関係者の実務においても、倒産法と会社法や金融商品取引法は別の専門分野とされている。これらは、経済学と法律学の間や、法律学の専門分野間の仕切りが厳しいことに対応している。この結果、経済合理性のない法制度が残存しがちである。

さらに、わが国では、制度設計にあたって法律上の形式論理が重視され、エンフォースメントが重視されない傾向もあるように感じられる。たとえば、行政庁の行う措置のエンフォースメントについては、公法に区分されるので、最終的には刑罰で担保するか、財政資金で支援するかという選択肢とされている。このような区分は、アメリカやドイツにおいては存在しない。わが国においても、情報開示による市場規律、行政庁による規制、当事者間の民事訴訟等を総合的に活用することが重要である。

おわりに

以上で論じてきたように、わが国における企業の整理の制度をアメリカやドイツと比べれば、基本的な枠組みに大きな違いがある。このことは、結果として産業の活力等に悪影響を与えてきたと考えられるほか、経済活動のグローバル化がすすむなかで、わが国企業の今後の活動に支障をもたらすおそれがある。

おわりに

　こうした状況の背景には、政策関係者等の縦割りや社会通念があるものと考えられる。この基本構造を改革することは容易ではないが、わが国の経済を活性化していくためには、経済合理性に沿って、全体最適に向けた横断的検討をすすめることが重要である。
　今後、関係者によってそうした努力が行われることを期待したい。

（参考文献）
内田衡純「緊急保証制度とかつての特別保証制度の違い」参議院「立法と調査」No.301（2010年2月）
岡田悟「信用保証制度をめぐる現状と課題」参議院「調査と情報」No.794（2013年6月）
柿沼重志＝中西信介「財政負担の観点からみた信用保証に関する一考察」経済のプリズム No.114（2013年6月）
木下信行『解説　改正銀行法』（日本経済新聞社、1999）
木下信行『銀行の機能と法制度の研究』（東洋経済新報社、2005）
木下信行『金融行政の現実と理論』（金融財政事情研究会、2011）
木下信行「わが国企業の低収益性の制度的背景について」（日本銀行金融研究所、2013年12月）
倉部真由美「倒産手続における債権の劣後化について」同志社法学58巻6号（2007）
宍戸善一『動機付けの仕組みとしての企業』（有斐閣、2006）
園尾隆司『民事訴訟・執行・破産の近現代史』（弘文堂、2009）
高木新二郎「産業再生機構の債権買取期限後の課題」事業再生と債権管理18巻3号（2004）
中野かおり＝中西信介「リーマンショック後の中小企業金融支援策」参議院「立法と調査」No.337（2013年2月）
根本忠宣「倒産法の企業金融に与える影響」中小企業総合研究（2006年3月）
野村剛司「更生計画における公正・衡平」『倒産判例百選〔第5版〕』
畑宏樹「破産会社を事実上支配していた会社が破産手続において、破産会社の債務を代位弁済したことによる求償権を破産債権と主張することが信

義則に反するとされた事例」判例時報 1660 号（1999 年 2 月）
藤澤利治「国際金融危機とドイツの銀行制度改革」証券経済研究第 82 号（2013 年 6 月）
星岳雄「日本の金融システムに隠されたリスク」NIRA オピニオンペーパー No.4（2011 年 10 月）
松村和徳＝棚橋洋平＝内藤裕貴＝谷口哲也「ドイツ倒産法制の改正動向(1)」比較法学 49 巻 2 号（2015 年 12 月）
柳川範之『法と企業行動の経済分析』（日本経済新聞社、2006）
山本和彦＝山本研編『民事再生法の実証的研究』（商事法務、2014）
山本慶子「再建型倒産手続に関する一考察」日本銀行金融研究所、IMES Discussion Paper Series No.2005-J-9（2008 年 12 月）
山本慶子「再建型倒産手続における利害関係人の間の「公正・衡平」な権利分配のあり方」日本銀行金融研究所、金融研究（2008 年 12 月）
東京商工会議所「中小企業金融に関するアンケート調査」（2012 年 8 月）
金融庁「新しい中小企業金融の法務に関する研究会報告書」（2003 年 7 月）
金融庁「金融行政の 1 年」（平成 20 事務年度版、平成 24 年度版）
金融法委員会「更生計画における債権者平等原則について」日本銀行内金融法委員会（2005 年 8 月）
経済産業省「中小企業白書」（平成 12 年版、平成 23 年版）
経済産業省「事業再生 ADR 制度について」（2014）
経済同友会「金融・資本市場からの規律による産業構造改革を目指して」（2015 年 3 月）
日本経済研究センター「金融危機時の企業金融対策の検証」（2010 年 12 月）
日本政策金融公庫「欧米における中小企業信用保証制度に関する調査（2015 年度）」（2016 年 3 月）
事業再生実務家協会「特定認証 ADR に基づく事業再生手続規則」
商事法務研究会「事業再生に関する紛争解決手続の更なる円滑化に関する検討会報告書」（平成 27 年 3 月）
帝国データバンク「全国企業倒産集計」（2015 年報）
帝国データバンク「全国『休廃業・解散』動向調査」（各年度）
野村資本市場研究所「各国の事業再生関連手続について――米英独仏の比較分析」（2011 年 2 月）

みずほ総合研究所「米国の金融危機対応の成果と課題」みずほ米州インサイト（2010年2月）

Barisitz, Stephen 'Nonperforming Loans in Western Europe – A Selective Comparison of Countries and National Definitions' (Austrian Central Bank, Focus on European Economic Integration, 2013)

Deutsches Institute für angewandes Insolvenz recht e.V. 'Handlungsempfehlungen für die neue Insolvenzordnung' (März 2012)

Gelter, Martjn & Jürg Roth 'Subordination of shareholder loans from a legal and economic perspective' (Harvard Law School, Discussion Paper No.13, 2/2007)

Granfield, Lindsee P. & Sean A. O'Neal & Timothy S. Mehok 'International Insolvency and Bankruptcy' (Cleary Gottleb, 2008)

Hoshi, Takeo, Satoshi Koibuchi & Ulrike Schäde 'Changes in main bank rescues during the lost decades: an analysis of corporate restructuring in Japan, 1981-2007' (ESRI Research program "Japan's Bubble, Deflation and Long-Term Stagnation, April 2009)

Lomax, Alastair et. al 'Insolvency Laws in Germany, U.K. and the U.S.' (the association of international credit and trade finance professionals, 2013)

Skeel,Jr., David A. & Georg Krausse-Vilmar 'Recharacterization and the Nonhindrance of Creditors' (Faculty Scholarship Paper, 2006, University of Pennsylvania Law School)

Verse, Dirk A. 'Shareholder Loans in Corporate Insolvency – A new approach to an old problem' (German Law Journal Vol.9, No.9, September 2008)

Warburton, Joseph, 'Understanding the bankruptcies of Chrysler and General Motors: A primer' (Syracuse Law Review, Vol.631, 2010.4)

Ziebarth, Gerhard' Wie finanzieren sich Unternehmen in Zeiten der Krise? Neue Antworten der Jahresabschlussanalysis' (Materialen zum Vortag anlässlich des Museumsabends der Deutschen Bundesbank, Januar 2013)

Basel Committee of Banking Supervision 'Sound credit risk assessment and valuation for loans' (June 2006)

Basel Committee of Banking Supervision 'Guidelines Prudential treatment of problem assets- definition of non-performing exposures and forbearance' (July 2016)

Bundesanzeiger Verlag 'Gesellschafterdarlehen in der Insolvenz' (Systematisher Praxiskommentar GmbH-Recht 1.Auflage 2009)

European Commission 'Business dynamics: start-ups, business transfers and bankruptcy' (DG Enterprise and Industry, January 2011)

European Commission 'A new European approach to business failure and insolvency' (Com (2012) 742 final, December 2012)

European Commission ,Study on a new approach to business failure and insolvency – Comparative legal analysis of the member states 'relevant provisions and practices' (Tender No. JUST/2012/JCIV/CT/0194/A4)

European Systemic Risk Board, 'Forbearance, resolution and deposit insurance' (Reports of the Advisory Scientific Committee, No.1, July 2012)

IFRS 9 Financial Instruments Impairment (Phase 2)

OECD 'The Role of Credit Guarantee Schemes and Mutual Guarantee Societies in supporting finance for small and medium-sized enterprises' (Jan 2013)

World Bank 'Bank loan classification and provisioning practices in selected developed and emerging countries' (June 2002)

'Gesellschafterdarlehen in der Insolvenz (Eigenkapitalersatzrecht) (Auszug aus "Systematischer Praxiskommentar GmbH-Recht 1. Auflage 2009)

'Taylor v. Standard Gas & Electric', 306 US 307 (1939)

(きのした・のぶゆき)

第14章
金融グループのコーポレート・ガバナンス

東京大学准教授　加藤貴仁

I　本稿の目的

　平成 27 年 5 月 19 日に検討を開始した金融審議会・金融グループを巡る制度のあり方に関するワーキング・グループ（以下「金融グループWG」）の目的は、「金融グループの業務の多様化・国際化の進展等の環境変化を踏まえ、金融グループを巡る制度のあり方等について検討を行うこと」であった[1]。具体的には、わが国の銀行・銀行持株会社がいわゆる Fintech 関連の事業に進出する際の障壁となりえる業務範囲規制などの見直しに加えて、銀行を中心とした金融グループのコーポレート・ガバナンスの見直しが検討された。金融機関、特に金融グループのコーポレート・ガバナンスの見直しは世界的な潮流であり、各国および国際機関によって様々な報告書が公表されている[2]。このような動きの背景にあるのは、2008 年のリーマン・ブラザーズの破綻を契機として顕在化した国際的な金融危機の原因の一つは、金融機関のコーポレート・ガバナンスに何らかの問題があったとの認識である[3]。

---

1)　なお、本章の筆者は金融グループ WG のメンバーであった。
2)　*See, e.g.*, Basel Committee on Banking Supervision, Guidelines: Corporate Governance Principles for Banks（July 2015）.

第14章　金融グループのコーポレート・ガバナンス

　金融機関の企業形態には様々なものがあるが、我が国においても国際的にも、株式会社の形態で営まれる金融機関の重要性を無視することはできないように思われる。我が国では、銀行および銀行持株会社は、株式会社であることが求められている（銀行法4条の2・52条の18第2項）。そして、株式会社の形態で営まれる金融機関がどのように行動するかは、コーポレート・ガバナンスによって大きな影響を受ける。したがって、金融グループのコーポレート・ガバナンスを論じる際も、コーポレート・ガバナンスに関する法制度を無視することはできない。金融グループのコーポレート・ガバナンスでは、特に、グループの頂点に位置する株式会社とグループの構成員の関係および構成員同士の関係が問題となる。

　金融機関を対象とした規制は多岐にわたり、その中には一定の行為を禁止するなど金融機関の行動を具体的に規律するものが数多く含まれる。コーポレート・ガバナンスは、金融機関における具体的な法令順守を確保するという点で、金融規制に貢献できる。この点に加えて、金融規制に占めるプリンシプル・ベースの規制の割合が増加すると、金融規制におけるコーポレート・ガバナンスの重要性も増加する。なぜなら、プリンシプル・ベースの規制では、何か具体的な行為規範が金融機関に示されるわけではなく、金融機関自らがプリンシプルを理解してそれに適合した具体的な行動を見出していくことが求められるからである。このような仕組みが機能するためには、コーポレート・ガバナンスによってプリシンプルが金融機関の経営に組み込まれる必要がある。金融危機が顕在化する直前まで、いわゆるプリンシプル・ベースを志向して、金融規制の見直しが行われていた。金融危機後に行われた金融規制の強化によって、プリンシプル・ベースの規制への動きは停滞しているように思われる。しかし、金融技術の発展のス

---

3)　加藤貴仁「金融機関のコーポレート・ガバナンス――会社法と金融規制の関係に関する一考察」金融研究第35巻1号（2016年1月）72頁。

I 本稿の目的

ピードを踏まえると、金融機関の個別具体的な行動を規制するという手法は後追いにならざるを得ない。このような場合には、具体的な法令には違反しないがプリンシプルと抵触する行為を差し控えさせるという意味で、金融規制においてコーポレート・ガバナンスは重要な役割を果たし続けると思われる。

ところで、平成26年会社法改正に至る立法作業は、法務大臣から法制審議会に対してなされた「会社法制について、会社が社会的、経済的に重要な役割を果たしていることに照らして会社を取り巻く幅広い利害関係者からの一層の信頼を確保する観点から、企業統治の在り方や親子会社に関する規律等を見直す必要があると思われるので、その要綱を示されたい」との諮問(会社法制の見直しに関する諮問第91号)によって開始された。この中の「親子会社に関する規律」には、企業グループを対象としたコーポレート・ガバナンスが含まれる。平成26年会社法改正は、「親子会社に関する規律」についていくつかの改正を行った。これらの事項は、当然、金融グループのコーポレート・ガバナンスにも影響を与えることになる。なぜなら、金融機関および金融グループのコーポレート・ガバナンスは、会社法と金融規制の組み合わせによって形作られるからである。

金融グループWGは、平成27年12月22日に「金融グループを巡る制度のあり方に関するワーキング・グループ〜金融グループを巡る制度のあり方について〜」(以下「金融グループWG報告」)を公表した。その後、金融グループWG報告の内容は、情報通信技術の進展等の環境変化に対応するための銀行法等の一部を改正する法律(以下「平成28年銀行法等改正」という)として立法された。金融グループWG報告では、金融グループのコーポレート・ガバナンスについて、何か具体的な制度改正が提言されたわけではなかった。その背景には、平成26年会社法改正によって企業グループを対象としたコーポレート・ガバナンスが見直されたため、その成果を見極める必要があるとの判断があったように思われる。しかし、金融グループWGおよび金融グルー

第14章　金融グループのコーポレート・ガバナンス

プ WG 報告で提起された問題は、金融グループのコーポレート・ガバナンスに関する今後の制度改正の要否などを検討する際の出発点となるものと思われる。

そこで、本稿では、平成 26 年会社法改正と金融グループ WG 報告および平成 28 年銀行法等改正を題材にして、金融グループのコーポレート・ガバナンスに関する会社法と金融規制の関係を改めて整理することにする。筆者はかつて、金融機関のコーポレート・ガバナンスに関する会社法と金融規制の関係を整理することを目的とした論稿を公表したことがある[4]。本稿は、金融グループ、特に銀行持株会社とグループ構成員の関係を中心として、会社法と金融規制の関係を整理する。金融グループの頂点に位置する会社は銀行持株会社ではなく銀行であることもあり得るが、説明の重複を避けるため銀行持株会社が金融グループの頂点に位置する場合を検討対象とする[5]。なお、本稿の分析の多くは、銀行が金融グループの頂点に位置する場合にもあてはまると思われる。

以下では、まず、金融規制と会社法の関係を分析するに際に有用と思われる、抵触、代替、補完という視点を紹介する。Ⅲでは、金融グループ WG 報告と平成 28 年銀行法等改正の内容を、本稿の目的と関連する範囲で紹介する。Ⅳでは、Ⅱで紹介した 3 つの視点を利用しつつ、金融グループ WG 報告で指摘された金融グループのコーポレート・ガバナンスに関する会社法と金融規制の関係について検討を試みる。最後に、以上の分析を踏まえて、今後の課題を述べる。

---

4) 加藤・前掲注 3) の文献。
5) 銀行持株会社とは銀行を子会社とする持株会社のことをいう（銀行法 2 条 13 項）。銀行法において、子会社とは他の会社（その子会社が保有する議決権の数も合算される）によって総株主等の議決権の 50％ を超える議決権を保有されている会社（銀行法 2 条 8 項）、持株会社とは子会社の株式等の取得価額の合計額が総資産の額に占める割合が 50％ を超える会社（平成 28 年銀行法等改正後の銀行法 2 条 12 項）のことをいう。

II　金融規制と会社法の関係を分析する視点
　　──抵触・代替・補完

　金融機関および金融グループのコーポレート・ガバナンスは、会社法と金融規制の双方から構成される。しかし、会社法と金融規制はその目的が異なるため、会社法の規律と金融規制の内容が抵触する場合がある。このような場合、金融規制がその目的を達成するために会社法の規律を修正する必要が生じることがあるが、必要な修正の程度には差異がある。たとえば、金融規制による会社法の修正が会社法の一般原則の修正に及んでいない場合には、金融規制は会社法を補完していると評価されるべきである。その一方で、金融規制による会社法の修正の結果、会社法の一般原則自体が修正されている場合には、金融規制が会社法を代替していると評価できるように思われる。金融規制によって会社法の一般原則を修正すると、株式会社形態で金融業が営まれることの便益が消滅する可能性がある。したがって、金融規制による会社法の代替を行う際には、金融規制による会社法の補完と比較して、その必要性について慎重な検討が必要となる。また、会社法の解釈論が金融規制の目的を達成するために重要な役割を果たす場合もある。この場合には、会社法が金融規制を補完していると評価できよう。以上に述べた点を、会社法の利害調整の原則である株主利益最大化原則・株主有限責任を中心として、もう少し具体的に説明しよう[6]。

　第1に、会社法と金融規制の抵触が生じる状況として、金融機関の経営者が株主利益最大化のために行動する場合、金融機関が引き受けるリスクの量が社会全体にとっての最適水準を超える場合を挙げることができる。そもそも株主有限責任が認められる場合には、株主と他の利害関係人の利益は必ずしも一致しない。簡略化して言えば、株主

---

[6]　以下の本文の内容は、加藤・前掲注3) 74〜89頁を要約したものである。

は会社が利益を挙げれば挙げるほど剰余金の配当や株価の上昇を通じて利益を得るが、会社が被った損失の一部しか負担しないため、他の利害関係人よりも会社がハイリスク・ハイリターンな経営を行うことを望む。このような株式会社制度一般に内在する要素に金融業に特殊な要素が加わる結果、会社法の利害調整の原則である株主利益最大化原則と預金者保護や金融システムの健全性の維持といった金融規制の目的が抵触する可能性が生じるのである。金融業に特殊な要素とは、金融業では負債に対する資本の比率が他の業態よりも低いこと、金融機関は自らの保有する資産の構成を変化させることが容易であること、預金保険制度の存在、暗黙の政府保証（いわゆる "too-big-to-fail" や "too-complex-to-fail"）の存在などである。

　第2に、金融規制が会社法を補完する具体例として、会社法による債権者保護と金融規制による預金者保護の関係を挙げることができる。会社法は債権者保護に関する規律を有しているが、預金者は銀行に対する債権者の一種である。会社法による債権者保護が十分であれば、金融規制が預金者保護のために種々の規制を設ける必要性は大きくはない。しかし、預金者の中には個人が数多く含まれるし、会社法と金融規制の抵触に関して述べたように、金融業では株主と債権者の利害対立によって債権者の利益が害される危険が他の業態よりも大きい。預金者保護を目的とした金融規制の意義は、金融業に特殊な事由により会社法の債権者保護に関する規律では預金者保護の目的を達成することが不十分であるため、会社法の債権者保護に関する規律を補完することにあると評価できる。

　第3に、金融規制が会社法を代替する具体例として、現在では理論的な可能性にとどまる部分もあるが、株主有限責任の制限を挙げることができる。株主が他の利害関係人よりも会社がハイリスク・ハイリターンな経営を行うことを望む理由の一つは、会社が負担する債務に対して出資額に限定された有限責任が認められている点にある。株主有限責任のもとでは、原則として、出資を履行済みの株主は会社が債

務不履行をしても債権者に対して何らの責任を負わないのである。そこで、金融機関が株主利益最大化のために他の利害関係人の利益を害するようなハイリスク・ハイリターンの投資を行うことを制約する手法として、金融機関についてのみ株主有限責任を制限することが考えられる。歴史的に見れば、かつてアメリカでは、法律によって、破綻した銀行の株主は出資済みの額に加えて株式の額面額に相当する金額について銀行の債権者に責任を負う旨が定められていた。また、現在でも、アメリカでは銀行持株会社が子銀行の財務状況が悪化した場合に一定の責任を課される可能性（いわゆる the "source-of-strength doctrine"）がある。株主有限責任は株式会社を他の企業形態から区別する重要なメルクマールの一つであるから、金融規制による株主有限責任の制限は会社法の補完ではなく代替と評価されるべきである。

第4に、会社法が金融規制を補完する具体例として、金融機関の取締役が金融規制に違反したことが会社に対する任務懈怠と評価され、会社または株主によってその責任が追及されることが、金融規制のエンフォースメントとして機能することを指摘できる。また、具体的な金融規制の違反が認められない場合でも、取締役の任務懈怠の解釈において金融規制の趣旨を考慮することも考えられる。

Ⅲ 金融グループWG報告・平成28年銀行法等改正の概要

金融グループWGの検討を通じて、金融グループ、特に銀行持株会社を中心とするものの形態は、メガバンクグループ等と地域銀行グループとで大きく異なることが明らかになった。また、この両者のそれぞれに属すると評価できる金融グループの中でも、いくつかの点で重要な差異が存在していた。以上のような認識に基づき、金融グループWG報告は、以下のような提言を行った[7]。

「金融グループにおける経営管理形態のあるべき姿は、単一のモデ

ルのようなものを念頭に置くよりも、むしろ営業基盤・規模・リスク特性・経営戦略等に応じて区々であることを前提とした上で、如何にして実効性を有する経営管理体制の構築を図っていくかとの視点が重要と考えられる。

　各金融グループにおいて、どのような経営管理体制が望ましいかについては、各グループの実状を踏まえた上で、各グループと監督当局との間で日常的に対話が行われているところである。銀行法令等の規制は、銀行業を営む金融グループが共通に遵守すべきルールを定めるものであり、各金融グループの実状を踏まえた経営管理体制の選択に対して基本的に中立的であるべきと考えられる」

　このような金融グループの経営管理体制に対する認識は、妥当なものと思われる。各金融グループの形態の差異は、歴史的な経緯による影響もあるが、それぞれが金融市場において果たしている機能と密接に関係していると思われる。このような認識は、金融グループWG報告において指摘されている[8]。別の観点から言えば、グループの頂点に位置する銀行持株会社の経営者がその株主の利益のために行動するように十分に規律付けられていれば、各金融グループは金融サービスを効率的に提供するために必要な経営管理体制を構築するインセンティブを有しているはずである[9]。金融規制によって経営管理体制の細部まで一律に定めることは、この点に関する各金融グループの創意工夫の余地を奪うだけではなく、金融グループが提供する金融サービスの内容も制約する可能性がある。ある新たな金融サービスを効率的

---

7)　金融グループWG報告3〜4頁。
8)　金融グループWG報告3頁。
9)　先に述べたように、会社法の基本原則である株主利益最大化原則と金融規制は抵触する可能性がある。金融規制によって株主利益最大化原則を修正すればこのような抵触が生ずることはない。その一方で、株式会社形態で金融業が営まれることの便益の多くが消滅してしまう。したがって、株式会社形態で金融業が営まれることを認めるのであれば、金融規制によって株主利益最大化原則を放棄することは望ましくない。加藤・前掲注3) 92〜94頁。

に提供するために最適な経理管理体制があったとしても、その採用が金融規制に抵触するのであれば、非効率的な経営管理体制で金融サービスを提供することを強いられる。その結果、金融グループが新たな金融サービスの提供自体を断念することもあり得るのではなかろうか。

ただし、金融規制の観点からは、金融グループの経営管理体制が備えるべき共通の機能というものは存在するように思われる。そこで金融グループWG報告は、金融グループの経営管理体制が備えるべき共通の機能を法令上明確にしておくことを提言した[10]。平成28年銀行法等改正は、金融グループWG報告に基づき、金融グループ（平成28年銀行法等改正後の銀行法12条の2第3項1号）の頂点に位置する銀行持株会社はグループの経営管理を行わなければならないことを明文化した（平成28年銀行法等改正後の銀行法52条の21第1項）。さらに、銀行持株会社が行うべき経営管理の内容として、以下の点が定められた（平成28年銀行法等改正後の銀行法52条の21第4項）[11]。

① 金融グループの経営の基本方針その他これに準ずる方針として内閣府令で定めるものの策定及びその適正な実施の確保（1号）
② 金融グループに属する会社相互の利益が相反する場合における必要な調整（2号）
③ 金融グループの業務の執行が法令に適合することを確保するために必要なものとして内閣府令で定める体制の整備（3号）
④ ①〜③のほか、金融グループの業務の健全かつ適切な運営の確保に資するものとして内閣府令で定めるもの（4号）

---

10) 金融グループWG報告4頁。
11) ①の「内閣府令で定めるもの」としては、たとえば、収益・リスクテイク方針などが、④の「内閣府令で定めるもの」としては、グローバルなシステム上重要な金融機関に関する再建計画の策定などが想定されているようである。湯山壮一郎＝笠原基和＝冨永剛晴＝本間晶＝波多野恵亮＝竹内裕智「情報通信技術の進展等の環境変化に対応するための銀行法等の一部を改正する法律の概要(1)」商事法務2107号（2016）21頁。

第14章　金融グループのコーポレート・ガバナンス

　平成28年銀行法等改正によって、金融グループの頂点に位置する銀行持株会社はグループ全体を対象とした経営管理を行う義務を負い、かつ、その内容が具体的に定められたことは、重要な意義を持つ[12]。現在の銀行持株会社の業務範囲等に関する規定と比べれば、金融グループのコーポレート・ガバナンスにおける銀行持株会社の役割が、より明確になったといえるであろう[13]。しかし、平成28年銀行法等改正によって金融グループのコーポレート・ガバナンスにおける銀行持株会社の役割が明確にされたことは、何か新たな役割を銀行持株会社に課すというよりは、既に金融規制において銀行持株会社が果たすことを期待されていた役割を確認したと位置づける方が望ましいように思われる。

　たとえば、金融コングロマリット指針（平成21年6月最終改訂）は、「金融コングロマリットにおける持株会社等の経営管理会社は、グループ全体としての適切な経営管理の態勢構築・遂行に責任ある役割を果たさなければならない。そのためには、経営管理会社の代表取締役、取締役・取締役会、監査役・監査役会及び内部監査部門が果たす責務が重大である」と定めていた[14]。このような銀行監督規制の構造は、現在の銀行持株会社法制の骨格が形成された平成10年銀行法改正が、「銀行グループに関するリスク管理法制のあり方について、銀行グループの境界を明確にしつつ銀行グループ全体としてリスク管理を

---

[12] また、金融グループの頂点に位置するのが銀行であるか銀行持株会社であるかを区別することなく、これらに共通する義務として金融グループの経営管理が定められた点も重要な意義を持つ（平成28年銀行法等改正後の銀行法16条の3）。舩津浩司「金融グループのガバナンス」金法2047号（2016）9頁。

[13] なお、現在の銀行法52条の21第1項は「銀行持株会社は、その子会社である銀行、第五十二条の二十三第一項各号に掲げる会社及び第五十二条の二十三の二第一項に規定する特例子会社対象会社の経営管理を行うこと並びにこれに附帯する業務のほか、他の業務を営むことができない。」、同第2項は「銀行持株会社は、その業務を営むに当たつては、その子会社である銀行の業務の健全かつ適切な運営の確保に努めなければならない。」と定めているに過ぎない。

行っていく方法」を採用したことに由来する[15]。平成28年銀行法等改正によって銀行持株会社に義務づけられることになった金融グループの経営管理の内容は、平成28年銀行法等改正以前に行政解釈として示されてきた内容と大きく異なるところはないと解されている[16]。

　もちろん、平成28年銀行法等改正によって金融グループの頂点に位置する銀行持株会社に金融グループの経営管理を義務づける規定が新設されたことによって、経営管理の内容として具体的に要請される事項が変化する可能性がある。また、金融グループをとりまく環境が異なれば、必要な経営管理の具体的内容も異なるであろう。これらに加えて、金融規制において金融グループの頂点に位置する銀行持株会社がグループ全体の経営管理を行うことを期待されているとしても、銀行持株会社が実際に果たすことができる機能は、会社法によって認められている手段によって限定されるのではないかが問題となり得る。この点は、平成28年銀行法等改正の前から、学説において議論されてきた[17]。より一般的にいえば、金融グループのコーポレート・ガバナンスは会社法と金融規制によって構成されるため、金融グループにおいて実効的なガバナンス態勢を構築するためには両者の関係を明確にする必要があることが指摘されていたのである。

　この点に関連して、金融グループWG報告には以下のような記述が存在する[18]。

---

14) 金融コングロマリット監督指針Ⅱ-Ⅰ。なお、金融コングロマリット監督指針とは、コングロマリットの形態をとる金融機関に対し、金融監督行政がどのような視点に立って行われるべきかを示す指針として、金融庁によって定められたものである。岩原紳作「金融持株会社による子会社管理に関する銀行法と会社法の交錯」金融法務研究会『金融持株会社グループにおけるコーポレート・ガバナンス』(全国銀行協会、2006) 67頁。
15) 加藤貴仁「企業結合法制と銀行規制の関係について」金融法務研究会『金融規制の観点からみた銀行グループをめぐる法的課題』(2013年12月) 14頁。
16) 舩津・前掲注12) 9頁。
17) 加藤・前掲注15) 14～15頁。

第14章 金融グループのコーポレート・ガバナンス

「金融グループの経営管理のあり方を考えるにあたっては、会社法や銀行法による規制等との関係で、以下のような指摘が存在する。
- 持株会社は子銀行の株主としての権限を有するが、子銀行の取締役等に対し、具体的に指揮命令する権限を有しておらず、株主としての権限行使とは別に、持株会社が子銀行に対して指揮命令を行い得ることを制度的に担保する必要はないか。その上で、当該指揮命令に子銀行の取締役が従った場合には、当該取締役には任務懈怠責任が生じないこととする必要はないか。
- こうした問題を回避するための方策として、経営委任契約を活用することが考えられるが、契約の有効性に問題はないか。
- 持株会社において実効的な監督機能を発揮する体制が整っており、そのもとでグループの経営管理を行っているケースにおいて、グループ内の子銀行にまで、例えば、監査役会等の設置による別個の監督体制の整備が求められていることが、かえって監督体制を錯綜させる結果を生むこともあり、過剰な要請となっていないか」

これらの点について、金融グループWG報告は今後の検討課題として挙げるだけであり、何か解決の方向性を示唆してはいない。ただし、今後、平成28年銀行法等改正によって明文化されるに至った経営管理を銀行持株会社が行う際に、金融グループWG報告で指摘された問題が障害となっていないかが金融監督行政によって問われていくべきように思われる。

---

18) 金融グループWG報告5頁。

Ⅳ 金融グループのコーポレート・ガバナンスに関する会社法と金融規制の関係

1 金融グループのコーポレート・ガバナンスを巡る会社法と金融規制の抵触

　金融グループのコーポレート・ガバナンスを巡る会社法と金融規制の関係については、既に述べたように、金融グループWG報告では今後の検討課題とされた。本稿では、先に述べた抵触・補完・代替という分析枠組みを使い、金融グループのコーポレート・ガバナンスを巡る会社法と金融規制の関係を整理することを試みる。このような試みは、金融グループのコーポレート・ガバナンスの現状認識、制度改正の要否および望ましい制度改正の内容を検討する際に有益と思われる。特に、本稿では、法人格の独立性と機関設計の柔軟さに着目して、会社法と金融規制の関係を分析する。以下、順に検討する。

2 法人格の独立性

　金融グループWG報告において会社法と金融規制の関係についての指摘として取り上げられた問題が生じる原因の一つは、金融グループの頂点に位置する持株会社とグループを構成するその他の会社の法人格が異なる点にあるように思われる。たとえば、金融グループWG報告で指摘された銀行持株会社から子銀行の取締役等に対する指揮命令権の存否や子銀行の取締役が持株会社の指揮命令に従った場合の任務懈怠責任の有無を巡る問題の背景には、子会社であっても独立した会社と同じように経営されるべきか否かという問題が存在するように思われる。我が国では、伝統的に、この点について肯定的に考える見解が根強いようである[19]。子銀行の取締役等はグループ全体ではなく子銀行の利益のために行動することを義務づけられているのであれば、

場合によっては、銀行持株会社からの指揮命令を拒絶することが求められることになる。そして、子銀行の利益に反する指示に従った子銀行の取締役は、子銀行に対して任務懈怠責任を負う可能性がある。

このような状況は、平成26年会社法改正によって変化したのであろうか。まず、平成26年会社法改正によって、大会社の取締役（取締役会設置会社の場合は取締役会）は、「株式会社及びその子会社から成る企業集団の業務の適正を確保するために必要なものとして法務省令で定める体制の整備」について決定することが求められるようになった（会社法362条4項6号5項など）。同趣旨の規定は平成26年会社法改正以前から会社法施行規則に存在したが、企業グループの頂点に位置する会社およびその株主にとって、子会社の経営の効率性および適法性が極めて重要であることから、会社法に規定することとされた[20]。また、一定の条件を満たす場合に親会社の株主が子会社の取締役等の子会社に対する責任を追及するための訴訟（いわゆる多重代表訴訟）を提起することが認められた（会社法847条の3）。なお、中間試案では、多重代表訴訟制度を創設しない場合に「取締役会は、その職務として、株式会社の子会社の取締役の職務の執行の監督を行う旨の明文の規定を設けるものとする」ことが提案されていたが[21]、多重代表訴訟制度が創設されることもあり、要綱案には盛り込まれなかった[22]。ただし、法制審議会会社法制部会での議論を経て、「親会社取締役会による子会社の監督の職務についても、活発に御議論を頂きました。監督の

---

19) 加藤貴仁「企業グループのコーポレート・ガバナンスにおける多重代表訴訟の意義」西村高等法務研究所責任編集、落合誠一＝太田洋＝柴田寛子編著『会社法制見直しの視点』（商事法務、2012）83頁。
20) 坂本三郎編著『一問一答　平成26年改正会社法〔第2版〕』（商事法務、2015）235頁。
21) 法務省民事局参事官室「会社法制の見直しに関する中間試案」（2011年12月）12頁。
22) 坂本・前掲注20）239頁、岩原紳作「『会社法制の見直しに関する要綱案』の解説〔Ⅲ〕」商事法務1977号（2012）8～9頁。

Ⅳ　金融グループのコーポレート・ガバナンスに関する会社法と金融規制の関係

職務の範囲の不明確性への御懸念などから，新たな明文の規定を設けることにこそ至りませんでしたが，当部会における御議論を通じて，そのような監督の職務があることについての解釈上の疑義は，相当程度払拭されたのではないかと思われます。」との発言が、岩原紳作部会長によってなされている[23]。

　平成26年会社法改正によって、企業グループの頂点に位置する会社がグループを構成する他の会社等の経営管理について、何らの責任を負わないわけではないことが明らかになった。ただし、会社法の規律は一般的であるから、その具体的な内容は個々の企業グループに特有の事情を踏まえた解釈論に委ねられることになる。平成28年銀行法等改正によって銀行持株会社が金融グループの経営管理について責任を負う旨が定められたことは、金融グループという特有の事情を踏まえて持株会社の義務を明確化するという形で、金融規制が会社法を補完したと評価できるように思われる。しかし、親会社から子会社の取締役等に対する指揮命令権や子会社の取締役が親会社の指揮命令に従った場合の任務懈怠責任の有無について、平成26年会社法改正は特に何も対処していないように思われる。このような立法判断には一定程度の合理性があるように思われる。企業グループを構成する親子会社の関係は多種多様であり、グループ経営の名の下に、親会社から独立して経営されているものから、事実上、親会社の事業部門に過ぎないものまで多種多様なものが含まれているように思われる[24]。親会社から子会社の取締役等に対する指揮命令権や子会社の取締役が親会社の指揮命令に従った場合の任務懈怠責任に関する明文の規定を会社法に創設することは、親会社と子会社の関係について一定のモデルを会社法が提供することであるから、親子会社関係の設計の柔軟さを制約する。

---

23) 法制審議会会社法制部会第24回（2012年8月1日）議事録9頁。
24) 加藤・前掲注19) 103頁。

親子会社関係の設計の柔軟さをどの程度重視すべきか自体、議論の余地がある問題であることは否めない。しかし、親会社が企業グループを構築する時に、子会社の取締役等に対する指揮命令権を確保することや子会社の取締役が親会社の指揮命令に従った場合の任務懈怠責任が発生しないようにすることを望む場合、会社法の規定を利用した私的アレンジメントによって多くの問題を解決できるように思われる。

　たとえば、ある企業グループの頂点に位置するX会社が、グループを構成するY会社の取締役等に対して指揮命令権を確保したいと考えているとしよう。X会社がY会社の発行済株式総数の100％を保有している場合、すなわち、Y会社はX会社の完全子会社である場合、X会社はY会社の取締役等の選解任権を背景として、事実上の指揮命令権をY会社の取締役等に対して有している。X会社が、このような事実上の指揮命令権を超える権限をY会社の取締役等に対して確保したいと考えるのであれば、Y会社を取締役会非設置会社にすればよい。取締役会非設置会社にすれば株主総会の権限に制約は存在しない（会社法295条1項）。また、取締役には株主総会の決議を遵守する義務がある（会社法355条）。したがって、X会社はY会社の株主総会を通じてY会社の取締役に指揮命令する権限があり、Y会社の取締役にはそれに従う義務がある。Y会社の株主がX会社のみであれば、X会社はY会社の株主総会の手続の多くを省略することができる（会社法300条・319条・320条）。Y会社の取締役がX会社の指揮命令に従った結果、Y会社が倒産手続に入ったというような例外的な状況を除き、X会社の指揮命令に従うことによって、Y会社の取締役が任務懈怠責任を負うことはない[25]。

　このように会社法では、会社の意思決定に関しては法人格の独立性に一定程度のバリエーションが認められているのである。これに対して、金融グループの傘下にある子銀行は、必ず取締役会設置会社でなければならない（銀行法4条の2第1号）。したがって、銀行持株会社

が、事実上の指揮命令権を超えた権限を完全子会社である子銀行に対して確保したいと考えても、他の企業グループと異なり、子銀行を取締役会非設置会社にするという選択肢が認められてないのである[26]。したがって、平成28年銀行法等改正の施行後、銀行持株会社が金融グループの経営管理に関する体制を整備する際に、子銀行に対して事実上の指揮命令権のみを確保するだけで十分であるか否かが改めて検証される必要がある。もし、事実上の指揮命令権では不十分であり、かつ、子銀行は取締役会設置会社でなければならないという規律を維持する必要があるのであれば、銀行法において銀行持株会社から子銀行の取締役等に対する指揮命令権や子銀行の取締役が銀行持株会社の指揮命令に従った場合の任務懈怠責任に関する規定を新設することが検

---

25) 平成26年会社法改正以降は、完全子会社の取締役であっても多重代表訴訟によって任務懈怠責任を追及される可能性があるので、どのような場合に任務懈怠責任が成立するかを検討する必要性が増すように思われる。なお、X会社の指揮命令に従うことによってY会社の取締役が任務懈怠責任を追及されることはないという本稿の結論は、Y会社が取締役会非設置会社であることだけではなく、Y会社がX会社の完全子会社であることからも基礎付けることができる。加藤・前掲注15) 11頁（注34）、岩原紳作「金融持株会社におけるグループガバナンス──銀行法と会社法の交錯(3)」正井章筰先生古稀祝賀『企業法の現代的課題』（成文堂、2015）50頁。これに対して、Y会社が倒産した場合、Y会社の取締役は会社法429条1項に基づき債権者に対して損害賠償責任を負う可能性がある。この場合にY会社の取締役がY会社に対する任務を懈怠したとしてY会社の債権者に責任を負うか否かを判断する際には、支配株主であるX会社の指示をY会社の取締役が拒絶することをどの程度期待できるかが問題となる。支配株主である親会社は、会社法上、子会社およびその少数派株主の利益を保護する義務を負わない。親会社は、子会社の取締役の選解任権を有している。これらを踏まえると、子会社の取締役に期待できる役割にも自ずと限界があるように思われる。親会社の指示によって子会社の財務状況が悪化し子会社の債権者の利益が害されるという問題を、親会社自身ではなく子会社の取締役の義務・責任を通じて解決することが処方箋として正しいのか疑問がある。
26) なお、同様の問題は、銀行持株会社の子会社が営むことができる業種の中で、銀行業と同じように機関設計に何らかの制約が存在する場合に生じる。

第14章　金融グループのコーポレート・ガバナンス

討されるべきように思われる[27]。このような規定の新設は、取締役会設置会社であるにも関わらず、金融規制によって株主の権限を強化するというという点で、金融規制による会社法の補完と評価できよう。

　金融グループWG報告で指摘された銀行持株会社から子銀行の取締役等に対する指揮命令権の存否や子銀行の取締役等が銀行持株会社の指揮命令に従った場合の任務懈怠責任の有無に類似した問題は、銀行持株会社と他の子会社との間にも生じ得る。各金融グループの頂点に位置する銀行持株会社の取締役会は、金融グループの経営管理として、各子会社に対してどの程度の指揮命令権を確保する必要があるかを検討する必要がある。経営管理の手段として法的拘束力のある指揮命令権が必要と判断されるのであれば、子会社を取締役会非設置会社にすることが検討されるべきである。金融グループの効率的な運営と経営管理の実効性のバランスを図りつつ、各子会社の望ましい機関設計が検討されるべきである。

　銀行持株会社と完全子会社の関係に比べて、子会社に少数派株主が存在する場合には、銀行持株会社から子会社の取締役等に対する指揮命令権の存否や子会社の取締役等が銀行持株会社の指揮命令に従った

27）具体的な規制手法を検討する際には、銀行持株会社による子銀行の取締役等の指揮命令権を強行法規として導入するか任意法規として導入するか、任意法規として導入する場合にはデフォルト・ルールとして指揮命令権が存在すると規定するか否か等が問題となり得る。なお、多重代表訴訟制度の創設が金融グループのコーポレート・ガバナンスに与える影響は複雑であり、評価が難しい。加藤・前掲注15）15〜20頁。たとえば、多重代表訴訟制度は、子会社の取締役等の子会社に対する責任をエンフォースメントする制度であるから、子会社の取締役等の義務の解釈によっては子会社の親会社に対する独立性を高める可能性がある。なぜなら、多重代表訴訟の脅威にさらされる子会社の取締役等は、グループではなく子会社の利益のために行動することを迫られるからである。この点を金融グループのコーポレート・ガバナンスに即して言えば、子銀行の銀行持株会社に対する独立性を高めることになる。このような効果が、平成28年銀行法等改正が想定する銀行持株会社の経営管理を促進するのか疎外するのか検証される必要があるように思われる。

場合の任務懈怠責任の有無が深刻な問題となる[28]。支配株主である親会社と子会社の少数派株主の利害が対立する場合があることは広く知られた問題であり、平成26年会社法改正の立法過程でも支配株主の責任に関する規定を新設するべきか否かが検討された。金融グループの場合には、銀行持株会社が代表する金融グループの利益と子会社の少数派株主の利益の対立が問題となる[29]。平成26年会社法改正は、親子会社の間で行われる取引について開示規制を強化したに過ぎない(会社法施行規則118条5号)[30]。しかし、これらの規制は、子会社の取締役は子会社および少数派株主の利益を守るために尽力する義務を負っていることが前提とされているように思われる。そして、親会社からの指示が子会社の利益に反する場合、会社法の解釈としては、子会社の取締役はそれを拒絶する義務を子会社に対して負うと解する見解が有力である[31]。このように子会社の取締役の義務が解釈されるこ

---

[28] 舩津・前掲注12) 10〜11頁。ただし、メガバンク・グループ等においては、多くの子会社は持株会社が全株式を所有する完全子会社であるとの指摘がある。岩原・前掲25) 50頁。

[29] たとえば、金融コングロマリット指針は銀行持株会社の取締役会の責務として「戦略に沿ってグループ全体の適切な経営資源の配分を行い、かつ、それらの状況を機動的に管理し得る体制を整備している」ことを定めている。金融コングロマリット指針Ⅱ-1(1)⑧。経営資源の分配の選択肢として完全子会社Aと少数派株主の存在する子会社Bがある場合、銀行持株会社が代表する金融グループの利益とBの少数派株主の利益が対立する。岩原・前掲注25) 47〜48頁。なぜなら、Aに経営資源を分配すればその成果を銀行持株会社は独占することができるが、Bに分配すればその成果をBの少数派株主と共有しなければならないからである。特に、Bが発見した新規事業の機会をBではなくAに実行させるという形で経営資源が分配される場合、金融グループの利益とBの少数派株主の利益の対立は深刻となる。

[30] 坂本・前掲注20) 247〜248頁。

[31] 岩原紳作「銀行持株会社による子会社管理に関する銀行法と会社法の交錯」門口正人判事退官記念『新しい時代の民事司法』(商事法務、2011) 434頁、野崎浩成＝江平亨編著『銀行のグループ経営』(金融財政事情研究会、2016) 316頁〔太子堂厚子〕等。

とは、親会社が金融グループ全体を対象とした経営管理態勢を構築する際の障壁となる可能性がある。したがって、会社法の子会社の取締役に関する規律と銀行法の銀行持株会社の経営管理に関する規律が抵触する可能性がある。

　このような抵触が生じるのは、銀行持株会社が子会社に少数派株主が存在するという形態を敢えて選択したからである。子会社の取締役の義務・責任に関する現在の会社法の解釈を前提にした場合、金融グループの経営管理に責任を持つ銀行持株会社には経営管理の実効性を確保するために完全子会社化の検討が義務付けられると解する余地もある[32]。これに対して、子会社に少数派株主が存在することが子会社および金融グループの利益の最大化につながる場合もあろう。このような場合、子会社が上場会社でなければ、銀行持株会社と少数派株主の株主間契約によって金融グループの経営管理と子会社の少数派株主の利益のバランスが図られることが期待できる。問題は子会社が上場会社の場合である。この点について、平成28年銀行法等改正によって、銀行持株会社の義務として金融グループの経営管理が定められたことから、「銀行法の要請に合致する限りにおいて」、子会社に対する指図権および子会社取締役の指図遵守義務を解釈論として認めることができるとする見解が主張されている[33]。なお、支配株主と上場会社の取引等に関する証券取引所の規律（東京証券取引所・有価証券上場規程441条の2など）との抵触も問題となる。

3　機関設計の柔軟さ

　銀行は、銀行であることのみを理由にして、①取締役会、②監査役会、監査等委員会または指名委員会等、③会計監査人を設置することが求められる（銀行法4条の2）。銀行持株会社も同様である（銀行法52

---

[32]　舩津・前掲注12）13～14頁。
[33]　舩津・前掲注12）12～13頁。

条の18第2項)。これに対して、会社法327条および328条は、一定の条件を満たす株式会社に対して、特定の機関を設置することを求めている。

金融グループの傘下にある子銀行は公開会社ではない大会社である場合が多いと思われるが、このような会社に設置が求められる機関は会計監査人のみである(会社法328条)。ただし、会計監査人の設置に伴い監査役の設置が求められる(会社法327条3項)。すなわち、会社法の公開会社ではない大会社では、取締役会の設置も監査役会、監査等委員会または指名委員会等の設置も義務づけられていないのである[34]。これに対して、公開会社かつ大会社である銀行については、会社法においても、銀行法が定める①〜③の機関を設置することが求められる。

このような状況は、本稿の分析枠組みに従えば、銀行法は、銀行グループの傘下にある子銀行の機関設計について、会社法に代替していると評価されるべきである[35]。会社法は、会社が営む業種によって機関設計の選択肢を制限するという原則を採用してはいないからである。Ⅳ2で検討したように、銀行法によって子銀行に要求される機関設計は、子銀行は銀行持株会社から一定の距離を持って経営されるべきとの立場と整合的である。このような立場には、子銀行の健全性を

---

[34] もちろん、公開会社ではない大会社が、会計監査人に加えて任意に監査役会、監査等委員会または指名委員会等を設置することは許される。この場合、取締役会の設置が義務づけられる(会社法327条1項2号〜4号)。

[35] さらに、金融庁は、「主要行等向けの総合的な監督指針」Ⅲ-1-2(2)(2016年3月)において、経理管理(ガバナンス)態勢のモニタリングを行う際の主な着眼として、グローバルなシステム上重要な銀行(Global Systemically Important Banks; G-SIBs)について、「例えば、その組織体制を委員会設置会社とする、あるいは、当該銀行持株会社の主要な子銀行については、非上場であっても、取締役の選任議案の決定に当たり独立性の高い社外取締役を確保するなど、その規模、複雑性、国際性、システミックな相互連関性に鑑み、より強固な経営管理(ガバナンス)態勢となっているか。」を挙げている。

確保するという観点から一定の合理性がある。金融グループの傘下にあるか否かとは関係なく、銀行の健全性を維持することは金融規制の重要な目的の一つである。そして、この目的を達成するためには、銀行が適切なリスク管理の仕組みを備えることが必要である。そして、銀行持株会社によるグループ全体のリスク管理に加えて子銀行の取締役会が自らの判断で子銀行のリスク管理を行うためには、銀行持株会社の影響力からの一定の独立性が子銀行に保障されている必要があるように思われる。これは、金融グループ全体を対象としたリスク管理と子銀行自身のリスク管理の役割分担の問題と言い換えられる[36]。

ただし、子銀行自身のリスク管理を促すために、現行法が子銀行に求める機関設計が本当に必要であるのかは検証する必要があるように思われる。たとえば、リスク管理のためには適切な会計処理が行われる必要があるから、子銀行に会計監査人の設置を義務づけることに意味がある[37]。そして、会計監査人の独立性を確保するためには子銀行にも少なくとも監査役が必要であろう。会社法は、会計監査人の独立性を確保する役割を監査役に課しているからである（会社法344条1項・399条1項）。したがって、会社法が公開会社ではない大会社に課している機関設計の制約を金融規制によって撤廃することを正当化することはできない。

これに対して、機関設計について会社法が公開会社ではない大会社に課している以上の制約を子銀行に課すことの合理性は、適切な会計処理の確保以外の事情によって基礎付けられる必要がある。銀行持株

---

[36] ただし、子銀行独自のリスク管理を重視する考え方は、「平成10年銀行法改正以来の銀行単体の健全性規制よりも銀行持株会社グループ全体の健全性規制を重視する考え方とは抵触しうる」とする有力な見解がある。岩原・前掲注25) 43頁。この問題は、アメリカでも議論されている。*See* OCC Guidelines Establishing Heightened Standards for Certain Large Insured National Banks, Insured Federal Saving Associations, and Insured Federal Branches; Integration of Regulation (Sep. 2nd, 2014).

[37] 岩原・前掲注25) 51頁。

会社が金融グループの経営管理を行っていくなかで、子銀行が自ら行うべきリスク管理の内容が明らかになっていくと思われる。そのような経験を蓄積した上で、子銀行に一定の機関設計を強制することの是非が再検証されるべきように思われる[38]。

V　今後の課題

　金融グループWG報告および平成28年銀行法等改正に基づき、今後、各金融グループには、グループ全体を対象とした経営管理体制の構築が求められる。もちろん、既に実効性のある経営管理体制を有している金融グループも存在するであろう。しかし、金融機関を取り巻く環境はすさまじい速さで変化している。現時点では実効性のある経営管理体制であっても、環境が異なればその見直しが必要となることもある。各金融グループには、グループ全体を対象とした経営管理体制の実効性を継続的に確認することが求められているのである。

　金融グループのコーポレート・ガバナンスに関する実務が発展していくのに合わせて、会社法がグループ全体を対象とした経営管理体制を構築する際の障害となっていないか、現在では望ましいと考えられているガバナンス体制が実際は実効的な経営管理体制の構築を妨げて

---

[38] もちろん、国際的な金融規制との整合性を確保するという観点から、子銀行に取締役会（board of directors）を設置することが求められるかもしれない。そのような制約が存在しない場合には、子銀行に取締役会を設置するか否かを各金融グループの判断に委ねることが金融グループおよび子銀行の健全性確保を害するか否かが問われることになる。なお、金融グループ全体を対象としたリスク管理と子銀行自身のリスク管理の役割分担の問題は、前掲注33）とその本文で紹介した銀行法を根拠として銀行持株会社から子銀行に対する指図権および子銀行取締役の指図遵守義務を会社法の解釈論として認めることができるかという問題とも関連するように思われる。仮に金融規制において子銀行自身のリスク管理も重要であると考えるのであれば、銀行持株会社から子銀行に対する指図権などが認められる範囲は限定的に解されることになろう。

いないか、といったことが検証されていく必要がある。その際、本稿が提示した会社法と金融規制の関係を抵触・補完・代替の3つの観点から分析する手法は一定の有用性を有しているように思われる。

　金融グループのコーポレート・ガバナンスは、会社法と金融規制によって構成される。金融規制がその目的を達成するために会社法の規律を修正する必要が生じることがあるが、必要な修正の程度には差異がある。金融グループのコーポレート・ガバナンスについては、銀行持株会社と子銀行など金融グループの構成員がそれぞれ独立した法人格を有していることが問題となり得る。法人格の独立性には様々な要素が含まれるが、少なくとも親会社と子会社の意思決定権限の分配について、会社法は公開会社でない会社に柔軟な機関設計を認めることによって多様なアレンジメントを可能にしている。このような機関設計の柔軟さを踏まえて、会社法と金融規制がどのような点でどの程度抵触しているかが検証されるべきである。そして、会社法と金融規制の抵触が著しい場合には金融規制による会社法の代替が処方箋として検討されるべきであるが、その際には株式会社形態で金融業が営まれることの便益が大幅に減殺されることのないような配慮がなされるべきである。

（かとう・たかひと）

第 4 部

コーポレート・ガバナンス改革の理論

第15章
制度改革プロセスからみた企業法制改革

内閣官房日本経済再生総合事務局参事官　　中原裕彦
経済産業省

I　はじめに

　筆者は、これまで企業法制に関する多くの立法作業に携わる機会をいただくとともに、立法プロセスそのものはもとより、それに至る試案の検討の中において多くの方々から貴重なご見解をご教示いただいてきた[1]。その中でも、宍戸教授には、株式交換制度の創設に関する研究会においてはじめてご指導を頂いてから、これまで多くの機会において沢山の有益なご知見を拝受してきた。

　特に、宍戸教授が示された、企業活動を、物的資本の拠出者としての株主と債権者と、人的資本の拠出者としての経営者と従業員が、自らの利益を最大化するためにお互いに動機付けをしあう動機付け交渉として捉えるとともに、いわゆるコーポレート・ガバナンスについても、オートノミーとモニタリングのバランスの観点から分析するフレームワーク[2]は、問題の本質を早くから極めて的確に捉えながら

---

1)　筆者は、これまで会社法、会社更生法、証券取引法、信託法、動産債権譲渡特例法、不正競争防止法、産業活力再生特別措置法などの立案作業に携わってきた。なお、本稿において述べる見解は、あくまで筆者の個人的見解であり、筆者の所属する団体等とは関係のないものである。
2)　宍戸善一『動機付けの仕組としての企業——インセンティブ・システムの法制度論』（有斐閣、2006）。

第15章　制度改革プロセスからみた企業法制改革

も、宍戸教授の研究成果を踏まえて更なる検討の深化を図らなければならない点であり、我々が今後、制度論・立法論を展開していく上での考え方の土台をなすものとして更に深化させていかなければならないものであると言えよう。筆者としても、宍戸教授のご研究やそれを通じた議論から、

・当事者のインセンティブから分析をスタートさせ、これらを権限分配の議論の中に盛り込んでいくこと
・会社法のみならず隣接する分野についても着目し、これらの関係をトータルで考えて分析しなければいけないこと
・必ずしも柔軟でない旧来の規制を維持することは、資本の拠出者の活動領域を制限し、それ自体で当該拠出者の創意工夫が生み出す付加価値を発生させないという機会費用を生じさせていることを制度論の中で認識していくこと

など、多くのことを学んできた。また、些か不十分であったかもしれないものの、こうしたフレームワークを下に立法論・制度論を展開できるよう努めてきたところである。

　本稿では、宍戸教授のフレームワークを念頭に置きつつ、より国民目線に立った制度改革を実現していく上で、仮にそれが制度論として望ましいものであったとしても、その政策実現プロセスにおいては必ずしも実現に至らない原因を、政策実現プロセスにおける利害関係者の動機付けに着目して分析してみることとしたい。まずⅡにおいて、2000年に入る前後あたりから大きな改正がなされてきた会社法を中心とする改正の流れを概観する。こうした中では、重点がいわゆる法律そのもののハード・ローのみならず、コード、ガイドラインなどのいわゆるソフト・ローの重要性が認識されてきている現状を示す。すべての関係者に宍戸教授のフレームワークが認識されたかどうかは別として、そうしたフレームワークで眺めると理解がしやすい方向に動いているものと言えよう。Ⅲにおいては、それにもかかわらず、この先、更なる改革の推進に資するよう、仮にそれが制度論として望まし

いものであったとしても、その政策実現プロセスにおいては必ずしも実現に至らない原因を、政策実現プロセスにおける利害関係者の動機付けに着目して分析してみることとしたい。最後に、Ⅳにおいて結語として、政策実現プロセスにおける利害関係者の動機付けを、中長期的にみて我が国にとって望ましい帰結を生み出すように導いていけるようにするためには、それを「法と経済学」と呼ぶかは別にして、新たな学問分野の進展が望まれることを示す。

Ⅱ　企業法制改革小史

　昨今の企業法制改革については、先般の平成26年の会社法改正まで実に多くのことが実現されてきた。まずは会社の組織再編に関するルールが大きく整備されてきたことが挙げられる。純粋持株会社の解禁（平成9年独占禁止法改正）の前後から、株式交換制度の創設（平成11年商法改正）、会社分割制度の整備（平成12年商法改正）、組織再編における対価の柔軟化（平成17年新会社法制定）などを経て、会社法のレベルにおけるメニューとしては、国際的にみてもほぼ遜色のないほどに整備されたと言ってもいいのではないか。

　また、資金調達の観点からも大きな進展をみてきた。平成13年会社法改正において本格的な導入がされた新株予約権、種類株式などにあっては、様々な論点を整理した上で平成17年の新会社法制定に至って今日の姿に改正された。こうした中で、組織再編に関する論点と資金調達に関する論点が大きく交錯するようになってきた。

　買収などに関するルールについては、関係者の事前の予見可能性を高めるべく、「企業価値・株主共同の利益の確保又は向上のための買収防衛策に関する指針」（経済産業省、法務省 2005年5月27日）[3]、「企

---

[3]　経済産業省ウェブサイト（http://www.meti.go.jp/policy/economy/keiei_innovation/keizaihousei/shishin_sakutei.html）参照。

業価値の向上及び公正な手続確保のための経営者による企業買収（MBO）に関する指針」（経済産業省　平成19年9月4日）[4]などが整備されるなど、ソフト・ローの整備の点でも、企業、専門家、投資家などの多くの関係者の意見を集約して出来る限りの対応がなされてきた。

　いわゆるコーポレート・ガバナンスに関する制度整備についても充実した取組がなされた。平成14年商法改正では、初めて選択制という方法が導入されることとなり、定款の定めに基づいて社外取締役が過半数を占める指名委員会、報酬委員会および監査委員会を設けることとしたときは、監査役を置くことを要せず、業務執行者も執行役として取締役の中から選ばなくとも良いこととされる現在の指名委員会等設置会社の制度が導入された。こうした指名委員会等設置会社の下では、いわゆる監督と執行の分離の仕組み、すなわち取締役会から業務執行者に対して、監査役会設置会社におけるそれよりも大幅な権限移譲が可能であるとする新しい自律と他律の仕組みが志向された。上記の選択制の考え方は更に応用され、平成26年会社法改正では、監査役に代えて監査等委員会を置くこととする監査等委員会設置会社の制度も設けられた。これにより我が国の会社法の下では、監査役（会）設置会社、指名委員会等設置会社および監査等委員会設置会社の3類型が存在することとなった。また、平成26年会社法改正では、一定の上場会社において社外取締役が存しない場合には、定時株主総会で社外取締役を置くことが相当でない理由を説明しなければならないこととするルールも導入されている。

4）　経済産業省ウェブサイト（http://www.meti.go.jp/policy/economy/keiei_innovation/keizaihousei/pdf/MBOshishin2.pdf）。
5）　金融庁ウェブサイト（http://www.fsa.go.jp/news/25/singi/20140227-2/04.pdf）。
6）　金融庁ウェブサイト（http://www.fsa.go.jp/news/26/sonota/20150305-1/04.pdf）および
　　東京証券取引所ウェブサイト（http://www.jpx.co.jp/news/1020/20150513.html）参照。

そして、昨今の大きな取組として、スチュワードシップ・コード[5]、コーポレートガバナンス・コード[6]の策定を挙げることができる。前者については、2016年9月2日時点で213社がその受入れを表明したほか、後者については、最近の成長戦略の中の大きな柱をなす施策であり、いわゆるComply or Explainルール（原則を実施するか、実施しない場合にはその理由を説明するルール）をその特徴として上場規則において2015年6月より適用が開始された。東証一部・二部上場会社においては、独立社外取締役を少なくとも2名以上選任すべきこと等が盛り込まれている。そして、こうした攻めのガバナンスを実務的なレベルから支えるものとして、取締役会の実効的な監督、社外取締役の役割・機能の活用および中長期的な企業価値向上のためのインセンティブ創出の観点から、取締役会への上程事項、社外取締役の役割・機能等、役員就任条件（会社補償[7]、D&O保険等）、Performance Share[8]やRestricted Stock[9]などの新しい株式報酬の導入に関する会社法の解釈指針などが制定された[10]。

株式会社に隣接するビークルの手当についても、一定の努力がされてきた。民法の特例としての投資事業有限責任組合制度や有限責任事業組合制度の整備がなされたほか、84年ぶりに全面改正がなされた信託法においては、自己信託、受益者複数信託、限定責任信託、受益証券発行信託、受益者の定めのない信託、受託者の関連規定の整備など

---

7) 役員が損害賠償責任を追及された場合に、会社が当該損害賠償責任額や争訟費用を補償することをいう。
8) 中長期的な業績目標の達成度合いによって交付される株式報酬をいう。
9) 一定期間の譲渡制限が付された株式報酬をいう。
10)「コーポレート・ガバナンスの実践～企業価値向上に向けたインセンティブと改革～」（平成27年7月24日公表、経済産業省ウェブサイト（http://www.meti.go.jp/press/2015/07/20150724004/20150724004.html））の別紙3「法的論点に関する解釈指針」参照。また、国税庁ウェブサイト（https://www.nta.go.jp/shiraberu/zeiho-kaishaku/joho-zeikaishaku/shotoku/shinkoku/160218/index.htm）も参照。

第15章 制度改革プロセスからみた企業法制改革

抜本的な見直しがなされた。

このように会社法やその隣接分野においては、非常に多くの進展が見られるものの、その制度改正の趣旨を真に実務に浸透させるには更なる努力が求められる事項もあるほか、時代の進展に伴う環境変化を踏まえて、今後とも更なる制度改革が求められることになることが想定される。次のⅢにおいては、これまで筆者の経験を下に、仮にそれが制度論として望ましいものであったとしても、その政策実現プロセスにおいては必ずしも実現に至らない原因を、政策実現プロセスにおける利害関係者の動機付けに着目して分析してみたい。制度論や法制論が展開されるに際しては何がしかの利益衡量が前提になるものの、そうした利益衡量には、政策の意思決定プロセスにおける様々な事象が影響を与えているように思われ、こうした利益衡量をいかに適切に行えるかが中長期的にみて我が国にとって望ましい制度論の実現を目指すに際しての課題になるように思われるからである。

Ⅲ 立案を実現に至らしめるための課題

1 賛成多数と思われる制度改革がなぜ実現しないのか

筆者が見たところでは、法制度の改革も含めて、国民全体の議論によるときは、明らかに賛成多数であるものと思われるものの、実際の立案プロセスにおいては、必ずしも実現に至らない、あるいは実現のために想像以上に困難をきたす事例があるように見受けられた。たとえば、ある制度が特定の者あるいは過去からの決まった一定の方法で選任することとされている者によって担われている場合において、当該制度の担い手を他の者にも解放することとすれば、多様な者の創意工夫により新しい付加価値が国民にもたらされると思われる場合であっても、制度改革の審議のプロセスにおいて必要以上に制度の担い手を拡大することの弊害・無意味性が強調されて、新しくもたらされ

III 立案を実現に至らしめるための課題

る付加価値に十分に目が向けられないことがあるように見受けられた。何故、こうしたことが生じてしまうのであろうか[11]。

　仮に、当該制度改革を行うことによって参入者が増えることにより当該特定の者が不利益を被るとすると、当該不利益は、当該特定の者に集中するために、当該特定の者の関係者の弊害を主張する意見は、強く立案担当者に届けられることとなる。

　その一方で、これらを制度改革することによる受益者は、新たに当該制度改革がなされた暁には、当該制度の担い手となることが将来に想定される者とその制度の発展によって利便性が向上する株主、債権者、国民等であるところ、これらの将来の受益者が獲得する利益は、不確定であることに加えて、特定者の者に集中することなく薄く広くに亘ってもたらされるものであるという特徴がある。

　したがって、集中的に不利益を受けることとなる者にあっては、制度改革の弊害に関する見解を立案プロセスに伝達する動機を強く有し、そうした伝達をすることによって得られる利益がそのコストを上回るのに対して、薄く広く利益を受けることとなる者にあっては、制度改革によってもたらされる便益を立案プロセスに伝達する動機が必ずしも強く現れることにならず、「ほかにも裨益する者が存在するにもかかわらず何故自分だけがそうした伝達する作業に携わらなければならないのか」という、いわゆるCollective Actionの事態が生じてしまう。

　これを更に社会的な意思決定プロセスの全体の中での位置付けも含めてみてみよう。

　まず下記の図1を参照されたい。X軸は、改革の進展具合を示す。

---

11) Alberto Alesina and Allan Drazen, "Why are stabilizations delayed?"(American Economic Review, 81, (1991) 1170-1188) も参照。ここでは、なぜ永続的に継続するはずはない、あるいはすぐに解消されるべきと思われる政策が、効率性の観点から解消されるべきタイミングより後ろ倒しになるかを問題にし、利益（不利益）の分配を成就させるのに時間が掛かることを主要な要因として提示している。

第15章　制度改革プロセスからみた企業法制改革

　既存の制度の担い手の最も効用が高いと想定されるポイントはA点であり、大多数の株主、債権者、国民等にとって最も効用が高いと考えられるポイントはB点であるとする。そして、我が国は、最も効用が高い点をB点とする株主、債権者、国民等と、最も効用が高い点をA点とする株主、債権者、国民等からなるものとし、前者の人口の方が後者の人口よりも多いものとする。

図1

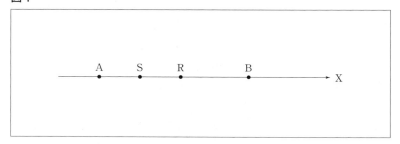

　この場合において、現状であるS点から改革案R点が提示されたとしよう。企業法制改革にある具体的な争点のみを問われれば、S点よりR点を望む者の方が多いため、現在のこうした提案が多くの支持を得られるのは当然であるように思われる。
　しかし、企業法制改革に関する論点は、その重要性にもかかわらず先述のCollective Actionの問題があるほか、時として技術的に高度であることから、この論点に基づいて実際の行動がなされるとは限らない。ここにおいてその他の論点をY軸として、既存の制度の担い手と一般国民の無差別曲線を描いてみると図2のように、既存の制度の担い手は、縦長の楕円の形状をしており、一般の国民の無差別曲線は横長の楕円の形状をしていることとなる。これらの意味するところは、既存の制度の担い手は、改革に関する争点に基づいて行動を決する可能性が高いのに対し、一般の国民は、その他の争点に基づいて行動を決する可能性が高いということである。なお、無差別曲線においては、

Ⅲ　立案を実現に至らしめるための課題

最も効用が高いと考えられる点から外に流れていくほど効用は低くなる。

図2

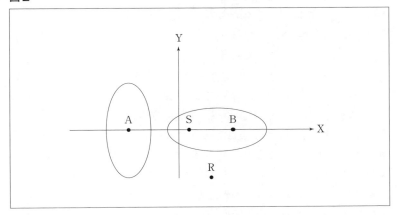

　この場合において、図2にあるようなS点からR点に移行するリフォームが提案されたとしよう。このときは、X軸の局面だけでは多数の国民に好意的に受け止められると思われたR点への移動も、その他の論点も含めて総合的にみるときは、大多数の国民は、企業法制改革に関する論点に基づいて行動を決めずに、その他の論点に基づいて行動を決めることとなるから、S点の方は好まれるという結果になる。企業法制改革に関する論点に基づいて行動を決する既存の事業者は、R点よりS点を好むことはいうまでもないことから、結果としてR点は支持を得られないこととなる。

　以上のように、当該制度改革によって得られる便益が多数の者に分散している場合には、それらの便益の総和が制度改革によってもたらされる弊害を上回るにもかかわらず、その制度改革によってもたらされる便益が立案担当者に十分に届かず、制度改革にブレーキが掛かる、あるいは実現しない、ということが合理的に生じ得ることとなる。

　こうした事態を解決し、合理的な結論を導いていくためには、まず

もって国民全体に薄く広く帰すこととなる利益を結集化させることが必要になろう。新しい制度改革を議論しようとする場合において、担当省庁のほかに、内閣官房や他の省庁において検討会議が設けられるのは、こうした取組の一貫であると考えることもできるし、こうした検討会議における有識者には、こうした観点からの分析・発信が求められているというべきであろう。

更に、一見、不利益を受けると考えられる特定の者においても、将来の道筋を見据えた場合には、当該制度改革によってもたらされるのは短期的な不利益ばかりなのかを冷静に分析することが求められよう。すなわち、そうした制度改革に関する提案が生じてくる背景には、海外で行われていることが日本では行われていなかったり、当該制度の現在の担い手によってもたらされているものに国民が必ずしも十分に満足していないのではないかと考えられたりする場合が多いと考えられるところ、新たな担い手によって新しいものがもたらされることとなる場合には、従前から存在する既存の担い手も、新たな担い手の行うモデル・行動様式を採用することが可能であり、それによって当該制度自体の裾野が広がることとなる。制度改革によって生じ得る新たなパイは、新規参入者が独占すると考えるのではなく、市場が広がるという意味で発展的に捉えていくことも求められよう。

2　担ぎ手のいない、システマティックな広がりを有する制度論をどのように展開するか

1で述べた制度改革によって得られる便益が多数の者に分散していると思われる事態は、立法改正の必要性が個別の事案によるのではなく、制度全体が現在の取引秩序、競争秩序に合致しないとして、新しい制度を創設することが必要であると考えられる場合などに顕在化する。こうした改革の必要性が、一般的に認識されるようになったとしても、1で述べたいわゆるcollective actionの問題が生じることから、実際の立法が実現するまでにはタイムラグが生じることは、1におい

III 立案を実現に至らしめるための課題

て述べたとおりである。

　特に、ここで付け加えておくべきは、新しく構想される制度が創設されれば裨益することとなる者が潜在的には存在するものの、自分が将来それに該当し得ることとなるか分からないという collective action 以前の問題（あるいは広義の collective action の問題）を抱えている場合には、取り分け事態が深刻化することである[12]。

　こうした状況を打開するために採用される方法の一つは、諸外国の事案を紹介することである。諸外国における経験を下に作業を進めることは、時としてメリット、デメリットの双方を幅広く学ぶことができることから有益なことが多い。

　更に、こうした状況を打開するために採用される方法の二つ目は、他の制度創設の必要性に関連付けて制度創設の必要性の説明をすることである。筆者は、宍戸教授とともに、株式交換制度の創設についての立法提案を行い、その後の法制審議会における審議や関連する税制改正論議に尽力したことがあるが、これも純粋に株式交換制度の創設のみを主張していたら現在のスピードで制度改革が実現していたかどうかは、かなりの程度疑わしい[13]。独占禁止法の改正による純粋持株会社の解禁が実現した中にあって、どのようにしたら純粋持株会社の

---

[12] 戦後最大のヒット作とも称される民事再生法を皮切りに、会社更生法、破産法、特別清算手続などに係る抜本的な改革がなされた倒産法制については、当初は自ら倒産するものと思って事業活動をしている者はいないと言われ、関係者の間での議論が低調になることも懸念されたが、最終的には金融界以外にも各業界で他の法制では類をみないほどの積極的な議論がなされた上で制度改正がなされた。昨今の世界銀行の doing business のビジネス環境ランキングにおいては、我が国の倒産関連の取組は、ほぼトップクラスに位置付けられており、税制やその他の我が国制度のランキングと比べると、圧倒的に群を抜いているまでに至っている。これは、関係者が精力的に関係方面に論点の提示をし、積極果敢に問題提起を行った成果であるものと考えられる。

[13] 通商産業省産業政策局産業組織課編『持株会社をめぐる商法上の諸問題——株式交換制度の創設に向けて（別冊商事法務206号）』（1998）参照。

第15章 制度改革プロセスからみた企業法制改革

設立を行うことができるかという議論がなされ（それがないと立法府が既に行った取組が意味のないことになってしまう）、現在でいうところの株式移転の制度の創設の議論が持ち上がり、その制度の他の事案への横展開という議論の中で株式交換制度の創設が持ち上がったという経緯がある。会社分割制度も同様であり、純粋持株会社の設立の議論の中で、いわゆる抜け殻方式として議論が大きく展開されていくことになった訳である。

株式交換制度の創設も会社分割制度の創設も、今日では非常に有用な制度として多方面から評価を受けている制度改革ではあるものの、両制度はその議論の発端となった純粋持株会社に関連して用いられているというものではないものがほとんどであろう。これは立案した我々の想定していたところではあるものの、着目すべきは、純粋持株会社の解禁から議論をスタートさせて実現したという点である。こうした制度論を有益に議論する土台があったのであったとすれば、合併法制と事業譲渡が既に存在した我が国にあっては、純粋持株会社の解禁の議論が持ち上がる以前に株式交換制度や会社分割制度が我が国の会社法に存在してもおかしくなかったものと思われる。

また、これに関連する具体的な例として、企業法制に関する税制改革は、会社法など一般民事・商事の規定が改正されたときにかこつけてでないとなかなか実現されにくいことが挙げられる。したがって、会社法のルールが出来上がってしまった後で、既に会社法の世界で許容される利用の在り方に関する税制改正の議論を提起することには、課税の強化がなされる場合を除いて、大きな困難が伴う。取り分け税制がネックになって利用されていないものと考えられる企業関連制度にあっては、それについて税制上の特例措置を設けても、現状から税収減になることにはならないのであって、それよりむしろ、当該制度の利用が広範になされることにより経済活動の活性化が税収増を引き起こす可能性が多分にあるという議論を展開できるようになるには未だ時間を要するのであろうか。

3　濫用の懸念にどのように向かいあうか

　これまで企業法制改革の分野においては、90年代の後半から多くの改革が成し遂げられてきたことは、Ⅱにおいて紹介した。

　また、自己株式の取得、新株予約権、種類株式の整備、単元株式制度など、資金調達の観点からの制度整備も飛躍的に進んでおり、サイバーダインの複数議決権株式の上場やトヨタ自動車のAA種類株式の発行などは記憶に新しいところであろう。

　隣接する分野においても、有限責任事業組合、自己信託制度の創設などを含む信託制度の抜本的緩和などの改革なども、前に紹介した。

　こうした新しい制度の整備をするに際して、大いに指摘され議論の俎上に上るのは、濫用の危険を指摘する議論である。こうした議論の中には、濫用の懸念が完全に抹消しきれない限り制度の創設は許容されないと主張されているかのような主張も見られる。

　この点、濫用の懸念に対する配慮が必要なことは言を俟たないところであり、筆者個人としても、これを最小化するためにあらゆる努力をしてきたつもりである。しかしながら、これまでの新しい法制度の創設の議論の中においては、濫用の懸念の排除に議論の力点が置かれすぎたケースもゼロではなかったのではないか。制度改革の推進により一定の濫用の恐れはあるとしても、事業者の活動領域が拡大、市場における多様な主体の参画や競争、新領域の拡大等により、これまで以上に多くの付加価値がもたらされ、トータルの国民経済全体にもたらす便益はより大きくなるという視点は、もう少し評価されてもいいのではないか。制度が濫用されることによって被る損失がある一方で、そもそも必要なサービスが提供されないことにより潜在的に被ることとなっている機会損失が存在する。制度の利用に伴う弊害といった制度の利用の枠内の目に見える部分についてのみ着目することとしていると、そもそも制度の枠外において潜在的に大きな弊害をもたらしているという事実を見失うこととなる。言い方を変えれば、弱者への配

第15章　制度改革プロセスからみた企業法制改革

慮をしているつもりが、その裏に潜む多くのそもそも制度へのアクセスすら充分にできない者への配慮を欠く結果をもたらすことになる。

　また、税制等における議論に時々見られるように、濫用を恐れてコストの観点からおよそペイしない行為を想定した過剰な要件を設けようとしたり、中小閉鎖会社に想定したような制度を大企業にも当てはめようとしたりすることとした場合には、制度の本来の趣旨に合致する利用がなされず、能力のある者がもたらす付加価値の可能性を減じることになったり、経済的な必要性から立案当局者が想定していなかった脱法行為を暗黙裡に引き起こす可能性も否定できず、ひいては将来において更なる制度改革の議論を起こしていく可能性自体にも悪影響を与えかねないこととなる。

　現存する制度においても濫用の懸念を有しながらも健全な機能を果たしているものがほとんどであるように思われる。制度の弊害に対しては、債務不履行、不法行為、権利濫用法理などの一般法理で対処することをまずもって考えるべきであるものと考えられるし、国民一人ひとりも、これまで以上に自らで、多様な選択肢と向かい合うことが求められていると考えるべきであろう。

　新しく制度の導入を主張する者においても、それによってもたらされる新たな可能性や付加価値について、丁寧な説明をすることとしていくべきであろう。

4　現状維持偏向（status quo bias）をどのように克服していくか

　いわゆるプロスペクト理論（人が意思決定をする時、損失の領域、すなわち負の選択に直面した時にはリスクを追求する傾向があり、逆に利得の領域ではリスク回避的である）[14]の教えるところは、制度改革の分野に

---

14) 友野典男（監訳）、山内あゆ子共（訳）『ダニエル・カーネマン　心理と経済を語る』（楽工社、2011）40頁。

III　立案を実現に至らしめるための課題

おいて大きく当てはまるように思われる。上記3において論じた、濫用の懸念の排除に議論の力点が置かれすぎるケースは、利益の確保に係る視点をリスク回避の前に後退させている事例であるともいうことができる。

　こうした中で、我が国の現場の立法改正作業（立法府の審議であれ行政府内の審査であれ）には、利益とリスクの分析において現状維持に拍車をかけかねない実務が存在するように思われる。それは、我が国の立法改正作業の際の何が立法事実であるかという探求作業における実務の中にみられる。もちろん、立法事実を追求すること自体はなくてはならない作業であり、そうした作業を行うこと自体が必要であることは言を待たない。

　しかしながら、現状の実務においては、たとえば、新しい制度オプションを盛り込もうとする際には、パブリックコメントにおける各者からの要望に超えて、それを利用する個別具体的な事業者の名称・プロジェクト・事件まで求められることになったりすることがある。各事業者において、未だ成案を得ていない法令の規定に基づいてプロジェクトの計画を立てることを想定することが如何に困難なことであるかは想像に難くないであろう。企業人は未だ実現していない制度的世界を前提に具体的な事業計画をたてていくような時間的余裕が常にあるとは限らないのである。

　また、そうしたプロジェクトが存在するにしても、個別の技術、プロジェクト、事件等は、当該企業にとって営業秘密に該当するものであることも良くあり、これを実際の立法プロセスにおいて明らかにすることが困難を伴うことが多い。その一方で、それらを立法プロセスにおいて明らかにできないことから立法事実は存在しないとの評価を受けてしまうのではないかと頭を悩ませたこともなかったわけではない。

　更に、担当者の情熱と創意工夫で個別具体的な立法事実を見つけることができたとしても、想像力を働かせて他にも同じような事案がな

第15章 制度改革プロセスからみた企業法制改革

いかといった思考を働かせることなく、当該個別の具体的ニーズのみを切り取って立法事実として制度を作ろうとすることがある。その結果、一般法の例外規定として、一読して必ずしもどのような事態を想定しているのかが分かりにくい極度に作り込んだ規定が現出したり、蛸足配線状態になり、専門家でもその条文を一読しただけでは理解できないほど複雑化したりすることがある。

このように、現在の立法事実の捕捉は、一見もっともではあるものの、しかし、その捕捉の方法という点では見直さなければならない点もあるのではないだろうか。特に、その内容が先進的であればあるほど、具体的な計画を立てている企業を想定することには困難が伴うから、立法事実は存在しないとの評価を受けやすいことになってしまう。成長に向けたルールの創設を議論している場合においては、必ずしも建設的な結末をもたらさないものと思われる。

幸いにも個別のプロジェクト・事件・技術の改善の方向を立証することにより改正の「必要性」が認められても、改正の「許容性」が認められるかは別の議論であるとの指摘がされることがある。こうした議論もその方法自体は論理的であるように見えるが、時としてあまりに形式的ではないかと思うことがある。すなわち、許容されることをサポートする事実は、A、BおよびCとあり、許容されないことをサポートする事実は、a、b、c、d、e、f、gとあるといった場合に、冷静に分析すれば、cからgまでに該当する事項は、あまりに起こり得ないような事実である場合であっても、それぞれの事態が生じる可能性を考慮に入れずに3対7で懸念する要因が多いといった具合に消極的な議論が展開されることがある。このような形式的な議論がなされてしまう原因としては、それぞれの要因を本来、定量化して議論しなければならないという視点が欠けているからであろう。

このような立法事実論・許容性論を打開するのに我が国に有用であるのは、諸外国の実例を挙げることである。こうした議論の手法は、時として非常に有用であるし、立法改正を担当する行政官としては、

諸外国の状況について絶えず注目をし、意を払うよう努めることは必要なことである。しかし、それが諸外国に実例はない場合には、制度改革の議論はスタートしないとする傾向につながるとしたら問題であろう。そうした場合には、我が国の関係者の創意工夫による創造的な法制度の改革は起こり得ないこととなる。

　また、時に究極に実際に企業が倒産したとか、現行法制度では捕捉できない気の毒な事案が生じたという段になれば、相当に立法提案を行うことは容易になる。いわゆる立法事実が存在することが顕著になったからである。しかし、その段になれば立案担当者は、立法事実を解明する労を取らなくとも良いかもしれないが、その段にまで放置し、危機的な状況にならないと立法提案がなされないとしたら、残念なことである。そのような懸念すべき事案が生じる可能性自体を動態的に立法事実として捉えて議論を展開していく姿勢が求められよう。特に、このような姿勢がないと、時として規制を設けるような改革の場合にあっては、一つの悲劇的であると印象づけられた個別事案に基づいて規制が設けられることとなり、6において後述するところと関連するが、事案が顕在化する前から対処していれば合理的に対処できたにもかかわらず、個別の事案が発生してから対処することとしたばかりに、総合的な配慮が至らず、均衡を失する改革となってしまうことも十分にあり得るのである。

5　本質が宿る細部の改革の重要性をどのように共有するか

　企業法制改革は、その内容を実現あらしめるためには、時として文言の詳細にまで創りこまなければならないことは言を待たないところである。そして、そうした詳細にわたる議論は、時として一般的な議論にするには必ずしも容易ではないことから、いわゆる専門家と呼ばれている者達の間の議論として閉じてしまうことがある。それが純粋に技術的な問題であれば専門家と呼ばれている者達の間の議論に終始して良いのであるが、それが制度の今後の利用可能性の大きなネック

となることとなるのであれば問題である。

　更に都合の悪いことに、法制度における論理的な帰結から導き出される重要であるか否かのポイントと、実務におけるコストの観点から導き出される重要であるか否かのポイントはずれることがあり、後者の観点は、立法改正作業においては、時として考慮に入れにくいことがある。我々は、実務的なコストを法制度の要件論に反映させる方法論を有しているとは必ずしも言い難いからである。

　そして、制度の細部に見えにくいボトルネックが生じていることが認識されずに制度改革がなされると、その他の論点において立案担当者の賞賛すべき創意工夫が施されていたとしても、それらが実際に実現されることは少なくなってしまい、九仞の功を一簣に虧く事態を招来してしまう。

　いわゆる専門家と呼ばれている者達にあっては、自らの間に議論を閉じることとしたいという強い誘因は存在するものの、当該論点が単なる規則の技術的な文言の問題か、それとも制度の根本の兆表かを良く分析し、後者に該当する場合にあっては、これを関係者の間で広く議論されるよう問題提起を行う責務を負っているというべきであろう。

6　Hard cases make bad laws を克服できるか

　これまでは、制度的な改革の必要性が認められるにもかかわらず、これを実現することに伴う困難性を中心に説明をしてきた。逆に、立法の必要性が過度に主張されているのではないかと思われる事案について述べておきたい。それは、不祥事があった場合に生じる課題である。こうした場合には、監視・監査する機能を担う主体に大きな権限を付与することが検討されたり、事案に比較して均衡を失していると思われる民事罰・刑事罰の導入が提案されたりすることがある。時には、そうした不祥事に対して、実際に民事罰なり刑事罰が発動され、法制度の要件的には不備はないものと考えられる場合であっても、何か制度的な対応をしたという痕跡を残す必要性から、規制の強化が唱

われたりすることもある。こうした議論は、時として安全安心に軸を置いていることがあるだけに、担当者として抗するのは必ずしも容易ではないことが多い。

　もっとも、こうした提案をそのまま立法改正に移すと、法格言が教示していることを引き起こす蓋然性が高い。そればかりか、実際の事案に比して大きく均衡を失したサンクションは、執行の現場において発動されることが躊躇されることが多くなり、法制度の形骸化を生じさせ、実際の抑止という観点からもかえって十分な効果を生じさせ得ないことすらあり得る。また、当事者のインセンティブに大きな歪みを生じさせ、特定の制度の利用自体が減少してしまうこともある。不祥事を防止するという観点から目的は達成されたとしても、当該制度自体がもたらす付加価値が消滅してしまうとすれば問題であろう。

　大きな不祥事が生じた後の立法改正作業については、こうした傾向が生じ得ることを立案関係者は十分に念頭に置くべきであろう[15]。

7　補完性を有する制度群の改革をどのように実現するか

　まさに宍戸教授が『「企業法」改革の論理』において具体的な議論を提起されたとおり、企業法制改革を実行あらしめるためには、会社法、金融法、税法、倒産法、労働法などの隣接する分野における改革にまで広げて総合的に説明を構築していくことが必要であると考えられることが多い[16][17]。しかしながら、それぞれの個別法における専門家は、その分野で閉じていることが多いことから、当該個別法の分野で立法改正の議論を構築することが容易ではないことが多いばかりか、

---

[15] もっとも、規制強化は常に妥当ではないと主張している訳ではなく、相応の立法が求められることがあり得るのは当然である。

[16] 様々な制度が関連制度が制度的な関連を有していることについての詳細な問題提起をなす研究として宍戸善一編著『「企業法」改革の論理』（日本経済新聞社、2011）。制度的補完性に関する先駆的な研究として、青木昌彦『経済システムの進化と多元性——比較制度分析序説』（東洋経済新報社、1995）。

第15章　制度改革プロセスからみた企業法制改革

他の法制度あるいは他の分野における制度改革の兆候がないことを理由として、当該個別法の改正自体が受け入れてもらえないことがある。また、それぞれの分野には、分野固有のロジックがあったり、あるいは分野固有の制度改正のスケジュールがあったりするから、これらを付き合わせていくことには、大きな困難が伴うことは言うまでもない。

　こうした関連制度の藪をどのようにクリアしていくかは、これまでも今後とも大きなチャレンジであるように思われる。特定の個別の制度の改革をなし遂げただけでは、現状を改善する変化をもたらすことはできないが、しかし、どこか特定の個別の制度から議論を開始しないことには、何も変わらないのであり、どのように議論を kick-off していくかは場合によっては気の遠くなる作業であるからである。もっとも、関連する当事者のインセンティブ、あるいは動機付けの仕組みに着目して、制度全体の「つながり」のあり方を分析していく方法論を構築していくことこそが遠いように見えて実は近道であり、宍戸教授がずっと以前から提起されていた問題であるように筆者には思えるのである。「つながり」を分析できる専門家をどの程度育成できるかが、改革の実現スピードを決するように思われる。

Ⅳ　結語

　Ⅲにおいては、仮にそれが制度論として望ましいものであったとしても、その政策実現プロセスにおいては必ずしも実現に至らない原因

17）たとえば、株式会社の取締役会の専決事項として「重要な」業務執行を比較的広範囲に求める運用がなされてきたこと、（丁寧な説明をする必要はあるが）厳格な解雇規制、および取締役についても従業員の延長としての報酬を想定しているのではないかとの指摘もなされてきた法人税法 34 条は、すべてが補完性を有していると考えられるが、それぞれが象徴的なルールであることに加えて、これらを連携して改正の議論を行うことは必ずしも容易でないことなどである。

IV 結語

を、政策実現プロセスにおける利害関係者の動機付けに着目して分析するとともに、関係者にとって期待される事項を述べてきた。

もっとも、一番望まれることは、インセンティブを基調として考える、コストを制度論において取り込む、制度改正についての不作為の機会費用を認識する、サブシステムを構成する各制度のつながりを分析する等の諸点に社会科学として学問的に裏付けを与える方法論を、それを「法と経済学」と呼ぶかは別にして、我が国において発展させていくことであろう[18]。IIIにおいて述べた障害を王道で跳ね返していく新たな学問分野の進展が望まれる。それによって立法作業の前提となる利益衡量もより適切に行われることとなる。

宍戸教授の問題提起や研究成果を踏まえ更なる検討のための努力をしていくことが我々に課せられた課題である。

(なかはら・ひろひこ)

---

[18] このための問題提起を行う観点から、米国の気鋭の法律家、経済学者達が行った研究成果(RULES FOR GROWTH, カウフマン財団)を紹介するものとして、ロバート・E・ライタン(監修)、木下信行＝中原裕彦＝鈴木淳人(翻訳)『成長戦略論』(NTT出版、2016)。

第16章
コーポレート・ガバナンスと政治過程

名古屋大学准教授　松中　学

I　はじめに

1　本稿の目的と対象

(1) 目的

　コーポレート・ガバナンスをめぐる法ルールは、政治過程を通じて形成される。安全保障や憲法などをめぐる問題については、政治過程の存在が意識されやすい。しかし、専門家の集団や官僚が中心となって改正案を作り、有権者の間で賛否が渦巻くことも政治家が目立つこともなく、国会で可決されている法改正であっても、政治過程から自由なわけではない。専門家や官僚に任せ、政治家が介入しないというプロセス自体も政治過程の一部なのである。すなわち、どのような法や制度であっても、それを生み出すのは政治過程である。

　そのため、どのように法制度が形成されているのかを知るためには、政治過程を分析する理論が必要になる。政治学では、当然、様々な法制度が形成される政治過程が分析されてきた。そして、コーポレート・ガバナンスをめぐる法制度に焦点を当てた分析も行われるようになっている。

　法律家も、コーポレート・ガバナンスをめぐる法制度は、政治過程と無縁ではないことを認識してきた[1]。ごく最近では、法学者による研究の中にも、社会科学の議論を用いてガバナンスをめぐる法制度の

第16章　コーポレート・ガバナンスと政治過程

変化について説明を行うものが登場している[2]。他方、現在でも、印象論レベルの議論が受け入れられることも珍しくない。

そこで、本稿は、まず、コーポレート・ガバナンスをめぐる法制度の変化を論じる政治学の研究を紹介する（Ⅱ）。次に、これらの研究の問題点を踏まえた上で、特徴と意義を論じ（Ⅲ1）、社外取締役の選任義務づけをめぐる平成26年会社法改正を素材に、日本の会社法制の変化に関して得られる示唆を検討する（Ⅲ2）。

(2) 本稿の検討対象

Ⅱでとりあげる研究は、コーポレート・ガバナンスに関する法制度についての政治学の研究である。特に、法制度の変化をもたらす要因に焦点を当てる。近時の研究が主に変化の説明を目的していることに加え、日本の状況に照らしても、法改正を中心とした法制度の変化に強い関心があると考えられるからである。これらの研究が分析の対象とするコーポレート・ガバナンスに関する「法制度」の範囲や重点の置き方は、様々である。本稿では、主に会社法と証券規制のうち実質的に会社法と一部とも捉えられるものを念頭に議論を進める。

Ⅲ2の検討は、Ⅲ1でみる問題点を踏まえた上で、Ⅱで紹介した議

---

1) たとえば、松井秀征「要望の伏在——コーポレート・ガバナンス」中東正文＝松井秀征編著『会社法の選択——新しい社会の会社法を求めて』（商事法務、2010）368頁。

2) *E.g.*, Hatsuru Morita, *Reforms of Japanese Corporate Law and Political Environment*, 37 Zeitschrift für Japanisches Recht 25 (2014). 後に紹介するCulpepperの議論を応用したものとして、松中学「監査役のアイデンティティ・クライシス」商事法務1957号（2012）4頁、8〜9頁。必ずしも政治学的な分析を目的としているわけではないが、平成26年会社法改正における社外取締役の選任義務づけをめぐる立法過程の分析を含む研究として、Gen Goto, Manabu Matsunaka & Souichirou Kozuka, *Japan's Gradual Reception of Independent Directors: An Empirical and Political-Economic Analysis*, in Harald Baum et al. eds., Independent Directors in Asia (Cambridge University Press, forthcoming).

論の持つ示唆を例示するために行う。そのため、社外取締役の選任義務づけをめぐる包括的な事実関係の紹介や分析ではない[3]。

2　意義

■**政治過程の社会科学的な分析を紹介する意義**　法学でも、立法過程を検討の対象とする、立法過程に言及すること自体は珍しくない。しかし、政治過程について社会科学的に検討するには一定の理論が必要になる。

たとえば、ある法改正が特定の利益集団の要求により実現したという比較的シンプルな説明を行う場合を考えよう。この説明の裏付けとして、実際に特定の利益集団がそのような要求を行い、それに沿った審議会の答申などがなされたことを示すだけでは、十分ではない。この事例だけを考えても、たとえば、それに反対する利益集団がいた場合、それにもかかわらず、なぜ特定の利益集団の要求が通ったのかを明らかにする必要がある。

そのような事情がなかったとしても、ある利益集団の要求が常に満たされるとは限らない。そのため、これだけでは一般性のある説明にはならない。そのためには、他の事例を含めて、どのような条件が整えば要求が満たされるのかを検証する必要がある。これには、法制度の変化を説明できるモデルが必要になる。そして、そのモデルにおいて、その利益集団の要求が通るのは条件 X が満たされる場合であるならば、先の例における個別の法改正の説明としても条件 X が満たされているかを検証する必要がある。

本稿で紹介する研究は、いずれもコーポレート・ガバナンスをめぐる法制度の変化を説明しうる要因として決定的なものを示し、それが正しいことを複数の国における法制度の変化についての事例の比較研

---

[3]　詳細な事実関係の分析を含む議論としては、Goto, Matsunaka & Kozuka, *supra* note 2, Ⅲ 2 参照。

究を通じて示そうとするものと理解できる。これは、一定のモデルを示し、それを実証的に検証しているものといえる。そして、それぞれの研究で主張されている要因は、より一般性のある政治学の議論につながっている。そのため、日本の法制度の変化を考える際にも、これらの議論をまずはスタート地点とするのが有用である。

■**日本の事例を用いて示唆を得る意義**　本稿が紹介にとどまらず、問題点を踏まえて日本の事例を用いた検討を行うのは、第1に、本稿で紹介する議論が、ある程度、現在の日本にも当てはまることを確認するためである。第2に、それとは反対に、日本の事例に応用する際にうまく説明できない部分も示すことで、これらの議論の問題をより明確にするとともに、日本に固有（かもしれない）要因を見つける手がかりを示すためである。

II　コーポレート・ガバナンスの政治学的分析

1　序

(1)　様々な分野の研究

政治過程がコーポレート・ガバナンスをめぐる制度に与える影響については、経済学でも実証研究が行われてきた[4]。ただ、そうした研究の最終的な目的は、制度への影響そのものよりも資本市場の発達など金融の構造への影響を明らかにすることにある[5]。また、特にファイナンスの研究では、LLSV による法の起源（legal origin）が重要であるとの主張[6]に対して、政治的な変数の重要性を強調するという文脈で議論がなされてきた。そのため、以下では、法ルールを含む制度、

---

[4]　*E.g.*, Marco Pagano & Paolo F. Volpin, *The Political Economy of Corporate Governance*, 95 AM. ECON. REV. 1005 (2005)（比例代表制度〔多数決的ではない選挙制度〕が弱い株主保護につながるとする）.

特にその変化を説明の対象とする研究に焦点を当てる。また、社会学や経営学といった分野においても、政治的な要因に関心が寄せられてきた[7]。そして、すぐ下の(2)でみるとおり、法学者も政治過程に着目する議論を展開していた[8]。

(2) **Roe 2003**

以下で3つの議論を紹介する前に、Roe 2003[9] について簡単に検討する。Roe 2003 は、直接的に法制度の変化を説明しようとする研究ではない。しかし、政治学で用いられてきた変数を使って株式保有構造の差異（大株主が存在する集中保有と分散保有）を説明しており、Ⅱ 2 以

---

5) これらの研究の概観については、Stephen Haber & Enrico Perotti, *The Political Economy of Finance* (Working Paper, 2008), *available at* http://fic.wharton.upenn.edu/fic/sicily/19%20haberperotti.pdf; Enrico Perroti, *The Political Economy of Finance* (Working Paper, 2013) *available at*, http://ssrn.com/abstract=2222630 参照。

6) Rafael La Porta et al., *Law and Finance*, 106 J. POL. ECON. 1113 (1998); Rafael La Porta, Florencio Lopez-De-Silanes & Andrei Shleifer, *Corporate Ownership Around the World*, 54 J. FIN. 471 (1999).

7) これらの分野の研究も含むサーベイとして、Ruth V. Aguilera & Gregory Jackson, *Comparative and International Corporate Governance*, 4 ACADEMY OF MGMT ANNALS 485 (2010); Michel Goyer, *Corporate Governance, in* GLENN MORGAN ET AL. EDS. THE OXFORD HANDBOOK OF COMPARATIVE INSTITUTIONAL ANALYSIS 423 (Oxford University Press, 2010). 政治学の研究の邦語のサーベイとして、西岡晋「コーポレート・ガバナンスの政治学――『三つのⅠ』のアプローチ」年報政治学 2014 Ⅱ 号 (2014) 110 頁。

8) やや古いが、法学も含めた関連する研究のサーベイとして、Peter Gourevitch, *Explaining Corporate Governance Systems: Alternative Approaches, in* HENK OVERBEEK, BASTIAAN VAN APELDOORN & ANDREAS NÖLKE EDS., THE TRANSNATIONAL POLITICS OF CORPORATE GOVERNANCE REGULATION 27 (2007) 参照。また、同じ本に収録されている Bastiaan van Apeldoorn, Andreas Nölke & Henk Overbeek, *The Transnational Politics of Corporate Governance Regulation: Introducing Key Concepts, Questions and Approaches, in* OVERBEEK, VAN APELDOORN & NÖLKE EDS., *supra*, at 1 も参考になる。

第16章 コーポレート・ガバナンスと政治過程

下でみる研究でも先行研究として扱われてきたからである。

　Roe 2003 は、少数株主保護を実現する会社法の「質」が、（エクイティ市場の発達度合いと）株式保有構造を決めるという LLSV の主張[10]に対して、会社法の「質」では十分な説明にならず、政治的な説明変数が重要であるとする[11]。そして、「社会民主主義」（social democracy）が、株式の集中保有を促進して、分散した株式保有構造の成立を妨げると主張する。同書の社会民主主義の国とは、私有財産制を採用しつつも、経済において政府が重要な役割を果たし、分配を重視し、労資の対立する場面では労働者の利益が重視される国である[12]。端的にいえば、株主以外のステークホルダー、特に労働者の利益を重視する政治体制である[13]。

　Roe 2003 は、社会民主主義が次の経路で株主にとって経営者のエージェンシー・コストを高め、株主は自衛のために集中保有を行うとして、株式保有構造との関係を説明する[14]。まず、社会民主主義の度合いが強いと、経営者は、労働者の利益のために、レイオフなどの株主利益を追求する経営の一部を行わないよう圧力を受ける。また、社会民主主義の国では、経営者に株主利益に沿った行動をとるインセンティブを付与すること自体にも否定的になる[15]。さらに、社会民主

---

9) Mark J. Roe, Political Determinants of Corporate Governance: Political Context Corporate Impact（Oxford University Press, 2003）[hereinafter Roe 2003].

10) Rafael La Porta et al., *Legal Determinants of External Finance*, 52 J. Fin. 1131 (1997); La Porta et al., *supra* note 6; La Porta, Lopez-De-Silanes & Shleifer, *supra* note 6.

11) 会社法の「質」による説明への批判は Roe 2003, *supra* note 9, chs. 23-26 で展開されている。また、政治的な説明変数と法制度の「質」の比較については、*id.* at 158 tbl. 22.2 & 22.3 参照。

12) *Id.* at 24.

13) *Id.*

14) 以下は *Id.* chs. 4 & 5 による。

15) たとえば、インセンティブ報酬の付与。*Id.* at 41-42.

義は、生産市場での競争を弱め、これも経営者のエージェンシー・コストを上昇させる[16]。同書は、この主張を簡単な計量[17]と各国の事例研究[18]により実証し、続けて因果関係の方向や他の説明の検証を行うスタイルをとっている。

Roe 2003 は、政治的な変数として社会民主主義以外のものをあえて切り捨ててシンプルな議論を展開している。そして、たとえば、社会民主主義の一要素として、政治学者による左右のインデックス[19]を用いるなど、政治学と連続的な説明を行う点に特徴がある。実際、政治学における variety of capitalism の研究[20]に通じる議論であると理解されている[21]。こうした特徴から、同書を含め、Roe 1994[22]に始まる彼の研究は、政治学者からも、コーポレート・ガバナンスをめぐる法制度について政治学的な説明を試みた最初の研究の1つであると位置づけられている[23]。

他方、Roe 2003 に対しては、その後の研究が様々な批判を投げかけてきた。1つは、階級対立的な見方に偏っているというものである。す

---

16) *Id.* chs. 18-20.
17) *Id.* ch. 6.
18) *Id.* chs. 7-13.
19) Francis G. Castles & Peter Mair, *Left-Right Political Scales: Some 'Expert' Judgments*, 12 EUROPEAN J. POL. RESEARCH 73 (1984) にもとづいて Thomas R. Cusack, *Partisan Politics and Public Finance: Changes in Public Spending in the Industrialized Democracies, 1955-1989*, 91 PUBLIC CHOICE 375 (1997) が提案したものである。
20) *See* PETER A. HALL & DAVID SOSKICE EDS., VARIETIES OF CAPITALISM: THE INSTITUTIONAL FOUNDATIONS OF COMPARATIVE ADVANTAGE (Oxford University Press, 2001). Variety of capitalism と本稿で紹介する研究の関係については、西岡・前掲注7) 112〜114頁参照。
21) *See* Gourevitch, *supra* note 8, at 30; JOHN W. CIOFFI, PUBLIC LAW AND PRIVATE POWER: CORPORATE GOVERNANCE REFORM IN THE AGE OF FINANCE CAPITALISM 34 (Cornell University Press, 2010) [hereinafter CIOFFI 2010].
22) MARK J. ROE, STRONG MANAGERS, WEAK OWNERS: THE POLITICAL ROOTS OF AMERICAN CORPORATE FINANCE (Princeton University Press, 1994).

なわち、同書は左右(労資)の力関係を重視しているが、これらを横断する利益集団の存在を無視している[24]。第2に、政治制度という要因を無視していることも指摘されている[25]。さらに、中道左派政党の役割を重視する論者からは、同書の説明では、中道左派政党により株主利益を追求する法制度の改革が行われたことが説明できないとも批判されている[26]。

2 利益集団の連合——Gourevitch & Shinn 2005

(1) Gourevitch & Shinn 2005 の議論

Gourevitch & Shinn 2005[27] は、Roe 2003 の長編の書評[28]に続いて出された、コーポレート・ガバナンスと株式保有の差異について政

---

23) *See, e.g.*, Gourevitch, *supra* note 8, at 34. もっとも、周知のとおり、会社法と政治的な要因をめぐっては、アメリカにおける会社法の形成と連邦制との関係が早い段階から議論されてきた(初期のものとして、William L. Cary, *Federalism and Corporate Law: Reflections upon Delaware*, 83 YALE L.J. 663 (1974). 代表的なものとして、race-to-the bottom を主張する、Lucian Arye Bebchuk, *Federalism and the Corporation: The Desirable Limits on State Competition in Corporate Law*, 105 HARV. L. REV. 1435 (1992) と、反対の主張をする ROBERTA ROMANO, THE GENIUS OF AMERICAN CORPORATE LAW (The AEI Press, 1993) がある)。これらは、政治制度を重要な説明変数とする議論の1つとも位置づけられるが、各国の差異を説明する要因として政治的なものに着目した研究では、直接の先行研究としては扱われていない(後にとりあげる論者が無視してきたわけではない。See Peter A. Gourevitch, *The Politics of Corporate Governance Regulation*, 112 YALE L.J. 1829, 1834-35 (2003).)。

24) Gourevitch, *supra* note 23, at 1835.

25) *Id.* at 1835-36.

26) CIOFFI 2010, *supra* note 21, at 35-36; John W. Cioffi & Martin Höpner, *The Political Paradox of Finance Capitalism: Interests, Preferences, and Center-Left Party Politics in Corporate Governance Reform*, 34 POL. SOC'Y. 463, 465 (2006) [hereinafter CIOFFI & HÖPNER 2006].

27) PETER A. GOUREVITCH & JAMES SHINN, POLITICAL POWER AND CORPORATE CONTROL: THE NEW GLOBAL POLITICS OF CORPORATE GOVERNANCE (Princeton University Press, 2005) [hereinafter GOUREVITCH & SHINN 2005].

治学的な説明を試みる研究である。同書は、政治的要因によってコーポレート・ガバナンスをめぐる法制度を含む経済政策が生み出され、経済政策が株式保有構造に影響を与える、そして、株式保有構造が政治的要因にフィードバックするという構造を提唱する[29]。最終的な説明の対象（被説明変数）は株式保有構造であるが、介在変数として経済政策があり、その中に各国のコーポレート・ガバナンスに関する法制度が存在すると捉えている[30]。本稿では、政治的要因が、最終的に株式保有構造にどのような影響するのかよりも、ガバナンスをめぐる法制度の変化にどのようにつながるのかに焦点を当てる。

政治的要因については、利益集団（株主、経営者、労働者）の選好、政治制度（多数決型かコンセンサス型か）によって、利益集団間の連合（coalition）・対立の構造とその勝者が決まる（表1）ものとされている[31]。このうち、彼らの議論の中核となっているのが、利益集団の選好とその連合である。

特に、ガバナンスに関する法制度の変化との関係では、利益集団の選好の変化が重要になる。利益集団は必ずしも一様な利害を持っているわけではなく、分裂することもありうる。同書で登場する「株主」「経営者」「労働者」という利益集団は、必ずしも特定の属性を持った者全てを包含する概念ではなく、その中で典型あるいは代表的と捉えられる集団である。それでも、利益集団の選好は時間を通じて一様ではなく、経済構造や法制度の変化などによって、変化する[32]。これにより、利益集団の連合自体も変化する――たとえば、労働者と経営者の利害の一致が崩れ、どちらかが株主と連合を組む――というのが同書の説明の中核である。

---

28) Gourevitch, *supra* note 23.
29) GOUREVITCH & SHINN 2005, *supra* note 27, at 16 fig. 2.1 & 58 fig. 4.1.
30) *Id*. at 20-21.
31) *Id*. at 22-26 & 59-71.
32) *Id*. at 279.

第16章　コーポレート・ガバナンスと政治過程

　政治制度は、利益集団の選好を通じて利益集団間の連合にも影響し、かつ、どの連合が勝つのかも決めるとされているが[33]、後者に重点が置かれている[34]。ここで政治「制度」（political institution）とは、法ルール形成のプロセスとエンフォースを定めるルールである[35]。たとえば、選挙制度が小選挙区制なのか比例代表制なのかによって、再選を目指す政治家が特定の利益集団の利害を優先するインセンティブを有するかは変わる。また、連立政権であれば連立内の合意が必要となり、単独与党の政権よりも拒否権が行使されうるポイントが増えるため、より妥協的になり、変化が生じにくい。同書では、政治制度を多数決型（majoritarian）コンセンサス型（consensus）に分けている。多数決型の典型は小選挙区制の下で成立した単独与党政権といった拒否権ポイントが少ないものであり、コンセンサス型の典型は比例代表制の下で成立した連立政権といった拒否権ポイントの多いものである。

　Gourevitch & Shinn 2005 でとりあげられている利益集団の連合とその勝者、生み出される政策的な帰結の組合わせは表1とおりである[36]。本稿との関係で特に重要な2つの連合（表1・3と5）を例に説明する。

　会社の内部者である経営者と労働者が連合して株主と対立し、前者が勝利する"Corporatist compromise"（表1・3）では、少数株主保護は弱く、株式保有は集中する[37]。そして、戦後から近時までの大陸ヨーロッパや戦後の日本がここに入るとする[38]。極めて単純化して説

---

33) *Id.* at 68.
34) これは、1つには政治制度が利益集団の連合に影響するのは選好を通じてであるから、結局は選好→連合の一部と捉えられるからであろう。
35) GOUREVITCH & SHINN 2005, *supra* note 27, at 68.
36) *Id.* at 23 tbl. 2.3 & 60 tbl. 4.1.
37) *Id.* at 64-65.
38) 日本については、*id.* at 167-77. なお、同書は日本の株式保有構造は集中していないことは認識しつつ、特に説明は加えていない。

表 1　利益集団の連合とガバナンスの帰結

番号	連合の組合わせ	勝者	名称	株式保有構造
1	株主＋経営者 vs. 労働者	株主＋経営者	Investor	分散
2	株主＋経営者 vs. 労働者	労働者	Labor	集中
3	株主 vs. 経営者＋労働者	経営者＋労働者	Corporatist compromise	集中
4	株主 vs. 経営者＋労働者	株主	Oligarchy	集中
5	株主＋労働者 vs. 経営者	株主＋労働者	Transparency	分散
6	株主＋労働者 vs. 経営者	経営者	Managerism	分散

(Gourevicth & Shinn 2005, at 23 tbl. 2.3より作成)

明すると、たとえば、終身雇用制の下、労働者の中から選ばれた経営者が株主による介入を避けるために労働者と連合して株主と対立し（あるいは株主としての利益を追求する集団が小さく、そもそも対立が生じず）、政治制度としては、特定の利益集団の利害を背景とした政治家が当選しやすい選挙制度（比例代表制や大（中）選挙区制）と、各利益集団が拒否権を持つ政策決定の構造が採用されているのであれば、経営者・労働者の連合が勝利する。その結果、株主利益の追求から経営者を保護する政策が生み出される。

他方、株主利益を強く保護する法制度を生み出す均衡としては、労資の対立構造の中で株主・経営者の連合が労働者に勝利する "Investor"（表1・1）に限らず、"Transparency coalition"（表1・5）がある。これは、株主（内部者である大株主ではなく、株主としての利益を追求する者）と労働者が連合して、透明性と株主の権利保護を求めて経営者と対立し、前者が勝利することで株主利益を保護する法制度が生み出される（その結果、分散保有も促進される）というものである。

この "Transparency coalition" に最も重要となるのが、労働者の利害が株主に近づくという点である。Gourevitch & Shinn 2005 は、労働者は、年金（基金）を通じて間接的に株式を保有するため、株主と

しての利害を有するようになると説明する[39]。ただし、年金を通じた株式の間接的な保有が増えれば、自動的に株主としての労働者の利害が政策に反映されるわけではない。年金基金と運用を行う機関投資家が、株主利益を追求してはじめてそうなる[40]。なお、これとは別に、(特に共同決定制度を採用している場合)労働者が雇用維持のために透明性を求め、株主保護に資する法制度(情報開示の強化など)を求めることもあるとする[41]。もっとも、同書の主眼は年金基金を通じた株式保有であり、このルートには重点は置かれていない。

(2) 意義と限界

■**意義** Gourevitch & Shinn 2005 の最も大きな意義は、国ごとの法制度(および株式保有構造)の差異と一国の中での変化の両方を説明しうる枠組みを打ち立てたことにある。後者をより具体的にみていく。

先行研究と比べると、Gourevitch & Shinn 2005 は利益集団の選好の捉え方に特徴がある。すなわち、同書は、Roe 2003 とは異なり、利益集団の選好を可変的なものと捉え、それが変化する条件を探索している。これは、利益集団を均質的でまとまりのあるものと捉えていないこととあいまって、利益集団の連合が形成・変化する余地を生み出す[42]。そして、連合の変化が法制度の変化につながるのである。もちろん、利益集団の選好と連合が変化したからといって、常に法制度が変化するわけではない。そのメカニズムは政治制度として把握される。

Gourevitch & Shinn 2005 は、政治制度もモデルにとりこみつつも、利益集団の選好に重点を置いている。このように選好に注目することは、一国の中での法制度の変化を説明する際に重要となる。一国の政治制度は短期・中期的には変化が生じにくいため、それだけでは法制

---

[39] *Id.* at 208-10. 各国のデータの分析については、*id.* at 213-28 参照。
[40] *Id.* at 273-75.
[41] *Id.* at 210-11.
[42] *See* Goyer, *supra* note 7, at 441.

度の変化の説明がつかないからである[43]。また、近時の日本などにおけるコーポレート・ガバナンスをめぐる法制度の変化を理解するという観点からは、株主以外のステークホルダーの利益を重視していた法制度が株主利益の重視に変わることを説明できる"Transparency coalition"の可能性を示した点でも意義があるだろう。

■限界　Gourevitch & Shinn 2005 の議論では、利益集団の選好の変化、特に、"Transparency coalition"の成立には、労働者の利害が年金制度を通じて株主に近づくことが重要であった。しかし、この連合が成立して法制度が変化する可能性は高くなさそうである。国による違いはあっても、労働者にとって年金を通じた株式保有が利害に占める割合がどこまで大きいのかには疑問が残るからである。労働者が株主としての利害を部分的に有するようになっても、給与や雇用の維持など労働者としての利害ほど重要ではないとすると、透明性の向上により両者の利益に資する開示規制の強化などには賛成しても、株主利益のために、外部者の登用を含む経営者のモニタリングの強化などを支持するようになるとは考えにくい。

　そして、株式保有による利害が労働者としての利害と比べて相対的に小さいほど、労働関係の法制度には関心を示しても、会社法や証券規制にはそもそも関心を持たないだろう[44]。株式保有のインパクトについていえば、むしろインセンティブ報酬を通じた経営者による株式保有の方が、当事者にとっての重要性の点でも、普及のレベルの点でも労働者によるものよりも大きいとも考えられる。そうであれば、なぜ経営者と株主が連合する"Investor"ではなく"Transparency coalition"となるのか疑問も生じる。

　さらに、因果関係の方向、特にどこから変化が始まるのかという困

---

43) *See id.* at 442.
44) *See* CIOFFI 2010, *supra* note 21, at 31-32（各利益集団は労働関係法、会社法、証券法に対してそれぞれ異なる強さの異なる利害を有しているはずだとして、GOUREVITCH & SHINN 2005 を批判する。）.

第16章 コーポレート・ガバナンスと政治過程

難な問題も残る。たとえば、外国人機関投資家による株式保有の増加などの株式保有構造の変化が、集合行為問題の緩和といったルートを通じて利益集団の行動を変え、それが法制度に影響を及ぼすことが考えられる。もちろん、Gourevitch & Shinn 2005 では、政治的要因と法制度を含む政策の影響を受けた株式保有構造が政治的要因（利益集団の選好と政治制度）にフィードバックされるとしており、株式保有構造が政治的要因と法制度に影響を与えることは認識している。

しかし、Gourevitch & Shinn 2005 の枠組みでは、株式保有構造の変化自体が、たとえば、金融危機などのショックに端を発する、必ずしも株主利益の追求を企図したわけではない法制度の変化から生じた場合を捉えきれない。これは、日本の株式保有構造の変化を考えると、小さな問題ではない[45]。

次に、利益集団の連合については Gourevitch & Shinn 2005 の議論のように生じるとしても、その勝者を決める政治制度の分析は必ずしも十分ではない。選挙制度やコンセンサス型の意思決定といった政治制度としてとりあげられている要因はそもそも内生的に生じるともいえる[46]。さらに、誰がどうやって変化を生み出すのかという点は、同書では統一的な説明が与えられているわけではない。

Gourevitch & Shinn 2005 はあえて利益集団の選好に重点を置いて説明を行っているのであり、政治制度についての検討が不十分だと指摘するだけでは生産的とはいえない。しかし、官僚や政治家といった政治アクターが登場しないのでは十分な説明にはならないと認識され、その後の研究ではこの側面に焦点が当てられることになった。

---

45) 日本以外に目を向けても、たとえば、イギリスでは税制などにより意図せずに機関投資家による株式保有が増加し、それが法ルールの形成に影響を与えたことが指摘されている。John Armour & David A. Skeel, Jr., *Who Writes the Rules for Hostile Takeovers, and Why?: The Peculiar Divergence of U.S. and U.K. Takeover Regulation*, 95 GEO. L.J. 1727, 1768-72 (2007).

46) *See* Goyer, *supra* note 7, at 442.

3 中道左派政党の役割

(1) Cioffi と Höpner の議論

■政党（政治家）の重要性　2でみたとおり、Gourevitch & Shinn 2005 は "Transparency coalition" が、株主利益の追求のための法制度の改革につながったと主張していた。これに対しては強い批判もなげかけられられた。その1つが、株主利益を追求する法制度の変化における中道左派（center-left）政党[47]の役割を強調する Cioffi と Höpner の研究である。

Ⅱ3では、Cioffi 2010 およびその元になっている Cioffi & Höpner 2006 も参照して、彼らの議論をみていく[48]。Cioffi 2010 はアメリカとドイツの比較、Cioffi & Höpner 2006 はこれら2国に加えて、フランスとイタリアも含めた比較研究である。

Cioffi らは、確かにアメリカとドイツでは労働組合が、それぞれ年金基金への投資の利益と共同決定を守るために株主利益のための改革を支持したものの、特に大陸ヨーロッパでは、"Transparency coalition" が法制度の変化の要因となったのではないと批判する[49]。まず、労働

---

[47]　保守政党ではなく、かつ共産主義政党ではない政党と定義されている。Cioffi & Höpner 2006, *supra* note 26, at 493 n. 1.

[48]　なお、Cioffi 2010 は、parsimony を重視したシンプルな社会科学的な説明を試みているわけではなく、むしろ、従来の比較法学や比較政治経済学に対して単純化と機能主義が過ぎるとの批判を行っている（Cioffi 2010, *supra* note 21, at 47-49）。このことに加え、説明変数が数多く登場すること、および想定しているモデルの構造が必ずしも明確ではないことから、Cioffi 自身の議論は複雑になっている。加えて、Cioffi の自由市場経済と株主主権的な考え方に対する批判的な態度にもとづく規範的な議論が入り込む部分があることも、議論の見通しを悪くしている。本稿では、Culpepper の後述の研究にならい、Cioffi らの議論を中道左派政党の主導を法制度の改革の主な要因とする部分に焦点を当て、部分的に再構成しながら概要を紹介する。著者の意図にはそぐわないかもしれないが、この方が他の議論と比較しやすくなるためである。

[49]　Cioffi & Höpner 2006, *supra* note 26, at 501-502 n. 99.

者の利害は国によって異なり、アメリカでは株主のものと強く重複してきているが、ドイツ（など）では福祉制度および公的年金システムから、アメリカほど両者の利害は重ならないとする⁵⁰⁾。さらに、株主は、そもそも政治的に強い利益集団ではないと指摘する。資本市場が発達していない国では、そもそも株主としての利益を追求する者による株式保有が大きくない一方、資本市場が発達している国では、分散した株式保有によって集合行為問題が引き起こされるからである⁵¹⁾。

そのため、株主利益の追求を支持する利益集団は株主そのものではなく、機関投資家などの金融機関（financial institutions）であるとする。そして、これらの金融機関の支持を受けた中道左派政党が主導的な役割を果たすことこそが、法制度の異なる国々で行われた株主利益の追求に向けた改革における、一貫したパターンであると主張する⁵²⁾。他方で、保守政党は、経営者とのつながりからむしろ改革に抵抗してきたことを示し、この点で、Roe 2003 が社会民主主義は弱い株主保護につながると主張したのは事実と整合的ではないと指摘する⁵³⁾。

以上のとおり、Cioffi らの議論は政党の役割を重視している。その背後にあるのは、利益集団の要求というボトムアップだけでは法制度の改革は生じないのではないかという、利益集団を重視した議論に対する懐疑である。利益集団の集合行為問題を解決し、正統性のある政策を生み出す権限のある国家アクター（state actors）によるトップ・ダウンの調整が重要だと指摘する⁵⁴⁾。そして、一連の研究で、株主利益

---

50) CIOFFI 2010, *supra* note 21, at 33.
51) *Id.* at 32-33.
52) *Id.* at 235; Cioffi & Höpner 2006, *supra* note 26, at 485.
53) Cioffi & Höpner 2006, *supra* note 26, at 485-87.
54) CIOFFI 2010, *supra* note 21, at 29. 他方、同じトップ・ダウンの調整でも、官僚の存在を重視する YVES TIBERGHIEN, ENTREPRENEURIAL STATES: REFORMING CORPORATE GOVERNANCE IN FRANCE, JAPAN, AND KOREA（Cornell University Press, 2007）に対しては、自律的な権力のある日本やフランスのような官僚がいない国もある（が、法制度の改革は生じている）ことを指摘する。

の追求に向けた法制度の改革の実現においては、中道左派政党こそがそのような役割を果たしてきたと主張する。

■**なぜ中道左派政党か？**　伝統的なイデオロギーからすると、中道左派政党が株主利益の追求のための法制度の改革を志向するのはパラドックスにもみえる[55]。それでは、なぜ中道左派政党がこのような改革を主導するのか[56]。

　まず、中道左派政党にとってそのような改革が自らの利益に合致するという。Cioffi らの一連の研究では、論稿により重点の置き方や説明はやや異なるが、おおむね次のように論じる[57]。中道左派政党にとって有権者の支持を得るには経済成長を促進する政策が必要になっている。そして、先進国は、いずれも財政の制約に悩まされ、かつての産業政策も有効ではないことが明らかになった一方、金融市場（特に資本市場）が発達してきたという状況に置かれている。そのような中で、中道左派政党は、より高いリターンの獲得とイノベーションの実現の手段として、証券市場とガバナンスをより株主利益を志向したものにする改革を掲げた。これにより、従来の支持層である労働者の支持を維持しつつ、より左派的ではない層にも支持を広げることができた上に、金融機関および労働組合という利益集団の連合を促すことが可能となった[58]。経済成長という目標は新しいものの、経営者に対する制約を課すという点では従来からの中道左派政党（やその支持層）の価値観とも合致する[59]。

---

55) Cioffi & Höpner 2006, *supra* note 26, at 464.
56) *Id.* at 485 の経済的な（外部）要因、中道左派政党にとってそうした改革を推し進める要因および中道右派（保守）政党にこの種の改革を行うのをとどまらせた要因に分解した分析が彼らの議論の中で最もクリアであるため、これにならって紹介する。
57) CIOFFI 2010, *supra* note 21, at 24-27 & 36-37; Cioffi & Höpner 2006, *supra* note 26, at 487-89.
58) CIOFFI 2010, *supra* note 21, at 36.
59) *Id.*

第16章　コーポレート・ガバナンスと政治過程

　他方、中道左派政党と競う保守政党（中道右派政党）は株主利益の追求のための改革に積極的ではなかったとする。端的にいえば、保守政党が従来から経営者と強い関係を有してきたからである[60]。そして、実際に4カ国の比較分析では、保守政党は原状維持を望んできたことを明らかにしている[61]。

　さらに、Cioffi 2010 では経済危機の役割も明らかにしている。アメリカ・ドイツの比較分析の後の結論の中で、ガバナンスの改革の前提条件として、金融危機などの国内の経済的な危機によって、(1)経済情勢が変化したこと、および(2)強力な利益集団の選好が変わる、あるいは少なくとも不安定になることが必要だとする[62]。(1)によって従来の法制度や協力関係を維持するコストが増加し、改革による利益が増加するため、危機が大きいほど政治家などの政策決定者と利益集団には現状を放棄するインセンティブが生じる。また、(2)によって、新たな政策を支持する新しい利益集団の連合が成立しうる状況が生まれる。そして、有権者にとっては「何か」をしなければならないという雰囲気の下で、具体的な内容については明確な意見や選好を持たないまま抽象的な「改革」に支持が集まる。

(2)　**意義と限界**

■**意義**　Cioffi らの研究の最も大きな意義は、政党・政治家の役割を明らかにしたことである。Roe 2003 や Gourevitch & Shinn 2005 では、政党・政治家は、明確な形で分析に登場していなかった。これに対して、利益集団を束ねて改革を推し進める役割を担うアクターとして政治家が無視できない存在であることを示したのが Cioffi らの研究である。

60）　Cioffi & Höpner 2006, *supra* note 26, at 486-87.
61）　結論につき、*id.* at 487.
62）　CIOFFI 2010, *supra* note 21, at 233.

また、政党の中でも、中道左派政党が株主利益のための改革を主導するという彼らの議論は、従来にはない新しいものである。日本において自民党よりもリベラルな政策を掲げる政党を念頭に置く限り、中道左派政党が株主利益のために改革を主導するという説明は違和感しか感じないかもしれない。しかし、後述のとおり[63]、株主利益のための法制度の改革が、経済成長のための政策の一環でとして行われた点は、日本と無縁ではない。

　さらに、彼らの研究は、必ずしもクリアではないものの、経済的な危機、すなわち、外的な経済状況の大きな変化の役割を明らかにした点でも意義がある。

■**限界**　もっとも、Cioffi らの研究には大きな限界もある[64]。

　最も深刻なものが、中道左派政党にとって証券規制や会社法の改革を行うメリットがありうるとしても、他の政策的な問題がある中でどの程度重要なのかという点である。これらは、有権者にとって分かりやすいものでも、常に関心が持たれるテーマでもない。そのため、政治家もさほど気にしないはずであり、なぜそこまで重要な問題になるのかが問われるのである[65]。こうした問題意識は、次でみる Culpepper の研究で洗練されていくことになる。

　また、経済的な危機が一定の役割を果たすことは論じられているものの、利益集団や政治アクターの選好にどのような影響を与えるのか

---

63) Ⅲ 2 参照。

64) 以下のほか、Roger M. Baker, Corporate Governance, Competition, and Political Parties: Explaining Corporate Governance Change in Europe（Oxford University Press, 2010）は、コーポレート・ガバナンス（主に資本市場の発展度合い）の変化には、（中道）左派政党が重要ではあるが、市場の競争の激化により経済的レントの獲得が困難になってはじめて重要になると指摘する（結論の概要として、*id.* at 286.）。

65) *See* Pepper D. Culpepper, Quiet Politics and Business Power: Corporate Control in Europe and Japan 3（Cambridge University Press, 2011）[hereinafter Culpepper 2011]。

は、明晰に分析されているわけではない。すなわち、利益集団の選好が変わる、あるいは不安定化するといっても、なぜ、どのようになのかは明らかではない。これも、Culpepper の研究でより洗練された形で議論されることになる。

また、Cioffi らのサンプルの選択に問題があるとも指摘されている。Schnyder は、オランダ、スウェーデン、スイスの3カ国をサンプルとして、前二者では中道左派政党による株主利益の追求に向けた改革は起きず、スイスでのみ起きたとする[66]。そして、両者を分けたのは、労働者が戦後のコーポレート・ガバナンス体制の構築に関与できたか、排除されたかであると指摘する[67]。後者の場合、中道左派政党は経営者に敵対的になり、株主利益のための改革を行うと説明する。これは、サンプル選択に問題があるとの指摘であると同時に、中道左派政党が改革に意欲的な選好を有することを所与とすべきではないとの指摘でもある[68]。

4 「静かな」ルール形成──Culpepper 2011

(1) サリエンスとインフォーマルなルール形成

Culpepper 2011 は、買収をめぐる法ルールを中心に、経営者がどの程度ルール形成に影響を及ぼすことができるのかは、サリエンスの高低とルール形成がフォーマルに行われるかどうか、という2つの要因により決まると論じる。同書は、フランス・ドイツ・オランダ・日本の買収法制における形成の事例を分析してこの理論を実証し、6章ではアメリカとフランスの経営者報酬の例を用いて、さらに検証している。

---

66) Gerhard Schnyder, *Revisiting the Party Paradox of Finance Capitalism: Social Democratic Preferences and Corporate Governance Reforms in Switzerland, Sweden, and the Netherlands*, 44 COMP. POL. STUD. 184 (2011).
67) *Id.* at 186 & 198-203.
68) *Id.* at 203-204.

Ⅱ　コーポレート・ガバナンスの政治学的分析

■**サリエンス**　ここでいうサリエンスとは、ある問題がどの程度有権者の注目を集めるのかという概念である[69]。高いサリエンスの問題（税制や年金が例として挙げられている）では、多くの有権者がその問題に関心を持ち、最低限の情報を有している。これに対して、そうでない問題はサリエンスが低い。

　この議論の出発点は、従来、会社法なども、有権者の意見と議会での審議が最も重要であると（暗黙のうちに）位置づけられてきたことに対する懐疑にある[70]。すなわち、全ての政策問題を無自覚に高いサリエンスの問題だと扱ってきたが、会社支配権をめぐる法ルールは、技術的で分かりにくく、関心を惹きにくいため、別のメカニズムが働く分野ではないかと指摘する[71]。同書の例示を引くと、「買収防衛策はもう認めない」というのが選挙のスローガンになることはないのである[72]。

　サリエンスの低い、すなわち有権者が注目しない問題にはメディアも注目せず、再選可能性を最大化させる政治家にとっても大きなリソースを割くインセンティブはない。そのため、強い利害を有し、集合行為問題を解決・緩和できる利益集団が影響を及ぼすことができる。そして、Culpepperは、影響を及ぼしうる利益集団として、経営

---

69) Culpepperは、サリエンスを示す具体的なデータとして理想的なのは、他の政治的な問題と比較したある問題の相対的な重要性について広く有権者に調査したものであるとしつつ、そのようなデータは存在しないため、その問題が扱われた新聞記事の数を用いる CULPEPPER 2011, *supra* note 65, at 20-21. 具体例として、*id.* at 130 fig. 5.1（1997年から2007年の日本における買収防衛に関する記事数と他の問題についての記事数の比較）& 150 fig. 6.1（1996年から2008年のアメリカとフランスにおける経営者報酬についての記事数の推移）。

70) *Id.* at 3. *See also id.* at 192.

71) *Id.* at 5. 後述のとおり、Culpepper 2011は主に会社支配権をめぐる法ルールを素材としているため、本文でも会社支配権をめぐる法ルールとしているが、ガバナンスを含む会社法全般について当てはまる議論である。

72) *Id.*

第16章　コーポレート・ガバナンスと政治過程

者（business）、株主としての利益を追求する機関投資家（以下、Ⅱ4で「株主」という場合はこのような株主を指す）、内部者であるブロックホルダーを挙げる[73]。そして、その中でも経営者[74]は、株主が持たない政治的リソースを有していることから、サリエンスが低い場合にルール形成を支配しやすい[75]。もちろん、経営者が法制度をめぐる闘いで常に勝利するわけではない。スキャンダルの暴露や経済危機などによってある問題のサリエンスが高くなり、それを利用する政治家が登場する場合には、低いサリエンスの下では強い影響力を行使できた利益集団の利害が法ルールに反映されにくくなる。

■フォーマル／インフォーマルな法ルールの形成　生み出される法ルールの内容を決めるもう1つの要因としてCulpepperが注目するのは、ルール形成がフォーマルに行われるかどうかである。これは、法ルールが、議会あるいは法律の委任により下位規範を制定する官庁という公式な権限を持った者によりフォーマルな形で作られるのか、それとも、業界団体の自主規制や政府の委員会の下で作られるガイドラインなどのインフォーマルな形で作られるのかである。審議会などによって原案が作られ、議会で立法がなされる場合については必ずしも明確ではないが[76]、官庁に権限が委ねられる場合については、一般的にはフォーマルな法ルール形成と扱われている[77]。インフォーマルなルー

---

[73] Culpepperは、Gourevitch & Shinn 2005やCioffi 2010と異なり、労働者は、基本的には雇用の保護や給与には関心を持つが買収法制にはあまり関心を持たないと指摘する。CULPEPPER 2011, *supra* note 65, at 6.

[74] ブロックホルダーも経営者と利害が近いものと扱っている。CULPEPPER 2011, *supra* note 65, at 6.

[75] そのような政治的リソースとして、経営者寄りの弁護士を通じて有している専門性、審議会などの法令の原案や自主規制を形成する場における代表、報道のフレーミングへの影響力を挙げている。*Id.* at 9-11.

[76] たとえば、日本の事例研究では、インフォーマルと位置づけられている企業価値研究会と審議会を同列に扱っている。*Id.* at 143.

[77] *Id.* at 182-83.

ル形成では、経営者は立法者に新たな法ルールを作るように説得する必要はなく、介入を防げばよいだけなので、影響を及ぼしやすい。また、対立する利益集団が代表を送り込めるとは限らない[78]。

■**サリエンスとフォーマルさ** Culpepper はこのようにして、サリエンスの高低とフォーマル／インフォーマルなルール形成という2つの要因によって、経営者の利害が反映されやすさが決まるという議論を展開する。低いサリエンス＋インフォーマルなルール形成の場合には最も経営者の利害が反映されやすく（同書はこれを quiet politics と呼んでいる）、高いサリエンス＋フォーマルなルール形成の場合には最も反映されにくい。低いサリエンス＋フォーマルなルール形成と高いサリエンス＋インフォーマルなルール形成がこれらの間に位置する[79]。これらのうちいずれに当たるのかによって経営者と政治家の影響の強さが決まる（図1参照）。

図1

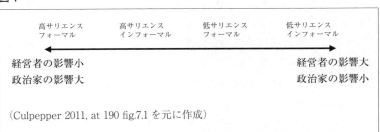

（Culpepper 2011, at 190 fig.7.1 を元に作成）

Culpepper 2011 では、後二者についても例が示されているが[80]、同書の説明はサリエンスの高低にウエイトが置かれており、こちらが主な要因と位置づけられる。また、サリエンスの高低とフォーマル／イ

---

78) *Id.* at 12.
79) *Id.* at 190 fig. 7.1.
80) *Id.* at 182-84.

ンフォーマルなルール形成は独立のものではなく、低いサリエンスの問題は政治家が関心を持たないからこそインフォーマルなルール形成に委ねられるのであり、両者は親和的である[81]。さらに、低いサリエンス＋フォーマルなルール形成の場合は、官僚が重要な役割を果たすところ、経営者は、専門家も活用して専門知識・情報を元に官僚を説得できるとされている[82]。そのため、結局はインフォーマルなルール形成の場合と影響力の行使の態様が近くなり、重要なのはサリエンスの高低と考えられる。

■**日本の買収法制についての議論**　Culpepper 2011 は、日本の敵対的買収に関する事例研究も扱っているため[83]、簡単に紹介する。同書では、企業価値研究会による提言と指針の形成は、（当初は）低いサリエンスの中で検討が始まったインフォーマルなルール形成であり、会社法制定後の組織再編の対価柔軟化の施行をめぐる問題が高いサリエンスの中で行われたフォーマルなルール形成と位置づけられている。

前者では経営者の利害に沿った結果となり、後者では対価柔軟化関係の条文の施行が会社法本体より1年延期されたにとどまり、外国株式等を対価とする組織再編の要件の厳格化（会社法施行規則185条・186条の改正）および課税繰延べを認めるかどうかについては、経営者の要望は叶えられなかったとする[84]。2005年に敵対的買収のサリエンスは上昇したが、サリエンスが低い時期に企業価値研究会が発足したため、国会の介入を招かなかった[85]。これに対して、高いサリエンスが持続する中で検討された対価柔軟化の問題については、一枚岩ではなかった自民党議員のうち、改革派が経済界の意向に沿わない介入を行うことに関心を寄せたと説明する[86]。

---

[81] *See id.* at 11-12.
[82] *Id.* at 183.
[83] *Id.* ch.5.
[84] *Id.* at 131-41.
[85] *Id.* at 143.

(2) 意義

■**目立たない法分野の分析枠組み**　Culpepper 2011 の最も大きな貢献は、サリエンスという概念を用いて分析を行ったことにある[87]。この点を中心に、同書の意義を検討する。

　Culpepper 2011 が他の研究と比べて際立って優れているのは、会社法のように有権者、ひいては政治家が常に関心を抱いているわけではない（むしろ、関心を持たないのが通常ともいえる）分野に当てはまる分析枠組みを作ったことである。その鍵となっているのが、有権者の注目を表すサリエンスである。そして、有権者・政治家が関心を有しない分野では、政治家が中心的な役割を担う場面とは異なるメカニズムが働くことを理論化・実証したのが同書の意義といえる。

　法律家にとっては当たり前のことではあるが、多くの法分野は、普段は有権者に見向きもされなければ、政治家が関心を寄せることはない。そのため、再選可能性を最大化しようとする政治家や政党の行動、あるいはそこに影響を与える政治制度を分析するだけでは、こうした分野の法制度の変化を説明するには向かない。そして、低いサリエンスの問題の方が高いサリエンスの問題よりもはるかに多い。他方で、そうした分野でも、時折、大きな関心を集め、政治家が介入を行う。会社法はそうした分野の1つであり、伝統的に経営者（経済界）という強い利害を有する利益集団が存在してきた。そのため、サリエンスという説明変数を導入することが適した分野であり、同書6章で検討されているアメリカとフランスの経営者報酬規制のように、会社法の他の分野に応用することもできる。

■**先行研究との比較**　Culpepper 2011 の説明の中核部分は、問題のサリエンスの高低→政治家の介入の有無→強い利益集団が勝つかどうか

---

86) *Id.*
87) この点については、Manabu Matsunaka, *Book Review*, Quiet Politics and Business Power: Corporate Control in Europe and Japan, 16 Soc. Sci. Japan J. 320, 320-21 (2013) による。

第16章　コーポレート・ガバナンスと政治過程

が決まる、という構造になっている。これは、民主主義国家における政策決定が議会や政党・政治家を通じて行われるというアクターとしての政治家を重視した議論が、暗黙のうちに置いていた政治家が関心を持つという前提を覆す意味がある。サリエンスという変数により、政治家（政党）の行動が変化することを説明に組み込んだのである。換言すると、政治家の役割が重要となる場面とそうでない場面を切り分けたのだといえる。Cioffi らの研究と比較すると、「何も起きていない」場面も分析対象に採り入れたことで、新たな分岐があることを示したものと評価できる。

　Culpepper の議論は、単純な利益集団支配の議論とも、より洗練された Gourevitch & Shinn 2005 の利益集団間の力関係を重視するものとも異なる。経営者が利益集団として強い影響力を持ちうる要因として、企業の経済力を背景としたロビイングではなく、主に専門家の活用も含めた専門知識と情報を通じたロビイングの力を重視している。そして、強力な利益集団である経営者が「負ける」条件を示した点にも意義がある。また、Gourevitch & Shinn 2005 の "Transparency coalition" と異なり、労働者もやはり買収法制（や会社法関係の問題）に基本的には関心を有しないとしており、より現実に即した説明といえる。

　さらに、本稿で紹介したものの中では、Culpepper 2011 の説明は、サリエンスとフォーマルさという2つの要因で経営者の影響が決まるという——しかも、ほとんどはサリエンスという1つの要因で決まる——最もシンプルな説明を提示しているという特徴がある[88]。

　この点は評価が分かれうる[89]ものの、経営者の選好・利害を一様なものと捉えすぎているのではないかという指摘は考慮する必要もあるだろう[90]。たしかに、利益集団の選好が完全に均一であることは現実にはなく、程度の問題ともいえる。その上、敵対的買収については

---

88) もちろん、各国の事例分析では様々な個別要因や背景事情に踏み込んでいる。

Ⅱ　コーポレート・ガバナンスの政治学的分析

経営者が抵抗するインセンティブは強い。もっとも、Cioffi が機関投資家などの金融セクターとそれ以外の経営者を分けているように利害の差はありうる。

(3)　限界と問題

Culpepper 2011 の議論には、サリエンスによる説明以外の部分を中心に問題・限界も残る。本稿の目的および同書の問題が特に日本の事例分析にあることから、日本との関係で重要になるものを中心にみる。

■**自主規制と経営者**　第1に、インフォーマルなルール形成が経営者にとって有利になるとは限らないにとどまらず、むしろ経営者の利害を反映しにくい形で用いられることもある[91]。日本の敵対的買収に関する法ルールとしては、同書でとりあげられている企業価値研究会の提言のみならず[92]、証券取引所の自主規制も重要となる。そして、証券取引所の自主規制は、経営者より株主の利益を重視する傾向にあ

---

89) Cioffi は全般的に同書が過度に reductionalist な説明を行い、先行研究も単純化して理解している点を問題としている。John W. Cioffi, *Book Review*, Quiet Politics and Business Power: Corporate Control in Europe and Japan, 10 Pers. on Pol. 849, 850 (2012). しかし、筆者はこの批判はさほど当たらないと考えている（むしろ、Cioffi 自身の議論がある程度単純化して捉えない限り、検証できないという問題を抱えている）。

90) Gerhard Schnyder, *Book Reviews*, Public Law and Private Power: Corporate Governance Reform in the Age of Finance Capitalism & Quiet Politics and Business Power: Corporate Control in Europe and Japan, 17 Swiss Pol. Sci. Rev. 492, 495 (2011); Cioffi, *supra* note 89, at 850.

91) 日本を念頭に置いたものではないが、一般的に低いサリエンスかつインフォーマルなルール形成において経営者の利害が反映されない可能性があるとの指摘もある。Schnyder, *supra* note 90, at 494-95.

92) もっとも、筆者は、そもそも企業価値研究会の提言とそれを元にした法務省・経産省の指針が主に経営者の利害を反映したものといえるのか疑問を持っている。松中学「わが国の敵対的買収と防衛策をめぐるルール形成」新世代法政策学研究2号（2009）363頁参照。

る[93]。日本の敵対的買収に関する法ルールについていえば、裁判例によるルール形成に加えて、同時並行的に行われる複数のインフォーマルなルール形成において異なる利益集団の利害が反映されている。

経営者にとって影響力を行使しにくいインフォーマルなルール形成の存在は、Culpepper 2011 の枠組みの下で説明する余地もあるかもしれない。東証の自主規制は企業価値研究会が検討を開始した後の、サリエンスが高くなった時点に検討が始まっているため、政治家のありうる介入の影の下で、それを織り込んで行われたとも理解しうる[94]。実際、サリエンスが高くなった後の2008年の企業価値研究会では、機関投資家側の委員が増加しており[95]、インフォーマルなルール形成が高サリエンス下で政治家の影響を受ける可能性があるのは、事実と整合的である。そうであれば、経営者にとっては、影響力を行使しにくい場面であることが一応説明しうる。

しかし、監督官庁である金融庁と証券取引所自身の利害に大きな影響を与えうる機関投資家の存在から、証券取引所は時に経営者側と対立することも厭わないと考えられる。そのため、サリエンスが低い状況でも、経済界が証券取引所の自主規制を経営者にとって有利な方向に動かすのは容易ではないだろう。

以上の議論からは2つの点が指摘できる。第1に、インフォーマル／フォーマルと経営者の利害の反映の程度は対応しない可能性がある

---

[93] 松中学「証券取引所による敵対的買収と防衛策のルール形成」阪大法学62巻3・4号（2012）1031頁。同書に対する指摘として、Matsunaka, *supra* note 87, at 322.

[94] ただし、事実関係の問題として、東証が防衛策に関する最初の取組みである「敵対的買収防衛策の導入に際しての投資者保護上の留意事項」（2005年4月21日）を公表したのが、ニッポン放送事件などが生じ、サリエンスの高くなった時期であることは分かるが、いつの時点で検討を開始したのかはさだかではない。なお、土本清幸「買収防衛策と東証の対応」東京株式懇話会會報655号（2006）2頁、7頁参照。

[95] 松中・前掲注92）381頁参照。

という点である。

　第2に、そもそも、フォーマル／インフォーマルなルール形成の区別がさほど大きな意味を持たない可能性である。実際、既にみたとおり、たとえば、審議会が方向性を決めた上で議会で法律を作る場合について、Culpepper 2011 はフォーマル／インフォーマルのどちらに当たると理解しているのかは必ずしも明確ではなかった[96]。さらに、（日本の）証券取引所の自主規制のように政治家が監督官庁を通じて影響力を行使することができ、政治家があまり関心を持たない状況でも、監督官庁が与党の利害を考慮して介入しうるインフォーマルなルール形成も存在する。これと、最終的には議会によるフォーマルなルール形成が行われるものの、いったん審議会などで検討が始まると、そこに任せた（はずの）与党が介入するコストが上がるルール形成がある場合に、どちらが経営者の影響が強くなるのかは、フォーマルかどうかで決まるものではない。むしろ、フォーマル／インフォーマルにかかわらず、法ルールの形成の方法によって与党の影響力行使のメカニズムとコストが異なり、それらを明らかにする必要があると考えられる。

　このように考えると、サリエンスの高低と経営者の利害の反映が必ずしも一致しない場面が生じるのは、フォーマル／インフォーマルとはまた別の事前に選択されたルール形成の方法の差によるものだともいえるだろう。与党は、従来とられてきた方法にも制約されつつ、事前の段階でルール形成の方法を選ぶ。そして、選択されたルール形成の方法によって介入のコストが変わるため、サリエンスが高くなり、介入の利益が上昇したとしても、介入しない場合が生じる[97]。他方、

---

96) 前掲注76)、77) とその本文参照。これは、Culpepper 2011 の枠組みでも、フォーマルさよりサリエンスが決定的だと捉えていることによるとも考えられる。
97) たとえば、オリンパスと大王製紙の事件が発覚した後の社外取締役の選任強制をめぐる議論では、当時の与党であった民主党はワーキング・グループを作りつつも、結局は積極的な介入を行わなかった。Ⅲ 2 参照。

たとえば、官庁（官僚）を通じて与党の望む法ルールが形成されるように継続的なモニタリングが可能なルール形成の方法が選択されれば、サリエンスが低くなっても、経営者の利害を反映しにくいルール形成が行われる。

■**判例の存在**　次に問題といえるのが、判例の存在である。アメリカのように判例が買収法制の重要な部分を作ることもあり、日本も少なくとも重要な法ルールの一部は判例によっている。Culpepper 2011 では、判例はほとんど分析の対象とはなっていないが、（低いサリエンスの）フォーマルなルール形成の1つとして位置づけられ、専門性が利益集団の力の源泉となるとする[98]。

単に同書が判例を分析の対象としてないと批判するだけでは「ないものねだり」に過ぎず、正当な評価にはならない。しかし、日本の買収法制の構造上、証券取引所の自主規制とともに判例が法ルールの重要な部分を作り出している。そのため、これらが検討対象から抜けると、経営者に対する制約を課す法ルールの大部分が抜けてしまう[99]。すなわち、防衛策について経営者の利害を反映した法ルールが形成されたという点が疑わしくなる[100]。

判例、とりわけ買収法制に関するものは、Culpepper 2011 の分析枠組にフィットしにくい。まず、裁判に至る敵対的買収の場合、そもそも説明変数であるサリエンスに分散があまりないと考えられる。事件になるような敵対的買収であれば、常にサリエンスが高いと考えられるためである。変化しない変数で変化するものを説明することはできない。また、変化があっても小さければ、やはり変動の要因にはなり

---

98) CULPEPPER 2011, *supra* note 65, at 182 n.6.
99) Culpepper 2011 を踏まえた上で、判例も含めた敵対的買収に関する法制の比較分析を行うものとして、John Armour, Jack B. Jacobs & Curtis J. Milhaupt, *The Evolution of Hostile Takeover Regimes in Developed and Emerging Markets: An Analytical Framework*, 52 HARV. INT'L L.J. 219（2011）。
100) Matsunaka, *supra* note 87, at 322.

にくい[101]。

さらに、サリエンスが影響するとして、そのメカニズムが問題となる。裁判官が問題の注目度を全く気にしないわけではないだろう。しかし、サリエンスが高い状況であっても、(与党の)政治家と同じ方向の判断に傾くのかは定かではない[102]。

そして、インフォーマルなルール形成において専門性が利益集団の力の源泉になりうるとしても、少なくとも敵対的買収に関する判例には当てはまりにくい。裁判では対立する利益を有する相手方が参加することが保障されているだけでなく、敵対的買収の買収者であれば、一定以上の能力を有する専門家を活用して対抗できるからである[103]。

III 問題と示唆

1 意義と問題

1では、まず、IIで紹介した研究をはじめとするこのテーマに関する研究の意義と特徴に触れる(1(1))。その上で、共通する問題点を検討する。問題点の検討は、主に社会科学的な観点によるものと(1(2))、

---

[101] これらは、有権者一般には注目されていないものの、敵対的買収に潜在的に大きな影響を与えうる事件と比べることで解決できる(論理的な)可能性はある。

[102] 判例の形成に対する政治家の介入については、より政治的な問題で将来の人事や自律性に影響することを恐れるのは考えられるが (*see, e.g.,* J. Mark Ramseyer & Eric B. Rasmusen, *Why Are Japanese Judges So Conservative in Politically Charged Cases?*, 95 AM. POL. SCI. REV. 331 (2001))、会社法の問題には当てはまりにくい。また、裁判所の判断が政治家の介入しうる立法の影の下で行われることは考えられるが、会社法の分野で将来の立法による変更を恐れる理由も明確には見当たらない。

[103] 両者に差があるとすると、経営者側は敵対的買収に抵抗するインセンティブが強く、会社のリソースを最大限に使える点かもしれない。*See* Armour & Skeel, *supra* note 45, at 1781-82.

第16章　コーポレート・ガバナンスと政治過程

法律家からみた場合に特に疑問を抱くであろう点（1(3)）に分けて行う。

(1) 意義

IIで紹介した研究では、政治的な説明変数に着目してコーポレート・ガバナンスをめぐる法制度の変化や法域による差異の説明を試みている。もちろん、政治的な要因に着目することで、社会にとって望ましい——これをどのように定義するのかはさておき——変化が生じる要因も明らかにすることが期待できるが、その裏返しとして、最適ではない法制度の選択・維持が行われる要因の分析も期待できる。

会社法に限らず、法域による法制度の差異や一国の中での変化は、法制度の機能だけでは十分に説明できるとは限らない。法ルールの形成において、機能的にみて最適な選択肢が常に選ばれるわけではないのは説明するまでもないだろう。また、選択された法ルールの内容については機能的な観点から説明が容易な場合であっても、変化のタイミングやなぜそれまでの時点で変化が生じなかったのかも説明できるとは限らない。たとえば、繰り返し同じ問題が生じており、何度目かにそれに対処する法制度の変化が起きた場合、機能的な説明だけでは、なぜその時点なのか（なぜそれまでには変化が生じなかったのか）までは説明できない。一見すると機能的には最適とはいい難い法ルールが選択・維持される要因には、既存の制度（政治制度を含む）との整合性の維持を含む経路依存もあるが、やはり変化の有無とタイミングを十分に説明できるとは限らない。

機能的に最適なものが選ばれるとは限らない要因の1つは、法制度が政治的に生み出される点にあるだろう。たとえば、既存の強力な利益集団が影響力を行使できる場面では、その利益集団の利害を反映した法制度が選択される。政治的な説明変数に着目することで、こうした法制度が生み出される、あるいは必要と考えられる変化が生じない要因を明らかにすることができる。

Ⅲ 問題と示唆

　そして、Roe 2003 を除き、上でみた研究では、政治制度よりも利益集団や政治家という政治アクター（あるいは、政治アクターが影響力を行使しうる条件）に着目していた。一国の中での比較的短期の法制度の変化を説明しようとする場合、政治制度をみるだけでは説明が困難な可能性が高い[104]。政治制度は短期間には変化しづらく（特に一国の根幹にかかわるもの）、分散がない以上、短期間の変化を説明できないからである。もちろん、政治制度の変化が、その後のある時点における法制度の変化の要因となることは考えられる。その場合でも、政治制度の変化から問題の法制度の変化までの間は政治制度は一定であるため、その法制度の変化のタイミングや具体的な内容を説明するには、政治アクターに注目する必要が生じることが多い。

(2)　社会科学の研究としての問題

　以上の研究に共通して指摘されている問題の1つは、内生性により因果関係を特定するのが難しいという点である[105]。変化を説明したい法制度自体が政治アクターの選好に影響することは十分に考えられる。

　もう1つの問題は、Ⅱの研究がとっている研究手法に関するものである。Ⅱの研究は、シンプルな計量を用いつつも、主に質的研究を行っている。もちろん、質的研究も統計的な発想にもとづく社会科学としての手続を採用し、計量的な実証分析と連続的に用いることはできる[106]。そして、Ⅱで紹介した研究は、そのような方向性に対する態度に差はあるものの、いずれも社会科学的に理解できるものである。

　その上で、少数の法域の問題を素材とする場合に生じる問題として、次のものが挙げられよう。1つは、サンプルの選択をめぐるもの

---

104) Goyer, *supra* note 7, at 442 および西岡・前掲注 7) 115 頁参照。
105) *See* Goyer, *supra* note 7, at 444.

461

第16章 コーポレート・ガバナンスと政治過程

である。すなわち、どの法域のどの時代の法制度を扱うのかという問題である。これは計量的な研究でも生じうる問題ではあるものの、少数のサンプルを選ぶ場合には恣意的な選択が行われる問題が生じやすい[107]。もう1つの問題は、法制度のうち、外からみえるものだけを捉えている可能性である。すなわち、被説明変数の計測が不正確な可能性である。この点については、(3)でより詳しくとりあげる。

以上とは別に、Ⅱの研究は変化の説明を単純化しすぎているのではないかというありそうな疑問を検討する[108]。一般的に、単純化を行わず、現実に生じる複雑な社会制度の差異や変化を全て説明しようとすると、「全て違う」という「説明」しかできない。換言すると、一定の共通性を持つ変化が生じる共通の要因を明らかにするという試み自体、何らかの単純化を避けることはできない。そのため、「単純化した

---

106) See GARY KING, ROBERT O. KEOHANE & SIDNEY VERBA, DESIGNING SOCIAL INQUIRY: SCIENTIFIC INFERENCE IN QUALITATIVE RESEARCH（Princeton University Press, 1994）〔邦訳として、G・キング＝R・O・コヘイン＝S・ヴァーバ（真渕勝監訳）『社会科学のリサーチ・デザイン——定性的研究における科学的推論』（勁草書房、2004）〕。同書によって喚起された方法論に関する議論については、HENRY E. BRADY & DAVID COLLIER eds., RETHINKING SOCIAL INQUIRY: DIVERSE TOOLS, SHARED STANDARDS（Rowman & Littlefield Publishers, 2d ed. 2010）〔邦訳として、ヘンリー・ブレディ＝デヴィッド・コリアー（泉川泰博＝宮下明聡訳）『社会科学の方法論争——多様な分析道具と共通の基準〔原著第2版〕』（勁草書房、2014）〕参照。
107) 一般的に、キング＝コヘイン＝ヴァーバ・前掲注106)150～154頁参照。Cioffiらの議論のサンプル選択については、Ⅱ3(2)参照。また、恣意的とまではいえないものの、Culpepper 2011 が敵対的買収についてアメリカを素材としていない点については、Ⅱ4(3)参照。
108) なお、本稿では各研究をどの説明変数が決定的だと捉えているのかという観点から、より単純化した形で紹介している。そのため、本稿の紹介に対して抱く可能性のある「単純化しすぎではないか」という疑問には、各研究に起因するものだけでなく、本稿の説明の仕方によるものもある可能性は否定できない。本文で論じているのは、(本稿の説明に起因するものではなく) 何らかの単純化を伴う社会科学的な説明一般についてのものである。

議論である」というだけでは——社会科学的な説明を自体を否定するのであればともかく——何の批判にもならない[109]。

　もっとも、単純化する必要があるといっても、研究によってその程度は異なる。一般的に、単純化すればするほど当てはまらない例は増えるが、説明のインパクトは強くなる[110]。Ⅱで紹介した研究は、程度の差はあるが、決定的な説明変数を提示しつつも、経済学者の研究と比べて、現実の複雑な動きを記述することを重視している。これは、単に「現実は複雑だから」といった理由によるものではない。先行研究による誤った単純化を否定し、アクターの選好の変化や不均一さ、あるいは変化の同時性といった研究上の問題に対処するためである。重要なのは、意味のあるはずの差異を見過ごしているかである。

(3)　法ルールの理解についての問題

■**法制度の不正確な理解**　法律家がこれらの研究に接した際に最初に気にかかるのは、各国法の理解の正確性かもしれない。既に個別の研究の紹介において触れたとおり、たとえば、判例や証券取引所の自主規制についての検討が欠けているなど、関係する法ルールの所在自体、法律を専門としないと理解が難しいこともある。

　また、各国の独自の法制度については不正確な理解がなされやすい可能性もある。たとえば、Gourevitch & Shinn 2005 は、日本のガバナンスに関する法制度の変遷を検討する中で、監査役を他国における会計監査人に対応するものと混同してしまったのか、外部専門家による会計監査が欠けているとしていた[111]。こうした法制度の字面に引きずられて不正確な形で法制度を理解するという問題は、比較対象の

---

109) 単純化の意義と的外れな批判については、キング＝コヘイン＝ヴァーバ・前掲注106) 9～13頁および50～52頁参照。

110) 政治的な変数ではないが、legal origin が重要であるとした LLSV の研究が注目され、かつ批判された理由の1つは単純さにあったと考えられる。

111) GOUREVITCH & SHINN 2005, *supra* note 27, at 171.

法域を増やすと生じやすくなるだろう[112]。そして、特にサンプルの一部にシステマティックな誤解がある場合（たとえば、大陸法系の法制度のみバイアスのかかった計測が行われる場合）、因果関係の評価に深刻な影響を与えることになる[113]。

もっとも、こうした誤りは他分野の研究者が法制度を理解しようとする場合にはつきものといえる。また、社会科学としての研究の意義を高めるためにはサンプルとする法域を増やす、習得の困難な言語のみでしか資料にアクセスできない法域をサンプルに加える必要があることも考えられる。そうすると、理想的には全ての法域の専門家レベルの理解があるべきではあるものの、現実的には限られたリソースで対応するため、法制度の正確な理解とのトレードオフが生じる[114]。

そのため、法制度の誤解から直ちに研究結果の全てを拒絶するのではなく、研究全体にとって致命的な誤り・欠陥かどうかを考慮した上で、評価を決めるべきであろう。すなわち、不正確な理解を修正した場合にその研究が提示している説明が当てはまらなくなるか、当てはまらないとすると、完全に覆るのか、それとも部分的には有効なのかを考慮する必要がある。そして、提示された説明が一般性を持ちうるのであれば、全て否定するのではなく、有効となる範囲を見直して理

---

[112] 法制度の形式のみに注目すると、機能的な点では不正確な比較を行うことになりかねない。LLSV の研究に対する、Holger Spamann, *The "Antidirector Rights Index" Revisited*, 23 REV. FIN. STUD. 467（2010）参照（計量にもとづく比較自体を否定するのではなく、LLSV のインデックスの内容を全面的に見直している）。

[113] 解決方法の提案と合わせて、キング＝コヘイン＝ヴァーバ・前掲注106）188～189頁参照。

[114] 解決方法としては、法律の専門家を加えた共同研究を行う、あるいはサンプルとする法域の法律家の協力を仰ぐことが考えられる。もっとも、前者はサンプルの法域が増えればやはり困難が生じる。また、後者は現実に行われているが、現地の法律家に対する質問事項を考える、あるいは彼らのコメントやインタビュー結果を理解するのは研究者自身である。そのため、不正確さを減らすことはできるものの、どうしても不正確な理解は残る。

解する方が生産的であろう。

■**変化の評価**　もう1つの問題は、ある法制度が変化したとして、それをどのように評価するのかである。たとえば、株主利益を追求するための法制度の変化が生じた原因を明らかにするとして、社外取締役の選任強制や役員報酬に株主総会決議を求める say-on-pay の導入が「株主利益の追求」に向けた変化と評価できるのかという問題である。これは、何を説明しているのかという問題と理解できる[115]。

こうした点は、上述した例のように一部の団体が主張しているものの、アカデミックな評価が分かれているなど、評価が確定しない場合に特に疑問が生じるだろう。これでは、株主利益の保護が強化される要因ではなく、一部の団体の主張が実現する要因を説明していることになる。

もっとも、上で紹介した研究は、株主利益の追求に資するかというよりも、株主の利益と経営者（場合によっては労働者）の利益を対立的に捉え、経営者の利益を損ねる変化が生じるのはどのような場合かを説明しているものとも理解できる。もちろん、株主利益の追求につながる法制度が全て経営者の利益と対立するわけではないし、上でみた研究でもそのことは認識されている。しかし、ある変化が生じる要因を探求する際に意味を持ちやすいのが、両者の利害が対立する場面であるとはいえるだろう。

ただし、このように理解しても、残る問題もある。

第1に、上でみた問題と同様に、経営者の利益を損ねる法制度の変化といっても、たとえば、重厚長大産業を中心とした経済団体が強く

---

[115] これに対して、実現した（あるいはしなかった）ある法制度の変化の評価が誤っているとしても、変化の要因の説明に与える影響は別に考える必要がある。たとえば、株主利益の促進に資するある変化が生じた（生じなかった）とされているが、必ずしも株主利益に資するとはいえない場合に、だからといって株主利益の追求にならないから実現した（あるいは実現しなかった）といえるかは別の問題である。

第16章　コーポレート・ガバナンスと政治過程

反対しているだけで、経営者層の中でも必ずしも反対ばかりではない場合である。こうした問題は、経営者の利益を損ねる程度の問題と理解するか、最終的には利益集団の利害が均一ではない場合をどのように考えるのかに帰着させることもできよう。

第2に、経営者やその団体の賛否やその強さをもって彼らの利益を損ねるかどうか（あるいはその程度）を計測する場合、法ルールの形成の方法によっては戦略的な反対に注意する必要もある。すなわち、対立する利益集団や政策決定者と交渉が可能な状況で、Aという法改正のみであれば反対しないものの、Aのほかに実現を阻止したいBもアジェンダに上っていることから、Bについて譲歩を求めるためにAにも反対する（Aの実現と引きかえにBの実現阻止を目指す）といった場合である。このような場面で、Aが実現したとしても、それが「経営者の利益を損ねる」変化の実現であると理解できるとは限らない。こうした問題は、審議会などを通じた法制度の形成が行われる場合に特に問題になるだろう。理論的には、A単独で変化をみるのではなく、Bも含めて説明しているのかを検証する必要がある[116]。

2　応用と示唆

(1)　序

本稿は、1でみた問題点を踏まえても、なお政治学の研究はコーポレート・ガバナンスをめぐる法制度の成立・変化を理解するにあたって有益であると考えている。そこで、平成26年会社法改正を中心とした社外取締役の選任強制をめぐる法ルールの形成を素材にして、どのような示唆があるのかを示す。

---

[116] 具体的には、たとえば、事例分析においてBの実現阻止が固まったのに近いタイミングでAについての反対を取り下げるなどの事情がある場合には、そうした事実関係に注意しているかどうかなどをみることになろう。

(2) 社外取締役の選任義務づけを例に

■**平成 26 年会社法改正と社外取締役の選任義務づけ案**　周知のとおり、平成 26 年会社法改正では、公開会社かつ大会社である有価証券報告書提出会社が社外取締役を 1 人も選任していない場合に、取締役に対して株主総会における「社外取締役を置くことが相当でない理由」の説明義務を課す 327 条の 2 が新設された（重要な出来事の時系列は表 2 参照）。元々、要綱の段階では事業報告の内容としてこのような理由を記載させる規定を置く旨の提案を行っていた[117]。しかし、民主党（当時）が敗北した総選挙の結果、2012 年 12 月に安倍内閣が発足した後、2013 年 5 月・6 月に矢継ぎ早に自民党が公表した提言などを受けて、さらに会社法本体に 327 条の 2 が加えられるとともに、検討条項である改正附則 25 条も設けられた[118]。

表2　平成26年改正会社法における社外取締役の選任義務づけの検討の時系列

年月日	審議会・政府案	政党関係	その他
2009.7		民主党「公開会社法（仮称）制定に向けて」	
2009.9.16			鳩山内閣発足
2010.2.24	法制審諮問91号		
2010.4.28	会社法制部会第1回		
2010.5.14		自民党「日本フェニックス戦略」	
2010.6.4			菅内閣発足
2010.8.25	会社法制部会第1読会開始（第4回）		
2011.1.26	会社法制部会第2読会開始（第9回）		
2011.3.11	会社法制部会の審議中断		大震災

---

117) 法制審議会「会社法制の見直しに関する要綱」第 1 部第 1・2（前注）。
118) 経緯につき、坂本三郎ほか「平成 26 年改正会社法の解説」坂本三郎編著『立案担当者による平成 26 年改正会社法の解説（別冊商事法務 393 号）』(2015) 119 頁、119 〜 121 頁参照。

第16章　コーポレート・ガバナンスと政治過程

年月日	審議会・政府案	政党関係	その他
2011.7.27	会社法制部会再開（第11回）		
2011.9.2		野田内閣発足	
2011.9.7			大王製紙のスキャンダル発覚
2011.9.28	会社法制部会第13回：中間試案たたき台		
2011.10.14			オリンパスのウッドフォード社長解任
2011.11.8			オリンパスが損失計上先送の開示
2011.11.16	会社法制部会第15回：中間試案第1次案		
2011.12.7	会社法制部会第16回：中間試案採択→パブコメ		
2012.1.13		野田内閣第1次改造	
2012.2.22	会社法制部会第3読会開始（第17回）		
2012.4.1		自民：法務部会等合同「企業統治改革案について」	
2012.4.12		民主：WT「企業統治強化に向けた中間提言」	
2012.4.18	会社法制部会第19回：社外取締役について検討		
2012.6.4		野田内閣第2次改造	
2012.6.13	会社法制部会第21回：comply or explain案		
2012.7.18	会社法制部会第23回：「相当でない理由」、上場規則+附帯決議案の登場		
2012.8.1	会社法制部会第24回：要綱案採択		
2012.9.7	法制審総会：要綱採択		
2012.10.1		野田内閣第3次改造	

Ⅲ　問題と示唆

年月日	審議会・政府案	政党関係	その他
2012.11.16 -12.16		解散総選挙：政権交代へ	
2012.12.26		安倍内閣発足	
2013.5.10		自民党：日本経済再生本部「中間提言」	
2013.6.14		閣議決定：「日本再興戦略」	
2013.6.13		自民党：政務調査会等「国際会計基準への対応についての提言」	
2013.6.20		自民党：Jファイル（マニフェスト）	
2013.11.27		民主党の議員が会社法改正案（第185回国会参法8）提出	
2013.11.29	第185回臨時会閣法22号・23号提出		
2014.4.23	衆院法務委員会可決		
2014.4.25	衆院本会議可決	民主党などの議員が会社法改正案（第186回国会衆法15）提出（4.30には参院にも提出。第186回国会参法10）	
2014.6.19	参院法務委員会可決		
2014.6.20	参院本会議可決		
2014.6.27	平成26年法第90号公布		

　法制審議会会社法制部会で選任義務づけが見送られた点に関しては、主に経済界の反対（および学説の議論）に言及されることが多い[119]。しかし、Ⅱで紹介した研究に照らすと、強力な利益集団の存

---

[119] たとえば、岩原紳作「『会社法制の見直しに関する要綱案』の解説(1)」商事法務1975号（2012）4頁、10～11頁。また、江頭憲治郎「会社法改正によって日本の会社は変わらない」法時86巻11号（2014）59頁、60頁。なお、これらの論稿は、単純に経済界が反対したから義務づけが見送られたと主張しているわけではない。

第16章　コーポレート・ガバナンスと政治過程

在だけでなく、政党（政権与党）の役割が重要なのではないかという視点が出てくる。

　上で紹介した研究のうち、Gourevitch & Shinn 2005, Cioffi らと Culpepper 2011 の主な説明が当てはまるかどうかをみてみよう。被説明変数である法制度の変化については、選任義務づけという案は採用されていないものの、comply or explain の変則的なバージョンといえるルールが採用され、社外取締役の選任の促進に向けた変化は生じている。これをどのように説明できるだろうか。

■**利益集団の連合？**　Gourevitch & Shinn 2005 によれば、選好の変化を通じて、利益集団間の連合が変化し、これが法制度の変化につながるはずである。しかし、法制審における議論の過程や前後の動きを見ても、利益集団間の連合が変化した様子はない。

　特に、株主と労働者が連合し、経営者に勝利する（その結果、経営者が抵抗するような株主利益の追求に向けた変化が生じる）"Transparency coalition" が成立したとはいい難い。法制審における検討の当初は民主党政権下であったため、労働者の代表として連合から委員が選出されたが、株主利益の追求よりも違法行為の抑止という名目で従業員代表監査役制度の創設や M&A における従業員利益の保護を求めていた[120]。

■**政党の役割は重要か**　中道左派政党の役割を重視する Cioffi らの議論はどうだろうか。

　平成 26 年会社法改正について法制審議会に諮問が行われた当時は、

---

[120] 法制審議会会社法制部会第2回議事録22～31頁の議論で連合の基本的なスタンスが示されている。興味深いことに、同32頁の連合の委員を批判する上村達男委員発言は、"Transparency coalition" の成立に向けた選好の変化があってしかるべき（にもかかわらず生じていない）ことを示唆している（「連合はアメリカやヨーロッパに調査に行ったと思いますけれども，そこでアメリカで言われてきたのは，私が当時対応していた人に聞いたのでは，アメリカに行ったら，要は労働者は株主ではないですかとどこへ行っても言われると言っていました。」）。

民主党政権下であった。前述のとおり、労働組合の代表者が会社法制部会の委員となるなど、中道左派政党の政権であることによる特徴も存在している。また、民主党は、2009年7月に「公開会社法（仮称）制定に向けて」を公表するなど[121]、会社法を含むコーポレート・ガバナンスをめぐる法制度の改革に全く無関心ではなかった。さらに、2011年9月から11月にかけて、大王製紙およびオリンパスのスキャンダルが暴露された後に、党内にワーキングチームを作り、2012年4月には「企業統治強化に向けた中間提言」をまとめた[122]。

しかし、党内では有価証券報告書提出会社に社外取締役の選任を義務づける案があったものの、この中間提言では明記されなかった[123]。結局、法制審の審議に影響を及ぼそうとすることも行われなかった。そして、社外取締役の選任を推進することに積極的かのようにみえる場合でも、経済成長のための政策の一環として位置づけているわけではなく、株主利益の追求という性格も弱かった[124]。以上の経緯をみると、中道左派政党が改革を主導するというCioffiらの議論は全く当てはまらないようにみえる。確かに、民主党は経済団体など経営者層とのつながりが弱かったものの、党として、彼らの議論にいう中道左派政党のような行動をとったわけではなかった。

しかし、Cioffiらの中道左派政党による改革の説明は、むしろ近時の安倍政権によるコーポレート・ガバナンス改革が経済成長政策の一環であることと見事なまでに軌を一にする。2010年以降に自民党が公表した政策（表2第2欄参照）では、野党時代のものも含め、一貫して

---

121) http://www.nikkei.co.jp/hensei/comp09/pdf/comp09_2.pdf
122) 2012年4月13日日本経済新聞朝刊4頁。ただし、その原文は民主党のウエブサイトなどには公表されていなかった。
123) 2012年4月13日日本経済新聞朝刊・前掲注122）。
124) なお、旬刊商事法務編集部「（インタビュー）企業統治の強化と資本市場の活性化に向けて——大久保勉参議院議員に聞く」商事法務2032号（2014）26頁では、株主以外のステークホルダーの利害にも言及しつつ、株主利益の観点を中心として社外取締役の選任義務づけを主張している。

第16章　コーポレート・ガバナンスと政治過程

コーポレート・ガバナンスの改革を経済成長のための政策の一環と位置づけている。社外取締役の選任推進については、法律により義務づけるべきかをめぐって揺れはあるものの、いずれにおいても言及されてきた。そして、依然として経済団体とのつながりはあると考えられるものの[125]、株主利益の追求を志向する政策が複数提示され、それを主導する政治家も登場している[126]。このように、自民党内において、Cioffiらの主張する中道左派政党の政治家と同様の役割を担う者が出てくると捉えなおすと、日本にとっても現実味のある議論といえるだろう。

■**サリエンスと政治家の介入**　最後に、サリエンスの重要性を強調するCulpepper 2011はどうだろうか。

前述のとおり、2011年9月から立て続けにスキャンダルが暴露され、民主党・自民党ともにコーポレート・ガバナンスについて検討する組織を立ち上げた（表2参照）。この時期はガバナンスに関するサリエンスが高まっており、サリエンスが高まると政治家に介入するインセンティブが高まるという説明と整合的である（図2参照）。また、2011年3月の震災直後から上記のスキャンダルまでおよび衆院解散直前の民主党政権末期というガバナンスの問題のサリエンスが低い時期に、当時の与党である民主党が積極的に介入の動きを見せなかったのは、サリエンスが低いと政治家が関心を有しないことと整合的である。

もっとも、サリエンスの高い時期でも、結局民主党政権は介入を行わなかった。他方、自民党政権は、法制審が答申を行った要綱に上乗

---

[125]　ただし、これについても中選挙区時代より経済団体の利益を重視しないと考えられる。
[126]　代表的な人物として、塩崎恭久議員。同議員の見解などを示すものとして、たとえば、塩崎恭久「一歩前進した企業統治」（2013年11月23日）〔https://www.y-shiozaki.or.jp/oneself/index.php?start=0&id=1221〕、塩崎恭久「銀行のガバナンス強化と株式保有『原則禁止』の実現を——銀行が『モノいわぬ株主』になるべきではない」金融財政事情3070号（2014）50頁、50〜51頁参照。

Ⅲ 問題と示唆

せする形で介入を行ったが、サリエンスが高くなった時期よりも後の2013年5月から6月（この時期のサリエンスの上昇は、自民党の政策の公表自体が要因の1つとなっていると考えられる）にかけて集中的に政策を公表していた（表2参照）。

1つの説明としては、サリエンスを高めたスキャンダルは必ずしも社外取締役の選任に直結するものではなかったため、社外取締役の選任強制の実現に向けたフレーミングは困難だったことも考えられる[127]。

もう1つのポイントは、サリエンスが高くなったタイミング、すなわち、法制審における検討の進み具合との関係である。法制審に平成26年会社法改正のための諮問がなされたのは2010年2月であった。そして、第2読会が開始した後の2011年3月に震災により審議が中断し、7月末に審議が再開した。スキャンダルによってサリエンスが高まり始めたのは、中間試案たたき台が出される第13回（2011年9月28日）の少し前からであり、オリンパス事件はそこから中間試案第1次案が審議された第15回（2011年11月16日）までの間に報道がなされ始めた。このように、審議がある程度進んでからサリエンスが高まったため、アジェンダの設定や部会のメンバーの選定に影響を及ぼしにくい。そして、法制審の部会で検討が進んでいる中で政党が直接的な介入を行うのはコストが高いと考えられる。

以上の点はあくまでも、この事例を素材とした1つのありうる説明に過ぎない。こうした審議会、特に（商法部会の時代も含めて）会社法制部会のメカニズムを明らかにする必要があるだろう。

---

[127] もっとも、オリンパス事件とは直接に関係しそうな社外役員の資格（特に重要な取引先出身者の排除）についても、サリエンスが高まった時期に議論が活発になった（法制審議会会社法制部会第15回議事録9～14頁）ものの、政治家による何らかの介入の動きはなく、法制審における議論の結果も変わらなかった。

第16章 コーポレート・ガバナンスと政治過程

図2 「社外取締役」のサリエンス

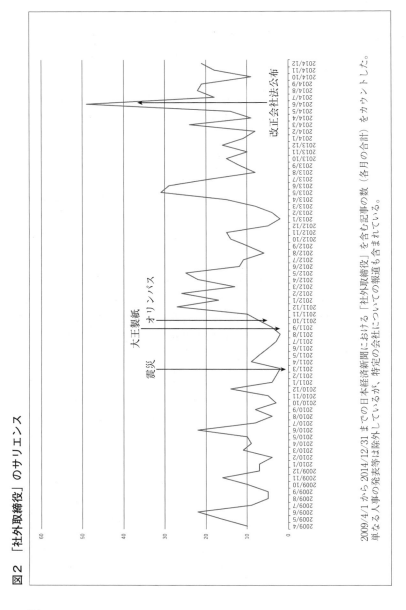

2009/4/1から2014/12/31までの日本経済新聞における「社外取締役」を含む記事の数（各月の合計）をカウントした。単なる人事の発表等は除外しているが、特定の会社についての報道も含まれている。

Ⅳ　結語

　以上にみてきたとおり、政治学におけるコーポレート・ガバナンスをめぐる法制度の変化の説明は、それ自体興味深いのみならず、現実に会社法学が関心を有している変化を理解するに当たっても有用であると考えられる。もちろん、研究テーマや手法からくる様々な制約も存在する。だからといって、方法も理論的な枠組みもなく徒手空拳で立法過程をみたところで、印象論や個別事例の紹介の域を出ない。一般化可能性のある議論を行うためには、本稿で紹介したものだけでなく、政治過程を分析する研究を参照することが有益といえる。

（まつなか・まなぶ）

※本稿の元になる報告には企業法プロジェクト研究会および法の経済分析ワークショップの参加者から多くのご指摘をいただいた。記して感謝申しあげる。本稿は、JSPS 科研費 15H03300、15K0320 による研究成果の一部である。

第17章
法制度の供給をめぐる政府間競争

学習院大学准教授　星　明男

I　はじめに

　宍戸（2011）は、企業のステークホルダー間の関係を次の3つの関係に分けて分析している[1]。すなわち、①経営者と株主との間の関係、②経営者と債権者[2]との間の関係、および③経営者と従業員との間の関係である（以下、これらをまとめて「3軸関係」という）[3]。その上で、3軸関係のそれぞれに適用される法制度の相互補完性（complementarity）に着目した制度設計の必要性を説いている。確かに、日本企業に適用される法令が日本法であることを前提とすれば、このような分析

---

1) 宍戸善一「企業における動機付け交渉と法制度の役割」宍戸善一編著『「企業法」改革の論理』（日本経済新聞社、2011）1頁参照。
2) 宍戸（2011）のいう物的資本の拠出者としての債権者は、金融債権者が中心となるので、本稿でも金融債権者を前提とする。
3) 宍戸（2011）は、3軸関係に加えて、政府との関係も視野に入れた議論を行っている（宍戸・前掲注1) 6〜7頁参照）。本稿のテーマとの関係で言えば、課税をめぐる政府間の競争がこの部分に該当すると考えられる。課税をめぐる政府間競争の是非は、経済学では租税競争という分野で扱われているが、この議論を本稿に取り込むことは筆者の能力を超える。そのため、本稿では課税をめぐる政府間の競争は扱わなかった。本稿は、（少なくとも日本では）あまり注目されていない、会社法と契約法をめぐる政府間の競争に議論の焦点を絞っている。なお、租税競争については、松本睦『租税競争の経済学——資本税競争と公共要素の理論』（有斐閣、2014）参照。

の有用性は否定する余地がないであろう。しかしながら、現在のように企業活動がグローバル化した状況の下では、日本企業であっても必ずしも日本法の下で活動するとは限らない。一例を挙げれば、海外に子会社・国内に孫会社を設立し、当該海外子会社の株式を証券取引所に上場し、国内孫会社との間で上場した海外子会社株式を対価とする三角合併を行えば、日本企業は海外の持株会社の完全子会社となる[4]。この場合に、一般株主との関係を規律するのは、当該海外持株会社の設立準拠法である。このような例が示すのは、日本企業は日本法によって規律されるという前提が、必ずしも成立しない状況が現れつつあるという現実である。

本稿は、宍戸（2011）による提言の重要性自体には賛同するものの、上に述べたような現実認識を前提とすると、法制度設計の議論には、これとは異なる視点を持つことも重要であると主張するものである。その視点とは、他国（他の法域）の法との競争である。なぜ競争という視点が重要かというと、現在の抵触法の枠組みが企業側に適用法令選択の自由を広く認めるものとなっているからである。企業側に選ばれなければ、日本法は使われなくなる。

本論の構成は次のとおりである。まず、日本法を前提として、現在の抵触法の枠組みを概観する（Ⅱ1）。その上で、連邦国家のアメリカで現実にどのような適用法令の選択がなされているかを紹介する（Ⅱ2）。これらを通じて、適用法令の選択が単位法律関係ごとにバラバラに行われる制度的枠組みが存在していること、および、アメリカでは現実にバラバラに適用法令の選択が行われていることを確認する。次に、アメリカにおける適用法令選択の市場で存在感を示している3つ

---

[4] このような取引は、コーポレート・インバージョンとして知られており、主にタックス・ヘイブンにグループ企業の親会社を移転させるために用いられてきた。節税目的でのコーポレート・インバージョンには、税制面での対策が講じられている。たとえば、太田洋「企業結合型インバージョンと米国新インバージョン規制」商事法務2059号（2015）28頁参照。

の州の戦略を紹介する。デラウェア州（Ⅲ１）、ネバダ州（Ⅲ２）、ニューヨーク州（Ⅲ３）の３つである。それぞれが特徴的な戦略を採用しており、今後の日本の戦略を考える上で参考になるからである。最後に、今後の課題と展望を述べて、結びとする（Ⅳ）。

Ⅱ 企業をめぐる適用法令選択の枠組み

Ⅱでは、現在の抵触法の枠組みの下では、法制度の供給をめぐる政府間の競争は、単位法律関係ごとにバラバラに行われる可能性が高いことを論じる。これは、企業側で３軸関係のそれぞれに適用される法令を選択できることから生じる結果である[5]。

まず、１では、日本の抵触法を前提に、現在の適用法令選択の枠組みを概観する。アメリカの抵触法も、基本的な枠組みは同じである[6]。次に、２では、連邦国家のアメリカにおいて、現実にどのような適用法令の選択が行われているかを紹介する。

1 ３軸関係と単位法律関係

現在の抵触法の枠組みの下では、私的な法律関係に適用される法令がどの法域のものとなるかは、単位法律関係ごとに決定される。単位法律関係とは、準拠法の決定方法ごとに分けられた私的法律関係の類型のことである。抵触法上の単位法律関係と、宍戸（2011）の３軸関係とは、概ね次のような対応関係にある。

まず、経営者と株主との間の関係は、会社の内部関係の問題と性質決定され、当該会社の従属法が適用されると解されている。会社の従属法の決定には、①当該会社が設立に際して準拠した法令によるべき

---

[5] 実際、アメリカでも法選択の自由度が増したことが、州政府間の法をめぐる競争につながったと考えられている。See ERIN A. O'HARA & LARRY E. RIBSTEIN, THE LAW MARKET (2009).

[6] アメリカの抵触法については、脚注で適宜言及する。

であると考える設立準拠法主義と、②当該会社が本拠を有する地の法令によるべきであると考える本拠地法主義があるが、日本では設立準拠法主義が採用されている[7][8]。すなわち、経営者と株主との間の関係に適用される法令は、会社の設立準拠法の選択を通じて、企業側で選択できる。経営者と株主との間の関係には、会社法だけでなく、株式を上場する証券取引所のルールも適用されるが、どの証券取引所に上場するかを選択するのは、企業側の判断であることは言うまでもないであろう。

次に、経営者と債権者との間の関係は、法的な関係としては、当該経営者が経営する会社と当該会社に対する債権者との間の契約関係ということになる。金融機関からの融資を念頭に置けば、会社と金融機関との間の金銭消費貸借契約が典型である。契約の準拠法は、契約当事者が契約締結時に選択することができる（法の適用に関する通則法7条）[9]。したがって、会社が倒産状態にない場合には、契約関係に入った時点で債権者との間で合意した法域の法令が適用される。他方で、

---

[7] アメリカでも、内部関係の法理（internal affairs doctrine）により、経営者と株主との間の関係には、設立準拠法が適用されると考えられている。RESTATEMENT (SECOND) OF CONFLICT OF LAWS §§304-10.

[8] 大陸ヨーロッパでは、かつては外国で設立された会社の法人格を否定する国が多かったが、ヨーロッパ司法裁判所（ECJ）が、1999年のCentros判決および2002年のÜberseering判決で、そのような法人格の否定は、EU内での会社設立自由の原則とは相容れない旨を判示している。See Martin Gelter, *The Structure of Regulatory Competition in European Corporate Law*, 5 J. CORP. L. STUD. 247 (2005).

[9] アメリカでも、当事者の選択した州の法が適用されるのが原則である。ただし、一般的には、①州と契約との間に実質的な関係がない場合と②より大きな利害を有する州の公序（fundamental policy）に反する場合には、当事者の選択した州の法令が適用されないとの例外が認められている（RESTATEMENT (SECOND) OF CONFLICT OF LAWS §187.）これらの例外をどこまで認めるかの解釈は、州ごとに異なっている。See O'HARA & RIBSTEIN, *supra* note 5, at 37-64. ニューヨーク州の状況については、Ⅲ3で簡単に言及する。

II 企業をめぐる適用法令選択の枠組み

図1　3軸関係と運用法令の選択

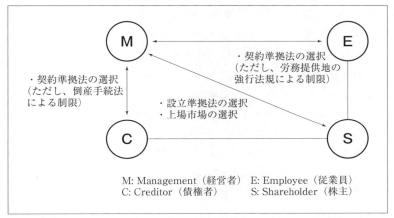

M: Management（経営者）　E: Employee（従業員）
C: Creditor（債権者）　S: Shareholder（株主）

会社が倒産した場合には、「手続は法廷地法による」の原則により、当該会社の倒産が申し立てられた裁判所が適用する倒産法が適用になる。裁判所が倒産の申立てを受理するかどうかは、当該裁判所に国際裁判管轄が認められるかどうかにかかってくる。日本では、民事再生手続では、会社が「日本国内に営業所、事務所又は財産を有するときに限り」裁判管轄を認めており（民事再生法4条1項）、会社更生手続では、会社が「日本国内に営業所を有するときに限り」裁判管轄を認めている（会社更生法4条）。したがって、会社の倒産局面で、経営者と債権者との間の関係に適用される法令の選択は、裁判管轄を有するどの裁判所に倒産を申し立てるかという、企業側の判断で決まる。しかし、会社財産の所在地以外の法域で倒産を申し立てた場合、当該倒産手続きを当該財産の所在地で執行できるかどうかには不確実性があるため[10]、選択の自由は事実上制限される。

---

10) たとえば、日本で外国倒産手続の効力が認められるためには、当該外国倒産手続の承認を日本の裁判所に申請しなくてはならない。承認が認められるための要件は、外国倒産処理手続の承認援助に関する法律に規定されている。

第17章　法制度の供給をめぐる政府間競争

　最後に、経営者と従業員との間の関係は、法的には、両者が属する会社と当該従業員との間の雇用契約関係である。雇用契約の準拠法も、雇用契約締結時に契約当事者が選択できるが（法の適用に関する通則法7条）、最密接関係地法の選択的連結が認められている。すなわち、従業員が雇用契約に最も密接な関係がある地の法令の強行規定を適用することを求めた場合、当該規定が適用される（同法12条1項）。そして、労務提供地の法令が、最も密接な関係がある地の法令であると推定されている（同法12条2項）。そのため、経営者と従業員との間の関係に適用される法令の選択については、株主との関係や債権者との関係と比較すると、選択の自由が制限されている。

　以上を簡単にまとめると、図1のように整理できる。すなわち、第一に、経営者と株主との間の関係に適用される法令は、会社の設立準拠法の選択と株式を上場する証券取引所の選択を通じて、企業側で選択できる。第二に、経営者と債権者との間の関係に適用される法令は、契約準拠法の選択を通じて、企業側で選択できるが、倒産時には、倒産を申し立てる裁判所の選択により制限される。第三に、経営者と従業員との間に適用される法令は、契約準拠法の選択を通じて選択できるが、労務提供地の強行法規による制限を受ける。以上のように、現在の抵触法の枠組みの下では、労働法や倒産法による制限はあるものの、3軸関係のいずれにおいても、適用法令の選択が企業側の判断に委ねられている。また、各単位法律関係での法令選択は、他の関係にどの法域の法令が適用されているかとは独立の判断になる。このような枠組みの下では、1つの法域の法体系が全体として企業に適用されるという保証はなく、3軸関係のそれぞれにおいて、バラバラに法選択が行われる可能性が高い。実際に、アメリカでは、経営者と株主との間の関係にはデラウェア州法が適用され、経営者と債権者との間の関係にはニューヨーク州法が適用されるというのが典型的な姿となっている。2では、アメリカで実際にどのような法選択が行われているかを少し詳しく紹介する。

2 アメリカでの適用法令選択の実際

アメリカは連邦国家であり、連邦憲法により連邦政府に委ねられている事項以外の権限は、各州が保持している。そのため、3軸関係に適用される法令も、各州の管轄下にある。ただし、倒産法は連邦政府が管轄しているため、各州の競争関係の中心にあるのは、会社法と契約法である[11]。

アメリカでは、上場会社の多くがデラウェア州法を設立準拠法として選択していることは広く知られている。たとえば、Daines（2001）によれば、上場会社のうちデラウェア州法を設立準拠法として選択している会社の割合は、1981年には44.3％、1988年には53.3％、1996年には55.8％と徐々に増加している[12]。また、新規上場（IPO）する会社がデラウェア州法を準拠法としている割合も、1981年には29％、1988年には33.7％、1996年には61.4％と増加している[13]。Bebchuk & Cohen（2003）によれば、1999年末時点で上場している会社（金融機関を除く）のうちデラウェア州法を準拠法とする会社の割合は57.75％であり、Fortune 500に属する会社に限れば、その割合は59.45％になる[14]。1996年から2000年にかけて新規上場した会社の中では、67.86％

---

11) もっとも、後述するように、適用される倒産法の内容に違いはなくとも、具体的な倒産手続の進め方が裁判官ごとに異なるため、倒産事件の受理をめぐって、デラウェア州とニューヨーク州の連邦倒産裁判所間に競争があると考えられている。企業側で倒産を申し立てる裁判所を選べるようになった法的な原因は、連邦裁判所間で事件を振り分ける機能を持つはずの"venue"の範囲が広かったため、全米で事業を行うような大規模な企業にとっては、裁判所の管轄を制限する意味が事実上なかったことにある。See LYNN M. LOPUCKI, COURTING FAILURE: HOW COMPETITION FOR BIG CASES IS CORRUPTING THE BANKRUPTCY COURTS 25-48 (2005).

12) *See* Robert Daines, *Does Delaware Law Improve Firm Value?*, 62 J. FIN. ECON. 525, 538, tbl. 5 (2001).

13) *Id.*

がデラウェア州法を準拠法としている[15]。デラウェア州のウェブサイトでは、アメリカの公開企業（publicly-traded companies）の過半数、Fortune 500 の 64％がデラウェア州法を準拠法としていると述べられている[16]。

しかし、最近では、ネバダ州法を準拠法とする上場会社が相対的に増加していることが注目されている。Barzuza (2012) によれば、ネバダ州以外に本拠を置く公開企業のうちネバダ州法を設立準拠法として選択した会社の割合は、2000 年には 5.56％だったものが、2003 年には 7.01％に増加し、25％超の増加率を記録した（2008 年には 6.66％まで減少しているが、それでも 20％の増加率を示している）[17]。90 年代まではデラウェア州が州外の会社を誘引するのに成功していたことに鑑みれば、アメリカでの設立準拠法の選択に変化の兆しが見られる。このような変化の要因については、Ⅲ 2 で検討する。

アメリカの会社が株式の上場先として選択するのは、ニューヨーク証券取引所（NYSE）か NASDAQ がほとんどである。Caglio, et al. (2012) は、1995 年から 2007 年までに 90 か国で行われた 17,808 件の IPO を対象とする実証研究であるが[18]、アメリカの会社が海外のみで IPO[19] を行った件数は、3,676 件中 308 件（約 8.4％）に過ぎない[20]。

---

14) *See* Lucian Arye Bebchuk & Alma Cohen, *Firms' Decisions Where to Incorporate*, 46 J. L. & Econ. 383, 391, tbl. 2 (2003).

15) *Id.*

16) http://www.corp.delaware.gov/aboutagency.shtml

17) *See* Michal Barzuza, *Market Segmentation: The Rise of Nevada as a Liability-Free Jurisdiction*, 98 Va. L. Rev. 935, 948-49 (2012).

18) Cecilia Caglio, Kathleen Weiss Hanley & Jennifer Marietta-Westberg, *Going Public Abroad* (Working Paper as of November 2012), *available at* http://ssrn.com/abstract=1572949.

19) Caglio, et al. (2012) は、国内でのみ上場したものを国内上場（domestic IPOs）、海外でのみ上場したものを海外上場（foreign IPOs）、国内と海外の両方で上場したものをグローバル上場（global IPOs）と呼んで区別している。本文で述べた IPO は、海外でのみ上場を行った「海外上場」を指している。*Id.* at 6-7.

国内でのみ上場する数が圧倒的に多く、3,300 件（約 89.8％）である。国際取引所連合（World Federation of Exchanges）の統計を見ると[21]、アメリカン証券取引所（AMEX）が NYSE ユーロネクストに買収される前の 2008 年 1 月時点で、上場している内国会社の数は、AMEX が 496 社、NASDAQ が 2,821 社、NYSE が 1,616 社であった。2016 年 7 月時点では、NASDAQ が 2,485 社、NYSE が 1,848 社である[22]。

契約準拠法の選択には、会社の設立準拠法の選択とは異なる傾向が見られる。Eisenberg & Miller（2009）は、2002 年 1 月 1 日から 6 月 30 日までの 6 か月間[23]に Form 8-K 様式の臨時報告書（current report）で開示された重要契約 2,865 通を対象として、契約類型[24]ごとに契約準拠法を調査した[25]。このうち、金融債権者との関係に該当する契約では、ニューヨーク州法が契約準拠法に指定されている割合が高い。社債契約（bond indentures）では 89.03％、コミットメントライン契約

---

20) *Id.* at 37, tbl.3. なお、日本の会社が海外でのみ上場した割合はさらに低く、0.15％（1,938 件中 3 件のみ）である。
21) http://www.world-exchanges.org/home/
22) なお、アメリカの上場会社数は、1996 年をピークに年々減少している。Doidge, et al.（2015）によれば、1996 年時点での上場会社数は 8,025 社であったが、2012 年時点では、4,102 社まで減少している。*See* Craig G. Doidge, Andrew Karolyi & Rene M. Stulz, *The U.S. Listing Gap* (Fisher College of Business Working Paper No. 2015-03-07), *available at* http://ssrn.com/abstract=2605000.
23) ただし、統合契約（merger agreements）については、2002 年 1 月 1 日から 7 月 31 日までの 7 か月間に開示されたものが対象となっている。
24) 資産譲渡契約（asset sale/purchase）、社債契約（bond indentures）、コミットメントライン契約（credit commitments）、雇用契約（employment）、ライセンス契約（licensing）、統合契約（mergers）、証券化契約（pooling and servicing）、証券譲渡契約（securities purchase）、担保契約（security agreements）、和解契約（settlements）、信託契約（trust agreements）、引受契約（underwriting）、その他（other）の 13 類型である。
25) *See* Theodore Eisenberg & Geoffrey P. Miller, *The Flight to New York: An Empirical Study of Choice of Law And Choice of Forum Clauses in Publicly-Held Companies' Contracts*, 30 Cardozo L. Rev. 1475（2009）.

(credit commitments) では 48.39％、担保契約 (security agreements) では 59.46％がニューヨーク州法準拠である[26)][27)]。他方で、雇用契約 (employment) については、特定の州法が契約準拠法に指定されるという傾向は見られない。

なお、倒産法は連邦の管轄であるため、適用法令選択の問題にはならないが、企業が倒産を申し立てる裁判所の選択にも一定の傾向があることが知られている。UCLA-LoPucki Bankruptcy Research Database (BRD)[28)] は、1979年10月1日以降に倒産を申し立てた大規模公開企業[29)]を網羅したデータベースであるが、これによれば、デラウェア州地区に申し立てられた件数の割合が全体の36.3％と最も高く、これに続くのが、ニューヨーク州南部地区の19.4％である。もっとも、どちらの裁判所が選好されるのかは、時期ごとの違いが見られる。80年代はニューヨーク州の連邦裁判所への申立てが多かったが、90年代を通じて、デラウェア州の連邦裁判所が徐々にシェアを増やした。しかし、2000年代に入ると、デラウェア州の連邦裁判所は、シェ

---

26) *Id.* at 1491, tbl.3. なお、この他にニューヨーク州法が準拠法として選択されている割合が高い契約類型は、証券化契約 (pooling and servicing) の86.13％と引受契約 (underwriting) の93.18％であり、金融関連の契約でニューヨーク州法が準拠法に指定されているというのが、より正確な描写である。*Id.* at 1492.

27) 統合契約 (mergers) では、デラウェア州法が準拠法に選択されている割合は32.28％であり、ニューヨーク州法16.75％と比べると倍近い。しかし、調査対象統合契約の当事会社の設立準拠法を見ると、買収会社の53.04％、買収対象会社の56.89％がデラウェア州法である。これと比べると、相対的にはデラウェア州法が選択される割合が低い。*See* Theodore Eisenberg & Geoffrey P. Miller, *Ex Ante Choice of Law and Forum: An Empirical Analysis of Corporate Merger Agreements*, 59 Vand. L. Rev. 1975 (2006).

28) http://lopucki.law.ucla.edu/

29) 倒産の申立てに先立って、3年超の期間にわたり米国証券取引委員会 (SEC) に年次報告書 (Form 10K 様式または Form 10 様式) を提出した会社を「公開企業」とし、その年次報告書中で資産額を (1980年の基準で) 1億米ドル以上と報告している企業を「大規模企業」としている。

図2　アメリカでの運用法令の選択

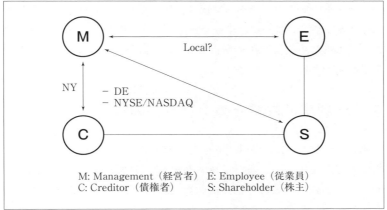

アを落としている[30]。

　以上の事実を3軸関係に大胆に当てはめれば、アメリカ公開企業の典型的な適用法令の選択は、図2のようになるであろう。すなわち、第一に、経営者と株主との間の関係に適用される法令としてはデラウェア州法が選択され[31]、上場規則は、NYSEまたはNASDAQが選択されている。第二に、経営者と債権者との間の関係に適用される法令としては、ニューヨーク州法が選択されている。ただし、会社の倒産時は、（適用される法令は連邦倒産法ではあるが）デラウェア州またはニューヨーク州の連邦裁判所が選択されている。第三に、経営者と従業員との間に選択される法令としては、特定の州法が選択されておらず、労務提供地の法令に従っていると考えられる。このように、連邦国家のアメリカを見ても、3軸関係に適用される法令は単位法律関係ごとにバラバラに選択されているのが現実である。

　では、このようなバラバラの法令選択はなぜ生じたのか。それは、

---

30)　See LoPucki, supra note 11, at 49-122.
31)　ただし、既に述べたように、最近はネバダ州を選択する企業も増加している。

企業側の需要を満たすために各州が採用した法制度の供給方針に差があったからである。企業から選択された州には、法の供給に関する明確な戦略がある。Ⅲでは、デラウェア州、ネバダ州、ニューヨーク州の3つの州が、それぞれどのような法の供給戦略をとってきたのかを簡単に紹介する。

Ⅲ　法制度の供給をめぐる各州の戦略

Ⅱ2で見たように、会社設立準拠法の市場での勝者は、デラウェア州である[32]。しかし、近時はネバダ州が特徴的な動きを見せている。他方で、金融債権者との間の契約準拠法の市場での勝者は、ニューヨーク州である[33]。Ⅲでは、これらの州が採用している、法の供給をめぐる戦略を順次紹介する。各州の戦略は、それぞれが置かれた立場に応じて、独特なものである。

1　デラウェア州の戦略

デラウェア州は、会社設立準拠法の市場において、支配的な地位を占めている。このような地位を築いたデラウェア州の戦略は、企業の需要[34]に応える会社法を適時に提供することを社会的にコミットするというものである。設立準拠法の変更にはコストがかかるため[35]、企業側は、準拠法を選択するにあたって、現在の会社法の内容だけで

---

32) 会社法の競争をめぐる議論（後掲注34参照）の中で、デラウェア州の独占市場であり、他の州は既に競争をしていないとの評価もあるくらいである。See Marcel Kahan & Ehud Kamar, *The Myth of State Competition in Corporate Law*, 55 STAN. L. REV. 679 (2002).

33) 1996年から2012年までの間に証券取引委員会（SEC）に開示された100万通近くの契約を対象とする実証研究においても、相対的な法の利用（本店所在地以外の州法を選択している割合）が多いのは、この3州に限られるとの結果が出ている。See Sarath Sanga, *Choice of Law: An Empirical Analysis*, 11 J. EMPIRICAL LEGAL STUD. 894 (2014).

なく、将来会社法の内容が一方的に自己の不利益に変更されてしまう可能性を考慮に入れる。このような長期的な関係において有効なのが、コミットメント——すなわち、企業に不利益な会社法の変更を行うという選択肢を自ら排除するということ——である。Romano (1993) は、デラウェア州によるこのようなコミットメントを信頼できるものにしている制度的要因が、次の3点にあると分析している[36]。

第一に、デラウェア州が歳入の多くを会社登録税（corporate franchise tax）に依存していることである。デラウェア州は、アメリカ東部の小さな州であり、2015年度の歳入42億7,690万米ドルのうち会社登録税は6億7,550万米ドルを占めている（約15.8%）[37][38]。これは、個人所得税の14億4,430万米ドルに次ぐ、2番目に大きな税目である。各会社が支払う会社登録税の額は、発行済株式総数と総資産額によっ

---

34) ここでいう「企業の需要」の内実が、株主の利益に適うものなのか、会社の実質的な意思決定を行う経営者の私的利益を増大させるだけのものなのかをめぐって、アメリカではほぼ半世紀にわたって論争が続いている。前者が、「頂点への競争」（race to the top）の立場であり、後者が、「底辺への競争」（race to the bottom）の立場である。本稿では、論争の詳細に立ち入る余裕はないが、論争の全体像を把握するための文献のサーベイとして、see Roberta Romano, *The Market for Corporate Law Redux* (ECGI Working Paper Series in Law No. 270/2014), *available at* http://ssrn.com/abstract=2514650.

35) 設立準拠法を変更するには、他州の会社法を準拠法とする子会社を設立し、当該子会社の株式を対価として自社が消滅会社となる吸収合併を行うのが一般的である。このような取引そのものに要するコストに加えて、これまでとは異なる会社法が適用されることに伴う社内での制度変更にもコストがかかる。

36) See ROBERTA ROMANO, THE GENIUS OF AMERICAN CORPORATE LAW 37-44 (1993). 本文では、Romanoのもともとの分析を紹介しているが、デラウェア州の歳入に関する数値は、最近のものに改めた。

37) http://budget.delaware.gov/budget/fy2017/documents/operating/vol1/financial-summary.pdf

38) Business entity feesの1億270万米ドルとLLCとLLPに対する課税の2億4,440万米ドルを含めると、企業組織を維持することに対する課税が、デラウェア州の歳入の約26%を占めることになる。

て変動するが[39]、いずれにしても、デラウェア州法を準拠法とする会社の数とデラウェア州の税収との間には正の相関関係が成り立つ。このような状況で、他州に会社を奪われれば、他の代替財源を見つけるのは難しい。したがって、デラウェア州にとっての財源維持の必要性が、企業側に不利益な会社法の変更を行わないとのコミットメントを裏付ける。

　第二に、会社法専門の司法インフラへの多大な投資である。その中には、膨大な判例法の蓄積、裁判官の会社法に対する専門性の構築、会社関係の迅速な行政手続きが含まれる。デラウェア州の司法制度は、2審制の簡易なものであるが、会社法関係の事件は、1審では衡平裁判所（Court of Chancery）の専属管轄となる[40]。そのため、デラウェア州衡平裁判所は、実質的な会社法専門裁判所として認識されている[41]。衡平裁判所には陪審がなく、裁判官は、主としてビジネス法務の経験を有する候補者の中から、上院の同意を経て、知事により任命される[42]。任期は12年である。このような裁判官の選任プロセスは、裁判官の会社法に対する専門性の形成に寄与し、また、裁判官の判断が、政府の基本政策（デラウェア州での会社設立の促進）と乖離しないようにすることを担保するものであると考えられている[43]。会社法に特化した司法インフラは、他の用途に流用することができないため、会社訴訟との関係で、関係特殊的な資産（relation-specific assets）を形成することになる[44]。そのため、このような司法インフラへの投資も、デラウェア州のコミットメントの裏付けとなる。

　第三に、デラウェア州の憲法が、会社法典の改正に、上院および下院のそれぞれにおいて、3分の2以上の多数での承認を求めているこ

---

39) https://corp.delaware.gov/frtaxcalc.shtml
40) http://courts.delaware.gov/chancery/jurisdiction.aspx
41) *See* Lewis S. Black, Jr., Why Corporations Choose Delaware 5 (2007).
42) http://courts.delaware.gov/chancery/judges.aspx
43) *See* Romano, *supra* note 36, at 40.

とである[45]。会社法典の改正に高いハードルを課すということは、会社法典の現状が維持される可能性を高める。これは、個別の改正の迅速性を損なう可能性がある一方で、デラウェア州の基本方針（デラウェア州での会社設立の促進）が、極めて大きな政治的反動がない限りは維持されるということを意味している。すなわち、より大きな方針としてのデラウェア州のコミットメントを示すものであると考えられる。

以上をまとめると、デラウェア州の戦略は、州の財政自体が、州外の会社による自州での会社設立に依存せざるを得ないという状況を活かした、コミットメント戦略であるといえる。

2　ネバダ州の戦略

Ⅱ2で述べたように、ネバダ州が会社設立準拠法の市場に占める割合は、全体としては小さいが[46]、2000年代前半には、州外の公開企業の誘引に成功している。その結果として2008年までの8年間でネバダ州が公開企業から新たに獲得した会社設立手数料（incorporation fees）は、少なくとも数百万米ドルにのぼると言われている[47]。このようなネバダ州の成功をもたらした戦略は、会社役員（directors and officers）の損害賠償責任について、デラウェア州との間で差別化（market segmentation）を行うことにより、ニッチ市場の需要を満たすというものである。

1985年のVan Gorkom事件[48]をきっかけに、デラウェア州一般会

---

44) この議論は、デラウェア州法準拠の会社は、デラウェア州の裁判所で提訴されることが前提となっている（*Id.* at 41.）。しかし、近時の実証研究は、2000年代に入ってから、デラウェア州法準拠の会社がデラウェア州以外の裁判所で提訴される割合が、増加する傾向にあることを示している。See John Armour, Bernard Black & Brian Cheffins, *Is Delaware Losing Its Cases?*, 9 J. EMPIRICAL LEGAL STUD. 605 (2012).
45) DEL. C. ANN. CONST., ART. 9, § 1.
46) 前掲注17）に伴う本文参照。
47) *See* Barzuza, *supra* note 17, at 948.

社法が、取締役の注意義務（duty of care）違反に基づく損害賠償責任を免除する規定を基本定款に置くことを認める改正を行ったことは、わが国でもよく紹介されている[49]。デラウェア州一般会社法102条(b)項(7)号[50] が免責を認めているのは、取締役の注意義務違反に基づくものだけであり、次の4つの類型に基づく損害賠償責任の免除は認めていない[51]。すなわち、①忠実義務（duty of loyalty）違反、②誠実に（in good faith）行われたのではない作為・不作為、③意図的な違反行為（intentional misconduct）または故意の法令違反（knowing violation of law）を含む作為・不作為、④取締役が不適切な個人的利益（improper personal benefit）を得る取引の4つである。

ネバダ州は、1987年に、デラウェア州と同様に、取締役の損害賠償責任を免除する基本定款の規定を置くことを認めたが、当時から免責対象はデラウェア州より広かった[52]。第一に、デラウェア州が取締役（director）の損害賠償責任だけを対象としているのに対し、ネバダ州は執行役（officer）の損害賠償責任をも免責の対象としていた。第二に、基本定款規定による損害賠償責任の免除を認めない行為類型が、意図的な違反行為（intentional misconduct）、詐欺（fraud）または故意の法令違反（knowing violation of law）を含む作為・不作為に限定されていた。

2001年にネバダ州が行った改正は、損害賠償責任の免除について、原則と例外を逆にしたというものである。すなわち、改正後のネバダ州会社法138条(7)項[53] は、基本定款でより広い範囲の個人責任を規

---

48) Smith v. Van Gorkom, 488 A.2d 858 (Del. 1985).
49) たとえば、近藤光男『取締役の損害賠償責任』（中央経済社、1996）第2章第10節参照。
50) Del. Code Ann. tit. 8, §102 (b) (7).
51) この他に、違法配当に基づく損害賠償責任も免除の対象とならないが、本文の議論とは直接かかわらないので省略する。
52) Nev. Rev. Stat. Ann. §78.037.
53) Id. §78.138 (7).

定しない限り、会社役員（directors and officers）が損害賠償責任を負うのは、当該役員の作為・不作為が信認義務に違反し、かつ、当該義務の違反が、意図的な違反行為（intentional misconduct）、詐欺（fraud）または故意の法令違反（knowing violation of law）を含むことが立証された場合に限られると規定している。ネバダ州では、取締役も執行役も損害賠償責任を負わないのがデフォルト・ルールとなったのである。

このようなデラウェア州との間の差別化は、立法の過程で明確に議論されており[54]、会社法改正が、公開企業を誘引する戦略としてはっきり意識されていた。Barzuza（2012）は、ネバダ州が成功した要因を主に次のように分析している[55]。

第一に、会社法の需要者である公開企業は、そのすべてが同じ会社法を求めているわけではなく、異なる内容の会社法を求める一定の層があるという、需要者側の要因である。すなわち、会社役員の損害賠償責任の免除範囲について、デラウェア州の規定より広い免責を必要とする公開企業が、一定数存在している[56]。

第二に、ネバダ州の免責規定は、司法インフラの整備を必要としないということである。デラウェア州のように、誠実義務（duty of good faith）や利益相反（conflict of interest）関係を免責範囲の基準として用いると、限界事例を判断するために、判例法の蓄積や裁判官の専門性が必要となるが、ネバダ州の基準では、それらの限界事例は免責範囲に入ることが明確であるため、デラウェア州のような司法インフラは必ずしも必要とされない。そのため、免責範囲の差別化は、デラウェア州のように司法インフラへの投資をしなくても、実現できる性格のものだったのである。

---

54) *See* Barzuza, *supra* note 17, at 953-55.
55) *Id.* at 958-70.
56) ネバダ州準拠の会社は、デラウェア州を含む他州の会社よりも、取締役との間で訴訟費用などの補償契約（indemnification contracts）を締結している割合が高い。*Id.* at 962-63.

第三に、最大の競争相手であるデラウェア州は、ネバダ州の市場参入を阻止することが難しいという、供給者側の要因である。デラウェア州が、一部の公開企業の需要を満たすために会社役員の損害賠償責任を緩和した場合、他の大部分の公開企業が享受しているデラウェア州設立のメリットを減殺してしまう可能性があるからである。

以上をまとめると、ネバダ州の戦略は、会社設立準拠法の市場に存在するわずかな需要（ニッチ市場）を狙ったものであるといえる。この戦略は、デラウェア州という圧倒的に大きな市場支配力を有する競争者が存在する状況でも達成可能であるところに特徴がある。

3　ニューヨーク州の戦略

ニューヨーク州は、契約準拠法の選択の市場で支配的な地位を確立している。Miller & Eisenberg（2009）は、金融債権者との間の契約において、ニューヨーク州法が契約準拠法として選択されることに成功した要因は、ニューヨーク州が次の3つの改革を他州に先んじて行ったことにあると分析している[57]。これらは、マンハッタンが金融センターであるという地理的優位性を活かした王道の改革である。

第一の改革は、契約をめぐる紛争にニューヨーク州法が適用される確実性を高めたことである。アメリカでは、かつては契約当事者の準拠法選択は必ずしも尊重されず、選択された準拠法と契約自体との間に合理的に密接な関係があることが要求されていた。これは、契約準拠法は契約の締結地または履行地の法でなくてはならないことを意味

---

[57] *See* Geoffrey P. Miller & Theodore Eisenberg, *The Market for Contracts*, 30 Cardozo L. Rev. 2073, 2087-97（2009）.

[58] *See* Joseph H. Beale, *What Law Governs the Validity of a Contract: III Theoretical and Practical Criticisms of the Authorities*, 23 Harv. L. Rev. 260, 261-62（1910）.

[59] Restatement（Second）of Conflict of Laws §187.

[60] *See* Miller & Eisenberg, *supra* note 57, at 2088-89.

[61] Mechanic v. Princeton Ski Shop, Inc. 1992 WL 397576（S.D.N.Y. 1992）.

すると理解されていた[58]。しかし、裁判所は徐々に契約当事者の準拠法選択を尊重するようになり、第2次抵触法リステイトメント[59]でもその立場が支持された。ニューヨーク州では、契約当事者の法選択は、①州との間の合理的な関係が欠けている場合、または②根本的な公序（fundamental public policy）に反する場合を除いて、尊重されると解されている[60]。州との間の合理的な関係は緩やかに解されており、当事者の意思に重点が置かれることを強調する裁判例もある[61]。公序についても、ニューヨーク州では自州の公序のみを問題とするのに対し、他の多くの州では、自州に限定して考えてはいない[62]。さらに、1984年には、取引価格が25万ドル以上の契約の当事者は、当該契約がニューヨーク州に合理的な関係を有するかどうかに拘わらず、ニューヨーク州法を準拠法に指定できる旨の規定[63]が、ニューヨーク州一般債務法に追加された。

　第二の改革は、契約当事者にとって、ニューヨーク州の裁判所を利用する価値を高めたことである。これには、①ニューヨーク州で裁判が受けられる確実性を高めたことと②裁判所の利便性を高めたことの両方が含まれる。上記①については、1972年に連邦最高裁が法廷地選択条項を「有効であると推定する（prima facie valid）」と判示[64]するまでは、各地の裁判所でしばしばその有効性が否定されていた[65]。ニューヨーク州は、連邦最高裁の判断に従い、詐欺（fraud）によって法廷地選択条項に合意させられたのでない限り、法廷地選択の有効性を認めている[66]。さらに、1984年には、取引価格が100万ドル以上

---

62) 第2次抵触法リステイトメント187条2項(b)も、より大きな利害を有する州の公序を問題としており、自州の公序に限定していない。

63) N.Y. GEN. OBLIG. LAW §5-1401.

64) The Bremen v. ZapataOff-Shore Co., 407 U.S. 1 (1972).

65) *See* Michael Gruson, *Forum-Selection Clauses in International and Interstate Commercial Agreements*, 1982 U. ILL. L. REV. 133, 138-47.

66) 他州は、ニューヨーク州ほどには、法廷地選択条項の有効性を認めていない。*See* Miller & Eisenberg, *supra* note 57, at 2090.

の契約について、ニューヨーク州法が契約準拠法に指定され、ニューヨーク州の裁判管轄が合意された場合には、外国当事者に対する訴訟であってもニューヨーク州の裁判所が裁判管轄を有すること[67]、および、フォーラム・ノン・コンヴィニエンス（forum non convenience）の法理を用いて訴えを却下できないこと[68]が制定法に規定された。

上記②については、1990年代に司法制度改革が行われた。それまでは、ニューヨーク州の裁判所の問題点として、(a)裁判官が政治任用であり、必ずしもビジネス法に対する専門性を有していないこと、(b)事件が複数の裁判官に回付され、時間がかかること、(c)金銭賠償を求める訴訟には陪審制が適用され、結果の予測可能性が低いこと、が指摘されていた。これらの問題点に対して、ニューヨーク州は、1993年のパイロットプログラムを経て、1995年に常設の商事裁判所（Commercial Division of the Supreme Court）を設立した。商事裁判所では、1つの事件に対して1人の裁判官が割り当てられ、裁判官はビジネス法の経験を有する候補者の中から、長官（Chief Judge）により選任される。これらの改革の結果、契約をめぐる紛争の平均審理時間は短くなったと報告されており[69]、また、裁判官の監督により陪審の質も向上したと言われている。さらに、2014年には、商事裁判所に、陪審審理や中間上訴（interlocutory appeal）を排し、ディスカバリーの範囲も制限した迅速審理（accelerated adjudication actions）の制度が導入されている[70]。

第三の改革は、金融業界の関心に応える制度の構築をいち早く行ったことである。たとえば、ニューヨーク州では、金銭債権を表証する有価証券に基づく請求については、略式命令（summary judgment）を

---

[67] N.Y. GEN. OBLIG. LAW §5-1402
[68] N.Y. C.P.L.R. 327 (b).
[69] *See* NEW YORK STATE JUDICIAL INSTITUTE, COMPREHENSIVE CIVIL JUSTICE PROGRAM 2005: STUDY & RECOMMENDATIONS 19-20, *available at* http://www.nycourts.gov/reports/Civil_Justice_Program_2005.pdf
[70] 22 NYCRR §202.70 (g), Rule 9.

求める場合の迅速な手続きが認められている[71]。また、ヨーロッパでのユーロ導入時に、旧通貨に基づく決済を求める契約の有効性（執行可能性）について疑義が生じた際にも、ユーロが契約上合意された決済通貨（旧通貨）の代替通貨となることを明記する一般債務法の改正を行い[72]、事態を決着させた。さらに、デリバティブ取引や外貨取引などの金融取引について、かつては詐欺防止法（Statute of Fraud）により書面の作成が要求されていたところ、1994年にその要件を緩和し、他の手段による執行可能性の担保を認めた[73]。

　ニューヨーク州が行った以上の改革については、他の州が追従したものも多い。しかし、ニューヨーク州が他州に先んじてこれらの改革を行ったことが、準拠法選択の市場で支配的地位を確立するにあたって重要なポイントになったと考えられる。

Ⅳ　課題と展望

　本稿では、企業をめぐる法制度の適用は、単位法律関係ごとにバラバラに行われるというのが現在の制度的枠組みであることを示した。この枠組みの下では、今後、日本も他国（他の法域）との間で、法制度の供給をめぐる競争に直面せざるを得ないというのが、本稿の認識である。そのような競争に直面するにあたって、検討すべき課題をいくつか挙げて、本稿の結びに代えたい。

　まずは、法制度の供給主体としての日本の立ち位置の確認である。Ⅲで述べたように、アメリカの各州は、それぞれが置かれた状況に応じて、異なる戦略を採用していた。デラウェア州は、州の財政上の特質を踏まえた、会社法に特化したコミットメント戦略をとっていた

---

71) N.Y. C.P.L.R. 3213.
72) N.Y. GEN. OBLIG. LAW §5-1603.
73) *Id.* §5-701（b）.

し、ニューヨーク州は、世界的な金融センターを有するという地理的優位性を活かした法制度の改革を推進していた。日本が、今後どのような戦略で国際競争に臨むかを検討するには、まず、自らの立ち位置を確認する必要があるだろう。たとえば、国際仲裁の文脈では、日本がシンガポールや香港に大きく水をあけられてしまったことは、実務家の共通認識となっている。そのような状況で、マーケット・リーダーにふさわしい戦略を採用したとしても、失敗するだけであろう。

次に、具体的な戦略の策定である。Ⅲで検討した各州の戦略からも推察されるように、実体法の内容の改善だけでは十分ではない[74]。日本法の利用を促進するための他の制度的インフラの整備が伴わなければ、実体法の内容如何に拘わらず、日本法は利用されなくなるおそれがある。もちろん、司法制度を含めた制度的インフラの整備にはコストがかかるので、ビジネスの文脈であえて日本法の利用を促進することを諦めるという選択肢があることも否定はできない[75]。しかし、いずれにしても、コストに見合う便益が得られるかどうか、慎重に検討する必要がある。

最後に、具体的な戦略に適合した法制度研究の手法の吟味である。たとえば、比較法研究は、現在でも日本の実定法研究の主流を形成する研究手法であるが、(ニューヨーク州が採用しているような) 他に先駆けて法制度改革を行うという戦略とは相性が悪い。他の法域での解決

---

74) 会社法の競争の議論の中でも、会社設立を誘引する決め手となっているのは、実体法の内容ではなく、定款自治を広く認める柔軟性や司法の質であることを示す実証研究もある。See Marcel Kahan, *The Demand for Corporate Law: Statutory Flexibility, Judicial Quality, or Takeover Protection?*, 22 J. L. Econ. & Org. 340 (2006).

75) 筆者も含め、日本法を対象とする研究者や実務家にとっては、これまで築いた日本法に関する知見が関係特殊的資産となっているため（前掲注44）に伴う本文参照）、これを失わないように、日本法の利用を促進する政策を支持するという利害関係が存在している。したがって、冷静な費用便益分析を行うには、適切な立場でないかもしれない。

Ⅳ　課題と展望

法を参考に自国の問題を解決するという手法だからである。他方で、他国が行った改革に迅速にキャッチアップするという戦略とは相性が良いと考えられる。今後、日本でどのような法学研究が求められるようになるかも、日本が国際競争に臨む戦略次第であるように思われる。

（ほし・あきお）

第18章
海外M&A実務の日本的受容
―― ディスカウントTOBを題材に

弁護士 中山龍太郎

I　はじめに

　従前、わが国の企業法実務は欧米実務を採り入れる形で発展してきた。とりわけ企業の支配権移転取引であるM&Aの実務は、米国実務の強い影響の下にある。これは、米国において早くからM&A取引が活発であったことはもちろんであるが、日本においてM&A実務に携わる実務法曹の多くが米国のロースクールで学び、米国法律事務所で研修を受けるのが一般的であったという慣行によるところも大きい。

　一方で、M&A取引に関連する法制度は必ずしも米国のそれと同一とは限らない。わが国の会社法は、元々ドイツ法系に由来し、昭和25年改正以後は、むしろ米国法の影響を強く受けた[1]とされ、そもそも複数の法体系に由来し、その何れとも異なる独自の発展をとげてきている。また、実質的な会社法の一部をなす金融商品取引法の公開買付規制については、平成2年の証券取引法全面改正においていわゆる「3分の1ルール」(3分の1基準)による強制公開買付規制[2]が導入され、米国とは全く異なる制度的背景を有することとなった。

---

1) 江頭憲治郎編『会社法コンメンタール(1)』(商事法務、2008) 7頁〔江頭憲治郎〕等。
2) 金商法27条の2第1項2号参照。平成2年の証券取引法改正については、証券法研究会編『金商法大系I』(商事法務、2011) 21～26頁等参照。

第18章　海外M&A実務の日本的受容

　このような異なる制度的背景の下で、わが国の実務法曹は米国において一般的なM&A取引と同様の取引を実現すべく、さまざまな工夫をこらしてきた。筆者自身、実務法曹として、そのような海外の法実務の受容に携わってきたが、やはり異なる制度的背景の下で、結果として海外とは大きく異なる形で実務が定着・発展するものも少なくない[3]。

　そのような実務の中で、本稿では「ディスカウントTOB」と呼ばれる実務を採りあげる。TOB（公開買付け）は、本来、多数の株主から株式を取得しようとする（あるいは、多数の株主に売却の機会を与える）際に用いられる手法であり、株主に公開買付応募の誘因を与えるために時価に対して一定のプレミアムを付すことが期待されている取引である。

　しかしながら、わが国では、公開買付価格が時価を下回る（ディスカウントされる）取引が少なくない割合で存在する。筆者は、このようなディスカウント価格による公開買付けをわが国の企業法実務が範とした欧米で聞いたことはなく、おそらくは日本独自の実務ではないかと思われる。

　本稿では、この日本独自と思われるディスカウントTOBの実態と目的を実例を下に分析した上で（Ⅱ）、そのような実務が生まれたわが国の公開買付制度の制度的背景を明らかにする（Ⅲ）。次に公開買付制度の効率性を評価する理論モデルを簡潔に紹介し、その理論モデルを踏まえてディスカウントTOBの実務に含まれるパラドックスとその原因について述べる（Ⅳ）。最後に、それまでの分析を踏まえて、ディスカウントTOBという実務が、わが国の公開買付制度のあり方に投げかけている問題提起を紹介する（Ⅴ）。

---

[3]　本稿の主眼ではないが、米国のライツ・プランを範として導入された敵対的買収防衛策のわが国独自の発展もその一例であろう。

II　ディスカウントTOBの実態

1　ディスカウントTOBの特徴

　別表は2011年4月1日から2016年3月31日までの5年間にわが国で実施されたディスカウントTOB[4]の一覧である。
　この間に28件のディスカウントTOBが実施されている。この期間に実施された公開買付けの総数は約250件であるから、これに対して約11％がディスカウントTOBであったという計算となる。
　これら28件のディスカウントTOBの前日終値に対するディスカウント率の平均は26.0％である。
　ディスカウントTOBの前の買付者の株券等所有割合[5]を見ると、平均値は29.3％となっているものの、公開買付前は保有比率0％の場合（①②⑥⑩⑭⑯⑱⑲㉕㉖㉗）と特別関係者を含めて筆頭株主である場合（③④⑤⑦⑧⑨⑪⑫⑬⑮⑰⑳㉑㉒㉓㉔）に二極化している。
　買付予定株式数はばらつきが見られるものの、公開買付後の株券等所有割合の最低値は40.4％であり、ディスカウントTOB後は買付者が対象会社を実質的に支配する状態となっていると言えよう。
　ディスカウントTOBの買付資金の平均は約98億円であるが、中央値は15億円であり、一部の大型案件に平均が引き上げられているもの

---

4)　ここで「ディスカウント」かどうかを見るにあたっては、前日終値に対してディスカウントがなされているかを基準としている。株価が直前に下落している場合には、直近株価に対してプレミアムが付いているにもかかわらず、平均株価に対してディスカウントとなっている事案も同程度あるが、市場よりも不利な条件しか提示しないという特殊性に着目する観点からは前日終値に着目する方がより特徴が現れると思われる。

5)　本稿では支配権移動にあたっての影響が問題であることから、買付者の株券等所有割合については、何れも特別関係者の所有する株券等に係る議決権の数も含めている。

第18章 海外M&A実務の日本的受容

別表
対象：2011年4月1日～2016年3月31日（自己株TOBは対象に含めず）

No	買付開始日	対象者	買付者	対前日（公開買付けの公表日又は決議日の前営業日）	対1月平均	対3月平均	対6月平均	特別関係者について	買付前	買付予定（特別関係者が有する割合も対象となり得る）
1	2016/3/31	エイティング	コロプラ	-48.6%	-49.8%	-51.9%	-59.9%	特別関係者の有する議決権なし	0.0%	100.0%
2	2016/3/10	ウィズ	バンダイナムコホールディングス	-64.6%	-58.9%	-61.2%	-66.0%	特別関係者の有する議決権なし	0.0%	100.0%
3	2015/11/11	タマホーム	TAMAX	-6.5%	-4.2%	-9.1%	-17.0%	公開買付者に対して特別資本関係を有する個人の親族、公開買付者の役員等	49.5%	31.6%
4	2015/10/16	マツヤ	アルビコホールディングス	-5.4%	5.5%	0.4%	7.5%	特別関係者の有する議決権なし	27.8%	72.2%
5	2014/12/9	マルエツ	イオンマーケットインベストメント	-5.1%	-4.4%	-0.2%	14.6%	公開買付者に特別資本関係を有する法人、公開買付者との間で共同して対象者の株券等を取得することを合意している者	62.5%	67.1%
6	2014/12/8	ショットモリテックス	MVジャパン	-32.3%	-33.8%	-34.8%	-34.6%	特別関係者の有する議決権なし	0.0%	100.0%
7	2014/10/28	カッパ・クリエイトホールディングス	SPCカッパ	-5.3%	-5.5%	-4.7%	-1.1%	公開買付者との間で共同して対象者の株主としての議決権その他の権利を行使することを合意している者	32.2%	43.5%
8	2014/9/26	スターバックス コーヒー ジャパン	Solar Japan Holdings 合同会社	-31.0%	-26.5%	-21.4%	-17.6%	公開買付者に対して特別資本関係を有する法人、公開買付者の完全親会社との間で共同して対象者の株主としての議決権その他の権利を行使することを合意している者	79.0%	60.5%
9	2014/6/24	アーク	OPI・11	-73.2%	-69.8%	-74.7%	-78.2%	公開買付者との間で共同して対象者の株主としての議決権その他の権利を行使することを合意している者	91.4%	36.9%
10	2013/12/5	ゲオディノス	健康コーポレーション	-49.0%	-52.2%	-50.8%	-49.4%	特別関係者の有する議決権なし	0.0%	100.0%
11	2013/11/13	武蔵野興業	(有)河野商事	-24.2%	-25.0%	-25.0%	-23.7%	公開買付者の役員、公開買付者に対して特別資本関係を有する個人の親族等	41.4%	9.6%
12	2013/8/21	ジーフット	イオン	-6.5%	-5.0%	4.8%	9.2%	公開買付者が特別資本関係を有する法人、公開買付者が特別資本関係を有する法人である対象者の役員等	51.4%	55.7%
13	2013/7/25	ダイエー	イオン	-14.8%	5.5%	21.6%	42.9%	公開買付者との間で共同して対象者の株主としての議決権その他の権利を行使することを合意している者、公開買付者が特別資本関係を有する法人	49.2%	75.1%

Ⅱ　ディスカウントTOBの実態

買付予定数を取得できた場合の割合	買付後 実際の取得数に基づく割合	買付前筆頭株主保有比率（特別関係者含む）	買付資金（百万円）	時価総額推定（百万円）	事前の応募合意がある株式	その他〔上限なしの公開買付けの場合の最終的な取得株式数、二段階の公開買付けや完全子会社化の予定等〕
100.0%	68.2%	53.2%	1,607	3,320	対象者の筆頭株主、第二位株主等が保有する3,546,200株（議決権割合：68.19%）	・本公開買付けによる取得株式数は、事前の応募合意があった3,546,200株 ・本公開買付け後に、二段階目の公開買付け及びスクイーズアウトによる完全子会社化を予定
100.0%	55.0%	43.4%	447	1,263	対象者の筆頭株主、第二位株主等が保有する1,695,600株（議決権割合：55.02%）	・本公開買付けによる取得株式数は、事前の応募合意があった1,695,600株 ・本公開買付け後に、二段階目の公開買付け及びスクイーズアウトによる完全子会社化を予定
49.5%	49.5%	49.5%	4,088	13,826	対象者の創業者一族（特別関係者）が保有する12,809,300株（議決権割合：42.62%）	
100.0%	95.3%	27.8%	1,458	2,470	対象者の第二位株主等が保有する2,184,000株（議決権割合：24.87%）	・本公開買付けによる取得株式数は、5,926,600株 ・本公開買付け後に、スクイーズアウトによる完全子会社化を予定
100.0%	70.0%	62.5%	44,164	71,279	対象者の第二位株主（共同株式取得を合意している特別関係者）が保有する37,113,635株（議決権割合：29.61%）	・本公開買付けによる取得株式数は、46,491,604株
100.0%	71.6%	71.6%	2,508	3,706	対象者の筆頭株主が保有する9,976,711株（議決権割合：71.60%）	・本公開買付けによる取得株式数は、事前の応募合意があった9,976,711株
43.5%	40.4%	32.2%	18,671	51,627	対象者の筆頭株主（特別関係者）が保有する13,199,999株（議決権割合：32.20%）	
100.0%	79.0%	79.0%	84,318	193,111	対象者の株主（公開買付者に対して特別資本関係を有する特別関係者）が保有する57,000,000株（議決権割合：39.48%）	・本公開買付けによる取得株式総数は、事前の応募合意があった57,000,000株 ・本公開買付け後に、二段階目の公開買付け及びスクイーズアウトによる完全子会社化を予定
91.4%	81.0%	91.4%	14,881	13,961	対象者の筆頭株主（特別関係者）が保有する270,555,839株（議決権割合：91.37%）	・本公開買付けによる取得株式総数は、事前の応募合意があった270,555,839株
100.0%	72.3%	72.3%	763	1,502	対象者の筆頭株主が保有する3,100,000株（議決権割合：72.3%）	・本公開買付けによる取得株式総数は、事前の応募合意があった3,100,000株
50.9%	50.9%	41.4%	135	1,869	対象者の第二位株主が保有する1,000,000株（議決権割合：9.55%）	
100.0%	78.7%	51.4%	10,220	19,637	対象者の創業家一族関係者らが保有する2,293,530株（議決権割合：22.02%）	・本公開買付けによる取得株式総数は、2,847,405株
100.0%	49.2%	49.2%	40,348	38,863	対象者の株主が保有する48,360,820株（議決権割合：24.32%）	・本公開買付けによる取得株式総数は、48,374,739株

第18章　海外 M&A 実務の日本的受容

No	買付開始日	対象者	買付者	ディスカウント率				特別関係者について	株券等所有割合	
				対前日（公開買付けの公表日又は決議日の前営業日）	対1月平均	対3月平均	対6月平均		買付前	買付予定（特別関係者が有する割合も対象となり得る）
14	2013/6/24	ハイブリッド・サービス	SAMホールディングス	-1.9%	-7.3%	-15.8%	-19.2%	特別関係者の有する議決権なし	0.0%	54.8%
15	2013/5/20	フェヴリナホールディングス	井康彦氏	-26.6%	-29.3%	-19.0%	記載なし	特別資本関係を有する法人	24.0%	19.1%
16	2013/4/1	ティアック	ギブソン・ホールディングス・インク	-44.6%	-44.6%	-42.6%	-24.4%	特別関係者の有する議決権なし	0.0%	54.6%
17	2013/4/1	ガンホー・オンライン・エンターテイメント	ソフトバンクモバイル	-26.4%	-7.5%	54.2%	159.3%	公開買付者との間で共同して対象者の株主としての議決権その他の権利を行使することを合意している者、公開買付者の役員等	52.1%	6.4%
18	2013/3/27	シード	三栄建築設計	-52.2%	-51.8%	-45.8%	-38.2%	特別関係者の有する議決権なし	0.0%	46.3%
19	2013/3/18	富士テクニカ宮津	フェニックス・キャピタル・パートナーズ・ナイン投資事業有限責任組合及びフェニックス・キャピタル・パートナーズ・イレブン	-37.9%	-41.1%	-41.4%	-30.4%	特別関係者の有する議決権なし	0.0%	85.0%
20	2013/2/18	さかい	ジー・コミュニケーション	-40.4%	-38.6%	-31.9%	-24.4%	特別関係者の有する議決権なし	48.8%	51.2%
21	2013/2/18	ジー・テイスト	ジー・コミュニケーション	-24.4%	-27.9%	-20.5%	-13.9%	特別関係者の有する議決権なし	42.5%	57.5%
22	2013/2/18	ジー・ネットワークス	ジー・コミュニケーション	-43.6%	-42.1%	-36.1%	-27.1%	公開買付者が特別資本関係を有する法人の役員、公開買付者に対して特別資本関係を有する法人の役員等	46.1%	54.2%
23	2012/10/18	シーシーエス	ピースヴィラ・エルビー	-4.5%	-10.1%	-5.5%	-9.5%	公開買付者との間で共同して対象者の株券等を取得することを合意している者	25.5%	16.6%
24	2012/8/30	ニッシン債権回収	ブルーホライゾン合同会社	-9.3%	27.2%	25.8%	12.7%	公開買付者が特別資本関係を有する法人の役員	82.2%	18.0%
25	2012/7/23	ニッシン債権回収	ブルーホライゾン合同会社	-30.3%	-2.2%	-3.3%	-13.3%	特別関係者の有する議決権なし	0.0%	100.0%
26	2012/5/9	明星電気	IHI	-3.2%	-4.3%	-8.2%	-1.1%	特別関係者の有する議決権なし	0.0%	51.0%
27	2012/2/15	小僧寿し本部	イコールパートナーズ	-16.2%	-17.7%	-8.5%	-1.4%	特別関係者の有する議決権なし	0.0%	52.6%
28	2011/9/5	中央化学	三菱商事	-1.0%	-1.0%	2.4%	3.8%	公開買付者が特別資本関係を有する法人	14.5%	43.6%
	平均			-26.0%	-22.2%	-18.0%	-11.1%		29.3%	55.8%
	中央値			-25.4%	-21.3%	-17.4%	-17.0%		26.6%	54.4%

Ⅱ　ディスカウントTOBの実態

買付予定数を取得できた場合の割合	買付後（特別関係者含む）実際の取得数に基づく割合	買付前筆頭株主保有比率（特別関係者含む）	買付資金（百万円）	時価総額推定（百万円）	事前の応募合意がある株式	その他（上限なしの公開買付けの場合の最終的な取得株式数、二段階の公開買付けや完全子会社化の予定等）
54.8%	54.8%	54.8%	680	1,485	対象者の筆頭株主が保有する26,778株（議決権割合：54.79%）	
43.1%	43.1%	24.0%	147	1,069	対象者の株主らが保有する1,089,780株（議決権割合：19.09%）	
54.6%	54.6%	54.6%	4,883	16,202	対象者の筆頭株主等が保有する157,447,000株（議決権割合：54.61%）	
58.5%	58.5%	52.1%	24,976	531,212	対象者の第三位株主が保有する73,400株（議決権割合：6.37%）	
46.3%	46.3%	17.2%	108	528	対象者の筆頭株主等が保有する5,267株（議決権割合：46.28%）	
85.0%	85.0%	85.0%	5,302	6,732	対象者の筆頭株主が保有する普通株式8,493,116株、A種優先株式5,386,590株（A種優先株式1株を普通株式18株として計算した場合の議決権割合：84.99%）	・本公開買付けによる取得株式数は、普通株式8,493,316株、事前の応募合意があったA種優先株式5,386,590株
100.0%	48.8%	48.8%	744	2,455	応募の合意なし	・本公開買付けによる取得株式数は、0株
100.0%	42.5%	42.5%	1,380	3,049	応募の合意なし	・本公開買付けによる取得株式数は、0株
100.0%	46.1%	46.1%	792	2,594	応募の合意なし	・本公開買付けによる取得株式数は、0株
42.1%	41.4%	25.5%	360	1,734	対象者の筆頭株主（創業者）が保有する4,000株（議決権割合：14.77%）	
100.0%	92.1%	82.2%	177	1,086	応募合意なし	・本公開買付けによる取得株式数は、172,130株・本公開買付け（買付価格575円）は、一段階目の公開買付け（No.25、買付価格442円）の後に行われたもので、ディスカウント率の基準日及び期間は一段階目の公開買付けと同様・本公開買付け後に、スクイーズアウトによる完全子会社化を予定
100.0%	82.0%	18.3%	757	1,086	対象者の筆頭株主等が保有する1,404,640株（議決権割合：82.03%）	・本公開買付けによる取得株式総数は、1,404,660株・本公開買付け後に、二段階目の公開買付け（No.24）及びスクイーズアウトによる完全子会社化を予定
51.0%	51.0%	29.1%	6,095	12,350	76,818,772株（議決権割合：57.85%）	
52.6%	52.6%	52.6%	953	2,203	対象者の筆頭株主が保有する6,808,700株（議決権割合：52.57%）	
52.9%	60.7%	24.4%	3,388	8,206	対象者の筆頭株主等が保有する8,778,000株（議決権割合：43.57%）	・本公開買付けによる取得株式総数は、9,318,900株
77.7%	61.4%	49.3%	9,798	36,015		
95.7%	54.9%	49.3%	1,533	3,185		

の、ディスカウント TOB の取引規模は比較的小さいという傾向が見られる。

また、対象会社の時価総額（推定）の平均は約 360 億円であるが、やはり中央値を見ると約 32 億円である。わが国の上場企業の平均時価総額[6]が約 1440 億円、市場第 2 部、マザーズ、JASDAQ スタンダード等でも平均時価総額は 100 億円以上であることからすれば、ディスカウント TOB の対象となる企業の多くは比較的小規模という傾向があると言えよう。

また、ディスカウント TOB の多くにおいて、既に大株主が存在しており、これらの大株主との間で応募の内諾を得ていたり、あるいは、大株主の特別関係者相互間での公開買付けの応募が約されている。

2　ディスカウント TOB の目的

このようなディスカウント TOB の目的としては子会社化や資本提携が掲げられることが多く、また、その経緯として既存大株主からの売却意向が示されたことが掲げられる場合も少なくない。

公開買付後の経営方針としては、公開買付けに上限が付されているものは勿論、付されていない場合であっても、上場維持が前提とされている事案が多い。しかし、近時は最終的な完全子会社化を前提としつつ、二段階の公開買付けを行い、一段階目の公開買付けにおいてはディスカウント価格とし、二段階目の公開買付けについてはプレミアムを付す事案も現れている。

たとえば、①の事案においては、二段階の公開買付けにおいて買付価格が異なる理由を以下のように説明している[7]。

「当社［筆者注：公開買付者］は、本件両公開買付けを通じて、対象

---

[6]　2016 年 7 月 28 日時点。東京証券取引所が公表している時価総額の統計情報を下に筆者が算定。以下、同様である。

[7]　平成 28 年 3 月 31 日付け株式会社コロプラ「公開買付届出書」第 1、3、(5)②。

者株式の全て（但し、対象者が所有する自己株式を除きます。）を取得することを企図しております。当社は、下記「④第二回公開買付価格の決定」に記載のとおり、当社は対象者の買付価格の総額を2,350百万円と決定したうえで、第一回公開買付価格については、並行して検討している第二回公開買付価格の検討状況を踏まえて、応募予定株主との間で交渉しました。また、第二回公開買付価格については、第一回公開買付価格についての交渉と並行して、当社は、他の一般株主の皆様に市場価格にプレミアムを乗せた価格での売却機会を提供することを目的として、対象者との間で、これらの株主の皆様が所有する株式を、第一回公開買付価格よりも高い価格にて取得することについて検討し、第一回公開買付価格の交渉状況を踏まえて、対象者との間で交渉しました。第一回公開買付価格及び第二回公開買付価格が異なるのは、このように、当社が別の相手方との間で異なる目的をもって行った交渉を経て決められた価格であること、及び、応募予定株主が、その大株主（株式所有割合の合計：68.19％）としての立場に鑑み、対象者の更なる成長のためには、本取引を通じて当社との一体経営を実現することが有用であるとの考えのもと、本取引により他の株主の皆様は対象者の株主として地位を失うこととなることにも十分に配慮した上で、了解したことによるものです。」

　このように明確に記載されている事案は必ずしも多くはないものの、ディスカウントTOBは買付価格が市場価格よりディスカウントされていることに加え、大株主との間で公開買付けへの応募の内諾が得られていることや、上限が付されている事案については、たとえ一般株主が応募したとしても上限を超える部分は按分比例の買付けとなり、狙い通り売却できる可能性が低いということからすれば、事前合意していない一般株主が公開買付けに応募することは想定されていないことが見て取れる[8]。

　このようにディスカウントTOBは、基本的には、わが国の上場会社において大株主から株式を譲り受けるための手法として機能してい

ると言え、これは、筆者自身の実務感覚にも沿っている。

Ⅲ　ディスカウント TOB と公開買付規制（3分の1ルール）

　大株主から株式を譲り受けるための手段として最も簡便なのは、売主と買主との間で相対売買取引を行うことである。にもかかわらず、公開買付けというそれ自体多額のコストを要する取引形態を用いなければならないのは、わが国の公開買付規制が原因となっている。

　わが国の公開買付規制は、前述のように「3分の1ルール」（3分の1基準）をとっている。すなわち、金融商品取引法27条の2第1項2号は、買付後の株券等所有割合が3分の1超となる市場外での買付けは公開買付けによって行わなければならないと定めている。

　かかる規制の下では、新たに3分の1超の株券等を取得しようとする場合はもちろんのこと、既に3分の1超半数以下[9]の株券等を保有している株式が新たに買い増しを行おうとする場合にも原則として公開買付けによらなければならない。

　このような「3分の1ルール」は平成2年の証券取引法改正で導入されたものであるが、立案担当者はその趣旨について「今回改正では、相対取引と認められる少数の者からの買付けであっても、対象会社の支配権に移動が生ずるような場合には一般株主にも著しい影響を及ぼすものと考えられることから、このような買付けには原則として公開

---

8)　たとえば、①の事案において公開買付届出書の公開買付価格の算定の経緯欄においても、「応募予定株主のみが応募することが想定される一方で、少数株主の応募は想定されていない」と明確に述べられている（株式会社コロプラ・前掲7))。

9)　株券等所有割合が50％超を超えている場合には、その者による取得については公開買付けは強制されない（金融商品取引法施行令6条の2第1項4号)。ただし、買付け後の株券等所有割合が3分の2を超える場合は、公開買付けが求められる。

買付制度に拠ることを義務づけることが適当と考えた」[10]と述べている。

　どのように一般株主に著しい影響があるかは、立案担当者の見解からは必ずしも明らかではないが、学説は「3分の1ルール」の趣旨は支配プレミアム（コントロール・プレミアム）の平等分配にあると解してきており[11]、実務においてもかかる理解は受け入れられている[12]。

　もっとも、ここにある「支配権移転には支配プレミアムが発生する」という前提は、実はディスカウントTOBには当てはまらない。支配権移転が起きたと考えられる①②④⑥⑦⑩⑭⑮⑯⑱⑲㉓㉕㉖㉗㉘の事案のディスカウント率の平均値は対直近日で26.5％、対1か月平均で25.3％、対3か月平均で24.4％、対6か月平均で22.5％と、何れの基準日または期間でみても市場価格に対して20％を超えるディスカウントとなっている。

　また、前述のようにディスカウントTOBへの一般株主の応募は期待されておらず、更に公開買付けに上限を付すことで売主と買主は意図せぬ一般株主が取引に割り込むことを有効に阻止することができる。

　その意味では、実際にわが国で行われているディスカウントTOBに関して公開買付けを強制することは、「3分の1ルール」の趣旨であ

---

10) 内藤純一「株式公開買付制度の改正」商事法務1208号（1990）5頁。
11) たとえば、黒沼悦郎「公開買付制度・大量保有報告制度の改正」法律のひろば2006年11月号20頁は、平成2年証券取引法改正の趣旨を以下のように述べている。
　「「同改正〔筆者注：平成2年改正〕では、英国の自主規制（パネルのシティ・コード）を参考にして、少数の者からの買付けによって買付者の議決権割合が3分の1を超える場合に公開買付けの手続を強制することとした（いわゆる3分の1ルール、強制的公開買付けともいう）。支配権の取得となる取引では売主に対し市場価格を超えるプレミアムが支払われることが多いので、株主に売付けの機会を提供しプレミアムの公平な分配を図るためである。」
12)「3分の1基準」の趣旨を巡る議論については、証券法研究会・前掲2）24～26頁参照。

る支配プレミアムの分配という目的には全く寄与しておらず、むしろ売主と買主に公開買付けにかかるコストを課しているだけに、少なくとも事後的（ex post）には効率性を害していると思われる。

なお、米国にはわが国の「3分の1ルール」のような規制は存在せず[13]、大株主からの支配株式の取得や、支配株主による株式の追加取得に公開買付規制を行う必要はない。

欧州は、一定割合（たとえば30％）の議決権を取得した者に対して、残りの株主の保有する株式に対して公開買付けを行うことを義務付ける形での強制公開買付制度が一般的である[14]。その点では、わが国の「3分の1ルール」と似ているが、欧州の強制公開買付制度は、株式を取得した後の事後的な義務であり、支配株主からの相対での株式取得自体が否定されるわけではない。なお、残存株主に対する公開買付価格の際の提示価格は公正な価格である必要があり、大株主からの取得価格を上回っていなければならず、支配権移転に際して一般株主へのプレミアムの分配を求められる点で制度としては一貫していると言えよう。

Ⅳ　公開買付制度と支配権移転の効率性

1　市場ルールと平等機会ルール

もっとも、全体としてみれば約11％に過ぎないディスカウントTOBについて事後的な非効率性が生じていることだけをもって、「3分の1ルール」の意義を疑問視すべきではなく、理論的には、「3分の1ルール」が非効率な支配権移転取引を防止し、効率性を向上させて

---

[13] 米国の公開買付規制については、戸田暁「米国法を中心とした公開買付制度の検討」商事法務1732号（2005）13頁等参照。

[14] 欧州の公開買付規制については、北村雅史「EUにおける公開買付規制」商事法務1732号（2005）4頁等参照。

いる可能性もある。

公開買付規制の設計と支配権移転の効率性の関係についての最も基本的なモデルはBebchuk教授が示した市場ルール（market rule）と平等機会ルール（equal opportunity rule）であろう[15]。

市場ルールとは、米国のように支配権移転にあたって支配プレミアムの分配を求めない制度を指し、平等機会ルールとは、支配権移転にあたって既存の支配株主と平等の条件で支配権プレミアムを受けることができる制度を指す。欧州型の公開買付規制やわが国の「3分の1ルール」は、平等機会ルールの一種と言える。

Bebchuk教授のモデル分析の要点を簡潔にまとめると以下のようになる。

・ 効率的な支配権移転とは企業価値を向上する取引である。逆に企業価値を向上しない支配権移転は非効率的である。
・ 支配権を有する支配株主は保有割合に応じた企業価値とは別に支配権を通じた私的利益（private benefit）[16]を保有している。したがって、支配株主が保有している株式の売却に応じるためには、企業価値に対する持分に応じた割合的価値と支配株主が把握している私的利益の合計を上回る額を提示しなくてはならない。
・ 市場ルールの下では、支配権移転によって企業価値が向上しない場合であっても、既存の支配株主よりも買収者が支配権から得られる私的利益が大きければ、支配権移転取引が成立する。その意味で、市場ルールの下では非効率的な支配権移転が促進されて

---

15) Lucian A. Bebchuk, *Efficient and Inefficient Sales of Corporate Control*, 109 Q.J.E. 957 (1993).
16) 私的利益とは株主としての割合的な地位から生じる利益とは異なる利益であり、たとえば、会社との利益相反取引によって得られる利益や過剰な役員報酬・フリンジベネフィット等が例としてあげられる。これらは、本質的には他の株主から支配株主への利益移転である。

しまう。
- 平等機会ルールの下で、支配権移転取引が成立するためには、既存の支配株主が有している私的利益に相当した額を支配株主のみならず少数株主に対しても分配しなくてはならない上に、少数株主に対して会社からエグジットする機会を与えなければならないため、支配権移転取引が成立するためには企業価値の向上が必須となる。したがって、非効率な支配権移転を防止し得る。
- 他方で平等機会ルールの下では、企業価値が向上する場合であっても、既存の支配株主の有している私的利益が大きい場合には支配権移転は成立しない。

2　ディスカウントTOBのパラドックス

　Bebchuk教授が指摘するように、既存の支配株主が売却に応じるためには、企業価値に対する持分に応じた割合の価値と私的利益の合計を上回る額が提示されなくてはならない。

　前者は支配権を持たない株式の価値として市場における株価に表章されているとすれば、そもそも支配権移転取引が生じるためには株価に加えて支配株主の把握している私的利益を上回る価値、すなわち支配プレミアムが支払わなければならないはずである。

　それにもかかわらず、株価よりも低い価格での取引が成立するとすれば、その原因として考えられるのは、以下の点である。

(1)　株価の誤り（ミスプライシング）

　そもそも、実際の企業価値に比べて株価が過大であり、支配株主は企業価値について一般株主よりも多くの情報を有しているがゆえに、そのミスプライシングを知っているとすれば、ディスカウント価格であっても支配株主にとっては自らが把握している真の価値に比べれば高い価格であるという可能性がある。このことは、ディスカウントTOBの多くが比較的小規模の会社において見られるという点とも整

合的であるようにも思われる[17]。

　この場合には、支配株主自身が当該価格で株式を売却したということが市場に対する情報伝達となるはずであり、取引発表後に株価がディスカウント価格以下に下落したり、他の株主もディスカウント価格にもかかわらず公開買付けに応募するという反応が予想される。

　しかしながら、ディスカウント TOB の中には上限を付さないものも見られるところ（①②④⑤⑥⑧⑨⑩⑫⑬⑲⑳㉑㉒㉔㉕㉘）、これらの公開買付けにおいては、事前に応募合意をしている大株主以外の一般株主の応募は存在しないか、僅少である。

　また、①の事案のように二段階の公開買付けを通じて100％買収を企図する取引では、前述のように二段階目の取引についてはプレミアムを付しており、ミスプライシングを主たる理由と考えることは、やや難しいように思われる。

(2) 支配株主の私的利益の大きさ

　次に考えられるのは、ディスカウント TOB 事案においては支配株主の有する私的利益が小さいという可能性である。私的利益が小さければ、むしろ後述する流動性ディスカウント等の影響の方が大きく、支配株主の有する株式の価値が、恒常的にディスカウント状況にあるということは十分にあり得る。

　もっとも、私的利益の有無や大小をどのように計測するかということは、それ自体一つの大きな問題であり、ここではその可能性を指摘するだけに留める。

(3) 支配株主固有のディスカウント要素の存在

　最後に考えられるのは、支配株主固有のディスカウント要素の存在

---

[17] 小規模な会社の株式は、流動性の低さや証券アナリスト等による分析対象となりにくいことからミスプライシングが生じやすいと言われる。

第18章 海外M&A実務の日本的受容

である。

　すぐに思いつくのは、いわゆる流動性ディスカウントである。ディスカウントTOBの対象となった会社の多くが比較的小規模であったことからすれば、支配株主の持分を市場で売却しようとすると需給バランスの崩れから大きく株価が下落するか、あるいは、株価への影響を踏まえて売却しようとすると極めて時間がかかり、その間の株価変動リスクも考慮すれば、ブロックで売却できるのであればある程度のディスカウントを受け入れるという可能性である。これは筆者の実務感覚ともある程度合致する受け入れやすい説明である。

　もっとも、そうした処分困難性を踏まえたとしても、なお支配株主が平均で26％のディスカウントを受け入れる理由として説得的といえるかには留保を付けるべきであろう。

　次に考えられるのは、私的利益の逆側の私的不利益の存在である。たとえば、子会社の事業が悪化しており、法的な責任ではないものの道義的・社会的な関係から親会社としては支援を続けなくてはならないといった関係がある場合には、市場価格よりディスカウントされていても株式を手放す方が合理的であろう。

　ただ、このような事業の悪化部分を非割合的に引き受けている（いわば善良な）支配株主の脱退は、新しい支配株主がより善良であるか、事業を劇的に改善する見込みがなければ、残存株主にとっては望ましくない事象であり、ミスプライシングと同様に株価の下落やディスカウントTOBへの応募という状況が生じる可能性もあるように思われる。

　あるいは、事業再生文脈の事案（⑨）などでは、この説明が当てはまるのかも知れないが、一般的にディスカウントTOBの存在を説明するには十分とは言い難いように思われる。

V ディスカウントTOBが「3分の1ルール」に問いかけるもの

　前述のようにディスカウントTOBのような取引が、なぜ経済的に成立するのかについては、十分に説得的な理由は見あたらないものの、ディスカウントTOBの存在はわが国の「3分の1ルール」という制度に、次のような疑問を投げかけているように思われる。

　まず、仮にディスカウント価格による支配権移転が、企業価値の向上を実現するものである場合には、前述のように「3分の1ルール」の存在は、本来相対取引で完了するはずの支配権移転の取引費用を増大させることとなり、その限りにおいて効率的でない。

　この取引費用の低減の観点のみからいえば、たとえば、市場価格よりも低い価格、すなわち支配プレミアムの分配が期待されないような価格の場合には、強制公開買付けの適用を免除するといったことが考えられる。どのような場合に市場価格よりも低いと認定するかはテクニカルには論点であるが、たとえば、直近のみならず長期的な平均価格も参照することで技術的には解決が可能なようにも思われる。

　逆にディスカウントTOBの存在の主たる理由が、流動性ディスカウントのように、本来の企業価値と必ずしも連動しないディスカウント事由にあり、かかるディスカウント事由の影響が支配株主の属性によって異なるとすれば、必ずしも企業価値を向上しない支配権移転が生じることにもなり得る。

　たとえば、流動性ディスカウントは、株式の売却益や配当によるキャッシュ分配に関心を持つ個人支配株主にとっては深刻な問題であっても、事業会社にとっては連結決算で利益を取り込むことができれば深刻な問題とならない場合があり得る[18]。

　その意味では、わが国の「3分の1ルール」は、同じ機会平等ルールの系統に属するとはいえ、欧州型の強制公開買付規制と比べて非効

率な支配権移転の余地を残しているという面で中途半端な側面を残している。

　非効率な支配権移転を抑止するという意味では、欧州型のように支配権移転が生じる場合に、「公正な価格」での公開買付けを義務付けることとすれば、既存支配株主が直面している固有の制約に着目した裁定的な支配権移転は抑制されるであろう。

　もっとも、わが国の公開買付けの僅か11％程度にしか過ぎないディスカウントTOBの非効率性を理由として欧州型のより純化した機会平等ルールに向かうべきというのは短絡的に過ぎよう。Bebchuk 教授が示唆するように、機会平等ルールの下では効率的な支配権移転が阻害される可能性もあるからである。

　さらにいえば、本稿では取り扱わなかったが、わが国では欧州の強制公開買付規制の下では認められていない上限付き公開買付が認められており、実務においては相当に活用されていることも考慮する必要がある[19]。これらの上限付き公開買付けは純粋な機会平等ルールと比べて支配プレミアムの分配に与ることのできない少数株主が残るという点において非効率な企業買収がなされるリスクを有している。

　しかしながら、純粋な機会平等ルールの下では成立しなかったはずの、これらの取引の中には効率的な支配権移転も存在し得るのであって、わが国のいわば「中途半端な」制度の下だからこそ実現した効率性と、抑止できなかった非効率性の何れが勝るかは一概に評価できないからである。

---

18) また、キャッシュの面でも、たとえば、事業会社であれば子会社としてグループ・キャッシュ・マネジメント・システムに参加させることで、子会社の余剰キャッシュを有効に利用することができる。これは必ずしも他の株主の不利益になるわけではないものの、親会社にとっての私的利益と言い得る。
19) 2011年4月1日から2016年3月31日までの間にディスカウントTOBも含めて上限付公開買付けは68件実施されており、この期間に実施された公開買付けの3割弱を占めている。

VI　結語

　本稿では、わが国で独自の発展を遂げた実務であるディスカウントTOB を採りあげ、その意味を解明する中で、本書のテーマである「わが国の企業価値向上・経済活性化への道筋」につながるものを提示できないかと試みたが、筆者の力不足のため、五月雨的な問題提起を行うに留まった。

　前述したBebchuk教授は、市場ルールと機会平等ルールそれぞれに効率性・非効率性があることを前提とした上で、何れが望ましいかは私的利益に関する社会状況によることを示唆している。すなわち、市場ルールの下での非効率な買収が起きる蓋然性は、買収者が既存の支配株主に比べて追加で得られる私的利益の分布により[20]、機会平等ルールの下での効率的な買収が阻害される蓋然性は、既存支配株主の有する私的利益の分布による[21]としている。その上でBebchuk教授は、買収者と既存支配株主との間の私的利益の格差は限りなくゼロに収束する一方で、既存支配株主の私的利益はどうしても一定程度残り得るので、全体としては市場ルールの方が効率的であると主張した[22]。

　理論的には一つの整理と思い、また、実務法曹としてはより柔軟な市場ルールへの親和性を感じるところである。他方で、やはり実務法曹として、支配権移転は単なる動産の売買等とは異なり、企業をとりまくステークホルダー相互の関係性や、企業活動の基盤となるさまざ

---

[20]　より直観的には、買収者によって獲得できる私的利益の差が大きければ大きいほど、それを獲得しようとして非効率的な買収の起きる蓋然性が高くなるということである。

[21]　より直観的には、既存の支配株主が有している私的利益が大きければ大きいほど、買収者は、それに相応するプレミアムを少数株主にも支払わなければならず、効率的な買収であっても取引が成立しない蓋然性が高くなるということである。

[22]　Bebchuk, *supra* note 15, at 974.

まなレイヤーの制度のあり方とも密接に関連するものであり、過度に単純化した割り切りはできないことも感じざるを得ない。市場ルールと呼ばれる米国でも、強制公開買付制度は存在しない代わりに、支配権移転に際しては取締役会の信認義務を背景とした判断を求める法制度[23]や、契約における支配権移転に際しての制限、支配株主や取締役の利己的行動を厳しく縛る行為規範等、私的利益を追求するためだけの買収を抑止する効果を持ち得るさまざまな制度を持っており、単純に公開買付制度の違いのみで日米における支配権移転取引の難易を語ることはできない。

その意味では、ディスカウント TOB や上限付公開買付けが少なくないわが国の実務は、中途半端なわが国の公開買付制度の中で、非効率な取引の抑止と効率的な取引の促進のバランスを体現した適応進化の証として積極的に評価できる可能性も排除できない。

今後、わが国の企業価値向上・経済活性化に向けて制度改正はさらに必要となるのであろうが、わが国の実務は諸外国で実現しているバランスを取り込むべく、既に既存の制度の枠組みの下で独自のバランスを実現しているものも数多くある。わが国の土と水の下で、少しずつ芽が育っている時に、外来種を移植することは、時に生態系全体に大きな影響を及ぼすこともあり得る。

ディスカウント TOB が、大切にすべき芽なのかは筆者にも確信はないが、こうしたミクロな事象について実態を観察し、理論と照らし合わせることの意義が少しでも示せたのであれば幸いである[24]。

（なかやま・りゅうたろう）

---

23) たとえば、デラウェア一般会社法 203 条。
24) 本稿の執筆にあたっては、筆者の所属する法律事務所の同僚である中井成紀弁護士および上野太資弁護士に多大な協力を頂いた。ここに記して感謝を表すると共に、本稿に含まれ得る全ての誤りは筆者の責に帰することを明らかにしておく。

あとがき

　本書に収録されている各論文は、宍戸善一先生が経済産業研究所（RIETI）および一橋大学大学院国際企業戦略研究科において主宰されてこられた企業法研究会の成果である。

　企業法研究会は、法制度が利害関係者のインセンティブに与える影響を重視するというスタンスを通奏低音としながら、特定のテーマを設定せず、参加者各自が関心のあるトピックについて報告するという形で、平成19年4月以降、ほぼ月に一度のペースで続けられてきた。若手以上に進取の気性に富み、学際的な研究と実務界との交流を重視してこられた宍戸先生の研究スタイルを反映して、参加者の顔ぶれは非常に多彩であり、会社法以外の法分野や経済学の研究者のほか、法曹・投資家・企業・官公庁の実務家に広がっている。筆者のような中堅・若手の研究者にとっては、他分野の研究者や第一線の実務家と忌憚なく意見を交換できる場として、非常に貴重なものであった。

　さて、宍戸善一先生は、平成28年4月20日に還暦を迎えられた。本書の執筆者一同を代表して、この機会に日頃の学恩に感謝申し上げるとともに、宍戸先生の益々のご健勝をお祈り申し上げる次第である。

平成28年10月

　　　　　　　　　　　　　　　　　　　　　　　　　後藤　元

〔参考文献〕

青木昌彦(永易浩一訳)『日本経済の制度分析——情報・インセンティブ・交渉ゲーム』(1992)
青木昌彦『比較制度分析序説　経済社会システムの進化と多元性』(1995)
青木昌彦=伊丹敬之『企業の経済学』(1985)
足利繁男ほか「取締役会制度運営の実情(座談会)」商事法務802号4頁(1978)
阿部一正ほか『条解・会社法の研究6　取締役(1)』別冊商事法務176号(1995)
阿部一正ほか『条解・会社法の研究7　取締役(2)』別冊商事法務200号(1997)
阿部直彦「コーポレート・ガバナンスの視点からみた経営者報酬のあり方」商事法務2048号24頁(2014)
荒木尚志「就業規則の不利益変更と労働者の合意」法曹時報64巻9号2245頁(2012)
荒木尚志『労働法〔第2版〕』(2013)
荒木尚志ほか『詳説労働契約法〔第2版〕』(2014)
蟻川靖浩=河西卓弥=宮島英昭「R&D投資と資金調達・所有構造」宮島英昭編著『日本の企業統治——その再設計と競争力回復に向けて』341頁(2011)
蟻川靖浩=宮島英昭=小川亮「企業銀行関係——ポストメインバンク」宮島英昭編『企業統治制度改革と日本企業の成長』(近刊)
飯田秀総「取締役の監視義務の損害賠償責任による動機付けの問題点」民商法雑誌146巻1号33頁(2012)
飯田秀総「組織再編等の差止請求規定に対する不満と期待」ビジネス法務2012年12月号76頁(2012)
飯田秀総『株式買取請求権の構造と買取価格算定の考慮要素』(2013)
飯田秀総「レックス・ホールディングス損害賠償請求事件高裁判決の検討(下)」商事法務2023号17頁(2014)
池尾和人『連続講義・デフレと経済政策——アベノミクスの経済分析』(2013)
池田悠「信用組合の合併に伴う退職金減額合意の成否及び労働協約の効力」日本労働法学会誌128号204頁(2016)
石崎由希子「就業規則の不利益変更と労働者による個別同意」ジュリスト1438号117頁(2012)
石綿学ほか「日本版リストリクテッド・ストックの導入——譲渡制限付株式報酬導入に係る実務上の留意点(上)(下)」商事法務2102号4頁、2103号26頁(2016)
伊丹敬之『人本主義企業』(1987)
伊藤秀史「行動契約理論——「エキゾチックな選好」を持つエージェントとプリンシパルの理論」西條辰義監修,清水和巳=磯辺剛彦編著『フロンティア実験社会科学4　社会関係資本の機能と創出——効率的な組織と社会』3頁(2015)
伊藤秀史=森田公之「組織の異質性がもたらすインセンティブ効果」一橋ビジネス

レビュー 61 巻 1 号 78 頁（2013）
伊藤靖史『経営者の報酬の法的規律』（2013）
稲葉威雄「会社法改正に関する各界の意見──法務省の意見照会に対する回答結果について」商事法務 725 号 2 頁（1976）
稲葉威雄「商法等の一部を改正する法律の概要（中・二）」商事法務 909 号 8 頁（1981）
稲葉威雄ほか「取締役の業務報告に関する諸問題(1)」商事法務 958 号 10 頁（1982）
稲葉威雄ほか「取締役の業務報告に関する諸問題(3)」商事法務 960 号 22 頁（1982）
稲葉威雄ほか「取締役の業務報告に関する諸問題(8)」商事法務 965 号 50 頁（1983）
井上光太郎ほか「コーポレートガバナンスが企業の意思決定に与える影響──Quiet life 仮説の検証」日本ファイナンス学会報告論文（2016）
岩原紳作「金融持株会社による子会社管理に関する銀行法と会社法の交錯」金融法務研究会『金融持株会社グループにおけるコーポレート・ガバナンス』66 頁（2006）
岩原紳作「銀行持株会社による子会社管理に関する銀行法と会社法の交錯」門口正人判事退官記念『新しい時代の民事司法』421 頁（2011）
岩原紳作「総論──会社法制見直しの経緯と意義」ジュリスト 1439 号 12 頁（2012）
岩原紳作「『会社法制の見直しに関する要綱案』の解説（1）～（6・完）」商事法務 1975 号 4 頁、1976 号 4 頁、1977 号 4 頁、1978 号 39 頁、1979 号 4 頁、1980 号 4 頁（2012）
岩原紳作「会社法制の見直しと監査役」月刊監査役 607 号 4 頁（2013）
岩原紳作「平成 26 年会社法改正の意義」ジュリスト 1472 号 11 頁（2014）
岩原紳作「金融持株会社におけるグループガバナンス──銀行法と会社法の交錯（3）」正井章筰古稀祝賀『企業法の現代的課題』50 頁（2015）
岩原紳作編『会社法コンメンタール 9 ──機関(3)』（2014）
岩原紳作ほか「経営環境の変化と企業の取締役会改革（座談会）」商事法務 1505 号 6 頁（1998）
上柳克郎ほか「取締役会決議事項の範囲と決議を欠く行為の効力（下）」商事法務 925 号 21 頁（1981）
牛島辰男「多角化ディスカウントと企業ガバナンス」フィナンシャル・レビュー 121 号 69 頁（2015）
内ヶ﨑茂ほか「役員報酬ガバナンスの実践──役員報酬ポリシーと業績連動型株式報酬の意義（上）（下）」商事法務 2083 号 27 頁、2084 号 42 頁（2015）
内田交謹「取締役会構成変化の決定要因と企業パフォーマンスへの影響」商事法務 1874 号 15 頁（2009）
内田交謹「日本企業の取締役会の進化と国際的特徴」商事法務 2007 号 41 頁（2013）
内田衡純「緊急保証制度とかつての特別保証制度の違い」立法と調査 301 号 160 頁（2010）
エズラ・F・ヴォーゲル『ジャパン・アズ・ナンバーワン』（1979）

参考文献

江頭憲治郎「コーポレート・ガバナンスの課題」銀行法務21 558号4頁（1999）
江頭憲治郎「企業内容の継続開示」江頭憲治郎『商取引法の基本問題』342頁（2011）
江頭憲治郎「会社法改正によって日本の会社は変わらない」法律時報86巻11号59頁（2014）
江頭憲治郎『株式会社法〔第6版〕』（2016）
江頭憲治郎編『会社法コンメンタール(1)――総則・設立(1)』（2008）
江口高顯「エンゲージメントの時代における機関投資家の役割――日本における新しい投資家像構築を目指して」商事法務2109号24頁（2016）
大石篤史ほか「インセンティブ報酬の設計をめぐる法務・税務の留意点（上）」商事法務2077号28頁（2015）
大隅健一郎＝鈴木竹雄「私の会社法改正意見」商事法務713号6頁（1975）
大崎貞和「米国インサイダー取引規制の新展開――不正流用理論を認めたO'Hagan判決」資本市場クォータリー1巻1号73頁（1997）
大崎貞和「レギュレーションFD違反に問われた初の事例」資本市場クォータリー6巻3号31頁（2003）
大崎貞和「英国における機関投資家と上場企業のエンゲージメント（対話）」神作裕之編『企業法制の将来展望　資本市場制度の改革への提言【2014年度版】』271頁（2013）
大崎貞和「フェア・ディスクロージャーのルール化をめぐって」資本市場369号14頁（2016）
大崎貞和＝平松那須加『求められる公平な情報開示（資本市場クォータリー臨時増刊5号）』（2001）
大杉謙一「会社法制の見直しに関する要綱案の概要」ビジネス法務12巻11号18頁（2012）
大杉謙一「コーポレート・ガバナンスと日本経済――モニタリング・モデル、金融危機、日本的経営」金融研究32巻4号105頁（2013）
大杉謙一「三笘・遠藤・鈴木論文へのコメント――持株会社化の先にあるもの」金融・商事判例1464号10頁（2015）
大杉謙一「上場会社の経営機構――強い『本社』と社長を確保するために」法律時報87巻3号4頁（2015）
大杉謙一「平成26年会社法改正の背景とシンポジウムの企画趣旨」商事法務2109号4頁（2016）
大杉謙一「日本的経営とコーポレート・ガバナンス」資本市場367号14頁（2016）
太田勝造『法律』（2000）
太田洋「企業結合型インバージョンと米国新インバージョン規制」商事法務2059号28頁（2015）
大湾秀雄＝加藤隆夫＝宮島英昭「従業員持株会は機能するか？――従業員持株会状況調査25年分のデータに基づくエヴィデンス」宮島英昭編『企業統治制度改革と日本企業の成長』（近刊）

参考文献

岡崎哲二『持株会社の歴史――財閥と企業統治』（1999）
岡田悟「信用保証制度をめぐる現状と課題」調査と情報 794 号、国立国会図書館 Web（2013）
落合誠一「独立取締役の意義」新堂幸司＝山下友信編『会社法と商事法務』219 頁（2008）
落合誠一「日本企業の取締役会の現状と課題、あるべき姿」日本取締役協会編『独立取締役の教科書』1 頁（2015）
柿沼重志＝中西信介「財政負担の観点から見た信用保証に関する一考察」経済のプリズム 114 号、参議院 Web（2013）
勝俣啓文「就業規則の不利益変更に対する労働者の同意の効力」法律時報 84 巻 4 号 121 頁（2012）
加藤貴仁「企業グループのコーポレート・ガバナンスにおける多重代表訴訟の意義」西村高等法務研究所責任編集、落合誠一ほか編著『会社法制見直しの視点』73 頁（2012）
加藤貴仁「企業結合法制と銀行規制の関係について」金融法務研究会『金融規制の観点からみた銀行グループをめぐる法的課題』1 頁（2013）
加藤貴仁「金融機関のコーポレート・ガバナンス――会社法と金融規制の関係に関する一考察」金融研究第 35 巻 1 号 72 頁（2016）
ダニエル・カーネマン（友野典男＝山内あゆ子訳）『ダニエル・カーネマン　心理と経済を語る』（2011）
神谷高保「社外取締役の導入促進に反対する」法学志林 113 巻 2 号 1 頁（2015）
嘉村雄司「議決権と経済的利益の新たな分離現象(1)(2)」福岡大学大学院論集 40 巻 1 号 101 頁、2 号 105 頁（2008）
亀田制作＝髙川泉「ROA の国際比較分析――わが国企業の資本収益率に関する考察」日本銀行調査統計局ワーキングペーパーシリーズ（2003）
唐津博「就業規則と労働者の同意」法学セミナー 55 巻 11 号 23 頁（2010）
唐津博「労働契約法の『独り歩き』」労働法律旬報 1764 号 4 頁（2012）
唐津博「労契法 9 条の反対解釈・再論」根本到ほか編『労働法と現代法の理論　西谷敏先生古稀記念論集（上）』375 頁（2013）
川口幸美『社外取締役とコーポレート・ガバナンス』（2004）
川濵昇「取締役会の監督機能」森本滋＝川濵昇＝前田雅弘編『企業の健全性確保と取締役の責任』3 頁（1997）
神作裕之「取締役会の独立性と会社法」商事法務 2007 号 48 頁（2013）
神作裕之「コーポレートガバナンス・コードの法制的検討――比較法制の観点から」商事法務 2068 号 13 頁（2015）
神作裕之「特集　コーポレート・ガバナンス元年の株主総会」法学教室 421 号 3 頁（2015）
神田秀樹『会社法〔第 18 版〕』（2016）
菊澤研宗『比較コーポレート・ガバナンス論――組織の経済学アプローチ』（2004）

北村雅史「EU における公開買付規制」商事法務 1732 号 4 頁（2005）
木下信行「わが国企業の低収益性等の制度的背景について」日本銀行金融研究所ディスカッションペーパー（2012）
木下信行『改正銀行法』（1999）
木下信行『銀行の機能と法制度の研究』（2005）
木下信行『金融行政の現実と理論』（2010）
金融法委員会「更生計画における債権者平等原則について」（2005）
久保克行『コーポレート・ガバナンス――経営者の交代と報酬はどうあるべきか』（2010）
久保克行＝齋藤卓爾「日本の経営者は株価を最大化するインセンティブを持っているのか」宮島英昭編『企業統治分析のフロンティア』44 頁（2011）
久保克行＝武井一浩「経済成長戦略に資する報酬のあり方」神田秀樹ほか編著『日本経済復活の処方箋　役員報酬改革論〔増補改訂版〕』279 頁（2016）
黒田嘉彰ほか「『攻めの経営』を促すインセンティブ報酬――新たな株式報酬（いわゆるリストリクテッド・ストック）を中心に」商事法務 2100 号 33 頁（2016）
倉部真由美「倒産手続における債権の劣後化について」同志社法学 58 巻 6 号 1 頁（2007）
黒沼悦郎『アメリカ証券取引法〔第 2 版〕』（2004）
黒沼悦郎「公開買付制度・大量保有報告制度の改正」法律のひろば 59 巻 11 号 20 頁（2006）
黒沼悦郎『金融商品取引法入門〔第 6 版〕』（2015）
経済産業省「『持続的成長への競争力とインセンティブ～企業と投資家の望ましい関係構築～』プロジェクト（伊藤リポート）最終報告書（平成 26 年 8 月）」（2014）
小塚荘一郎「企業の国際化とコーポレート・ガバナンス改革」長谷部恭男ほか編『岩波講座現代法の動態 4　国際社会の変動と法』181 頁（2015）
後藤元『株主有限責任制度の弊害と過少資本による株主の責任――自己資本の水準から株主のインセンティブへ』（2007）
小林秀之＝神田秀樹『「法と経済学」入門』（1986）
コーポレート・ガバナンス・システムの在り方に関する研究会「コーポレート・ガバナンスの実践～企業価値向上に向けたインセンティブと改革～（平成 27 年 7 月 24 日）」（2015）
近藤光男『取締役の損害賠償責任』（1996）
近藤光男編『判例法理経営判断原則』（2012）
近藤光男ほか「取締役の経営責任の取り方」別冊商事法務 210 号 21 頁（1998）
近藤光男ほか『金融商品取引法入門〔第 4 版〕』（2015）
齋藤卓爾「日本企業による社外取締役の導入の決定要因とその効果」宮島英昭編著『日本の企業統治――その再設計と競争力回復に向けて』181 頁（2011）
齋藤卓爾＝宮島英昭＝小川亮「企業統治制度と経営者の交代」宮島英昭編『企業統

参考文献

治制度改革と日本企業の成長』（近刊）
坂根正弘『言葉力が人を動かす』（2012）
坂本三郎編著『一問一答　平成 26 年改正会社法〔第 2 版〕』（2015）
坂本三郎ほか「平成二六年改正会社法の解説〔Ｉ〕〔Ⅱ〕〔Ⅲ〕」商事法務 2040 号 28 頁、2042 号 19 頁、2043 号 4 頁（2014）
坂本三郎ほか「平成 26 年改正会社法の解説」坂本三郎編著『立案担当者による平成 26 年改正会社法の解説（別冊商事法務 393 号）』119 頁（2015）
佐藤勤「議決権と経済的所有権の分離」南山法学 35 巻 3・4 号 65 頁（2012）
佐藤勤「現代の議決権信託とその実質的効果であるエンプティ・ボーティング規制」前田重行先生古稀記念『企業法・金融法の新潮流』39 頁（2013）
澤口実「執行役員制度導入上の問題点」商事法務 1494 号 4 頁（1998）
澤口実「執行役員制度の実務マニュアル」商事法務 1524 号 4 頁（1999）
澤口実「取締役と執行役員の関係」商事法務 1576 号 36 頁（2000）
澤口実「執行役員制度に関するアンケート結果の概要──商事法務研究会が実施した実態調査結果の分析」商事法務 1526 号 23 頁（1999）
澤口実「コーポレート・ガバナンスに関する新しい開示情報とその分析」商事法務 2109 号 48 頁（2016）
塩崎恭久「銀行のガバナンス強化と株式保有『原則禁止』の実現を──銀行が『モノいわぬ株主』になるべきではない」金融財政事情 3070 号 50 頁（2014）
宍戸善一「交渉の場としての取締役会──取締役会の仕組と動機付けの仕組の相互関係」小塚荘一郎ほか編『商事法への提言（落合誠一先生還暦記念）』269 頁（2004）
宍戸善一『動機付けの仕組としての企業──インセンティブ・システムの法制度論』（2006）
宍戸善一編著『「企業法」改革の論理──インセンティブ・システムの制度設計』（2011）
宍戸善一「企業における動機付け交渉と法制度の役割」宍戸善一編著『「企業法」改革の論理──インセンティブ・システムの制度設計』1 頁（2011）
宍戸善一「ベンチャー企業とベンチャー・キャピタル」江頭憲治郎編『株式会社法大系』107 頁（2013）
宍戸善一「モニタリング・ボード再考──内部ガバナンスと外部ガバナンスの補充性の観点から」黒沼悦郎＝藤田友敬編『江頭憲治郎先生古稀記念論文集（仮題）』（近刊）
宍戸善一＝新田敬祐＝宮島英昭「親子上場をめぐる議論に対する問題提起──法と経済学の観点から（上）（中）（下）」商事法務 1898 号 38 頁、1899 号 4 頁、1900 号 35 頁（2010）
証券法研究会編『金商法大系Ｉ』（2011）
商事法務研究会「事業再生に関する紛争解決手続の更なる円滑化に関する検討会報告書」（2015）

参考文献

商事法務研究会編「株主総会白書2015年版」商事法務2085号（2015）
商事法務編集部『会社法下における取締役会の運営実態』（別冊商事法務334号）（2009）
商事法務編集部「（インタビュー）企業統治の強化と資本市場の活性化に向けて――大久保勉参議院議員に聞く」商事法務2032号26頁（2014）
胥鵬「買収防衛策イン・ザ・シャドー・オブ株式持合い」商事法務1874号45頁（2009）
白井正和「アクティビスト・ヘッジファンドとコーポレート・ガバナンス」商事法務2109号34頁（2016）
菅野和夫『労働法〔第11版〕』（2016）
鈴木竹雄＝岩城謙二「新商法下の会社機関の運営について」商事法務971号2頁（1983）
鈴木治雄ほか「企業経営と株式会社法の今日的課題（新春座談会）」商事法務688号4頁（1975）
園尾隆司『民事訴訟・執行・破産の近現代史』（2009）
高木新二郎「産業再生機構の債権買取り期限後の課題」事業再生と債権管理18巻3号12頁（2004）
高橋勝好「業務監査権の強化等とその受入態勢」商事法務693号2頁（1975）
髙橋陽一「取締役の対第三者責任に関する判例法理は今後も維持されるべきか？――両損害包含説の問題性と直接損害限定説の再評価（1）（2・完）」法学論叢177巻6号1頁, 178巻2号1頁（2015）
滝澤美帆ほか「買収防衛策導入の動機――経営保身仮説の検証」RIETI Discussion Paper Series, 07-J-033（2007）
武井一浩『企業法制改革論Ⅱ』（2013）
武井一浩「役員報酬改革」ジュリスト1452号63頁（2013）
武井一浩「コーポレートガバナンス・コードへの対応」ジュリスト1484号60頁（2015）
武井一浩編著『コーポレートガバナンス・コードの実践』（2015）
武井一浩ほか「新しいエクイティ報酬（自社株報酬）導入に向けて」『日本経済復活の処方箋　役員報酬改革論』257頁（2013）
武井一浩＝石崎泰哲「上場企業法制における企業の中長期的利益とショートターミズムとの調整――最近の欧米の議論の諸相から（上）（下）」商事法務2097号21頁、2098号36頁（2016）
竹内昭夫ほか「商法改正に伴う基本問題の検討（座談会）」商事法務914号4頁（1981）
田中亘「機関投資家向けコーポレート・ガバナンスに関するアンケート調査　結果報告」東京大学社会科学研究所 Web（2012）
田中亘「取締役の善管注意義務・忠実義務および株主代表訴訟」田中亘編『数字でわかる会社法』71頁（2013）

参考文献

田中亘「企業統治改革の現状と課題——取締役会制度を中心に」宮島英昭編『企業統治制度改革と日本企業の成長』(近刊)
田中亘ほか「〈座談会〉レックスHD事件高裁判決の意義と実務への影響(下)」ビジネス法務14巻1号54頁(2014)
田原泰雅ほか「金融審議会ディスクロージャーワーキング・グループ報告の概要」商事法務2105号4頁(2016)
玉井利幸「株式等売渡請求、キャッシュ・アウト、取締役の義務(1)」南山法学36巻3・4号242頁(2013)
田村達也『コーポレート・ガバナンス——日本企業再生への道』(2002)
通商産業省産業政策局産業組織課編『持株会社をめぐる商法上の諸問題——株式交換制度の創設に向けて』別冊商事法務206号(1998)
通商産業省産業政策局産業組織課「企業運営の実態把握・商法の課題把握に係るアンケート結果」商事法務1575号4頁(2000)
土田道夫『労働契約法』(2008)
土田道夫「労働条件の不利益変更と労働者の同意——労働契約法8条・9条の解釈」根本到ほか編『労働法と現代法の理論 西谷敏先生古稀記念論集(上)』354頁(2013)
土本清幸「買収防衛策と東証の対応」東京株式懇話会會報655号2頁(2006)
津野田一馬「経営者報酬の決定・承認手続」法学協会雑誌132巻11号2161頁(2015)
帝国データバンク「全国『休廃業・解散』動向調査」(各年度)
帝国データバンク「全国企業倒産集計 2015年報」(2016)
十市崇「解雇権濫用法理のもたらすインセンティブ効果と派生問題」宍戸善一編著『「企業法」改革の論理——インセンティブ・システムの制度設計』59頁(2011)
東京大学労働法研究会編『注釈労働基準法(下)』(2003)
道幸哲也「労働法における集団的な視角」根本到ほか編『労働法と現代法の理論 西谷敏先生古稀記念論集(下)』18頁(2013)
得津晶「持合株式の法的地位(1)-(5・完)」法学協会雑誌125巻3号455頁、8号1753頁、9号2061頁(2008)、126巻9号1836頁、10号2027頁(2009)
得津晶「取引先株主と取引先債権者の兼務(連続性)」宍戸善一編著『「企業法」改革の論理——インセンティブシステムの制度設計』249頁(2011)
得津晶「2つの残余権概念の相克」岩原紳作=山下友信=神田秀樹編『会社・金融・法(上)』111頁(2013)
戸田暁「米国法を中心とした公開買付制度の検討」商事法務1732号13頁(2005)
戸谷富士夫=福井龍夫「取締役会・常務会の運営の実際」商事法務研究会編『取締役・監査役ハンドブック』141頁(1965)
冨山和彦「企業価値向上に向けた取締役会——一歩進んだ独立取締役の役割」日本取締役協会編『独立取締役の教科書』107頁(2015)
冨山和彦=澤陽男『決定版 これがガバナンス経営だ——ストーリーで学ぶ企業統治のリアル』(2015)

取締役の法務編集部「主要企業における取締役のリストラ状況」取締役の法務50号90頁（1998）

内藤純一「株式公開買付制度の改正」商事法務1208号2頁（1990）

中西敏和＝関孝哉『コーポレート・ガバナンスの現状分析』（2016）

中野かおり＝中西信介「リーマンショック後の中小企業金融支援策」立法と調査337号56頁（2013）

中原裕彦＝梶元孝太郎「コーポレート・ガバナンスの実践（上）（下）――企業価値向上に向けたインセンティブと改革」商事法務2077号4頁、2078号17頁（2015）

成毛文之「取締役会・常務会の運営」商事法務研究会編『取締役ハンドブック』203頁（1975）

西岡晋「コーポレート・ガバナンスの政治学：『三つのⅠ』のアプローチ」年報政治学2014Ⅱ号110頁（2014）

西谷敏『労働法』（2008）

西谷敏『労働法〔第2版〕』（2013）

西谷敏＝根本到編『労働契約と法』（2011）

新田敬祐「日本型取締役会の多元的進化――取締役会組織はいかに分化したか」宮島英昭編『企業統治分析のフロンティア』17頁（2008）

日本経済研究センター「金融危機時の企業金融対策の検証――リーマン後の各種対策に一定の効果も、課題残す」金融研究リポート2010年12月3日公表（2010）

日本政策金融公庫中小企業事業本部保険企画部「欧米における中小企業信用保証制度に関する調査（2015年度）」（2016）

丹羽繁夫「コーポレート・ガバナンス論と執行役員の位置づけ」商事法務1512号16頁（1998）

根本忠宣「倒産法の企業金融に与える影響」中小企業総合研究3号1頁（2006）

能見善久＝道垣内弘人編『信託法セミナー(2)　受託者』（2014）

野崎浩成＝江平亨編著『銀行のグループ経営』（2016）

野田博「コーポレート・ガバナンスにおける規制手法の考察」商事法務2109号14頁（2016）

野村亜紀子「レギュレーションFD違反をめぐるSECの主張を退けた地裁決定」資本市場クォータリー9巻2号54頁（2005）

野村資本市場研究所（高木新二郎協力）「各国の事業再生関連手続について――米英独仏の比較分析」平成22年度経済産業省委託調査報告書000540号（2011）

野村剛司「更生計画における公正・衡平――親会社の権利」伊藤眞＝松下淳一編『倒産判例百選〔第5版〕』192頁（2013）

橋本寿朗『日本経済論――二十世紀システムと日本経済』（1991）

畑宏樹「破産会社を事実上支配していた会社が破産手続において、破産会社の債務を代位弁済したことによる求償権を破産債権と主張することが信義則に反するとされた事例」判例時報1660号112頁（1999）

参考文献

比較法研究センター『役員報酬の在り方に関する会社法上の論点の調査研究業務報告書』(2015)
深尾京司『「失われた20年」と日本経済――構造的原因と再生への原動力の解明』(2012)
福井章代「会社法施行後の株主代表訴訟の概況」資料版商事法務334号72頁(2012)
福田慎一『『「失われた20年」を超えて』(2015)
藤澤利治「国際金融危機とドイツの銀行制度改革」証券経済研究第82号123頁(2013)
藤田友敬「本シンポジウムの目的」(日本私法学会シンポジウム資料　株式保有構造と経営機構――日本企業のコーポレート・ガバナンス) 商事法務2007号4頁 (2013)
藤田友敬「『社外取締役・取締役会に期待される役割――日本取締役協会の提言』を読んで」商事法務2038号4頁 (2014)
淵田康之「短期主義問題と資本市場」野村資本市場クォータリー16巻2号52頁(2012)
舩津浩司「金融グループのガバナンス」金融法務事情2047号8頁 (2016)
法務省民事局参事官室「株式会社の機関に関する改正試案」商事法務824号6頁(1978)
法務省民事局参事官室「会社法改正に関する問題点」別冊商事法務51号321頁(1981)
法務省民事局参事官室「株式会社の機関に関する改正試案」別冊商事法務51号331頁 (1981)
法務省民事局参事官室「会社法制の見直しに関する中間試案の補足説明」商事法務1952号19頁 (2011)
星岳雄「日本の金融システムに隠されたリスク」NIRAオピニオンペーパー4号(2011)
堀江貞之『コーポレートガバナンス・コード』(2015)
前田庸「取締役および取締役会」商事法務814号13頁 (1978)
前田雅弘「企業統治」ジュリスト1472号18頁 (2014)
増井良啓「ストック・オプションと所得課税」『人的役務と所得税』日税研論集57号97頁 (2006)
町田行人『詳解大量保有報告制度』(2016)
松井真一「執行役員制度をめぐる理論と実務(上)」商事法務1539号75頁 (1999)
松井秀征「要望の伏在――コーポレート・ガバナンス」中東正文＝松井秀征編著『会社法の選択――新しい社会の会社法を求めて』368頁 (2010)
松尾直彦『Q&Aアメリカ金融改革法――ドッド＝フランク法のすべて』(2010)
松尾直彦『金融商品取引法〔第4版〕』(2016)
松中学「わが国の敵対的買収と防衛策をめぐるルール形成」新世代法政策学研究2号363頁 (2009)

松中学「監査役のアイデンティティ・クライシス」商事法務 1957 号 4 頁（2012）
松中学「証券取引所による敵対的買収と防衛策のルール形成」阪大法学 62 巻 3・4 号 1031 頁（2012）
松中学「経営者のモニタリングとボードの役割――取締役会の型と経営者の評価機能」法律時報 86 巻 3 号 36 頁（2014）
松村和徳ほか「ドイツ倒産法制の改正動向(1)」比較法学 49 巻 2 号 267 頁（2015）
松村敏弘「ディスクロージャー問題」三輪芳郎＝神田秀樹＝柳川範之編『会社法の経済学』373 頁（1998）
松本睦『租税競争の経済学――資本税競争と公共要素の理論』（2014）
萬澤陽子『アメリカのインサイダー取引と法』（2011）
三品和広『戦略不全の論理』（2004）
三品和広「リスクテイクが足りない？」東洋経済 6658 号 9 頁（2016）
みずほ総合研究所「米国の金融危機対応の成果と課題～オバマ政権 1 年間の総決算」みずほ米州インサイト 2010 年 2 月 23 日発行号（2010）
水町勇一郎『労働法〔第 6 版〕』（2016）
三笘裕「レックス・ホールディングス損害賠償請求事件東京高裁判決」金融・商事判例 1422 号 1 頁（2013）
三笘裕ほか「持株会社体制への移行の実証的分析（上）（下）」金融・商事判例 1463 号 2 頁、1464 号 2 頁（2015）
宮島英昭『産業政策と企業統治の経済史――日本経済のミクロ分析』（2004）
宮島英昭「企業統治制度改革の視点――ハイブリッドな構造のファインチューニングと劣位の均衡からの脱出に向けて」RIETI Policy Discussion Paper（2015）
宮島英昭「企業統治制度改革――ポスト持合いにおける 2 つの焦点」監査役 659 号 16 頁（2016）
宮島英昭編『企業統治分析のフロンティア』（2011）
宮島英昭＝小川亮「日本企業の取締役会構成の変化をいかに理解するか――取締役会構成の決定要因と社外取締役の導入効果」RIETI Policy Discussion Paper（2012）
宮島英昭＝小川亮「日本企業の取締役会構成の変化をいかに理解するか――取締役会構成の決定要因と社外取締役の導入効果」商事法務 1973 号 81 頁（2012）
宮島英昭＝新田敬祐「日本型取締役会の多元的進化――その決定要因とパフォーマンス効果」神田秀樹編『企業統治の多様化と展望』27 頁（2007）
宮島英昭＝新田敬祐「株式所有構造の多様化とその帰結――株式持ち合いの解消・「復活」と海外投資家の役割」宮島英昭編著『日本の企業統治――その再設計と競争力の回復に向けて』105 頁（2011）
宮島英昭＝新田敬祐＝宍戸善一「親子上場の経済分析――利益相反問題は本当に深刻なのか？」宮島英昭編著『日本の企業統治――その再設計と競争力の回復に向けて』289 頁（2011）
宮島英昭＝保田隆明「株式所有構造と企業統治――機関投資家の増加は企業パ

フォーマンスを改善したのか」フィナンシャル・レビュー 121 号 3 頁（2015）
宮島英昭ほか「海外機関投資家の役割」宮島英昭編『企業統治制度改革と日本企業の成長』（近刊）
元木伸「株式会社の機関に関する改正試案の公表」商事法務 824 号 2 頁（1978）
元木伸ほか「株式会社機関改正試案に対する各界意見の分析」別冊商事法務 51 号 89 頁（1981）
森井英雄ほか「座談会　取締役が語る取締役会の現状」別冊商事法務 153 号 28 頁（1993）
矢沢惇「『会社機関に関する改正意見』について」商事法務 817 号 10 頁（1978）
矢沢惇ほか「取締役・取締役会制度の改善策」商事法務 707 号 2 頁（1975）
安井正男「常務会・経営会議などの審議事項」商事法務 782 号 48 頁（1977）
柳川範之『法と企業行動の経済分析』（2006）
山口浩一郎ほか編『経営と労働法務の理論と実務』（2008）
山下友信ほか「シンポジウム『コーポレート・ガバナンスと実証分析──会社法への示唆』」私法 72 号 53 頁（2010）
山本和彦＝山本研編『民事再生法の実証的研究』（2014）
山本慶子「再建型倒産手続に関する一考察」（日本銀行金融研究所ディスカッションペーパー）（2008）
山本慶子「再建型倒産手続における利害関係人の間の「公正・衡平」な権利分配のあり方」金融研究 27 巻法律特集号 111 頁（2008）
山本陽大「就業規則の不利益変更と労働者による個別同意の関係性」季刊労働法 229 号 174 頁（2010）
『山を動かす』研究会編、中神康議ほか『ROE 最貧国日本を変える』（2014）
油布志行ほか「コーポレートガバナンス・コード（原案）の解説〔Ⅰ〕〜〔Ⅳ・完〕」商事法務 2062 号 47 頁、2063 号 51 頁、2064 号 35 頁、2065 号 46 頁（2015）
湯山壮一郎ほか「情報通信技術の進展等の環境変化に対応するための銀行法等の一部を改正する法律の概要(1)」商事法務 2107 号 18 頁（2016）
吉川洋『デフレーション』（2013）
吉田美喜夫ほか編『労働法Ⅱ 個別的労働関係法』（2010）
ロバート・E・ライタン編著（木下信行＝中原裕彦＝鈴木淳人監訳）『成長戦略論──イノベーションのための法と経済学』（2016）
渡辺徹也「ストック・オプションに関する課税上の諸問題」税法学 550 号 57 頁（2003）
渡辺徹也「申告納税・源泉徴収・年末調整と給与所得」日税研論集 57 号 121 頁（2006）
渡辺徹也「法人税法のあり方とインセンティブ」宍戸善一編著『「企業法」改革の論理──インセンティブ・システムの制度設計』344 頁（2011）
渡辺徹也「引き抜き防止」佐藤英明編『租税法演習ノート〔第 3 版〕』210 頁（2013）
渡辺徹也「インセンティブ報酬に対する課税──リストリクテッド・ストック等を

参考文献

中心に」税務事例研究 150 号 27 頁（2016）

Acharya, Viral V., Stewart C. Myers & Raghuram G. Rajan, *The Internal Governance of Firms*, 66 J.FIN. 689 (2011).

Adams, Renée B., Benjamin E. Hermalin & Michael S. Weisbach, *The Role of Boards of Directors in Corporate Governance: A Conceptual Framework and Survey*, 48 (1) JOURNAL OF ECONOMIC LITERATURE 58 (2010).

Admati, A. & P. Pfleiderer, *The "Wall Street Walk" and Shareholder Activism: Exit as a Form of Voice*, 22 REVIEW OF FINANCIAL STUDIES 2645 (2009).

Aggarwal, R., I. Erel, M. Ferreira & P. Matos, *Does Governance Travel Around the World?: Evidence from Institutional Investors*, 100 JOURNAL OF FINANCIAL ECONOMICS 154 (2011).

Agrawal, Anup & Tareque Nasser, Blockholders on Boards and CEO Compensation, Turnover and Firm Valuation, available at University of Alabama (2012).

Aguilera, Ruth V. & Gregory Jackson, *Comparative and International Corporate Governance*, 4 ACADEMY OF MGMT ANNALS 485 (2010).

Ahmadjian, Christina L. & Gregory E. Robbins, *A Clash of Capitalisms: Foreign Shareholders and Corporate Restructuring in 1990s Japan*, 70 AMERICAN SOCIOLOGICAL REVIEW 451 (2005).

Alesina, Alberto & Allan Drazen, *Why are stabilizations delayed?*, 81 AMERICAN ECONOMIC REVIEW 1170 (1991).

Aman, Todd M., *Cost-Benefit Analysis of the Business Judgment Rule: A Critique in Light of the Financial Meltdown*, 74 ALBANY LAW REVIEW 1 (2010).

Aman, H. & P. Nguyen, *Do Stock Prices Reflect the Corporate Governance Quality of Japanese Firms?*, 22 JOURNAL OF THE JAPANESE AND INTERNATIONAL ECONOMIES 647 (2008).

Anderson, Ronald C. & David M. Reeb, *Founding-Family Ownership and Performance: Evidence from the S&P 500*, 58 JOURNAL OF FINANCE 1301 (2003).

Anderson, Ronald C. & David M. Reeb, *Founding-Family Ownership, Corporate Diversification, and Firm Leverage*, 46 JOURNAL OF LAW & ECONOMICS 653 (2003).

Andres, Christian & Erik Theissen, *Setting a Fox to Keep the Geese—Does the Comply-or-Explain Principle Work?*, 14 J. CORP. FIN. 289 (2008).

Aoki, Masahiko, *Towards an Economic Model of the Japanese Firm*, 28 JOURNAL OF ECONOMIC LITERATURE 1 (1990).

AOKI, MASAHIKO & HUGH PATRICK, THE JAPANESE MAIN BANK SYSTEM: ITS RELEVANCE FOR DEVELOPING AND TRANSFORMING ECONOMIES (1995).

Apeldoorn, Bastiaan van, Andreas Nölke & Henk Overbeek, *The Transnational*

Politics of Corporate Governance Regulation: Introducing Key Concepts, Questions and Approaches, in HENK OVERBEEK, BASTIAAN VAN APELDOORN & ANDREAS NÖLKE EDS., THE TRANSNATIONAL POLITICS OF CORPORATE GOVERNANCE REGULATION 43 (2007).

Arcot, Sridhar & Valentina Bruno, In Letter but Not in Spirit: An Analysis of Corporate Governance in the UK, available at SSRN (2006).

Arcot, Sridhar, Valentina Bruno & Antoine Faure-Grimaud, *Corporate Governance in the UK: Is the Comply or Explain Approach Working?*, 30 INT'L REV. L. & ECON. 193 (2010).

Armour, John, Bernard Black & Brian Cheffins, *Is Delaware Losing Its Cases?*, 9 J.EMPIRICAL LEGAL STUD. 605 (2012).

Armour, John & David A. Skeel, Jr., *Who Writes the Rules for Hostile Takeovers, and Why?: The Peculiar Divergence of U.S. and U.K. Takeover Regulation*, 95 GEO. L.J. 1727 (2007).

Armour, John A., Jack B. Jacobs & Curtis J. Milhaupt, *The Evolution of Hostile Takeover Regimes in Developed and Emerging Markets: An Analytical Framework*, 52 HARV. INT'L L.J. 219 (2011).

BAKER, ROGER M., CORPORATE GOVERNANCE, COMPETITION, AND POLITICAL PARTIES: EXPLAINING CORPORATE GOVERNANCE CHANGE IN EUROPE (2010).

Barisitz, Stephen, *Nonperforming Loans in Western Europe – A Selective Comparison of Countries and National Definitions*, 2013 (1) FOCUS ON EUROPEAN ECONOMIC INTEGRATION 28 (2013).

Barth, Erling, Trygve Gulbrandsen & Pal Schonea, *Family Ownership and Productivity: the Role of Owner-Management*, 11 JOURNAL OF CORPORATE FINANCE 107 (2005).

Barzuza, Michal, *Market Segmentation: The Rise of Nevada as a Liability-Free Jurisdiction*, 98 VA. L. REV. 935 (2012).

Beale, Joseph H., *What Law Governs the Validity of a Contract: III Theoretical and Practical Criticisms of the Authorities*, 23 HARV. L. REV. 260 (1910).

Bebchuk, Lucian A., *Federalism and the Corporation: The Desirable Limits on State Competition in Corporate Law*, 105 HARV. L. REV. 1435 (1992).

Bebchuk, Lucian A., *Efficient and Inefficient Sales of Corporate Control*, 109 QUARTERLY JOURNAL OF ECONOMICS 957 (1993).

Bebchuk, Lucian A. et al., *Lucky CEOs and Lucky Directors*, 65 J. FIN. 2363 (2010).

Bebchuk, Lucian A., Alon Brav, Robert J. Jackson, Jr. & Wei Jiang, *Pre-Disclosure Accumulations by Activist Investors: Evidence and Policy*, 39 J. CORP. L. 1 (2013).

Bebchuk, Lucian A. & Alma Cohen, *Firms' Decisions Where to Incorporate*, 46 J.

L. & Econ. 383 (2003).
Bebchuk, Lucian A. & Jesse Fried, Pay Without Performance: The Unfulfilled Promise of Executive Compensation (2004).
Bebchuk, Lucian A. & Robert J. Jackson, Jr., *The Law and Economics of Blockholder Disclosure*, 2 Harv. Bus. L. Rev. 39 (2012).
Becht, M., J. Franks, J. Grant, & H. Wagner, The Returns to Hedge Fund Activism: An International Study, available at ECGI (2015).
Bénabou, Roland & Jean Tirole, *Incentives and Prosocial Behavior*, 96 (5) American Economic Review 1652 (2006).
Bennedsen, Morten, Kasper M. Nielsen, Francisco Perez-Gonzalez & Daniel Wolfenzon, *Inside the Family Firm: the Role of Families in Succession Decisions and Performance*, 122 Quarterly Journal of Economics 647 (2007).
Berglof, E. & E. Perotti, *The Governance Structure of the Japanese Financial Keiretsu*, 36 Journal of Financial Economics 259 (1994).
Bertland, Marianne, Simon Johnson, Krislert Samphantharak & Antoinette Schoar, *Mixing Family with Business: A Study of Thai Business Groups and the Families Behind Them*, 88 Journal of Financial Economics 466 (2008).
Bertrand, Marianne & Sandhil Mullainathan, *Are CEOs Rewarded for Luck? The Ones Without Principals Are*, 116 Quarterly Journal of Economics 901 (2001).
Bittker, Boris I. & Lawrence Lokken, Federal Taxation of Income, Estates and Gifts (2016).
Black, Bernard S., *Shareholder Passivity Reexamined*, 89 Mich. L. Rev. 520 (1990).
Black, Bernard S. & John C. Coffee, Jr., *Hail Britannia?: Institutional Investor Behavior under Limited Regulation*, 92 Mich. L. Rev. 1997 (1997).
Black, Jr. Lewis S., Why Corporations Choose Delaware (2007).
Bloom, Nicholas & John Van Reenen, *Measuring and Explaining Management Practices Across Firms and Countries*, 122 Quarterly Journal of Economics 1351 (2007).
Bone, Robert G., Civil Procedure: The Economics of Civil Procedure (2003) 〔邦訳：ロバート・G・ボウン（細野敦訳）『民事訴訟の法と経済学』(2004)〕.
Borstadt, Lisa F. & Thomas J. Zwirlein, *The Efficient Monitoring Role of Proxy Contests: An Empirical Analysis of Post-Contest Control Changes and Firm Performance*, 21 Fin. Mgmt. 22 (1992).
Brady, Henry E. & David Collier eds., Rethinking Social Inquiry Divers: Tools, Shared Standards (2nd. ed. 2010) 〔邦訳：ヘンリー・ブレディ＝デヴィッド・コリアー（泉川泰博＝宮下明聡訳）『社会科学の方法論争——多様な分析道具と共通の基準〔原著第2版〕』(2014)〕.
Bratton, William W. & Michael L. Watcher, *The Case Against Shareholder Em-*

powerment, 158 UNIVERSITY OF PENNSYLVANIA LAW REVIEW 653 (2010).

Brav, Alon et al., *Hedge Fund Activism, Corporate Governance, and Firm Performance*, 63 J. FIN. 1729 (2008).

Brickley, James A. et al., *Ownership Structure and Voting on Antitakeover Amendments*, 20 J. FIN. ECON. 267 (1988).

Burkart, Mike, Fausto Panunzi & Andrei Shleifer, *Family Firms*, 58 JOURNAL OF FINANCE 2167 (2003).

Caglio, Cecilia, Kathleen Weiss Hanley & Jennifer Marietta-Westberg, Going Public Abroad, available at SSRN (2012).

Cain, Matthew D. & Steven Davidoff Solomon, Takeover Litigation in 2015, available at SSRN (2016).

Cary, William L., *Federalism and Corporate Law: Reflections upon Delaware*, 83 YALE L.J. 663 (1974).

Castles, Francis G. & Peter Mair, *Left-Right Political Scales: Some 'Expert' Judgments*, 12 EUROPEAN J. POL. RESEARCH 73 (1984).

CHEFFINS, BRIAN R., CORPORATE OWNERSHIP AND CONTROL: BRITISH BUSINESS TRANSFORMED (2008).

Cheffins, Brian R., *The Stewardship Code's Achilles Heel*, 73 MODERN L. REV. 1004 (2010).

CHIU, IRIS H-Y., THE FOUNDATIONS AND ANATOMY OF SHAREHOLDER ACTIVISM (2010).

Chiu, Iris H-Y., Learning from the UK in the Proposed Shareholders' Rights Directive 2014? European Corporate Governance Regulation from a UK Perspective, available at SSRN (2015).

Christoffersen, Susan E.K., Christopher C. Geczy, David K. Musto & Adam V. Reed, *Vote Trading and Information Aggregation*, 62 J. FIN. 2897 (2007).

CIOFFI, JOHN W., PUBLIC LAW AND PRIVATE POWER: CORPORATE GOVERNANCE REFORM IN THE AGE OF FINANCE CAPITALISM (2010).

Cioffi, John W., *Book Review, Quiet Politics and Business Power: Corporate Control in Europe and Japan*, 10 PERSPECTIVE ON POLITICS 849 (2012).

Cioffi, John W. & Martin Höpner, *The Political Paradox of Finance Capitalism: Interests, Preferences, and Center-Left Party Politics in Corporate Governance Reform*, 34 POLITICS & SOCIETY 463 (2006).

Coffee, Jr., John, *Liquidity versus Control: The Institutional Investors as Corporate Monitor*, 91 COLUM. L. REV. 1277 (1991).

Cromme, Gerhard, *Corporate Governance in Germany and the German Corporate Governance Code*, 13 CORP. GOV. 362 (2005).

CULPEPPER, PEPPER D., QUIET POLITICS AND BUSINESS POWER CORPORATE CONTROL IN EUROPE AND JAPAN (2011).

Cusack, Thomas R., *Partisan Politics and Public Finance: Changes in Public*

Spending in the Industrialized Democracies, 1955-1989, 91 PUBLIC CHOICE 375 (1997).

Daines, Robert, *Does Delaware Law Improve Firm Value?*, 62 J. FIN. ECON. 525 (2001).

David, P., T. Yoshikawa, M. D. R. Chari & A. A. Rasheed, *Strategic Investments in Japanese Corporations: Do Foreign Portfolio Owners Foster Underinvestment or Appropriate Investment?*, 27 STRATEGIC MANAGEMENT JOURNAL 591 (2006).

Davies, Paul, *Corporate Boards in the United Kingdom, in* PAUL DAVIES ET AL. EDS., CORPORATE BOARDS IN LAW AND PRACTICE: A COMPARATIVE ANALYSIS IN EUROPE 713 (2013).

Davies, Paul, *Shareholders in the United Kingdom, in* JENNIFER G. HILL & RANDALL S. THOMAS EDS., RESEARCH HANDBOOK ON SHAREHOLDER POWER 355 (2015).

Dazai, Hokuto, Takuji Saito, Zenichi Shishido & Noriyuki Yanagawa, The Rising Son under the Shadow of Company Community: Do Japanese Family Firms Really Excel?, available at SSRN (2014).

Dazai, Hokuto, Takuji Saito, Zenichi Shishido & Noriyuki Yanagawa, Japanese Corporate Governance from the Perspective of Family Firms, available at SSRN (2016).

Dazai, Hokuto, Takuji Saito, Zenichi Shishido & Noriyuki Yanagawa, Family Firms and the Professional Manager Market, available at SSRN (2016).

DEUTSCHES INSTITUTE FÜR ANGEWANDTES INSOLVENZ RECHT E.V., HANDLUNGSEMPFEHLUNGEN FÜR DIE NEUE INSOLVENZORDNUNG (2012).

Doidge, Craig G., Andrew Karolyi & Rene M. Stulz, The U.S. Listing Gap, available at SSRN (2015).

EASTERBROOK, FRANK H. & DANIEL R. FISCHEL, THE ECONOMIC STRUCTURE OF CORPORATE LAW (1991).

Edmans, Alex, *Blockholders and Corporate Governance*, 6 ANNUAL REVIEW OF FINANCIAL ECONOMICS 23 (2014).

Eguchi, Takaaki & Zenichi Shishido, *The Future of Japanese Corporate Governance: Internal Governance and the Development of Japanese-Style External Governance through Engagement, in* RANDALL THOMAS & JENNIFER HILL, EDS., RESEARCH HANDBOOK ON SHAREHOLDER POWER 552 (2015).

EISENBERG, MELVIN ARON, THE STRUCTURE OF THE CORPORATION: A LEGAL ANALYSIS (1976).

Eisenberg, Theodore & Geoffrey P. Miller, *Ex Ante Choice of Law and Forum: An Empirical Analysis of Corporate Merger Agreements*, 59 VAND. L. REV. 1975 (2006).

Eisenberg, Theodore & Geoffrey P. Miller, *The Flight to New York: An Empirical Study of Choice of Law And Choice of Forum Clauses in Publicly-Held

Companies' Contracts, 30 CARDOZO L. REV. 1475 (2009).
European Corporate Governance Institute, *Setting a Fox to Keep the Geese—Does the Comply-or-Explain Principle Work?*, 14 J. CORP. FIN. 289 (2008).
Fairfax, Lisa M., *Spare the Rod, Spoil the Director? Revitalizing Directors' Fiduciary Duty Through Legal Liability*, 42 HOUSTON LAW REVIEW 393 (2005).
Ferreira, M. A. & P. Matos, *The Colors of Investors' Money: The Role of Institutional Investors around the World*, 88 JOURNAL OF FINANCIAL ECONOMICS 499 (2008).
Fisch, Jill E., Regulation FD: An Alternative Approach to Addressing Information Asymmetry, available at University of Pennsylvania (2013).
Fisch, Jill E., Sean J. Griffith & Steven Davidoff Solomon, *Confronting the Peppercorn Settlement in Merger Litigation: An Empirical Analysis and a Proposal for Reform*, 93 TEXAS LAW REVIEW 557 (2015).
Fischel, Daniel R. & Michael Bradley, *The Role of Liability Rules and the Derivative Suit in Corporate Law: A Theoretical and Empirical Analysis*, 71 CORNELL LAW REVIEW 261 (1986).
Franks, J., C. Mayer & H. Miyajima, *The Ownership of Japanese Corporations in the 20th Century*, 27 REVIEW OF FINANCIAL STUDIES 2580 (2014).
Franks, J., C. Mayer & H. Wagner, *The Survival of the Weakest: Flourishing Family Firms in Germany*, 27 (4) JOURNAL OF APPLIED CORPORATE FINANCE 34 (2015).
Frydman, Carola & Raven E. Saks, *Executive Compensation: A New View from a Long-Term Perspective, 1936-2005*, 23 THE REVIEW OF FINANCIAL STUDIES 2099 (2010).
Gelter, Martin, *The Structure of Regulatory Competition in European Corporate Law*, 5 J. CORP. L. STUD. 247 (2005).
Gelter, Martin & Jürg Roth, Subordination of Shareholder Loans from a Legal and Economic Perspective, available at Harvard Law School (2007).
Gibbons, Robert, Nico Matouschek & John Roberts, *Decisions in Organizations*, in ROBERT GIBBONS & JOHN ROBERTS EDS.,THE HANDBOOK OF ORGANIZATIONAL ECONOMICS 373 (2013).
Gilson, Ronald J. & Jeffrey N. Gordon, *The Agency Costs of Agency Capitalism: Activist Investors and the Revaluation of Governance Rights*, 113 COLUM. L. REV. 865 (2013).
Gilson, Ronald & Reinier Kraakman, *Reinventing the Outside Director: An Agenda for Institutional Investors*, 43 STAN. L. REV. 863 (1991).
GOERGEN, MARC, INTERNATIONAL CORPORATE GOVERNANCE (2012).
Gompers, P., J. Ishii & A. Metrick, *Corporate Governance and Equity Prices*, 118 QUARTERLY JOURNAL OF ECONOMICS 107 (2003).

Gordon, Jeffery, *The Rise of Independent Directors in the United States, 1950-2005: Of Shareholder Value and Stock Market Price*, 59 STAN. L. REV. 1465 (2007).

Goto, Gen, Manabu Matsunaka & Souichirou Kozuka, *Japan's Gradual Reception of Independent Directors: An Empirical and Political-Economic Analysis*, in HARALD BAUM, SOUICHIROU KOZUKA, LUKE NOTTAGE & DAN W. PUCHINIAK EDS., INDEPENDENT DIRECTORS IN ASIA (forthcoming).

Gourevitch, Peter A., *The Politics of Corporate Governance Regulation*, 112 YALE L.J. 1829 (2003).

Gourevitch, Peter A., *Explaining Governance Systems:Alternative Approaches*, in HENK OVERBEEK, BASTIAAN VAN APELDOORN & ANDREAS NÖLKE EDS., THE TRANSNATIONAL POLITICS OF CORPORATE GOVERNANCE REGULATION 27 (2007).

GOUREVITCH, PETER A. & JAMES SHINN, POLITICAL POWER AND CORPORATE CONTROL: THE NEW GLOBAL POLITICS OF CORPORATE GOVERNANCE (2005).

Goyer, Michel, *Corporate Governance*, in GLENN MORGAN ET AL. EDS., THE OXFORD HANDBOOK OF COMPARATIVE INSTITUTIONAL ANALYSIS 423 (2010).

Granfield, Lindsee P. & Sean A. O'Neal & Timothy S. Mehok, International Insolvency and Bankruptcy, available at Cleary Gottleb Steen & Hamilton LLP (2008).

Grinstein, Y. & R. Michaely, *Institutional Holdings and Payout Policy*, 60 JOURNAL OF FINANCE 1389 (2005).

Grossman, Sanford & Oliver Hart, *Takeover Bids, the Free-Rider Problem, and the Theory of the Corporation*, 11 BELL J. ECON. 42 (1980).

Gruson, Michael, *Forum-Selection Clauses in International and Interstate Commercial Agreements*, 1982 U. ILL. L. REV. 133 (1982).

Haber, Stephen & Enrico Perotti, The Political Economy of Finance, available at University of Pennsylvania (2008).

HALL, PETER A. & DAVID SOSKICE, VARIETIES OF CAPITALISM: THE INSTITUTIONAL FOUNDATIONS OF COMPARATIVE ADVANTAGE (2001).

Heyman, Susan B., *Rethinking Regulation Fair Disclosure and Corporate Free Speech*, 36 CARDOZO L. REV. (2015).

Holderness, Cliford G., *The Myth of Diffuse Ownership in United States*, 22 (4) THE REVIEW OF FINANCIAL STUDIES 1377 (2009).

Holderness, Cliford G. & Dennis P. Sheehan, *Raiders or Saviors? The Evidence on Six Controversial Investors*, 14 FIN. ECON. 555 (1985).

Hooghiemstra, Reggy & Hans van Ees, *Uniformity as Response to Soft Law: Evidence from Compliance and Non-Compliance with the Dutch Corporate Governance Code*, JOURNAL OF REGULTION & GOVERNANCE 480 (2011).

Hoshi, Takeo, Satoshi Koibuchi & Ulrike Schäde, Changes in Main Bank Rescues

参考文献

during the Lost Decades: An Analysis of Corporate Restructuring in Japan, 1981 -2007, available at ESRI (2009).

Hu, Henry T.C. & Bernard Black, *The New Vote Buying: Empty Voting and Hidden (Morphable) Ownership*, 79 S. CAL. L. REV. 811 (2006).

Hu, Henry T.C. & Bernard Black, *Empty Voting and Hidden (Morphable) Ownership; Taxonomy, Implications, and Reforms*, 61 BUS. LAW. 1011 (2006).

Hu, Henry T.C. & Bernard Black, *Hedge Funds, Insiders, and the Decoupling of Economic and Voting Ownership: Empty Voting and Hidden (Morphable) Ownership*, 13 J. CORP. FIN. 343 (2007).

Hu, Henry T.C. & Bernard Black, *Equity and Decoupling and Empty Voting II: Importance and Extensions*, 156 U. PA. L. REV. 625 (2008).

INVESTMENT MANAGEMENT ASSOCIATION, SURVEY OF FUND MANAGERS' ENGAGEMENT WITH COMPANIES (2005).

Itoh, Hideshi & Kimiyuki Morita, Information Acquisition, Decision Making, and Implementation in Organizations, available at SSRN (2016).

Jackson, G. & H. Miyajima, *Introduction: The Diversity and Change of Corporate Governance in Japan, in* AOKI, M., G. JACKSON & H. MIYAJIMA EDS., CORPORATE GOVERNANCE IN JAPAN: INSTITUTIONAL CHANGE AND ORGANIZATIONAL DIVERSITY 1 (2007).

Jeon, J. Q., C. Lee & C. M. Moffett, *Effects of Foreign Ownership on Payout Policy: Evidence from the Korean Market*, 14 (2) JOURNAL OF FINANCIAL MARKETS 344 (2011).

John, K., L. Litov & B. Yeung, *Corporate Governance and Risk-taking*, 63 (4) JOURNAL OF FINANCE 1679 (2008).

Kahan, Marcel, *The Demand for Corporate Law: Statutory Flexibility, Judicial Quality, or Takeover Protection?*, 22 J. L. ECON. & ORG. 340 (2006).

Kahan, Marcel & Ehud Kamar, *The Myth of State Competition in Corporate Law*, 55 STAN. L. REV. 679 (2002).

KAHN, DOUGLAS A. & JEFFREY H. KAHN, FEDERAL INCOME TAX: A GUIDE TO THE INTERNAL REVENUE CODE, 7TH ED. (2016).

Katz, David A. & Laura McIntosh, Corporate Governance Update: Section 13 (d) Reporting Requirements Need Updating, N.Y. L.J., Mar.22, 2012, at 3 (2012).

Keay, Andrew, *Comply or Explain in Corporate Governance Codes: In Need of Greater Regulatory Oversight?*, 34 JOURNAL OF LEGAL STUDIES 279 (2014).

KING, GARY, ROBERT O. KEOHANE & SIDNEY VERBA, DESIGNING SOCIAL INQUIRY: SCIENTIFIC INFERENCE IN QUALITATIVE RESEARCH (1994)〔邦訳：G・キング＝R・O・コヘイン＝S・ヴァーバ（真渕勝監訳）『社会科学のリサーチ・デザイン——定性的研究における科学的推論』(2004)〕.

La Porta, Rafael et al., *Legal Determinants of External Finance*, 52 J. FIN. 1131

(1997).
La Porta, Rafael et al., *Law and finance*, 106 J. POL. ECON. 1113 (1998).
La Porta, Rafael, Florenco Lopez-De-Silanes & Andrei Shleifer, *Corporate Ownership Around the World*, 54 J. FIN. 471 (1999).
Lamoreaux, Naomi R., *Scylla or Charybdis? Historical Reflections on Two Basic Problems of Corporate Governance*, 83 BUS. HIST. REV. 9 (2009).
Letsou, Peter V., *Implications of Shareholder Diversification on Corporate Law and Organization: The Case of the Business Judgment Rule*, 77 CHICAGO-KENT LAW REVIEW 179 (2001).
Levit, Doron, Soft Shareholder Activism, available at SSRN (2014).
Lomax, Alastair et al., Insolvency Laws in Germany, U.K. and the U.S.: A Comparative Law Analysis for Trade Creditors, available at Scumaker, Loop & Kendrick, LLP (2013).
LOPUCKI, LYNN M., COURTING FAILURE: HOW COMPETITION FOR BIG CASES IS CORRUPTING THE BANKRUPTCY COURTS (2005).
Luo, Yan & Steven E. Salterio, *Governance Quality in a "Comply or Explain" Governance Disclosure Regime*, 22 CORP. GOV. 460 (2014).
MacNeil, Iain & Xiao Li, *"Comply or Explain": Market Discipline and Non-Compliance with the Combined Code*, 14 CORP. GOV. 486 (2006).
MARTIN, RODERICK, PETER D. CASSON & TAHIR M. NISAR, INVESTOR ENGAGEMENT: INVESTORS AND MANAGEMENT PRACTICE UNDER SHAREHOLDER VALUE (2007).
Matsunaka, Manabu, *Book Review, Quiet Politics and Business Power: Corporate Control in Europe and Japan*, 16 SOCIAL SCIENCE JAPAN J. 320 (2013).
Maury, Benjamin, *Family Ownership and Firm Performance: Empirical Evidence from Western European Corporations*, 12 JOURNAL OF CORPORATE FINANCE 321 (2006).
McCahery, Joseph, Zacharias Sautner & Laura Starks, Behind the Scenes: the Corporate Governance Preference of Institutional Investors, available at SSRN (2015).
McCoy, Patricia, *A Political Economy of the Business Judgment Rule in Banking: Implications for Corporate Law*, 47 CASE WESTERN RESERVE LAW REVIEW 1 (1996).
Mehrotra, Vikas, Randall Morck, Jungwood Shim & Yupana Wiwattanakantang, *Adoptive Expectations: Rising Son in Japanese Family Firms*, 108 JOURNAL OF FINANCIAL ECONOMICS 840 (2013).
Miller, Geoffrey P. & Theodore Eisenberg, *The Market for Contracts*, 30 CARDOZO L. REV. 2073 (2009).
Miyajima, Hideyuki & Fumiaki Kuroki, *The Unwinding of Cross-Shareholding in Japan: Causes, Effects, and Implications, in* MASAHIKO AOKI, ET AL., EDS., COR-

PORATE GOVERNANCE IN JAPAN: INSTITUTIONAL CHANGE AND ORGANIZATIONAL DIVERSITY 79 (2007).

Morck, Randall & Masao Nakamura, *Banks and Corporate Control in Japan*, 54 J. FIN. 319 (1999).

Morck, Randall K., David A. Strangeland & Bernard Yeung, *Inherited Wealth, Corporate Control, and Economic Growth: The Canadian Disease?*, in RANDALL K. MORCK ED., CONCENTRATED CORPORATE OWNERSHIP (2000).

Morck, Randall, Andrei Shleifer & Robert W. Vishny, *Management Ownership and Market Valuation: An Empirical Analysis*, 20 J. FIN. ECON. 20 (1988).

Morita, Hatsuru, *Reforms of Japanese Corporate Law and Political Environment*, 37 ZEITSCHRIFT FÜR JAPANISCHES RECHT 25 (2014).

Nakano, Makoto & Pascal Nguyen, *Board Size and Corporate Risk Taking: Further Evidence from Japan*, 20 CORPORATE GOVERNANCE: AN INTERNATIONAL REVIEW 369 (2012).

O'HARA, ERIN A. & LARRY E. RIBSTEIN, THE LAW MARKET (2009).

Pagano, Marco & Paolo F. Volpin, *The Political Economy of Corporate Governance*, 95 AMERICAN ECONOMIC REVIEW 1005 (2005).

Perez-Gonzalez, Francisco, *Inherited Control and Firm Performance*, 96 AMERICAN ECONOMIC REVIEW 1559 (2006).

Perroti, Enrico, The Political Economy of Finance, available at SSRN (2013).

PORTER, MICHAEL, CAPITAL CHOICES: CHANGING THE WAY AMERICAN INVESTS IN INDUSTRY, A RESEARCH REPORT PRESENTED TO THE COUNCIL ON COMPETITIVENESS AND CO-SPONSORED BY THE HARVARD BUSINESS SCHOOL (1992).

Puchinak, Dan W. & Masafumi Nakahigashi, *Japan's Love for Derivative Actions: Irrational Behavior and Non-Economic Motives as Rational Explanations for Shareholder Litigation*, 45 VANDERBILT JOURNAL OF TRANSNATIONAL LAW 1 (2012).

Ramseyer, J. Mark & Eric B. Rasmusen, *Why Are Japanese Judges So Conservative in Politically Charged Cases?*, 95 AM. POL. SCI. REV. 331 (2001).

Ringe, Wolf-Georg, *Independent Directors: After the Crisis*, 14 EUROPEAN BUSINESS ORGANIZATION LAW REVIEW 401 (2013).

Ringe, Wolf-Georg, *Changing Law and Ownership Patterns in Germany: Corporate Governance and the Erosion of Deutschland AG*, in JENNIFER G. HILL & RANDALL S. THOMAS EDS., RESEARCH HANDBOOK ON SHAREHOLDER POWER 404 (2015).

ROE, MARK J., STRONG MANAGERS, WEAK OWNERS: THE POLITICAL ROOTS OF AMERICAN CORPORATE FINANCE (1994).

ROE, MARK J., POLITICAL DETERMINANTS OF CORPORATE GOVERNANCE (2003).

Romano, Roberta, *The Shareholder Suit: Litigation Without Foundation?*, 7 JOUR-

NAL OF LAW, ECONOMICS, & ORGANIZATION 55 (1991).
ROMANO, ROBERTA, THE GENIUS OF AMERICAN CORPORATE LAW (1993).
Romano, Roberta, The Market for Corporate Law Redux, available at SSRN (2014).
Saito, Takuji, *Family Firms and Firm Performance: Evidence from Japan*, 22 JOURNAL OF THE JAPANESE AND INTERNATIONAL ECONOMIES 620 (2008).
Sanderson, Paul, David Seidl, John Roberts & Bernhard Krieger, Flexible or Not? The Comply-or-Explain Principle in UK and German Corporate Governance, available at University of Cambridge (2010).
Sanga, Sarath, *Choice of Law: An Empirical Analysis*, 11 J. EMPIRICAL LEGAL STUD. 894 (2014).
Santella, Paolo, Enrico Baffi, Carlo Drago & Dino Lattuca, A Comparative Analysis of the Legal Obstacles to Institutional Investor Activism in the EU and in the US, available at SSRN (2012).
Schnyder, Gerhard, *Revisiting the Party Paradox of Finance Capitalism: Social Democratic Preferences and Corporate Governance Reforms in Switzerland, Sweden, and the Netherlands*, 44 COMP. POL. SCI. 184 (2011).
Schnyder, Gerhard, *Book Reviews, Public Law and Private Power: Corporate Governance Reform in the Age of Finance Capitalism & Quiet Politics and Business Power: Corporate Control in Europe and Japan*, 17 SWISS POL. SCI. REV. 492 (2011).
Seidl, David, Paul Sanderson & John Roberts, *Applying the 'Comply-or-Explain' Principle: Discursive Legitimacy Tactics with Regard to Codes of Corporate Governance*, 17 J. MGMNT. & GOV. 791 (2013).
Shishido, Zenichi, *The Japanese Corporate Governance: The Hidden Problems of Corporate Law and Their Solutions*, 25 DEL. J. CORP. L. 189 (2000).
SHISHIDO, ZENICHI ED., ENTERPRISE LAW: CONTRACTS, MARKETS, AND LAWS IN THE US AND JAPAN (2014).
Shleifer, A. & R. W. Vishny, *Large Shareholders and Corporate Control*, 94 (3) JOURNAL OF POLITICAL ECONOMY 461 (1986).
Short, H., H. Zhang, & K. Keasey, *The Link between Dividend Policy and Institutional Ownership*, 8 (2) JOURNAL OF CORPORATE FINANCE 105 (2002).
Skeel, Jr., David A. & Georg Krausse-Vilmar, Recharacterization and the Non-hindrance of Creditors, available at University of Pennsylvania Law School (2006).
Smith, Brian F. & Ben Amoako-Adu, *Management Succession and Financial Performance of Family Controlled Firms*, 5 JOURNAL OF CORPORATE FINANCE 341 (1999).
Spamann, Holger, *The "Antidirector Rights Index" Revisited*, 23 REV. FIN. STUD.

467 (2010).

Sraer, David & David Thesmar, *Performance and Behavior of Family Firms: Evidence from the French Stock Market*, 5 JOURNAL OF THE EUROPEAN ECONOMIC ASSOCIATION 709 (2007).

THUROW, LESTER, HEAD TO HEAD: THE COMING ECONOMIC BATTLE AMONG JAPAN, EUROPE, AND AMERICA (1992).

TIBERGHIEN, YVES, ENTREPRENEURIAL STATES: REFORMING CORPORATE GOVERNANCE IN FRANCE, JAPAN, AND KOREA (2007).

Uchida, Konari, *Does Corporate Board Downsizing Increase Shareholder Value? Evidence from Japan*, 20 (4) INTERNATIONAL REVIEW OF ECONOMICS AND FINANCE 562 (2011).

Verse, Dirk A., *Shareholder Loans in Corporate Insolvency – A New Approach to an Old Problem*, 9 (9) GERMAN LAW JOURNAL 1109 (2008).

Villalonga, Belen & Raphael Amit, *How Do Family Ownership, Control and Management Affect Firm Value?*, 80 JOURNAL OF FINANCIAL ECONOMICS 385 (2006).

Warburton, A. Joseph, *Understanding the bankruptcies of Chrysler and General Motors: A Primer*, 60 SYRACUSE LAW REVIEW 531 (2010).

WATSON, CAMILLA E., FEDERAL INCOME TAXATION: MODEL PROBLEMS AND OUTSTANDING ANSWERS (2011).

Weinstein, David E. & Yishay Yafeh, *On the Costs of a Bank-Centered Financial System: Evidence from the Changing Main Bank Relations in Japan*, 53 J. FIN. 635 (1998).

Werder, Axel v. & Jenny Bartz, *Corporate Governance Report 2014: Erklärte Akzeptanz des Kodex und tatsächliche Anwendung bei Vorstandsvergütung und Unabhängigkeit des Aufsichtsrats*, 17 DER BETRIEB 905 (2014).

Werder, Alex v. & Till Talaulicar, *Corporate Governance in Germany: Basic Characteristics, Recent Developments and Future Perspectives*, in CHRISTINE A. MALLIN ED., HANDBOOK ON INTERNATIONAL CORPORATE GOVERNANCE: COUNTRY ANALYSES 36 (2011).

West, Mark D., *Why Shareholders Sue: The Evidence from Japan*, 30 JOURNAL OF LEGAL STUDIES 351 (2001).

Yafeh, Yishay, *Corporate Governance in Japan: Past Performance and Future Prospects*, 16 OXFORD REVIEW OF ECONOMIC POLICY 74 (2000).

Yafeh, Yishay & Oved Yosha, *Large Shareholders and Banks: Who Monitors and How?*, 113 (484) ECONOMIC JOURNAL 128 (2003).

Ziebarth, Gerhard, Wie finanzieren sich Unternehmen in Zeiten der Krise? Neue Antworten der Jahresabschlussanalysis, available at Deutsche Bundesbank (2013).

コーポレート・ガバナンス改革の提言
――企業価値向上・経済活性化への道筋

Reforming Corporate Governance : The Road to Improving Firm
Value and Stimulating the Economy

2016年12月26日　初版第1刷発行

| 編 著 者 | 宍　戸　善　一 |
| | 後　藤　　　元 |

発 行 者　　塚　原　秀　夫

発 行 所　　㈱商 事 法 務

〒103-0025 東京都中央区日本橋茅場町 3-9-10
TEL 03-5614-5643・FAX 03-3664-8844〔営業部〕
TEL 03-5614-5649〔書籍出版部〕
http://www.shojihomu.co.jp/

落丁・乱丁本はお取り替えいたします。　　印刷／㈲シンカイシャ
© 2016 Zenichi Shishido, Gen Goto　　Printed in Japan
Shojihomu Co., Ltd.
ISBN978-4-7857-2483-2
＊定価はカバーに表示してあります。